日本の食文化史年表

江原絢子
東四柳祥子 編

吉川弘文館

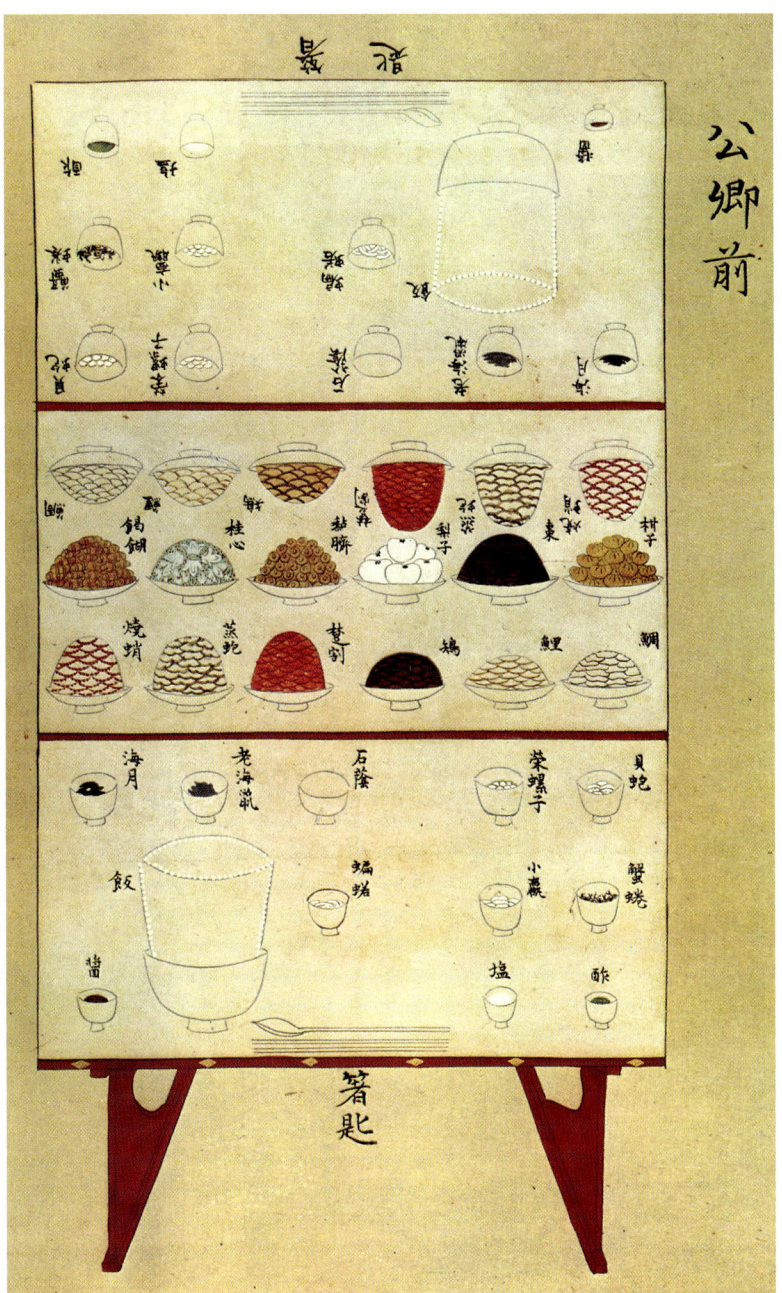

平安貴族の大饗料理（『類聚雑要抄』）

大饗料理は，平安時代に中国の食事様式を模して貴族社会で採用された饗応料理形式．高盛飯を中心に料理が並び，手前に箸と匙がセットでおかれる．また，手前の調味料で料理を調味しながら食した．

僧侶の食事（『酒飯論』）
中世に成立した銘々膳による本膳料理形式は，その後供応食の形式として各階層に広がり現代にまで引き継がれた．僧侶たちに供された二の膳つき本膳料理．朱塗りの器には，精進料理が盛られている．

南蛮貿易と食（「南蛮人慶長来朝上陸之図」）
南蛮貿易の開始は，日本人にとって，ヨーロッパの食に出会うきっかけとなった．なかでも，砂糖や卵，小麦粉を使用して作る南蛮菓子の受容は，甘い嗜好品への関心を高めた．

屋台による外食の楽しみ(「東都名所高輪廿六夜待遊興之図」)

江戸時代，都市部では庶民も楽しめる食べ物屋が発達した．中秋の名月後の二十六日の月を待つ人々を目当てにした屋台店．そば，すし，てんぷら，だんご屋などでにぎわっている．

居留地の食生活(「横浜異人屋敷の図」)

開国以後，日本を訪れた西洋人たちは，居住が許可された居留地で，独自の食生活を展開した．西洋料理，ビールやパンなどの新しい食品の調理方法は，近代以降の日本の食生活に影響を与えた．

家庭料理書の誕生(『四季料理』)
明治後期以降,経済や栄養を主眼とした家庭料理に焦点をあてた料理書の刊行が盛んになる。女子教育の発展とともに,家庭向けの実用的な内容が盛り込まれた料理書は,主婦の指南書となった。

引き札にみる風月堂(「風月堂浮世絵」)
和菓子屋であった風月堂(1753年創業)は,明治時代以降,兵糧パンの製造,ビスケット,アイスクリームなどの洋菓子製造へと移行した。近代以降の料理書,婦人雑誌などに各社の洋菓子の絵入り広告が多くなる。

は じ め に

　本書は，日本列島に人々が暮らしはじめた4万年近く前から2000年までの長い歴史の中における食の営みをとらえるために，年表にまとめたもので，既刊の年表類，研究書等の文献にその多くを負っている．数多くの記事からどのような事象をどのような基準で選択するのかは，本書作成のうえでもっとも苦労した点である．

　まず，これまで取り上げられてきた事象の範囲や内容を確認するため，刊行された食物史，一般歴史年表などの年表に加え，食物史・食文化史などに関する専門書，企業史などの文献から記事を収集して一覧とした．その中で数種の文献に共通して取り上げられた記事はできるだけ採用した．その際，選択の基準としては，後世に影響を与えたと考えられるもの，当時の食生活の様子がうかがえるもの，個人的な内容であっても，歴史的人物の経験やその時代としては比較的新しい食品，食行動の記事などについては取り上げることとした．また，農業，水産など生産に関すること，物価，災害などに関することは，大飢饉，米騒動など全国に及ぶ大きな変化の時期を中心に取り上げた．

　このようにして選択した記事は，生産・加工から，物価，法令，行事，異文化，外食，食教育，企業の食品加工，食器・器具などから個人の食生活に至るまで多岐にわたる．しかし，振り返ってみると，必ずしも各領域をバランス良く取り上げられたとはいえないうえ，歴史的に変化が大きい北海道，沖縄だけでなく，各地域の食については，ほとんど取り上げることができなかった．

　記事には出典を明記することを原則とし，できるだけ原資料やそれに近いものをめざしたが，すべての記事について原資料で確認することは，時間的制約や編者の浅学のためにかなわなかったのは心残りである．また，資料により年月日などの異なるものや伝来時期が複数説みられるなど，さらなる確認が必要なことを感じている．ただ，年月日が特定できる資料について，できる限り網羅的に調査し，これまであまり取り上げられていない記事を必要に応じて加えることができたのは，ささやかな喜びである．

　近代以降の食文化は，西洋文化の影響による食が注目されやすいが，新聞記事

をみると，近代においても震災や飢饉，ペスト，コレラの流行などにしばしば見舞われている．人々は原始古代の時代からすべての時代を通し，たえず自然の脅威にさらされながらも，同時に自然からの恵みに感謝しつつ，食の備えを工夫し，楽しみも見出してきた．大震災後の今，そうした人々をより身近に感じる．本書が先人たちのさまざまな食の営みを感じ取っていただく参考資料となるなら幸いである．

2011年4月

江原絢子

凡　　例

1　本年表は，日本に関係する原始から 2000 年までの食文化についての記事を後述の参考文献より抽出し，まとめたものである．
2　各記事の配列については，以下の順で掲載した．

1) 上旬＝その月の 10 日の後に入れる．
中旬＝その月の 20 日の後に入れる．
下旬＝その月の末日の後に入れる．
2) この春＝5 月の後（閏月の場合，閏 5 月の後．以下同）に入れる．
この夏＝8 月の後に入れる．
この秋＝11 月の後に入れる．
この冬＝2 月の後に入れる．
3) この年＝12 月の後に入れる．
4) この頃＝各年の最後にまとめて入れる．
5) ～年間＝その年号の末尾に入れる．

3　各記事の末尾には（　）内に可能な限り出典を記載した．出典が複数あるものは，できるだけ原資料に近いと考えられる資料や研究書などを優先した．また，企業の変遷などはホームページで確認したものもあり，これも出典として加えた．出典の資料名等には，略称を用いたものもある（巻末参照）．
4　出典を記載していない記事は，歴史学研究会編『日本史年表』（岩波書店，2001），遠藤元男『近世生活史年表　新装版』（雄山閣出版，1995），下川耿史・家庭総合研究会編『明治・大正家庭史年表』（河出書房新社，2000）など巻末に掲げた年表類によるものである．また，昭和期から 2000 年までについては，『昭和二万日の全記録』全 18 巻（講談社，1990），とくに 1939 年～45 年までの記事については，『第二次世界大戦下における食生活実態に関する資料調査研究』（石川寛子・石川尚子・中込みよ子・植松茉莉子『ベターホーム協会研究助成報告』，1989）の記事，および各省や閣議決定などによる規則類についても出典を略した．
5　年号欄は，西暦及び和暦を併記し，和暦については，元年の部分に改元の月日を記載した．
6　南北朝時代については，南朝年号を記載し，北朝年号は（　）で記載した．
7　江戸時代の外国との関係記事については，内田正男編著『日本暦日原典〔第 4 版〕』（雄山閣出版，1992）により太陽暦の月日を（　）で付した．

8 記事内の地名については，原則としてその当時の地名を記載した．
9 図版については，原則として該当記事の近くのページ下段に掲載し，関連記事の該当年の西暦を（　）に注記した．出典は巻末の図版一覧に記した．
10 文中記事のゴシックは，一般歴史的記事を示す．

3万年前～B.C. 3500

西暦紀元前	文化時代	事　　　　　項
3万年前	後期旧石器時代	この頃，狩猟集団により，環状のムラが形成される．礫を焼いて行う調理が始まる（群馬県下触牛伏遺跡，長野県日向林B遺跡・貫ノ木遺跡など）．
1万6000年前		この頃，中部高地より，槍先型尖頭器普及．
1万5000年前		この頃，温暖化が進み，環境が大きく変化する．ナウマンゾウ，オオツノジカなどが絶滅．狩猟対象が小型動物へ移行．
1万4000年前		この頃，日本列島に，細石器文化普及．
B.C. 1万1000	縄文時代草創期	この頃，丸のみ形石斧・大型尖頭器が，大陸から伝来．耐熱土器出現（青森県大平山元遺跡，長野県神子柴遺跡，神奈川県寺尾遺跡など）．
B.C. 1万		この頃，九州から東北までにかけて，隆起線文土器が用いられる（神奈川県花見山遺跡，長崎県福井洞窟など）．
B.C. 9000		この頃，南九州にて，竪穴住居，炉穴，ドングリ貯蔵穴の普及（鹿児島県東黒土田遺跡・掃除山遺跡など）．
B.C. 7000	縄文時代早期	この頃，狩猟用のイヌの飼育開始（神奈川県夏島貝塚）．
B.C. 4000	縄文時代前期	この頃，陥穴猟が盛んになる．オキシジミ，ハマグリ，カキなどの貝殻，マダイ，クロダイ，スズキ，カツオなどを釣針でつって食用（福島県弘源寺貝塚）．
		この頃，現在の東アジア在来ブタに共通する遺伝子の個体発見．ブタの可能性指摘（長崎県宮下貝塚）．
		この頃，イルカの集団追い込み漁が行われる（石川県真脇遺跡）．
		この頃の植物層から，むかご検出（京都府松ケ崎遺跡）．
		クリの栽培管理の可能性あり（青森県三内丸山遺跡）．
B.C. 3500		この頃，九州にて，朝鮮半島櫛目文土器とかかわりの深い

図1　ナウマン象（1万5000年前）

図2　釣針（4000～）

B.C. 3000〜B.C. 250

西暦紀元前	文化時代	事　　　　　項
		曾畑式土器展開.
B.C. 3000	縄文時代中期	この頃, 関東・中部にて, 立体的文様の土器が作られる. この頃, カキの養殖が行われていたとみられる(東京都中里遺跡). この頃, トチの実, ドングリ類の加工が行われ, 主要な食料源とされる(滋賀県粟津湖底遺跡第3貝塚).
B.C. 2000 B.C. 1500	縄文時代後期	この頃, 東日本太平洋岸にて, 離頭銛を使用した外洋漁労が盛んになる(宮城県沼津貝塚など). この頃, 製塩土器が多数出土. 集団による製塩が行われていたとみられる(茨城県法堂遺跡). この頃, クルミやトチの実が付着した水さらし場の遺構が出土. また, 石皿, 叩き石などの石器を使用(長野県栗林遺跡). この頃, 東日本各地にて, トチの実加工施設が設置される(埼玉県赤山陣屋跡遺跡). 中国地方にて, この頃の籾痕つき土器が発見される(岡山県南溝手遺跡など).
B.C. 1000	縄文時代晩期	この頃, 北部九州にて, 水稲耕作が行われる. また菜畑遺跡にて, 石包丁が発掘される(福岡県板付遺跡, 佐賀県菜畑遺跡).
B.C. 300 B.C. 250	弥生時代前期	この頃, 北部九州・北海道にて, 大陸系の鉄器移入. 北部九州には, 青銅器も伝来(福岡県今川遺跡, 北海道貝塚三丁目遺跡). この頃, 東北北部津軽平野にて, 水田造成(青森県砂沢遺跡).

図3　水さらし場(B.C. 1500)

図4　石皿, 叩き石(B.C. 1500)

図5 栗の栽培管理(縄文時代前期)

図6 縄文土器(縄文時代後期初頭)

図7 弥生土器(弥生時代後期前半)

B.C. 200～弥生時代後期

西暦紀元前	文 化 時 代	事　　　　　　　項
B.C. 200	弥生時代中期	この頃，北部九州にて，鉄器製作始まる．西日本にて，高床式大型建物が造営される（奈良県唐古・鍵遺跡）． この頃，弥生式土器の炊飯跡から炊き干し法による炊飯の可能性が推察される（石川県野本遺跡など）．
B.C. 130		この頃，東日本各地にて，本格的な農耕集落定着．
B.C. 100		この頃，オットセイなど海獣類の狩猟始まる（北海道有珠モシリ遺跡）．
B.C. 50		この頃，中部瀬戸内にて，土器製塩開始．
	弥生時代中期後半	この頃，円錐状に固めた炭化米が出土．おむすびのルーツとされる（千葉県常代遺跡，神奈川県大久保遺跡・塚越遺跡など）．
	弥生時代後期	この頃，ちまき状炭化米が出土（石川県杉谷チャノバタケ遺跡）． この頃，魚を捕らえるための漁具「梁（やな）」が出土（愛知県朝日遺跡）． この頃，沖縄において，ブタを飼育していた可能性あり（具志原貝塚）．

図8　水田造成（B.C. 250）

図9　おむすびのルーツ（弥生時代中期後半）

図10　ちまきの状炭化米（弥生時代後期）

西暦	天皇年紀	事　　項
神代海宮遊幸		「赤鯛(赤女〈あかめ〉)」「鰡魚(なよし)(口女〈くちめ〉)」の記載あり(『日本書紀』).
神武即位前紀戊午		9.－「飴を造る」の記載あり(『日本書紀』).
61	垂仁90	2.1 垂仁天皇, 非時香菓(ときじくのかぐのみ, 現在の橘)を求めさせるため, 常世国(とこよのくに)に田道間守(たじまもり)を派遣(『日本書紀』).
74	景行4	2.11「鯉魚」の記載あり(『日本書紀』).
123	53	10.－ 磐鹿六雁(いわかむつかり, 膳臣〈かしわでのおみ〉の先祖), 上総にて, がまの葉でたすきをつくり, 白蛤(うむぎ)を膾にし, 景行天皇に献上. その功が認められ, 膳大伴部(かしわのとものべ)の役を賜る(『日本書紀』).
199	仲哀8	1.4「魚塩地(なしおのところ)献る」という記述あり(『日本書紀』).
240		この頃, 倭では冬夏に生菜を食し, 飲食には高杯を用い, 手食するとあり, 酒好きともあり(『魏志』倭人伝).
250		この頃, まな板の使用始まる(奈良市平城宮下層遺跡).
288	応神19	10.1 応神天皇の吉野宮行幸の際に, 国樔人(くずびと)が醴酒(こざけ)献上(『日本書紀』).
300		この頃から, 北海道に, 本州から土師器が伝わる. また, 仙台平野にて, 続縄文文化の北大式土器が出土(宮城県清水田遺跡).
316	仁徳4	2.6 仁徳天皇, 群臣に対して, 高殿からの眺めに人家の煙が見えないことから, 飯を炊けない百姓の窮乏を憂う詔を告げる(『日本書紀』).
		3.21 仁徳天皇, 人民の負担を軽減するために, 今後3年間の課税を廃止する詔を告げる. 自身も食物を捨てず, つましい生活に努める. その後, 天候も安定し, 五穀豊穣に恵まれ, 人民は潤い, 炊煙も見られるように(『日本書紀』).
319	7	4.1 仁徳天皇, 高殿より人家の煙が立ちのぼる様を一望. つましい自身の生活より, 人民の生活の安定を喜ぶ(『日本書紀』).
324	12	10.－ 山城の栗隈県(くるくまのあがた)にて, 大溝を掘り, 田に引水. これにより, 土地の人々の生活が豊かになる(『日本書紀』).
325	13	9.－ 仁徳天皇, 舂米部(つきしねべ)定める(『日本書紀』).

図11　垂仁天皇陵と田道間守を祀る陪塚の小島(61)

西暦	天皇年紀	事　　　　　　項
326	仁徳14	11.- 感玖(こむく・河内国石川郡紺口か)にて，大溝を掘り，石河の水を引く．上鈴鹿，下鈴鹿，上豊浦，下豊浦の4ヵ所を潤し，4万頃(しろ)余りの田を得る(頃は，中国の地積単位で百畝)(『日本書紀』)．
352	40	この年，「宴会」の記載あり(『日本書紀』)．
355	43	9.1 依網(よさみ)の屯倉の阿弭古(あびこ)，仁徳天皇に珍鳥(現在の鷹)献上．百済では，「倶知(くち)」といい，馴らすと人に従い，動きが速く，他の鳥をとると告げる．同日，天皇，百舌鳥野(もずの)に遊猟に出かけ，その鷹を放ち，数十の雉を獲る．また，この月，鷹甘部(たかかいべ)を定める．また，鷹を飼う場所を鷹飼邑(たかかいのむら)とした(『日本書紀』)．
374	62	この年，額田大中彦皇子(ぬかたのおおなかつひこのみこ)，猟の最中に氷室を見つける．闘鶏稲置大山主(つけのいなきおおやまぬし)から，暑いときに水酒にひたして使うと聞き，蔵氷を御所へ献上．仁徳天皇を喜ばせる．以後，師走ごとに，氷を納め，春分に分配(『日本書紀』)．
418	允恭7	12.- 糒(ほしいい)の記述あり(『日本書紀』)．
425	14	9.12 允恭天皇，淡路島に狩猟に出かけ，麋鹿(おおしか)，猿，猪などの狩猟に興じる(『日本書紀』)．
435	24	6.- 天皇の御膳(おもの)の羹(あつもの)が凍る(『日本書紀』)．
458	雄略2	10.6 雄略天皇，吉野宮へ行幸．御馬瀬(みませ)での遊猟の休憩中，群臣たちに，料理人に鮮(なます)を作らせることは猟場の楽しみだが，自分が作るのとどっちが楽しいと思うかと訊ねる．しかし，群臣が即答できなかったため，斬ってしまう．その後，皇太后が，天皇の言葉から，「宍人部(ししひとべ)」を設けるつもりで，群臣に訊ねたことを悟る(『日本書紀』)．
470	14	4.-「共食者(あひたげひと)」の記述あり(『日本書紀』)．
473	17	3.2 雄略天皇，土師連(はじのむらじ)らに，朝夕の膳部の器を進上するよう命じる．これを受けて，吾笥(あけ・土師連の先祖)が，摂津の来狭村，山背の内村・伏見村，伊勢の藤方村，丹波，但馬，因幡の私有の部曲(かきべ)を奉った．これを贄土師部(にえのはじべ)と名づける(『日本書紀』)．

図12　まな板(250)

西暦	天皇年紀	事項	
483	清寧 4	1.7 海外からの使者を宮中に招き，宴を賜る(『日本書紀』).	
		閏5.– 5日間にわたる大宴会を催す(『日本書紀』).	
495	仁賢 8	この年，五穀豊穣にて，麦のできがよく，都鄙とも平穏(『日本書紀』).	
498	11	11.11 大伴金村連(おおとものかなむらのむらじ)に攻められた真鳥大臣，死に際に，敦賀以外の海の塩に呪いをかける．これにより，敦賀の海の塩のみが，天皇の御食用となる(『日本書紀』).	
500		この頃，移動式かまど(神奈川県塚越遺跡)，すり鉢が使われる(愛知県大木之本遺跡).	
501	武烈 3	10.– 「暑預(いも)」の記載あり(『日本書紀』).	
530	継体24	2.1 継体天皇，帝位について24年，天下泰平，五穀豊穣ではあるが，人民がこれに馴れてしまうことを憂う詔を告げる(『日本書紀』).	
535	安閑 2	1.5 安閑天皇，毎年穀物の実りがよく，飢餓もない状況を喜び，5日間にわたる盛大な饗宴を賜るようにとの詔を告げる(『日本書紀』).	
		8.1 各国に犬養部設置(『日本書紀』).	
		9.13 安閑天皇，大連に，難波の大隅島と媛島の松原に牛を放つよう命じる(『日本書紀』).	
536	宣化元	5.1 筑紫那津にて，官家(みやけ)設置．諸国の屯倉の穀を運搬し，非常時に備える(『日本書紀』).	
546	欽明 7	7.– 「漁者」の記載あり(『日本書紀』).	
551	12	3.– 百済王に麦種1千斛を賜る(1斛=10斗・1斗=10升)(『日本書紀』).	
552	13	10.– 百済の聖明王，欽明天皇に経典と仏像を献上．	
567	28	この年，大水による飢饉で，食人起こる．また近くの郡の穀物を運び，救済しあう(『日本書紀』).	
570	31	5.– 欽明天皇，膳臣傾子(かしわでのおみかたぶこ)を遣わし，越国に漂着した高句麗使節を饗応させる(『日本書紀』).	
572	敏達元	5.15 王辰爾，鳥の羽に書かれた高句麗からの文書を解読．炊飯の湯気に蒸し当て，柔らかい絹布に羽を押し当て，文字を写す(『日本書紀』).	

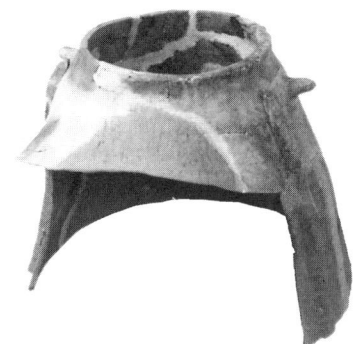

図13 移動式かまど(500)

図14 すり鉢(500)

573~621(敏達2~推古29)

西暦	天皇年紀	事　　項
573	敏達 2	5.3 越国に高句麗使節が着岸するが，饗応をせず，送還させる(『日本書紀』)． 8.14「鯨魚」の記載あり(『日本書紀』)．
584	13	この年，蘇我馬子，高句麗の恵便(えべん)を師として自分の娘とその弟子2人を得度させ，尼とする．また，この3人の尼に，法会の斎食(いもい)を供する(『日本書紀』)．
603	推古11	12.5 聖徳太子，冠位十二階制定．
604	12	4.3 聖徳太子，十七条憲法発布．第5条にて，食に奢ることをやめるよう説かれる(『日本書紀』)．
607	15	7.3 小野妹子を遣隋使として派遣．翌年4月，帰国． 冬，倭(やまと)，山背，河内に灌漑用池・大溝(用水路)造築(『日本書紀』)．
608	16	8.16 小野妹子とともに来朝した隋からの使人たちを，朝廷にて饗応(『日本書紀』)．
610	18	3.- 高句麗から来朝した僧曇徴，水車につけた唐臼「碾磑(みずうす)」を伝える(『日本書紀』)． 10.8 新羅・任那の使人，都に到着．膳臣大伴(かしわでのおみおおとも)を，任那の客を接待する荘馬(かざりうま)の長とする(『日本書紀』)． 10.17 新羅・任那からの使人を饗応(『日本書紀』)．
611	19	5.5 推古天皇，菟田野で薬猟(くすりがり，『日本書紀』)．
612	20	1.7 酒を与えて，群卿(まえつきみたち)に饗宴を賜る(『日本書紀』)． 5.5 推古天皇，羽田で薬猟(『日本書紀』)．
613	21	12.1 聖徳太子，片岡に遊行．飢者を見て，歌を詠む(『日本書紀』)．
614	22	5.5 推古天皇，薬猟(『日本書紀』)．
616	24	1.- モモ，スモモが実る(『日本書紀』)．
617	25	この年，出雲神戸郡(かむとのこおり)にて，缶(ほとき)ほどの大きさの瓜が実る(『日本書紀』)． この年，全国的に五穀豊作(『日本書紀』)．
621	29	2.5 聖徳太子薨去．多くの諸王，諸臣，人民が悲しみ，塩や酢の味さえわか

図15　推古天皇が薬猟をしたという大宇陀の現代の風景(611)

西暦	天皇年紀	事　項
		らぬほどであったとあり，また，農夫は耕すことをやめ，女は稲をつく杵音をさせなかったともあり(『日本書紀』).
623	推古31	春～秋，長雨・洪水により，五穀不作(『日本書紀』).
626	34	3～7.－ 全国的に長雨が続き，大飢饉となる(『日本書紀』).
628	36	9.20 推古天皇の喪礼．五穀が不作で，人民の窮乏を懸念した推古天皇の生前の遺言より，天皇は，24日，竹田皇子(息子)の陵に葬られた．また，その葬礼後，蘇我蝦夷は，阿倍麻呂臣と謀り，自邸に諸群臣を招き，皇嗣を決めるために，饗宴を行う(『日本書紀』).
630	舒明2	8.5 遣唐使の派遣開始． 8.8 高句麗・百済の客を朝廷で饗応(『日本書紀』).
632	4	10.4 唐からの使人たちに，神酒(みわ)を賜る(『日本書紀』).
636	8	この年，旱魃による大飢饉(『日本書紀』).
639	11	1.11 新嘗祭を催す(『日本書紀』).
642	皇極元	2.22 難波の郡にて，高句麗・百済の客を饗応(『日本書紀』). 2.25 高句麗，百済の客を饗応(『日本書紀』). 7.22 百済の使者大佐平智積(たいさへいちしゃく)らを饗応(『日本書紀』). 7.25 群臣たち，村々の祝部(はふりべ・神官)の教えに従って，牛馬を殺したり，市の場所を移したりして，諸社の神に祈るも，雨乞いの効果がなかったと語り合う(『日本書紀』). 10.12 朝廷にて，蝦夷を饗応(『日本書紀』).
643	2	8.－ 先月から，茨田池(まんたのいけ)の水が腐敗し，藍色になる．死んだ虫が水の表面を覆い，魚が食用とならなくなる．9～10月に，茨田池の水が元に戻る(『日本書紀』). 10.3 朝廷にて，群臣(まえつきみたち)，伴造(とものみやつこ)に饗応(『日本書紀』). この年，百済の太子余豊，大和の三輪山にミツバチの房(す)4枚(4家族)を放す．しかし，繁殖に失敗(『日本書紀』).
644	3	3.－ 菟田郡(うだのこおり)の押坂直(おしさかのあたい)，子供と菟田山にのぼって，雪の中に紫色のきのこ(芝草〈しそう〉・現在の霊芝)を見つける(『日本書紀』).

645～658(大化元～斉明4)

西暦	和暦	天皇	事項
645	大化元 6·19	孝徳	**6.12 大化の改新.** 孝徳天皇代に，呉からの渡来人善那が牛乳を搾り，天皇に献上．「和薬使主（やまとのくすしのおみ）」の姓を賜る．牛乳・乳製品製法伝来の始め（『新撰姓氏録』）．大山上和薬使主福常が初めて牛乳を搾る術を習い，「乳長上（ちちのちょうじょう）」という職を得る．子孫が代々跡をつぐ（『類聚三代格』）．善那と福常は同一人か．
646	2		**1.1 改新の詔発布.** **3.19** 貸稲（いらしのいね・稲を貸して利息をとるもの）を廃する（『日本書紀』）． **3.22** 諸国にて，農月の百姓の飲酒・美物（いお・魚）の食用などを禁止．田作りに専念させるため（『日本書紀』）． **8.-** 班田収授法発布．租庸調兵役義務が定まる（652年1月完了，『日本書紀』）．
650	白雉元 2·15		**2.9** 穴戸（長門）から，白雉が献上され，15日，白雉と改元．鷹を長門方面に放ち，生き物を捕らえることを禁じる（『日本書紀』）．
652	3		**4.20** この日から9日間にわたり，雨が続き，田畑や人畜に被害がおよぶ（『日本書紀』）．
655	斉明元 1·3	斉明	**7.11** 朝廷で越・陸奥の蝦夷194人と百済の調使（みつぎのつかい）150人を饗する（『日本書紀』）．
656			この年，『隋書』完成．その倭国伝に正月1日の飲酒の習慣，また，「盤俎（さらやまないた）」がなく，かしの葉をしき，手づかみで食べるとあり．
657	3		**7.15** 覩貨邏人（とからびと）を饗応する（『日本書紀』）．
658	4		**4.-** 阿陪臣（あべのおみ）が蝦夷を伐つ．齶田（あぎた）の蝦夷の恩荷（おが），天皇への忠誠の誓いに，自分たちには肉食の習慣があるため，弓矢をもっていると告げる（『日本書紀』）． **11.3** 蘇我赤兄，有間皇子に天皇の3つの失政を語る．そのひとつに，

図16 飛鳥川原宮跡から出土した土器(655・656)

西暦	和暦	天皇	事　　　　　項
659	斉明5	斉　明	長い用水路を掘って，人夫に沢山の食料を費やしたことを挙げる（『日本書紀』）。 3.1 天皇，吉野へ行幸．大宴会を催す（『日本書紀』）． 3.17 陸奥・越の蝦夷を饗応する（『日本書紀』）．
662	天智元	天　智	1.27 百済の佐平鬼室福信（さへいきしつふくしん）に，矢10万隻，糸500斤，綿1000斤，布1000端，なめし皮1000張，稲種（たなしね）3000斛などを与える（『日本書紀』）．
663	2		8.27～28 白村江の戦い．
664	3		12.－ 淡海（近江）より，坂田郡（さかたのこおり）の小竹田史身（しのだのふびとむ）が飼っている家のイノシシの水槽の中に，稲が生じたと報じる（『日本書紀』）．
665	4		11.13 唐からの使い劉徳高（りゅうとくこう）を饗応（『日本書紀』）．
	5		冬，百済の人に対し，僧俗を問わず，3年間にわたり，国費による食を与える（『日本書紀』）．
668	7		1.7 内裏にて，群臣とともに饗宴を催す（『日本書紀』）． 5.5 天智天皇，大皇弟（ひつぎのみこ，大海人皇子），諸王，内臣（中臣鎌足），群臣などを伴い，蒲生野で狩猟（『日本書紀』）． 7.－ 多くの牧場を設置．馬を放牧する（『日本書紀』）． 7.－ 水辺の御殿下に，多様な魚が水が見えなくなるくらいに集まる（『日本書紀』）． 7.－ 蝦夷を饗応．またいろいろなところで，舎人に命じて宴を賜る（『日本書紀』）．

図17　現代の額田王と大海人皇子の歌碑（668）

669～678(天智8～天武7)

西暦	和暦	天皇	事　項
669	天智8	天智	3.18 耽羅(たんら)王に，五穀の種を賜る(『日本書紀』). 5.5 天智天皇，大皇弟(ひつぎのみこ・大海人皇子)や藤原鎌足らと，山科野(やましなのの)で薬猟(『日本書紀』).
670	9		2.- 庚午年籍作成.高安城(たかやすのき)を造り，穀(もみ)と塩を蓄える(『日本書紀』).
671	10		6.- 新羅，水牛1頭，山鶏1羽を献じる(『日本書紀』). 8.18 蝦夷を饗応する(『日本書紀』).
672	天武元		6～7.- 壬申の乱. 11.24 新羅からの客人金押実(こんおうじつ)らを，筑紫にて饗応する(『日本書紀』).
673	2	天武	1.7 群臣(まえつきみたち)に酒宴を賜る(『日本書紀』). 閏6.24 新羅からの使者貴干宝(きかんほう)らを，筑紫にて饗応する(『日本書紀』). 9.28 新羅からの使者金承元(こんじょうがん)らを，難波にて饗応する(『日本書紀』). 11.21 高句麗の使者邯子(かんし)，新羅の使者金薩儒(こんさちぬ)らを，筑紫にて饗応する(『日本書紀』).
675	4		1.7 群臣(まえつきみたち)に宴を賜る(『日本書紀』). 1.17 大和より，瑞鶏(ずいけい・めでたい鶏)奏上(『日本書紀』). 4.17 天武天皇，「肉食禁止令」発布.牛・馬・犬・猿・鶏の食用が4月1日～9月30日の間，禁止される.また，狩猟法も制限(『日本書紀』). 8.28 新羅・高句麗の調使を，筑紫にて饗応する(『日本書紀』). 10.10 群臣に酒宴を賜る(『日本書紀』).
676	5		1.15 百寮の初位以上が薪を奉る.朝庭にて，全員を集めて，宴を賜る(『日本書紀』). 1.16 天武天皇，嶋宮にて宴会を催す(『日本書紀』). 5.- 南淵山・細川山一帯の草木採取を禁止.禁野の焼却・伐採を禁じる(『日本書紀』). この夏，雨が降らず，五穀が実らず，百姓飢える(『日本書紀』). 8.17 放生令(捕らえている動物を放すこと)発布.諸国に初めて放生させる(『日本書紀』). 10.1 群臣に酒宴を賜る(『日本書紀』). 10.3 新嘗祭に先立つ新穀祭「相嘗祭」を催す(『日本書紀』). 11.19 京の近隣諸国にて放生させる(『日本書紀』).
677	6		2.- 飛鳥寺の西の槻の下にて，多禰嶋(たねのしま・種子島)の人らを饗応する(『日本書紀』). 4.14 新羅使の送使被珍奈らを，筑紫にて饗応する(『日本書紀』). 5.- 京，畿内にて，旱魃が起こる(『日本書紀』). 11.21 新嘗祭を催す(『日本書紀』). 11.23 百寮(諸官司)に，新穀を賜る(『日本書紀』).
678	7		9.- 忍海造能摩呂(おしぬみのみやつこよしまろ)，株ごとに枝のあ

西暦	和暦	天皇	事　項
679	天武 8	天　智	る瑞稲5株を奉る(『日本書紀』). この年, 紀伊伊刀郡(いとのこおり), 芝草(しそう・霊芝)を貢進(『日本書紀』). この年, 因幡, 瑞稲を貢進(『日本書紀』).
680	9		1.8 王卿, 大殿の庭にて宴を賜る(『日本書紀』). 1.20 摂津,「活田村(いくたのむら)にて, 桃や李が実をつけた」と報告(『日本書紀』). 4.25 筑紫にて, 新羅の使人金項那(こうな)らを饗応(『日本書紀』). 10.4 京中の貧民(僧尼, 百姓)に賑給(しんごう, 『日本書紀』).
681	10		1.7 向小殿にて, 節会. 諸臣に酒がふるまわれる(『日本書紀』). 8.20 多禰島(たねのしま・種子島)から使いが帰り, 地図を奉り, 稲が豊かに実り, 年に2度収穫できること, 種々の海産物などの物産が多いことを報告(『日本書紀』). 9.14 飛鳥寺の西の川のほとりにて, 多禰島(たねのしま・種子島)の人たちを饗応する(『日本書紀』).
682	11		7.27 信濃, 吉備ともに, 霜と大風にて, 五穀が実らずと報告される(『日本書紀』).
683	12		7～8. 日照りが続く(『日本書紀』). 10.13 天武天皇, 倉梯(くらはし)にて狩猟(『日本書紀』).
684	13		2.24 筑紫にて, 新羅使金主山(しゅせん)を饗応する(『日本書紀』). **10.1 八色の姓制定.**
685	14		9.9 天皇, 旧宮の安殿の広庭にて, 重陽の宴を賜る(『日本書紀』).
686	朱鳥元 7・20		1.2 天皇, 大極殿にて, 諸王たちに宴を賜る(『日本書紀』). 1.9 三綱(さんごう)の律師, 大官大寺の知事・佐官など9人の僧に, 俗人の食物で供養(『日本書紀』). 1.13 種々の才芸のある人, 博士, 陰陽師, 医師者(くすし)など20余人を招き, 食事を賜る(『日本書紀』). 1.16 天皇, 大安殿にて, 王卿らに宴を賜る(『日本書紀』). 1.17 天皇, 後宮にて, 宴を賜る(『日本書紀』). 1.18 朝庭にて, 盛大な酒宴を賜る(『日本書紀』). 5.29 筑紫にて, 新羅使金智祥(こんちじょう)らを饗応(『日本書紀』). 6.22 名張の厨司(くりやのつかさ)にて, 火災(『日本書紀』). 7.19 貧者への稲の貸出(貸稲(いらしいね))の返済免除(『日本書紀』).
687	持統元	持　統	3.15 常陸にて, 日本に渡来した高句麗人56人を居住させ, 土地と食料を与える(『日本書紀』). 3.22 下毛野にて, 日本に渡来した新羅人14人を居住させ, 土地と食料を与える(『日本書紀』). 4.10 筑紫大宰, 日本に渡来した新羅の僧尼, 百姓(たみ)22人を献じる. 武蔵に居住させ, 土地と食料を与える(『日本書紀』). 8.5 殯宮にて, 新穀を供える嘗(なおらい)を催す. 御青飯(あおきおもの)という(『日本書紀』).
688	2		2.10 筑紫館(つくしのむろつみ)にて, 新羅使金霜林(こんそうりん)

西暦	和暦	天皇	事　項
688	持統2	持　統	らを饗応する(『日本書紀』)． 9.23 筑紫館(つくしのむろつみ)にて，耽羅(たんら)使加羅らを饗応する(『日本書紀』)． 12.12 飛鳥寺の西の槻の下で，蝦夷男女213人を饗応し，冠位を授ける(『日本書紀』)．
689	3		1.3 持統天皇，陸奥の蝦夷の脂利古(しりこ)の子，麻呂と鉄折(かなおり)の出家を，年は若いが，菜食をし，戒律を守るとの理由で認める(『日本書紀』)． 1.7 公卿に節会の宴を賜る(『日本書紀』)． 1.16 百官たちに食事を賜る(『日本書紀』)．
690	4		1.3 内裏にて，公卿らに宴を賜り，衣裳を与える(『日本書紀』)．
691	5		1.7 公卿らに飲食・衣裳を賜る(『日本書紀』)． 3.3 西庁(にしのまつりごとどの)にて，公卿らに宴を賜る(『日本書紀』)． 5.18 持統天皇，4月からの季節はずれの長雨が農作物を損なうのではないかと懸念し，公卿，百官に酒肉を断つことなどを命じる(『日本書紀』)． 10.13 畿内・諸国にて，各1000歩(約1000坪)の長生地(殺生禁断の場所)設置(『日本書紀』)． 11.1 大嘗祭を催す(『日本書紀』)． 11.25 公卿に飲食・衾を賜る(『日本書紀』)． 11.28 公卿以下主典(ふびと)までに，饗・絹等を賜る(『日本書紀』)． 11.30 神祇官の長上(ながつかえ・毎日出勤するもの)以下神部(かむとものお)まで，さらに大嘗に供奉した播磨・因幡の郡司以下百姓の男女までに，饗・絹を賜る(『日本書紀』)．
692	6		1.7 公卿らに飲食・衣裳を賜る(『日本書紀』)． 2.19 中納言三輪朝臣高市麻呂(みわのあそんたけちまろ)が上表し，天皇の伊勢行幸が農事の妨害になると諫言．翌3月3日に再度諫言するも，受諾されず，辞職．同6日，持統天皇，諫言に従わず行幸(『日本書紀』)． 3.19 持統天皇，行幸先の志摩の百姓(おおみたから)男女80歳以上の者に，稲50束ずつを賜る(『日本書紀』)． 3.29 持統天皇，困窮した百姓に稲(男3束，女2束)を賜る(『日本書紀』)． 5.6 持統天皇，阿胡行宮(あごのかりみや・志摩英虞郡)にて，海産物を進上した紀伊牟婁郡の阿古志海部河瀬麻呂(あこしのあまのかわせまろ)ら兄弟3戸に，10年間の調役・徭役を免除する(『日本書紀』)． 閏5.3 大水が起こる．持統天皇，使いを各国に向かわせ，災害に苦しむ人々に官稲の借用や山林池沢での漁採を許可する(『日本書紀』)． 7.7 公卿らに宴会を賜る(『日本書紀』)． 9.21 伊勢国司(くにのみこともち)が嘉禾(めでたい稲)2本を奉る(『日本書紀』)．

西暦	和暦	天皇	事　　　　　項
692	持統6	持統	11.11 難波館にて，新羅使朴億徳(ぼくよくとく)に饗宴を賜る(『日本書紀』).
693	7		1.7 公卿らに饗宴を賜る(『日本書紀』).
			3.17 諸国にて，五穀の助けになるクワ，カラムシ，ナシ，クリ，カブの栽培奨励(『日本書紀』).
			11.14 沙門法員・善往・真義らを派遣し，近江益須郡の醴泉(こさけのいずみ)の水を試飲させる(『日本書紀』).
694	8		1.7 公卿らに饗宴を賜る(『日本書紀』).
			1.16 百官たちに饗宴を賜る(『日本書紀』).
			3.16 持統天皇，前年に近江益須郡の醴泉を見つけた葛野羽衝(かどののはつき)，百済土羅羅女(くだらのつららめ)に絁，布，鋤を与える(『日本書紀』).
			5.6 内裏にて，公卿大夫(まえつきみたち)らに饗宴を賜る(『日本書紀』).
			6.8 河内更荒郡(さららのこおり)から白い山鶏を奉る(『日本書紀』).
			12.6 持統天皇，藤原宮に遷る.
			12.12 公卿大夫(まえつきみたち)らに宴会を賜る(『日本書紀』).
695	9		1.7 内裏にて，公卿大夫(まえつきみたち)らに饗宴を賜る(『日本書紀』).
			1.16 百官たちに饗宴を賜る(『日本書紀』).
			5.13 隼人・大隅に饗宴を賜る(『日本書紀』).
696	10		1.7 公卿らに饗宴を賜る．白馬の節会(『日本書紀』).
			1.16 百官たちに饗宴を賜る(『日本書紀』).
697	文武元		1.7 公卿らに饗宴を賜る．白馬の節会(『日本書紀』).
			1.11 全国のやもめの男女，孤児，独居老人，貧しさで困窮するものに稲を賜る(『日本書紀』).
			1.16 公卿，百官たちに饗宴を賜る．踏歌の節会(『日本書紀』).
		文武	8.17 諸国にて，毎年放生させる(『続日本紀』).
			9.3 京人の大神大網造百足(おおみわおおよさみのみやつこももたり)の家にて，嘉稲(めでたいいね)が生える(『続日本紀』).
			9.3 近江が白いスッポン，丹波が白鹿献上(『続日本紀』).
			10.19 陸奥の蝦夷，土地の産物献上(『続日本紀』).
			閏12.7 播磨，備前，備中，周防，淡路，阿波，讃岐，伊予8国にて，飢饉．米穀を施す「賑給」実施(『続日本紀』).
			この頃(カ)，長忌寸意吉麻呂，「醤酢に蒜搗き合てて鯛願ふ我れにな見えそ水葱の羹」の歌のほか，青菜の煮物などの歌を詠む(『万葉集』16-3829).
698	2		5.16 諸国に使いを派遣し，田を巡視させる(『続日本紀』).
			6.14 越後の蝦狄(えみし)，土地の産物献上(『続日本紀』).
			10.23 陸奥の蝦夷，土地の産物献上(『続日本紀』).
699	3		11.29 義淵，学行を賞賛され，稲1万束を賜る(『続日本紀』).
700	4		3.10 道照没．その伝に，白雉4年入唐した玄奘が「西域で吾に梨を

700〜701（文武4〜大宝元）

西暦	和暦	天皇	事　項
700	文武4	文武	与えたのは汝だ」といったと見える（『続日本紀』）． 3.17 諸国に牧地が定められ，牛馬が放たれる（『続日本紀』）． この年，文武天皇，全国に牛乳を煮詰めた「蘇」造りを命じ，毎年朝廷に一定量を貢納させる（『政事要略』）． この頃，藤原宮跡出土木簡に，サバ，カツオ，ワカメ，イリコ，テングサ，鹿のすし，猪の干肉，末醬（ミソ），塩等の地方の産物がみえる（『飛鳥・藤原京展』）．
701	大宝元 3·21		1.16 朝堂殿にて，皇親と百官に宴を賜う．直広弐（従四位下相当）以上の者に，御器（ごき）の膳（天皇と同じ器の食事）を賜る（『続日本紀』）． 3.3 東安殿にて，王親，侍臣とともに曲水の宴を催す（『続日本紀』）． 6.16 西の高殿にて，王親，侍臣とともに饗宴（『続日本紀』）． 8.3 文武天皇による大宝律令の制定．大宝律令の厩牧令に死亡牛馬処分案あり．牛馬食を証明．その他畿内の官田の耕作用として牛を中以上の戸に飼養せしむる規定や官私の牛馬を故意に殺した者を処罰する規定もあり． 大宝律令以降，食物を扱う「膳職（かしわでしき）」が，米，飯，雑穀を司る部署は「大炊寮」，そのほかの食品は「大膳職」に分離．また職員令の典薬寮に，薬物と薬園を掌る「薬戸」と牛乳を搾る「乳戸」が設置される．さらに，朝廷内に，大膳職の別院として雑醬，豉，末醬を司る「醬院（ししはつかさ）」の設置．

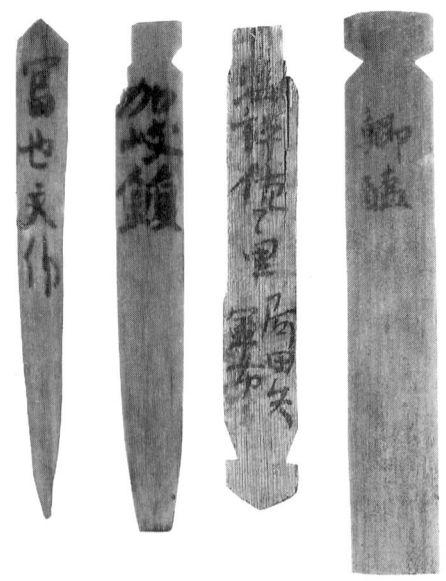

図18　藤原宮跡出土の地方産物木簡（700）

西暦	和暦	天皇	事　　項
702	大宝2	文武	1.15 西閣にて，群臣とともに饗宴．歓楽をきわめ，身分に応じた引出物を与える（『続日本紀』）．
			2.19 駅田の収穫稲「駅起稲」の記載あり（『続日本紀』）．
			8.5 大風により，駿河，下総にて，稲の収穫に被害が出る（『続日本紀』）．
			9.17 駿河，伊豆，下総，備中，阿波にて，飢饉．使いが救済に向かう（『続日本紀』）．
			10.11 近江，嘉禾献上（『続日本紀』）．
703	3		7.5 災害や異変により，穀物不作（『続日本紀』）．
704	慶雲元 5·10		4.19 讃岐にて，飢饉．物資が援助される（『続日本紀』）．
			4.27 備中，備後，安芸，阿波にて，稲の苗に損害．物資が援助される（『続日本紀』）．
			5.16 武蔵にて，飢饉．物資が援助される（『続日本紀』）．
			8.5 伊勢，伊賀にて，蝗害（『続日本紀』）．
			8.28 周防にて，大風による風害．秋の収穫に悪影響（『続日本紀』）．
			10.5 天皇，時季はずれの大雨や日照りによる不作のために課役と田租を免除すると詔する（『続日本紀』）．
			12.20 大宰府，「大風により，稲に被害あり」と報告（『続日本紀』）．
705	2		4.3 天皇，陰陽の不調和が，降雨と日照りを引き起こし，不作，飢饉を引き起こしている．人民の窮乏を救うため，五大寺に金光明経を読ませたいと詔する（『続日本紀』）．
			6.28 日照りによる作物の不作を嘆き，僧たちに雨乞いをさせるよう願い出る（『続日本紀』）．
			8.11 陰陽の不調和で，10日以上の日照りとなる．不作や飢饉により，犯罪も増加．大赦を行い，調の半減，自活できない老人，病人，やもめの男女，孤児，独居老人に，物資を恵む（『続日本紀』）．
			10.26 使者を五道に派遣．高齢者，老人，病人，やもめの男女，孤児，独居老人に物資を恵む（『続日本紀』）．
			この年，20の国にて，疫病，飢饉発生．医師や薬を送り，物資を恵む（『続日本紀』）．
706	3		1.7 朝堂にて，新羅使金儒吉たちを饗応．唐や新羅，百済，高麗などの音楽を奏する（『続日本紀』）．
			2.16 河内，摂津，出雲，安芸，紀伊，讃岐，伊予7国にて，飢饉．物資を恵む（『続日本紀』）．
			2.16 大宝令実施の結果を基に，食封・調庸などの内容を改訂．また，貧窮民へ支給する粟の貯蓄を目的とした義倉に関して，貧窮民からの徴収，また貧窮民以外への粟の横流しを禁じる（『続日本紀』）．
			3.13 3つ子の男子を産んだ右京の日置須太売（へきのすため），衣服，食糧，乳母を賜る（『続日本紀』）．
			3.14 王，公卿，臣下たちによる山沢の私有地化，農耕・播種が農民の農事の妨げになるとし，高位高官の者が，人民の農事を妨害することを禁じる（『続日本紀』）．

706～711(慶雲3～和銅4)

西暦	和暦	天皇	事　項
706	慶雲3	文　武	4.29 河内，出雲，備前，安芸，淡路，讃岐，伊予にて，飢饉．物資を恵む(『続日本紀』)． 7.28 諸国にて，飢饉．使いを六道に派遣し，物資を恵む(『続日本紀』)．また，大宰府より，管内9国(筑前，筑後，豊前，豊後，肥前，肥後，日向，大隅，薩摩)，3嶋(壱岐，対馬，種子島)にて，日照りと大風による不作の報告が入る(『続日本紀』)．
707	4		3.26 摂津，伊勢など23ヵ国に焼印(鉄の印)を与え，官営の牧場の駒と子牛に押印を命じる(『続日本紀』)． 4.29 全国にて，飢饉・疫病．丹波，出雲，石見は特に甚大な被害を受ける(『続日本紀』)． 4.29 正六位下の山田史御方(やまだのふひとみかた)に，学問優遇をうたい，布，鍬，塩，穀を与える(『続日本紀』)． 5.16 3つ子の女の子を産んだ美濃国の村国連等志売(むらくにのむらじとしめ)，穀40斛と乳母1人を賜る(『続日本紀』)． 5.21 畿内にて，長雨．稲の苗が損なわれたため，使いを派遣して，穀の無利息貸付実施(『続日本紀』)．
		元　明	11.2 志摩に，物資を恵む(『続日本紀』)．
708	和銅元 1·11		5.11 和同開珎発行(銀銭)．8月10日(銅銭)． 11.21 大嘗祭を催す(『続日本紀』)． 11.23 五位以上の官人に宴を賜る．同25日には，六位以下の職事官人に宴を賜る(『続日本紀』)．
709	2		3.4 隠岐にて，飢饉．物資を恵む(『続日本紀』)． 5.20 河内，摂津，山背，伊豆，甲斐の5国にて，長雨．稲が損なわれる(『続日本紀』)． 5.20 新羅からの使い金信福らが，土地の産物献上．同月27日に，朝廷にてもてなしを受け，翌月1日帰国(『続日本紀』)． 6.21 諸国に，駅起稲帳(宿駅の経費をまかなう収穫稲の帳簿)の提出を命じる(『続日本紀』)． 10.11 造平城京司に，工事中に発掘された古墳は埋め直し，酒を注ぎ，死者の魂を慰める祭りをするように命じる(『続日本紀』)．
710	3		3.10 平城京に遷都． 4.29 参河，遠江，美濃3国にて，飢饉．物資を恵む(『続日本紀』)． 7.7 左大臣舎人・正八位下の牟佐村主相模(むさのすぐりさがみ)，めでたい瓜献上．それにより，京内(みやこ)の人民には，戸ごとに穀1斛給付(『続日本紀』)．
711	4		4.5 大倭，佐渡にて，飢饉．物資を恵む(『続日本紀』)． 6.21 天皇，詔にて，昨年の長雨による麦の不作，また今年の日照りによる稲田の不作を述べ，降雨を喜ぶ(『続日本紀』)． 7.5 3つ子の男子を産んだ山背相楽郡の狛部宿禰奈売，絁，真綿，麻布，稲と乳母1人を賜る(『続日本紀』)． 11.22 畿内の80歳以上の者，また孤児・独居老人で自立できない者に，衣服，食物を賜る(『続日本紀』)．

図19 平城京復元図(710)

図20 長屋王家で使用した食器類(700)

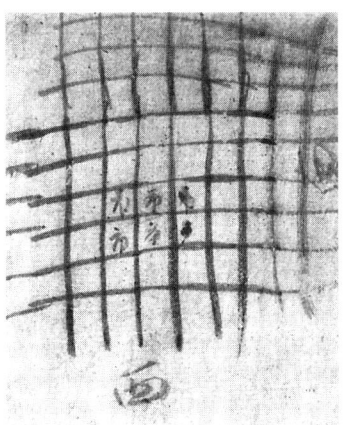

図21 東市の略図(758)

711〜717（和銅4〜養老元）

西暦	和暦	天皇	事　項
711	和銅4	元明	12.6 親王以下，強豪の家が山野を私有地化し，農民の業を妨げることを禁じる（『続日本紀』）．
712	5		1.16 ふるさとへの帰路に，餓死する役民が多いため，諸国司に物資を恵み，気遣うよう命じる（『続日本紀』）． 1.28 『古事記』完成．中に五穀（稲・粟・小豆・麦・大豆）の起源を語る説話が見える． 2.19 京，畿内の高齢者，やもめの男女，孤児，独居老人に，絁，真綿，米，塩を賜る（『続日本紀』）． 5.16 国司の国内巡行，交代時に，食料，馬，脚夫を給わる最初の法制定（『続日本紀』）．
713	6		1.4 備前が白鳩，伯耆が嘉瓜（かか，めでたい瓜），左京職が稗が変化して禾（イネ）となったもの1茎献上（いずれも祥瑞）（『続日本紀』）． 5.25 山背に命じ，「乳牛戸」50戸設置（『続日本紀』）． この年，元明天皇の詔によって，風土記の撰進開始．諸々の食の逸話も収載される．
715	霊亀元 9·2		5.1 丹波・丹後にて，飢饉．税稲の無利息貸付を行う（『続日本紀』）． 5.12 伯耆にて，甘露（祥瑞）が降ったと報告（『続日本紀』）． 5.19 義倉を粟で出す法を改定（『続日本紀』）． 5.25 摂津，紀伊，武蔵，越前，志摩にて，飢饉．税稲の無利息貸付を行う（『続日本紀』）． 5.25 遠江にて，地震．水田の苗が損害受ける（『続日本紀』）． 6.12 太政官，日照りのため，耕作や収穫が困難になるのではないかと危惧し，雨乞いに乗り出すよう奏上（『続日本紀』）．
		元正	10.7 諸国の民は生業の技術をきわめず，湿地で稲を作ることのみで，陸田の有利性を理解していないとし，成年男子1人に稲と麦の栽培奨励．また，粟の価値を賞賛し，稲の代わりに粟を租税として納めることも許可（『続日本紀』）． 10.29 蝦夷の須賀君古麻比留，先祖以来，土地で採取し，献上し続けている昆布について言上．国府への往復に何十日もかかり苦労が絶えぬとも説く（『続日本紀』）． 12.11 3つ子の男の子を産んだ常陸の占部御蔭女（うらべのみかげめ），食料と乳母1人を賜る（『続日本紀』）．
716	2		1.1 雨のため，朝賀中止．朝堂にて，五位以上の官人に宴を賜る（『続日本紀』）． 2.2 摂津，大隅と媛島の牧を廃止して水田を増やし，食糧増産することを許可される（『続日本紀』）． 11.19 大嘗祭を催す（『続日本紀』）．
717	養老元 11·17		4.23 詔に，僧尼令を引いて，乞食をする者があれば，午の刻（午前11〜午後1時）以前に托鉢にて食を請うよう言及（『続日本紀』）． 6.1 3つ子の女の子を産んだ右京の素姓仁斯（そせいにし），衣服・食料と乳母1人を賜る（『続日本紀』）． 7.23 従五位下の紀朝臣清人，学業が評価され，糇百斛を賜る（『続日

西暦	和暦	天皇	事　　項
717	養老元	元正	本紀』）。 12.22 美濃，立春の明け方に当耆郡の醴泉（れいせん）をくみ，醴酒（あまざけ）用に，京都に貢進するよう，命じられる（『続日本紀』）。
718	2		2.7 天皇，美濃の醴泉に行幸（『続日本紀』）。 4.- 筑後守道君首名，筑後・肥後の農民に稲のほかに果物や野菜を植えさせ，猪と鶏の飼育を奨励する規定を作成（『続日本紀』）。 6.4 大炊寮に，初の史生4人配置（『続日本紀』）。 この年，藤原不比等ら，「養老律令」撰定．
719	3		6.16 正税と雑稲の出挙を穀（籾）で納めさせる（『続日本紀』）。 6.19 典薬寮の乳長上とあり（『続日本紀』）。 9.22 六道にて，飢饉．義倉より穀物を恵み与える（『続日本紀』）。
720	4		1.1 殿上にて，親王と近臣を饗応する（『続日本紀』）。 2.2 造器を管理する検校造器司に，釈奠（孔子をまつる儀式）の器を作らせ，大膳職・大炊寮に配置（『続日本紀』）。 3.17 毎年初春に，正税の稲を人民に貸し出し，秋に貸与の量に応じて返却させること，また京内に官物を蓄えて，公用で物を送り届け帰還する者に，日程に応じ，食糧を支給することを奏上（『続日本紀』）。 5.21 『日本書紀』完成．神代紀に稲，粟，稗，麦，豆の起源説話を載せる．神武紀に，神武天皇が東征の際，弟猾という人物が牛肉・酒をふるまい，天皇はそれを将兵に賜ったとあり． 10.17 養民司（葬儀の人夫の給食を司る）を設置（『続日本紀』）。
721	5		3.7 天皇，近頃の干害や水害により，農耕や養蚕に被害が出，飢えや寒さに苦しむ人民を憂う（『続日本紀』）。 4.27 天下の諸国にて，力田の人（農耕に従事する人）を推挙させる（『続日本紀』）。 7.25 元正天皇，仁愛は動植物にまでおよぶべしとし，放鷹司の鷹と犬，大膳職の鵜，諸国の鶏や猪を放生すること，また，放鷹司の官人と大膳職の長上らを廃止するよう命じる（『続日本紀』）。
722	6		閏4.17 蘇は櫃ではなく籠に納め貢ずるよう命じる（『政事要略』）。 閏4.25 太政官，食物が人民にとって，最も大切なものであることから，水害や干害が起きても，穀物を蓄えるために，農業を奨励することの必要性を述べ，良田100万町歩の開墾計画を奏上し，天皇はこれを裁可（『続日本紀』）。 7.7 近頃，しきりに旱魃に見舞われる（『続日本紀』）。 7.7 天皇，路上の腐肉や骨を土の中に埋め，飲酒を禁じ，殺生を止めさせるよう，詔する（『続日本紀』）。 7.19 天皇，今夏は雨が一切降らないことを憂い，晩稲（おくて），蕎麦，大麦，小麦の栽培を奨励し，その蓄えで凶年をしのぐよう，詔する（『続日本紀』）。 8.14 雨が少なく，諸国で稲が実らず（『続日本紀』）。
723	7		2.23 矢田池を初めて築く（『続日本紀』）。 4.8 日向，大隅，薩摩にて，隼人の賊征討中，飢えと寒さに迫られ

723～730（養老7～天平2）

西暦	和暦	天皇	事	項
723	養老7	元　正	ているとあり（『続日本紀』）． 4.17 三世一身法制定（『続日本紀』）． 11.2 奴婢の班田年齢を12歳以上とする（『続日本紀』）． この年，興福寺に施薬院，悲田院建設（『扶桑略記』）．		
724	神亀元 2・4	聖　武	11.25 朝堂にて，五位以上の官人，御酒と禄で饗宴（『続日本紀』）． 11.26 朝堂にて，各役所の主典以上の官人が饗宴．位階のない皇族，諸司の番上，備前・播磨の国司，両国の由機（ゆき）・須機（すき）の郡司やその妻子にも酒食を与える（『続日本紀』）．		
725	2		7.17 諸国の神社内にて，家畜放し飼いの横行を咎める（『続日本紀』）． 11.10 冬至の賀辞．親王ら，天皇に珍しい食物を献上（『続日本紀』）． 播磨直弟兄，甘子（みかん）を唐より持ち帰り，佐味朝臣虫麻呂，その実を植え実をならせる．この日，両人に授位（『続日本紀』）．		
726	3		6.6 朝堂にて，新羅使金造近らを饗応（『続日本紀』）． 6.14 天皇，諸国の病人に，医薬と籾を給うよう，詔する（『続日本紀』）． 6.15 太上天皇（元正）が病に臥したため，諸国にて放生（『続日本紀』）． 8.30 新任国司赴任の際に，給食・給馬（食馬給付）を，任国の遠近により定める．また，道すがらにある諸国には，飲食を供給するよう命じる（『続日本紀』）． 9.12 大豊作（『続日本紀』）． 12.24 尾張にて，飢饉．遠江5郡にて，水害（『続日本紀』）．		
727	4		1.3 河内，株が別で穂が1つになった「嘉禾（かか）」献上（『続日本紀』）． 1.7 朝堂にて，五位以上の官人を饗応．同9日には南苑にて，饗応（『続日本紀』）． 2.23 豊作が見込めそうなことから，京の六位以下官人から庶民までの戸主に対し，塩1顆，糀2斗を与えるよう詔する（『続日本紀』）． 10.2 安房，風害により，秋の収穫に損害が出たと報告（『続日本紀』）． 11.2 朝堂院にて，饗宴（『続日本紀』）．		
728	5		3.3 鳥池の堤にて，五位以上の官人を饗応（『続日本紀』）． この頃，山上憶良の歌に「瓜食めば子ども思ほゆ．栗食めばまして偲はゆ」とある（『万葉集』5-802）．		
729	天平元 8・5		1.7 朝堂にて，五位以上の官人を饗応（『続日本紀』）． 3.3 松林苑にて，群臣を饗応（『続日本紀』）． 4.- 聖武天皇，大般若会にて百僧に団茶を賜る（行茶の儀）． 6.2 営厨司（厨造営にかかわる役所）廃止（『続日本紀』）．		
730	2		1.7 中朝にて，五位以上の官人を饗応（『続日本紀』）． 1.16 大安殿にて，五位以上の官人を饗応（『続日本紀』）． 3.3 松林苑にて，群臣を饗応（『続日本紀』）． 3.27 大学に在籍する優秀な生徒に対し，夏・冬の食料と衣服を支給する（『続日本紀』）． 4.10 諸国の国郡司が地方の珍奇な食料品の貢進を隠すことを指摘．献上を促す（『続日本紀』）．		

西暦	和暦	天皇	事 項	
730	天平2	聖武	4.17	皇后宮職にて,施薬院設置(『続日本紀』).
			6.27	日照りが続いて,穀物不足が懸念され,畿内4ヵ国の農作状況を検察(『続日本紀』).
			9.29	再度,檻での鳥獣捕獲,猪や鹿の殺生を禁止(『続日本紀』).
731	3		1.1	中宮殿にて,群臣を饗応(『続日本紀』).
			1.26	神祇官,「庭火御竈(にわびのみかま)」を,年中定例として遣すよう奏上(『続日本紀』).
			8.25	天皇,穀物の実りが豊かであると豊年を喜ぶ(『続日本紀』).
			11.5	冬至.南樹苑にて,五位以上の官人を饗応(『続日本紀』).
732	4		5.21	朝堂にて,新羅使金長孫らを饗応(『続日本紀』).
			5.24	対馬島司の年粮(年間の食料)の支給期間を任期満了日より本籍地帰還まで延長(『続日本紀』).
			6.28	日照りが続き,農業ができず.雨乞いするが,効果なし(『続日本紀』).
			7.5	旱魃に際し,酒・殺生禁止(『続日本紀』).
			7.6	聖武天皇,畿内の百姓が飼うイノシシ40頭を放生(『続日本紀』).
			8.22	東海・東山2道にて,牛馬の売買禁止.なお,公に進上する牧場の牛馬のみ許可(『続日本紀』).
			8.27	夏の少雨により,秋の実りが悪いとあり(『続日本紀』).
			11.27	冬至.南苑にて,群臣を饗応(『続日本紀』).
733	5		1.1	中宮殿にて,群臣,侍臣を饗応(『続日本紀』).
			1.27	芳野監,讃岐,淡路などにて,昨年は不作とあり.飢饉にあえぐ人民に無利息で稲を貸しつける(『続日本紀』).
			2.7	紀伊,旱害をこうむり,食料を恵む(『続日本紀』).
			3.16	遠江,淡路にて飢饉.救済物資を与える(『続日本紀』).
			閏3.2	和泉監,紀伊,淡路,阿波などにて,甚大な旱害.五穀不作(『続日本紀』).

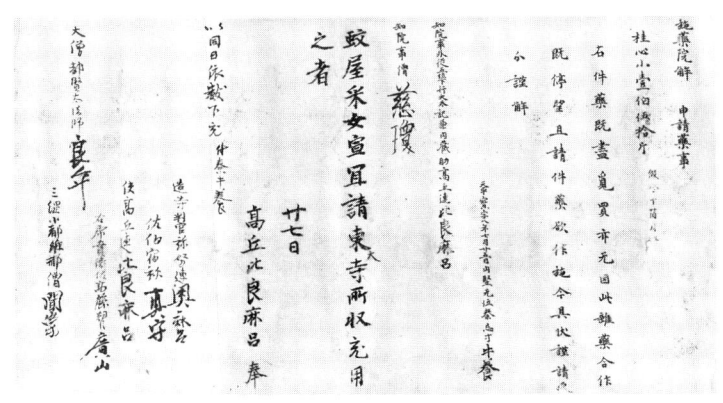

図22　施薬院設置(730)

733～736（天平5～天平8）

西暦	和暦	天皇	事 項	
733	天平5	聖武	閏3.21 生活困窮の諸生（大学の学生など）に，米，塩を賜る（『続日本紀』）．	
			7.6 大膳職にて，初の盂蘭盆供養の供えをする（『続日本紀』）．	
			この年，右京・左京，諸国に，飢疫者多数（『続日本紀』）．	
734	6		4.23 東海，東山，山陰道諸国にて，牛馬の売買，国外持ち出しを許可（『続日本紀』）．	
			6.14 大倭葛下郡の白丁の花口宮麿，私稲を放出し，貧民を救済（『続日本紀』）．	
			この年，尾張，多量の赤米を酒料として，大炊寮に貢納．また，雑鮨の名がみえる（『尾張国正税帳』）．	
735	7		1.1 中宮殿にて，侍臣を饗応．また，朝堂にて，五位以上の官人を饗応（『続日本紀』）．	
			5.23 京，畿内，2監の高齢者や重病者などに，糀の施しを行う（『続日本紀』）．	
			8.12 大宰府管内にて流行る疫病の罹病者に米や煎じ薬を給付する（『続日本紀』）．	
			閏11.17 高齢で100歳の者には糀3石，90歳以上の者には糀2石，80歳以上の者には糀1石を与える（『続日本紀』）．	
			この年，天然痘の流行に伴い，多数の若い死者が出る．穀物不作（『続日本紀』）．	
736	8		1.1 南殿にて，群臣を饗応（『続日本紀』）．	
			7.14 京，畿内，七道諸国にて，病気の人民・僧尼に煎じ薬と食料を与えるよう，詔される．また高齢で100歳の者には糀4石，90歳以上の者には糀3石，80歳以上の者には糀2石，70歳以上の者には1石を与える（『続日本紀』）．	
			10.22 近年，大宰府管内の諸国にて，天然痘の流行に伴い，農作業の不振で五穀不作により，今年の田租を免除（『続日本紀』）．	

図23 大膳職発掘写真（733）

西暦	和暦	天皇	事　項
736	天平 8	聖武	11.11「橘」は果物の中で最高とあり(『続日本紀』).
737	9		5.19 飲酒, 屠殺を禁じる(『続日本紀』).
			6.26 赤斑瘡の病後に鯖や鰺の食用を禁止する(『類聚符宣抄』).
			8.2 聖武天皇, 毎月六斎日(月に6日の精進日)の殺生を禁じる(『続日本紀』).
			この年, 乳牛13頭から20日間搾乳した乳から蘇5壺が造られるとあり(『但馬国正税帳』).
738	10		1.1 中宮にて, 群臣を饗応(『続日本紀』).
			12.15 労役を終え, 郷里に帰る仕丁に, 道中の食料を初めて支給(『続日本紀』).
			この年,「大豆餅」「小豆餅」「煎餅」の記載あり(『淡路国正税帳』).
			この年, 煮堅魚の記述あり(『駿河国正税帳』).
739	11		7.14 稲の実りの好調を祈り, 諸寺に『五穀成熟経』の転読と7日7夜の悔過を行わせる(『続日本紀』).
			8.29 職掌による食料, 装(装潢師カ)に, 食米(人別日2升2合), 塩(人別日6勺), 醤(人別日5勺), 酢(人別日3勺), 未醤(人別日5勺), 滓醤(人別日1合), 海藻(人別日1把), 女竪(下級女官カ)に食米(人別日2升), 塩(人別日3勺)などの記述あり(続々修『正倉院文書』).
			12.10 渤海使節が来日し, 朝廷に国書, 貢物献上. ニンジン30斤, ハチミツ3斛が含まれる(『続日本紀』).
740	12		2.13 摂津に, 稲籾配布(『続日本紀』).
741	13		1.1 内裏にて, 五位以上の官人を饗応(『続日本紀』).
			2.7 農作業に必要な牛馬の屠殺禁止(『続日本紀』).
			3.24 毎月六斎日の漁猟・殺生禁止(『続日本紀』).
743	15		1.11 聖武天皇, 石原宮の楼にて, 百官・有位の人たちを饗応(『続日本紀』).
			1.14 聖武天皇, この日から「七々日」(四十九日)を限って, 殺生を禁断し, 精進潔斎を求める(『続日本紀』).
			5.5 内裏にて, 群臣を饗応. また, 聖武天皇の歌に「豊神酒」(尊いお神酒)とあり(『続日本紀』).
			5.27 三世一身の法を廃し, 墾田永年私財法制定(『続日本紀』).
			5.28 邑久郡(おおくのこおり)の新羅邑久浦にて, 大魚52匹が打ち上げられる(『続日本紀』).
			7.3 天皇, 石原宮にて, 隼人らを饗応(『続日本紀』).
			この頃(カ), 大伴家持, 吉田連を笑い,「石麻呂に我物申す夏痩せによしといふものぞ鰻(ムナギ)捕りめせ」の歌を詠む(『万葉集』).
744	16		1.1 朝堂にて, 五位以上の官人を饗応(『続日本紀』).
			10.12 行幸の途中, 和泉監大鳥, 和泉, 日根の3郡の80歳以上の男女に糘米を賜る(『続日本紀』).
745	17		1.1 御在所(紫香楽宮)にて, 五位以上の官人を饗応(『続日本紀』).
			1.7 天皇, 大安殿にて, 五位以上の官人を饗応. また, 朝堂にて, 主典(さかん)以上の官人を饗応(『続日本紀』).

745～752(天平17～天平勝宝4)

西暦	和暦	天皇	事　項
745	天平17	聖　武	5.8 4月以来の旱魃により，田植えができないため，諸国の神社にて，幣帛を奉り，雨乞いをする(『続日本紀』)。 5.18 地震。天皇，松林苑の穀倉にて，従者に地位に応じて，糱米を賜る(『続日本紀』)。 9.15 全国にて，3年間にわたる一切の禽獣殺生禁止(『続日本紀』)。 11.16 内裏にて，五位以上の官人を饗応(『続日本紀』)。
747	19		1.20 南苑にて，五位以上の官人を饗応，さらに諸司の主典以上には酒肴を賜る(『続日本紀』)。 2.21 昨年の不作を憂い，産業保護を旨し，大臣以下諸司の才伎長上(さいぎちょうじょう)以上の者に税布と塩を身分に応じて配布(『続日本紀』)。 2.22 大倭，河内，摂津，近江，伊勢，志摩，丹波，出雲，播磨，美作，備前，備中，紀伊，淡路，讃岐にて飢饉(『続日本紀』)。 5.18 近江，讃岐にて，飢饉(『続日本紀』)。 7.7 6月より，京師(けいし)にて日照り，雨乞いするも，種苗が枯れてしまう(『続日本紀』)。 9.2 越中の無位礪波臣志留志，米3000斛を盧遮那仏に寄進，外従五位下を授かる(『続日本紀』)。
748	20		1.7 南殿にて，五位以上の官人を饗応(『続日本紀』)。 7.30 河内，出雲にて，飢饉。続いて8月3日近江，播磨にて，飢饉(『続日本紀』)。 8.21 天皇，行幸先の葛井連広成宅にて，群臣と酒宴(『続日本紀』)。
749	天平感宝元 4·14		1.1 天下の殺生を禁じる(『続日本紀』)。 1.4 日照りにより，五穀不作，文武官と諸家司に米を給う(『続日本紀』)。 1.10 上総にて，飢饉。2月5日下総にて，旱害・蝗害による飢饉(『続日本紀』)。
	天平勝宝元 7·2	孝　謙	11.25 南の薬園の新宮にて，大嘗祭を催す(『続日本紀』)。 11.27 五位以上の官人を饗応(『続日本紀』)。 11.28 諸司の主典以上の官人を饗応(『続日本紀』)。 12.24 八幡大神の通過国にて，殺生禁断。八幡大神の従者のもてなしにも，酒や獣肉を使用させず(『続日本紀』)。
750	2		1.1 大郡宮，薬園宮にて，五位以上の官人を饗応(『続日本紀』)。 6.27 備前にて，飢饉(『続日本紀』)。 この頃，大伴家持，越中国守時代に，堅香子(かたかご・かたくりの古語)についての歌を詠む(『万葉集』)。
752	4		1.3 正月3日から大晦日まで1年間にわたる天下の殺生禁止。ただし漁民のみ，毎日糱2升を支給(『続日本紀』)。 6.17 朝堂にて，新羅の王子金泰廉らを饗応(『続日本紀』)。 7.20 下総の穴太部阿古女，2男2女の四つ子を産む。食料と乳母を賜る(『続日本紀』)。 7.24 難波の客館にて，帰路に着く金泰廉らに，酒肴を賜る(『続日本

西暦	和暦	天皇	事項
753	天平勝宝5	孝謙	紀』). 1.1 南院にて，五位以上の官人を饗応(『続日本紀』). 5.27 渤海使慕施蒙らを饗応(『続日本紀』). 12.13 西海道諸国にて，秋不作(『続日本紀』).
754	6		1.1 内裏にて，五位以上の官人を饗応．同7日にも東院にて，饗応(『続日本紀』). 1.16 唐僧鑑真，来朝．天宝2載(743)渡航時(失敗)の積載品の中に「蔗糖」などが見える(『続日本紀』『唐大和上東征伝』).
755	7		10.21 太上天皇の健康状態悪化のため，12月晦日までの殺生禁断(『続日本紀』).
756	8		6.8 天皇の喪に服し，来年5月30日まで，全国にて殺生禁断実施(『続日本紀』). 6.9 太政官，鑑真と法栄に太上天皇の供御に用いる米・塩の類を充て，永く供養するよう命じる(『続日本紀』). 10.7 太政官，美作・紀伊以外の山陽，南海諸国の舂米(しょうまい)の海路輸送を命じる(『続日本紀』). 10.23 大納言藤原朝臣仲麻呂，東大寺に米1000斛，雑菜1000缶(ほとぎ)献上(『続日本紀』). 11.17 太上天皇諒闇のため，新嘗祭を中止(『続日本紀』).
757	天平宝字元 8・18		7.24 宮中にて，法会を催す．僧に食事を給して，仁王経(にんのうきょう)を講説させる(『続日本紀』). 8.18 晩稲の日照りの害により田租の半分免除(『続日本紀』). 10.6 京や諸国の官司に，餓死を免れさせるため，調・庸の人夫に食糧や医薬を与えるよう命じる(『続日本紀』).
758	2		2.20 飲酒闘争が頻発し，皇族・貴族以下の民衆の祭祀・病気治療以外の飲酒禁止(『続日本紀』). 7.4 皇太后の健康が優れないため，大晦日まで全国での殺生を禁断．また，猪や鹿の貢進を永久停止(『続日本紀』). 7.5 索餅144藁が100文で取引されている記録あり(『写千巻経所銭幷衣紙等下充帳』). この頃，醤，末醤，酢，塩，海藻，茄子，瓜，油，大豆，小豆などの記述あり(裏『写千巻経所食物用帳』天平宝字2年). この頃，心太，芥子，漬茄子などの記述あり(裏『後金剛般若経食物用帳』天平宝字2年).
759	3	淳仁	1.7 雨のため，定例の節宴中止(『続日本紀』). 1.18 朝堂にて，五位以上の官人，高麗(渤海)の使人，主典以上の官人を饗応(『続日本紀』). 5.9 地方から市に集まる人夫の飢えと寒さに苦しむ状況に鑑み，人夫，畿外の民の救済，京中の米価の調節を目的に，米穀の貯蓄を行う常平倉(じょうへいそう)設置．東海，東山，北陸の常平倉は左平準署，山陰，山陽，南海，西海の常平倉は右平準署が管理する(『続日本紀』). 6.22 諸国の駅路にて，果樹植樹(『類聚三代格』7).

759〜763(天平宝字3〜天平宝字7)

西暦	和暦	天皇	事　項
759	天平宝字3	淳仁	9.4 天皇、近年、帰化を目指して来日する新羅人が増加する中で、帰国を望む者に食料を与えて帰還させることを勅す(『続日本紀』)。
760			1.1 内裏にて、五位以上の官人を饗応(『続日本紀』)。
1.7 五位以上の官人、渤海からの使節を饗応(『続日本紀』)。
1.17 朝堂にて、文武百官の主典以上を饗応(『続日本紀』)。
1.21 人民の生活状態の観察、田の調査実施(『続日本紀』)。
3.26 上野にて、飢饉(『続日本紀』)。
閏4.28 仁正皇太后(じんじょうこうたいごう・光明皇太后)、不調を憂い、使いを遣わし、五大寺(東大寺、興福寺、元興寺、大安寺、薬師寺)に薬2櫃、蜂蜜1缶を寄進させる(『続日本紀』)。
8.7 大隅、薩摩、壱岐、対馬、多褹などの役人、飢えや寒さに苦しむとあり(『続日本紀』)。
8.14 播磨、備前、備中、讃岐の糒を、小治田(おはりだ)宮に貯穀させる(『続日本紀』)。
761	5		3.23 高齢者優遇のため、従六位下の大神東女(おおみわのあずまめ)ら16人に、播磨の稲600束宛を賜る(『続日本紀』)。
6.7 阿弥陀浄土院にて、光明皇太后の一周忌斎会を催す(『続日本紀』)。
6.17 誠実な勤めを評価された従五位上の大和介日置造真卯(へきのみやつこまう)に、稲1000束を賜る(『続日本紀』)。
7.19 決潰した遠江の荒玉河(馬込川)を、30万3700余人を使役し、食料を支給して修築する(『続日本紀』)。
10.19 天皇、行幸先の近江にて酒宴を催す(『続日本紀』)。
762	6		1.6 大宰府にて、前年に来日した唐使の沈惟岳らを饗応(『続日本紀』)。
3.3 保良宮にて、曲水の宴を催す(『続日本紀』)。
3.29 参河、尾張、遠江、下総、美濃、能登、備中、備後、讃岐にて、旱害(『続日本紀』)。
3.29 東大寺にて、雑工並夫124人に、米2石4斗8升(人別2升)、塩4升9合6勺(人別4勺)、海藻13斤10両(人別2両)、滑海藻10斤8両(人別2両)、醤滓8斤4合を支給(『続々修正倉院文書』)。
4.9 遠江にて、飢饉。5日後、尾張にて飢饉(『続日本紀』)。
5.4 京、畿内、伊勢、近江、美濃、若狭、越前などにて、飢饉。その後、石見、備前でも報告(『続日本紀』)。
閏12.13 乞索児(ほがいびと・寿〈ほがい〉の言葉を唱える物乞い)100人を、陸奥にて土地を与え、定着させる(『続日本紀』)。
この頃、白米を原料とする煮糖料の記述あり(裏『造石山寺写経所食物用帳』天平宝字6年)。
763	7		1.7 五位以上の官人と来訪した渤海からの使節を饗応(『続日本紀』)。
2.4 藤原恵美朝臣押勝、渤海からの使節を饗応(『続日本紀』)。
2.29 出羽にて、飢饉(『続日本紀』)。
3.24 国司交代時の繁雑を避けるため、非常時用の貯穀のために設ける不動倉の鍵の進上を諸国に命じる(『続日本紀』)。
4.1 京師にて、米価高騰。左右京の穀を売り米価調整(『続日本紀』)。

763～765(天平宝字7～天平神護元)

西暦	和暦	天皇	事　項
763	天平宝字7	淳仁	4.1 信濃にて，飢饉．その後，4月13日陸奥，5月16日河内，6月7日尾張，6月15日越前，6月21日能登，6月25日大和，6月27日美濃にても，飢饉(『続日本紀』)． 8.1 天皇，昨年の長雨，今年の旱魃による五穀不作のため，米価の高騰が民衆を苦しめている状況を憂う(『続日本紀』)． 8.2 近江，備中，備後にて，飢饉(『続日本紀』)．
763	7		8.14 丹波，伊予にて，飢饉．さらに8月18日丹後にて，飢饉(『続日本紀』)． 8.23 阿波，讃岐の飢饉の損害調査実施(『続日本紀』)． 9.21 尾張，美濃，但馬，伯耆，出雲，石見などで不作．損害調査実施(『続日本紀』)． 10.26 淡路にて，飢饉．その後，12月21日摂津，播磨，備前にて，飢饉(『続日本紀』)．
764	8		1.16 播磨，備前にて，飢饉(『続日本紀』)．その後，1月28日備中，備後，2月29日石見，3月14日摂津，播磨，備前，備中，備後，さらに，3月19日出雲，4月4日美作，4月16日阿波，讃岐，伊予，8月9日山陽，南海にて，飢饉(『続日本紀』)． 3.19 淡路にて，旱魃による稲の種子不足．紀伊からの稲を転用(『続日本紀』)． 3.22 度重なる飢饉により，東西の市に乞食が多くなる．糾政台少疏の土師宿禰嶋村，自分の食料を出して，困窮者を助け位階を昇叙される(『続日本紀』)． 8.14 大和，河内，山背，近江，丹波，播磨，讃岐などにて，池を築かせる(『続日本紀』)．
		称徳	10.2 放鷹司を廃止し，放生司設置(『続日本紀』)． 10.11 鷹や犬，鵜を伴う個人の狩猟，各地からの魚，肉などの御贄(みにえ)としての献上禁止．また，神戸以外での中男作物の魚，肉，蒜の停止実施(『続日本紀』)． この年，兵乱(藤原仲麻呂の乱)と旱魃の影響で，米1石が1000銭に高騰(『続日本紀』)．
765	天平神護元 1･7		1.7 称徳天皇，穀物の不作を憂う(『続日本紀』)． 2.4 和泉，山背，石見，美作，紀伊，讃岐，淡路，壱岐，多褹にて，飢饉．さらに2月15日相模，下野，伊予，隠岐などにて飢饉(『続日本紀』)． 2.29 左右京職，東西の市にて，糓各2000斛売却．また，この月，京の米価高騰．京への個人米の自由輸送を西海道諸国に認める(『続日本紀』)． 3.2 天皇，ここ数年におよぶ日照りによる穀物不作を憐れむ(『続日本紀』)． 3.2 伯耆にて，飢饉．その後，3月9日伊賀，出雲，3月10日左右京，3月13日上野，4月4日美濃，越中，能登，4月13日常陸，武蔵，さらに4月22日駿河，4月27日丹波，6月1日甲斐，6月8日備後にても，

765～768（天平神護元～神護景雲2）

西暦	和暦	天皇	事　　　　項
765	天平神護元	称徳	飢饉広まる（『続日本紀』）。 4.16 米価高騰により，東西市にて左右京職の穀各1000石を販売（『続日本紀』）。 5.26 左右京職の糳各1000石を，貧民に売却（『続日本紀』）。 6.10 左右京職の糳各1000石と大膳職の塩100石を，貧民に売却（『続日本紀』）。 6.13 天皇，全国の郡司から無位の庶民に至るまで，米を売却した場合，位階を昇叙させることを命じる（『続日本紀』）。 閏10.21 河内にて，造餅戸（もちつくりべ）廃止（『続日本紀』）。 11.6 大嘗祭を催すために，美濃を由機（ゆき），越前を須伎（すき）とする（『続日本紀』）。 11.23・24 称徳天皇の大嘗会の詔に，「黒酒（くろき）・白酒（しろき）」の語がみえる。また，酒宴の引出物を「酒幣（さかまい）」と称する（『続日本紀』）。
766	2		2.20 近江の松原倉にて，糳米5万斛を募って貯穀するよう命じる（『続日本紀』）。 6.11 河内にて，飢饉（『続日本紀』）。 6.12 松原倉に糳米を運送する者が皆無とあり（『続日本紀』）。 6.26 連年，穀物不作のため，人民が窮するとあり（『続日本紀』）。 7.27 多褹嶋にて，飢饉（『続日本紀』）。 9.15 諸国にて，大麦・小麦の栽培奨励。国司や郡司に管理をゆだねる（『類聚三代格』）。
767	神護景雲元 8·16		1.28 尾張にて，飢饉（『続日本紀』）。 2.11 淡路にて，旱魃により，種糳欠乏し，飢饉。また2月17日山背にても飢饉（『続日本紀』）。 2.22 和泉にて，五穀不作により，種糳欠乏。讃岐より，稲4万束を転送して，代用する（『続日本紀』）。 2.23 左大臣，右大臣に，近江国の糳米各2000斛を賜る（『続日本紀』）。 3.3 曲水の宴を催す（『続日本紀』）。 4.24 不作を憂い，国司1人と郡ごとに郡司・農民の各1人を農業奨励の役に充てる（『続日本紀』）。 5.4 畿内にて，種糳不足にさいし，摂津が稲を貸与（『続日本紀』）。 8.8 西宮にて，僧600人を招いて法会を行い食事を提供。祥瑞の慶雲が現れたため（『続日本紀』）。 8.17 志摩にて，飢饉（『続日本紀』）。 8.23 秦忌寸真成，牛10頭等を献上，位を賜る（『続日本紀』）。 12.16 美濃にて，数年にわたり旱魃続く。五穀不作（『続日本紀』）。
768	2		2.5 対馬嶋の高橋連波自米女（たかはしのむらじはじめめ），夫と夫の父の死亡以来，毎日正午以後，食事をとらない斎食（さいじき）を行い，終身，租を免除される（『続日本紀』）。 3.1 紀朝臣広名，舂米（白米）を都へ運送するすべての人民に，食料を支給するよう請願。施行される（『続日本紀』）。

西暦	和暦	天皇	事 項	
768	神護景雲2	称徳	7.9 壱岐嶋にて、飢饉(『続日本紀』).	
			9.22 陸奥の鎮兵の1年間の食料である舂いた稲36万束の輸送費に各国が困窮しているとあり(『続日本紀』).	
769	3		3.19 下総にて飢饉、3月21日志摩にて、飢饉(『続日本紀』).	
			5.18 左右大臣(藤原永手・吉備真備)それぞれに、稲10万束を賜る(『続日本紀』).	
			8.9 尾張の海部郡、中嶋郡にて、大水. 貧者に、籾米1斗を施す(『続日本紀』).	
			8.14 下総猨島郡にて、火災. 籾米6400余斛焼ける(『続日本紀』).	
			11.28 天皇、五位以上の官人を招き、「新嘗祭の直会の豊明の宴」を催す(『続日本紀』).	
770	宝亀元 10・1		1.8 天皇、東院にて、次侍従以上の官人と宴を行う(『続日本紀』).	
			3.3 天皇、博多川に行幸. 宴遊する(『続日本紀』).	
			3.4 大宰府にて、新羅の使者を饗応する(『続日本紀』).	
			4.9 対馬嶋にて、飢饉(『続日本紀』).	
			5.9 「造酒正(みきのかみ)」という記述あり(『続日本紀』).	
			6.24 京にて、飢饉. その後、7月9日土佐にて、飢饉(『続日本紀』).	
			7.15 称徳天皇、衣食を簡約にしていると詔する. また、五辛(5つの辛い食物)、肉、酒を禁じる(『続日本紀』).	
			8.4 宮内、大膳、大炊(おおい)、造酒(みき)、筥陶(はこすえ)、監物(けんもつ)の諸司から各1人を、葬儀に人夫に衣食を給わる養役夫(ようやくぶ)司に任命(『続日本紀』).	
			8.30 高野天皇(称徳天皇)の四七日. 大安寺にて、法会. 僧侶に食事を供する. また同様に、9月7日には五七日、9月14日には六七日、9月22日には七七日を行う(『続日本紀』).	
		光仁	11.27 天皇、反乱を起こした橘奈良麻呂、藤原仲麻呂の関係者を許し、窮乏する者には食糧と馬を提供するよう命じる(『続日本紀』).	
771	2		1.13 天皇、天下の吉祥悔過の法会停止を命じる(『続日本紀』).	
			1.16 天皇、朝堂にて、主典以上の官人に宴を催す(『続日本紀』).	
			2.9 石見にて、飢饉(『続日本紀』).	
			5.28 川原寺にて、田原天皇(志紀親王)の8月9日の忌日の斎会を催す(『続日本紀』).	
			6.10 日照りのため、黒毛の馬を丹生川上神に奉納. 翌年2月24日にも行う(『続日本紀』).	
			6.27 出羽にやってきた渤海使を、常陸に留らせ、食料を供する(『続日本紀』).	
			8.4 西大寺にて、高野天皇の一周忌の斎会を催す(『続日本紀』).	
			9.22 左右の平準署(常平倉を管理し、物価の平均化を図る役所)廃止(『続日本紀』).	
			11.21 太政官院にて、大嘗祭の神事を行う(『続日本紀』).	
			11.23 五位以上の官人を招き、宴を催す(『続日本紀』).	
			この頃、索餅窶(あえ)料、索餅茹料とあえる、ゆでるの記述あり(裏	

西暦	和暦	天皇	事　項
772	宝亀3	光仁	『奉写一切経所雑物用残事解』宝亀2年). 1.1 天皇，内裏にて，次侍従以上の官人に宴を催す(『続日本紀』). 3.3 靫負の御井(ゆげいのみい)にて，酒宴を催す(『続日本紀』). 3.6 天皇，持戒・看病を賞し十禅師に衣食を与え，生涯世話をしたとあり(『続日本紀』). 8.18 淳仁天皇を淡路にて改葬．土地の僧侶60人を招き，斎(とき)を提供する(『続日本紀』). 9.20 尾張にて，飢饉(『続日本紀』). 11.10 天皇，連年の飢饉を憂う(『続日本紀』). 12.23 楊梅宮(やまもものみや)にて，僧侶100人を招き，斎会を催す(『続日本紀』).
773	4		1.1 五位以上の官人などを招き，宴を催す(『続日本紀』). 2.6 下野にて，火災．正倉14棟，米穀，楠2万3400余斛が焼ける(『続日本紀』). 2.7 志摩，尾張にて，飢饉．3月5日近江，飛騨，出羽にて，飢饉(『続日本紀』). 3.14 米価高騰．米の相場を調整する常平法が制定され，各国にて正税の穀物が貧民に売却される(『続日本紀』). 3.17 左右京にて飢民に物資を恵む．また三河にて飢饉(『続日本紀』). 6.8 上野にて，火災．正倉8棟，糒米と穂首33万4000余束が焼ける(『続日本紀』). 7.27 称徳天皇三周忌の斎会に携わる人々に物を賜う(『続日本紀』). 9.20 丹波の奄我(あんが)社に，盗賊が入り，供物を食し，死ぬ(『続日本紀』).
774	5		1.1・7 五位以上の官人などを招き，宴を催す(『続日本紀』). 1.16 楊梅宮(やまもものみや)にて，五位以上の官人に宴を催す．また，朝堂にて，出羽の蝦夷の俘囚を饗応する(『続日本紀』). 2.30 尾張にて，飢饉．以後，讃岐(3月4日)，大和(同7日)，参河(同9日)，能登(同22日)，美濃(4月21日)，近江(同26日)，河内(5月4日)，志摩(6月13日)，伊予(同17日)，飛騨(同19日)，若狭・土佐(7月4日)，尾張(同21日)での飢饉の記録あり(『続日本紀』). 3.9 全国での飢饉の続発に対し，諸国にて私稲を売った者に位階を1級ずつ賜る(『続日本紀』). 7.20 陸奥にて，火災．糒米，頴稲(稲の穂首)2万5400余斛焼ける(『続日本紀』).
775	6		1.1・7 五位以上の官人を招き，宴を催す(『続日本紀』). 2.10 讃岐にて，飢饉(『続日本紀』). 3.26 田村の旧宮にて，酒宴を行う．群臣は，天皇の長寿を願い，終日楽しむ(『続日本紀』). 4.7 河内・摂津にて，増加した鼠が草木や五穀を食べる(『続日本紀』). 5.11 備前にて，飢饉(『続日本紀』). 7.5 参河，信濃，丹後にて，飢饉(『続日本紀』).

西暦	和暦	天皇	事 項	
775	宝亀 6	光 仁	8.5 和泉にて,飢饉(『続日本紀』). 8.12 初めて,蓮葉(はちすは)の宴を催す(『続日本紀』). 8.19 太政官,奏上に,京官は禄が少なく,飢えをしのいでいるのに対し,地方官の国司は衣食が十分であるとの勅を引用(『続日本紀』). 9.11 天皇の誕生日である10月13日を,「天長節」と名づけ,百官に宴を設ける1日と決める.また全国の屠殺禁止が命じられる(『続日本紀』). 10.13 天皇,群臣らと,酒食で天長節を祝う(『続日本紀』). この年,神今食(じきこんじき)の神膳供奉の先後を巡って,内膳司の高橋氏と,応神天皇治世の海人の宰(みこもち)の安曇大浜の子孫安曇氏とが争う.792年に,安曇継成が配流に処され決着(『高橋氏文』).	
776	7		1.1·7 五位以上の官人などを招き,宴を催す(『続日本紀』). 閏8.28 丹後の采女部宅刀自女,3つ子の男の子を産み,母子と乳母の食料を賜る(『続日本紀』). 閏8.28 壱岐にて,大風が稲の苗を損ない,調を免除(『続日本紀』).	
777	8		1.1 五位以上の官人などを招き,宴を催す(『続日本紀』). 1.16 天皇,前殿にて次侍従以上の官人に宴を催す.その他の者には,朝堂にて酒食を賜る(『続日本紀』). 2.21 讃岐にて,飢饉(『続日本紀』). 3.1 田村旧宮にて,酒宴を催す(『続日本紀』). 3.3 内嶋院にて,次侍従以上の官人と曲水の宴を催す(『続日本紀』). 6.23 隠岐にて,飢饉.7月5日には伯耆の飢饉報告(『続日本紀』). この冬,雨が降らず,井戸が枯れる(『続日本紀』).	
778	9		1.1 次侍従以上の官人などを招き,内裏にて宴を催す.その他の五位以上の者は,朝堂にて饗応される(『続日本紀』). 1.16 五位以上の官人を招き,宴を催す(『続日本紀』). 3.3 内裏にて,五位以上の官人と曲水の宴を催す(『続日本紀』).	
779	10		1.7·16 朝堂にて,五位以上の官人,渤海使を饗応(『続日本紀』). 3.3 内裏にて,五位以上の官人と曲水の宴を催す(『続日本紀』). 5.17 朝堂にて,唐使を饗応(『続日本紀』). 5.20 右大臣大中臣清麻呂,唐使を自邸にて饗応(『続日本紀』). 5.25 帰国する唐使に,送別の酒を用意する(『続日本紀』). 7.23 駿河にて,飢饉(『続日本紀』). 8.2 因幡より,大雨による飢饉を報じる(『続日本紀』). 10.13 天皇,群臣らと,酒食で天長節を祝う(『続日本紀』).	
780	11		1.1 内裏にて,五位以上の官人を招き,宴を催す(『続日本紀』). 1.5 朝堂にて,唐と新羅の使者を饗応(『続日本紀』). 4.18 左京の椋小長屋女,3つ子の男子を産み,乳母1人と稲を賜る(『続日本紀』). 5.12 伊豆にて,飢饉. 5.14 天皇,坂東諸国,能登,越中,越後に,糒3万斛の備蓄を命じる(『続日本紀』).	

780～786（宝亀11～延暦5）

西暦	和暦	天皇	事　項
780	宝亀11	光仁	8.14 越前の大荒木臣忍山，軍糧を運び叙位（『続日本紀』）．
781	天応元 1・1		1.1 天皇，蝦夷征討に従軍し陸奥，出羽に赴いた諸国の人民を憂い，田租の免除と蒔く種籾がなければ，所轄の国司が必要量を貸与することを命じる（『続日本紀』）．
			1.1 天下の老人に粟を与える．100歳以上に3斛，90歳以上に2斛，80歳以上に1斛（『続日本紀』）．
			1.19 下総にて，飢饉（『続日本紀』）．
			2.30 坂東の6国から穀10万斛を陸奥軍所に漕送させる（『続日本紀』）．
		桓武	9.3 内裏にて，五位以上の官人を招き，宴を催す（『続日本紀』）．
			10.16 尾張，相模，越後，甲斐，常陸より12人，私力で兵糧を陸奥に運輸し，位階を賜る（『続日本紀』）．
			10.25 下総の孔王部美努久咩（あなほべのみのくめ），3つ子を産み，乳母と食料を賜る（『続日本紀』）．
			11.13 天皇，大嘗祭を行う．越前を由機の国，備前を須機の国とする．由機，須機ともに，新穀，酒料を出す国で，占いにより決定される（『続日本紀』）．
			11.15 天皇，五位以上の官人を招き，宴を催す（『続日本紀』）．
			11.17 天皇，諸官司の主典以上の者を饗応（『続日本紀』）．
782	延暦元 8・19		3.13 武蔵，淡路，土佐などにて，飢饉（『続日本紀』）．
			6.14 和泉にて，飢饉（『続日本紀』）．
			7.11 餅戸（大膳職所属の雑戸）廃止（『続日本紀』）．
			8.19 天皇，豊作を喜ぶ（『続日本紀』）．
			12.23 太上天皇（光仁天皇）の一周忌の斎会を催す（『続日本紀』）．
783	2		4.15 天皇，坂東八国（相模，安房，上総，下総，常陸，上野，武蔵，下野）が陸奥の鎮所に運ぶ糒米を，鎮所の指揮官や役人が稲と糒米を交換し，さらに糒米で絹布などに代えていることを憂う（『続日本紀』）．
			10.14 天皇，交野にて，鷹を放ち，遊猟（『続日本紀』）．
784	3		1.7 天皇，五位以上の官人を招き，宴を催す（『続日本紀』）．
			1.16 天皇，内裏にて，五位以上の官人，朝堂にて，主典以上の官人に宴を催す（『続日本紀』）．
			閏9.10 河内の堤防15ヵ所が決壊．延べ6万4000余人分の人夫に食料を与えて修築させる（『続日本紀』）．
			閏9.17 天皇，右大臣藤原朝臣是公の田村第にて，宴を催す（『続日本紀』）．
			10.3 天皇，備前の小豆嶋で放牧されている官牛を，住民の生業に損害を与えるとし，長嶋へ遷す．小豆嶋には，人民を住まわせ，農耕をさせる（『続日本紀』）．
785	4		1.7 天皇，五位以上の官人を招き，宴を催す（『続日本紀』）．
			3.3 嶋院にて，五位以上の官人と曲水の宴を催す（『続日本紀』）．
			5.27 周防にて，飢饉（『続日本紀』）．
			6.2 出羽，丹波にて，不作による飢饉（『続日本紀』）．
786	5		1.1・7 天皇，五位以上の官人を招き，宴を催す（『続日本紀』）．

西暦	和暦	天皇	事　　　　項
787	延暦6	桓武	3.3 内裏にて，五位以上の官人と曲水の宴を催す(『続日本紀』). 3.20 左右京，畿内5ヵ国，七道の諸国にて，老人に穀を与える．100歳以上には2斛，90歳以上には1斛，80歳以上には5斗(『続日本紀』). 5.15 典薬寮，唐の蘇敬が註解した『新修本草』の採用を進言し，天皇が許可する(『続日本紀』). 10.8 天皇，豊作を喜ぶ．老人に穀を与える．100歳以上には3斛，90歳以上には2斛，80歳以上には1斛(『続日本紀』). 10.17 天皇，交野にて，鷹を放ち，遊猟(『続日本紀』). 11.5 交野にて，いけにえの獣肉を焼いて天を祀る燔祀(はんし)の儀式を行う．器に盛った穀物なども備える(『続日本紀』).
788	7		1.15 天皇，群臣らに酒宴を賜る．また老人に穀を与える．100歳以上には5斛，90歳以上には3斛，80歳以上には1斛(『続日本紀』). 3.2 蝦夷征討のため，陸奥に命じ，多賀城に軍粮を運ばせ，さらに東海，東山，北陸道の諸国に兵粮として，糒，塩を陸奥に運ばせる(『続日本紀』). 4.11 天皇，数カ月間，雨が降らない状況を憂い，わずかな水を利用して，農業の時期を逸さないことを命じる(『続日本紀』). 4.16 天皇，降雨を祈念．雨が降る(『続日本紀』). 5.2 雨乞いの結果，雨が降り，田植えが可能になる(『続日本紀』).
789	8		1.6 天皇，南院にて，五位以上の官人を招き，饗応(『続日本紀』). 3.1 造宮使，天皇に酒食と手遊品献上(『続日本紀』). 4.28 伊賀にて，飢饉．その後，5月19日安房，紀伊，7月15日伊勢，志摩，7月25日下野，美作，7月27日備後にて，飢饉(『続日本紀』). 4.- 美濃，尾張，参河では，昨年五穀が不作とあり，そのため，米倉を開かせ，最安値で，人民に売り与えることとする．代価のものは，国の倉に蓄え，米の値の安い秋の収穫時に穂首刈りの稲に代える(『続日本紀』). 6.9 蝦夷征討に際し，食料の運搬が困難とあり(『続日本紀』).
790	9		3.4 節句の宴を取りやめる(『続日本紀』). 3.15 伯耆，紀伊，淡路，参河，飛騨，美作にて，飢饉(『続日本紀』). 3.30 参河，美作にて，飢饉(『続日本紀』). 閏3.29 蝦夷征討に際し，東海・東山両道の諸国に兵糧の糒14万斛の手配をさせる(『続日本紀』). 4.5 備前，阿波にて，飢饉(『続日本紀』). 4.16 殷富の人や貧窮の輩が「田夫」を雇って魚酒を喫わすことを禁止(官符発布，『類聚三代格』). 4.29 和泉，参河，遠江，近江，美濃，上野，丹後，伯耆，播磨，美作，備前，備中，紀伊，淡路などにて，飢饉(『続日本紀』). 6.13 諒闇のため内裏を避け，神祇官の庁舎にて，天皇が天照大神を迎えて酒食をともにする神今食(じんこんじき)を催す(『続日本紀』). 9.13 天皇，日照りによる不作と飢饉を憂う(『続日本紀』).

790〜812（延暦9〜弘仁3）

西暦	和暦	天皇	事　項
790	延暦9	桓武	12.28 中宮（高野新笠）の一周忌．大安寺にて，法会を行い，僧侶に食事を供する（『続日本紀』）．
791	10		5.6 早魃と疫病に憂う天下をおもい，端午の節の宴を中止する（『続日本紀』）． 9.16 伊勢，尾張，近江，美濃，若狭，越前，紀伊にて，祭りの際に牛を殺し，漢神に祀ることを禁じる（『続日本紀』）． 10.10 天皇，交野にて，鷹を放ち，遊猟（『続日本紀』）． 11.3 坂東諸国にて，軍粮の糒12万余斛を備蓄させる（『続日本紀』）．
794	13		4.- 大内裏にて，茶園，造茶所，造茶使設置．管理は典薬寮（『源高明日記』）． 7.1 東西の市を新京に移転（『日本紀略』）． 11.8 平安京に遷都．山背の国を山城の国と改め，新京を平安京と号する（『日本紀略』）．
800	19		2.3 池を干して，魚を捕ること禁止（『類聚三代格』）．
801	20		4.8 越前にて，神に祭るための牛の屠殺禁止（『日本紀略』）． 6.5 畿内にて，班田の期を12年に一度とする（『類聚三代格』15承和元年2月3日太政官府）．
802	21		1.13 越後の米1万6000斛，佐渡の塩120斛を，毎年出羽雄勝城に運ばせ，鎮兵の食料とする（『日本紀略』）．
803	22		3.29 桓武天皇，遣唐使の宴を漢法に則って催す（「宴設之事，一依漢法」）（『日本紀略』）．
804	23		1.19 蝦夷征討のため，武蔵など7国より，陸奥中山柵へ糒・米を運ばせる（『日本後紀』）．
805	24		この年，最澄，唐から帰国．茶を持ち帰り近江坂本に植樹，山城宇治・栂尾にも植樹（『日吉社神道秘密記』）．
806	大同元 5·18	平城	この年，空海が持ち帰った密教の根本聖典『蘇悉地経（そしつじきょう）』に「聖なる牛」の記述あり．
807	2		2.13 斎部広成『古語拾遺』成る．中に，神代に大地主が田作りの日に牛肉を田人（農夫）にふるまったとあり．
808	3		7.2 畿内での班田，再度6年に一度に改める（『類聚三代格』15承和元年2月3日太政官符）． 9.16 唐招提寺などに一時的に施入した封戸を停め，穀倉院に納める（『日本後紀』）．
809	4	嵯峨	4.28 天下諸国7箇日間殺生を禁断．その間，漁民に食料を与えるよう命じる（『類聚国史』）． 大同年中，京の二条南，朱雀西にて，穀倉院設置（『西宮記』）．
810	5		7.26 天下諸国7箇日間殺生を禁断．その間，漁民に食料を与えるよう命じる（『類聚国史』）．
811	弘仁2		4.14 麦をまぐさとして，売買するのを許可する（『日本後紀』）． 5.21 国司に，農民の魚酒の慣行禁止を命じる（『日本後紀』）．
812	3		6.5 薩摩，イナゴ害のため，調負稲を免じる．また6月16日，京にて，米価が高騰．官倉米を放出し価格を下げる（『日本後紀』）．

813～835(弘仁4～承和2)

西暦	和　暦	天　皇	事　　　　　項
813	弘仁 4	嵯峨	この年, 宮中にて, 唐のイスを使用する立食形式を大宴会に採用(『日本紀略』).
814	5		7.24 班田を督励(『日本後紀』).
			閏7.28 空海の奉献書に「茶湯」の文字が見える(『性霊集』).
			この年, 『凌雲集』成る. 嵯峨天皇の詩に, 藤原冬嗣邸で団茶をふるまわれた, との句がある(『凌雲集』).
815	6		4.22 嵯峨天皇の近江韓崎行幸の際, 梵釈寺の大僧都永忠が茶(煎茶)を献上(『日本紀略』).
			7.20 『新撰姓氏録』成る. 皇別の小野朝臣の祖の名が「米餅搗(たがねつき)大使主」とあり.
817	8		10.7 常陸新治郡にて, 不動倉13宇(穀9990斛)が焼失(『日本紀略』).
819	10		2.20 畿内にて, 富豪の蓄えを調べて, 困窮者に貸し出す(『日本紀略』).
820	11		2.27 乳長上, 世襲制から6年ごとの交代制へ変わる(『類聚三代格』5).
			4.9 凶作により租・調・庸を免除(『日本紀略』).
822	13		3.28 近江の穀10万斛を穀倉院へ納めさせる(『類聚三代格』8).
823	14	淳和	3.16 京にて, 米価高騰. 穀倉院の穀各1000斛を貧民に売却(『類聚国史』80).
825	天長 2		4.4 牛乳を重んじ, 乳長上を「乳師」と改める(『類聚三代格』4).
826	3		1.29 民望により, 和泉に池5ヵ所を築く(『日本紀略』).
829	6		5.27 諸国にて, 灌漑用の水車を作らせる(『類聚三代格』8).
831	8		8.20 山城・河内にて, 氷室各3宇を増置(『日本紀略』).
833	10	仁明	12.9 諸国にて, 米穀の売買奨励(『続日本後紀』).
834	承和元 1・3		2.3 畿内にて, 班田を12年に一度に改正(『類聚三代格』15).
835	2		9.9 「菊醴宴」の記述あり. 承和5年にも記述あり(『続日本後紀』).

図24　空海(814)

図25　嵯峨天皇(815)

838～854(承和5～仁寿4)

西暦	和暦	天皇	事　　項
838	承和5	仁明	7.1 京中にて，水田経営を禁止(『続日本後紀』).
839	6		7.21 畿内にて，凶荒に備えソバの栽培を奨励(『続日本後紀』).
			8.12 典薬寮に御薬園を設置(『続日本後紀』).
840	7		2.26 畿内にて，農業奨励(『続日本後紀』).
			5.2 諸国に，黍，稗，麦(大麦・小麦)，豆(大豆・小豆)，ゴマの栽培を奨励(『続日本後紀』).
			5.8「黒米」の記述あり(『続日本後紀』).
			6.16 諸国にて，凶作(飢疫)のため，服御物，常膳を減じ，835年以前の未進の調庸を免除する(『続日本後紀』).
841	8		2.14 諸国の寺辺2里での殺生を禁止(『続日本後紀』).
			この年，収穫具(鎌・刈った稲を乾かす稲機など)の製造と普及を諸国に命じる(『類聚三代格』).
842	9		1.10 筑紫大津に来着した新羅人40人に食料を支給し，放還させる(『続日本後紀』).
			10.20 東西の市の販売物の管轄についての争いを裁定(『続日本後紀』).
843	10		3.25 義倉の物を東西の悲田院の病者や貧窮者に賑給(『続日本後紀』).
			6.25 飢饉により，18国に賑給(『続日本後紀』).
			9.29 飢饉により，肥前・豊後・薩摩3国と壱岐・対馬2島に振給(『続日本後紀』).
844	11		この年，前相模介橘永範，救急院を設立し，開発の地子稲で窮乏者を救う(『類聚三代格』12, 承和15年3月21日太政官符).
847	14		5.18 長雨のため，左右京の飢民に賑給(『続日本後紀』).
849	嘉祥2		4.5 米価急騰のため，諸国の穀価(時価)を改定(『続日本後紀』).
			5.5 太皇太后橘嘉智子を埋葬する記事に，3月3日に，母子草を摘み取り，蒸して餻(くさもち)を作るとあり(『日本文徳天皇実録』).
			閏12.10 天皇，京中を巡幸し，窮民に賑給(『続日本後紀』).
851	仁寿元 4・28	文徳	6.5 畿内にて，水害被災者に賑給(『日本文徳天皇実録』).
			9.9 水災により重陽の宴を中止.「菊酒」の記述あり(『日本文徳天皇実録』).
852	2		閏8.16 京都にて，大風被害者に廩院の米を賑給(『日本文徳天皇実録』).
853	3		3.27 穀倉院の米・塩を，京の疱瘡患者に賑給(『日本文徳天皇実録』).
			4.26 疱瘡(天然痘)の流行により，京や畿内にて，843年以前の調庸の未進を免除し，医薬を賜う(『日本文徳天皇実録』).
			5.22 美濃の穀2100斛を天然痘の患者に給する(『日本文徳天皇実録』).
			9.9 重陽を祝う(『日本文徳天皇実録』).
			9.14 大宰府の穀3万8700余石を管内の天然痘の患者に給する(『日本文徳天皇実録』).
854	4		3.23 石見にて，飢民に不動稲3万5000余束を賑給(『日本文徳天皇実録』).

西暦	和暦	天皇	事項
854	仁寿4	文徳	4.28 陸奥にて凶作．百姓の反乱を制御する援兵1000人を派遣(『日本文徳天皇実録』)．
856	斉衡3		3.9 新羅人30人が大宰府管内に漂着．食料を与え放還(『日本文徳天皇実録』)．
858	天安2		5.29 京にて，大雨による被害．左京・右京の水害被災の窮民に，穀倉院の穀各2000斛，民部省廩院の米500斛，大膳職の塩25斛を賑給(『日本文徳天皇実録』)．
860	貞観2	清和	10.8 百姓の業を害するため，大隅吉多，野神の2牧を廃する(『日本三代実録』)．
			10.21 禁野での狩猟を禁止(『類聚三代格』19)．
863	5		4.21 博多津に着いた新羅人沙門元著らに粮を与え，唐船にて放還(『日本三代実録』)．
			11.17 丹波に着いた新羅東方別島の細羅人54人，因幡に来た新羅人に粮を与えて放還(『日本三代実録』)．
864	6		2.17 前年石見に漂着した新羅人に粮を与え，放還(『日本三代実録』)．
865	7		3.2 貢蘇の期日を違えた国司の位禄・公廨(くがい)を減ずる(『類聚三代格』10)．
			8.15 対馬島銀山にて，開発料に大豆および租・地子をあてる(『日本三代実録』)．
866	8		1.23 新任，昇任のさいの祝宴での酒宴を禁止(『日本三代実録』)．
			6.4 僧侶の飲酒・贈物禁止(『日本三代実録』)．
			6.- 旱魃による飢饉．京の飢人たちは，東堀川の鮎魚を捕らえ，食す．
			12.8 五畿国にて，裁許のない不動穀の使用を禁止(『日本三代実録』)．
867	9		3.25 大和にて，石上神山での焼畑を禁止(『日本三代実録』)．
			4.22 飢饉により米価高騰．京の左右京にて，常平所を設置．官米を販売．民間の穀価騰貴を抑制(『日本三代実録』)．
869	11		5.26 陸奥国大地震津波起り，圧死・溺死者多数．服御常膳の減撤，未納の税の免除などあり(『日本三代実録』)．
871	13		閏8.14 洪水対策のため，鴨川堤周辺での水陸田耕営を禁止(『日本三代実録』)．
			閏8.28 山城葛野郡・紀伊郡の4ヵ所にて，放牧の地を定める(『日本三代実録』)．
873	15		6.22 京中・河内にて，飢饉が起こり，賑給される(『日本三代実録』)．
874	16		6.4 石見に漂着した渤海人宗佐ら56人に食料を与え放還(『日本三代実録』)．
877	元慶元 4・16	陽成	1.27 京畿にて飢饉．左右京に常平司を設置．官米を販売(『日本三代実録』)．
879	3		1.3 清和天皇の側近僧正法印大和尚位真雅の卒去の記事に，真雅の進言に従い，山野の狩猟，摂津の蟹胥や陸奥の鹿醢を御膳に充てることを禁じたとあり(『日本三代実録』)．
882	6		6.3 放生池の制度が有名無実化しているので，読師・講師あるいは浄行の僧に放生する魚獣を準備させる(『類聚三代格』3)．

882～913(元慶6～延喜13)

西暦	和　暦	天　皇	事　項
882	元慶6	陽　成	12.21 京都葛野郡嵯峨野にて，放鷹・狩猟禁止．農業を保護する(『日本三代実録』)．
887	仁和3	光　孝	2.5 美濃・下野・但馬・石見などの11国の国司が，貢蘇(乳製品である蘇の献上)の期日を違え，国司の位禄・公廨を剥奪される(『日本三代実録』)．
888	4	宇　多	2.4 庖丁名人と呼ばれた藤原山蔭(四条流の始祖)，没す(『日本料理法大全』)．
891	寛平3		2.26 前年に隠岐にやってきた新羅人に米や塩を支給(『日本紀略』)．
893	5		3.3 新羅の法師神彦ら3人が長門に漂着するが，粮を与えられ放還(『日本紀略』)．
			この年，群飲を禁止(『類聚三代格』19，昌泰3年4月25日太政官符)．
894	6		9.－ 遣唐使廃止．
895	7		5.11 7日に渤海使が入京し，この日，豊楽院にて宴を賜う(『日本紀略』)．
897	9		5.26 諸国に，桑，漆の栽培を奨励(『政事要略』60)．
898	10	醍　醐	2.28 服御常膳などの4分の1を減らす(『類聚三代格』10)．
900	昌泰3		4.25 諸家，諸司，諸祭使の饗宴群飲を禁止(『類聚三代格』19)．
902	延喜2		この年，朝覲行幸の際に宇多法皇が醍醐天皇に茶2盞を勧める(『真俗交談記』)．
903	3		9.4 官物未納前に山城各郡の稲を京内に運ぶことを禁じる(『政事要略』53)．
905	5		7.1 木工寮と穀倉院にて穀を売る(『西宮記』臨時5)．
			11.3 院宮や王臣家の狩使を禁止(『類聚三代格』19)．
908	8		5.11 渤海使節が前日に方物を献上．この日，豊楽院で宴す(『貞信公記』)．
			夏，旱魃となり，百姓は神泉苑の水門の開放を請う(『日本紀略』『祈雨記』)．
909	9		1.27 常平所にて，米穀1升を寛平銭3文で売る(『扶桑略記』)．
			7.8 東西津にて，米の価を等しくさせる(『日本紀略』)．
910	10		12.27 太政官厨米の不足を補うことを目的に，三河など11ヵ国の例納の塩を，臼で搗いた米「舂米」(しょうべい・精白米)に改変．また例進外の地子稲を加えさせる(『政事要略』53)．
911	11		1.7 宇多法皇，七草の若菜を供する(『公事根源』)．
			6.15 宇多法皇が酒宴を開催．紀長谷雄が『亭子院賜飲記』を作成(『本朝文粋』12)．
			12.20 畿内五国・近江の日次御贄(ひなみのみにえ)の品目を定める(『西宮記』臨時丁侍中事)．9月から12月にかけて，近江田上の網代から氷魚，山城宇治網代・葛野川の供御所から鮎が日次御贄として毎日献上．なお，葛野川の鵜飼は冬は鯇，夏は鮎を献上した．
912	12		12.19 京中火災の被災者に米粒を与える(『扶桑略記』)．
913	13		5.20 賑給使・施米使を定める(『西宮記』五月賑給使事)．
			8.5 京にて，風害の被災者に賑給する(『日本紀略』)．

913～931(延喜13～承平元)

西暦	和暦	天皇	事　項
913	延喜13	醍醐	9.9 諸国の不作で,重陽節会を停止(『日本紀略』).
915	15		7.13 出羽が火山灰により農作物を損なったと報告(『扶桑略記』).
917	17		12.- 旱魃による渇水のため,冷然院,神泉院の水を民衆に汲ませる(『日本紀略』).
918	18		この頃,医家の深根輔仁,『本草和名』を撰す.その中で食料とできる穀類,野菜類,果実類,鳥獣類,虫魚類についても記す.
920	20		5.11 渤海使が朝貢.翌日,豊楽院にて饗宴(『日本紀略』). 5.16 朝集殿にて,渤海使を饗応(『日本紀略』).
925	延長3		7.19 諸国で旱魃.神泉苑の水を京南の田に流す(『日本紀略』). 10.7 唐僧平秀に衣服,食料を給する(『扶桑略記』).
927	5		12.26 藤原忠平ら,『延喜式』を上奏(『延喜式』上延喜格式表). 未醬(みそ)の原料に,大豆,米,小麦,酒,塩などを挙げる(『延喜式』). 御料牧場の設置と貢蘇制度の確立.蘇の製造が各地で行われるように,貢蘇の番次が決められ,全国45ヵ所から納められる(『延喜式』). 牛乳1斗を煎じて蘇1升を得る蘇の製法が『延喜式』民部式下にみえる. 酒は温めて飲用したとある(煖酒器・煖酒料)(『延喜式』).
929	7		1.13 対馬に漂着した新羅商船に,食料を支給し,送還(『扶桑略記』5月17日条). 5.21 後百済の甄萱の使者(17日に来日)に食料を与えて放還(『扶桑略記』).
930	8		2.14 路辺の疫病者を施薬院や悲田院に収容し,食料などを支給(『扶桑略記』).
931	承平元 4・26	朱雀	閏5.11 大雨と地震が相次ぎ,常平倉の貯穀の売却を決定(『日本紀略』). 7.10 宇多法皇が仁和寺に施入した什物目録『仁和寺御室御物実録』

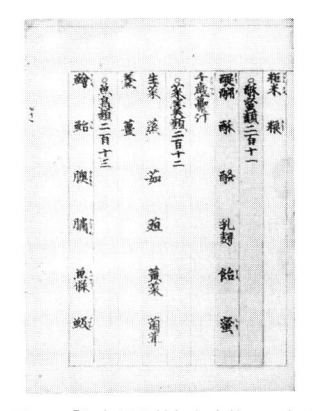

図26 『和名類聚抄』と木簡にみえる乳製品(927)

934～987(承平4～永延元)

西暦	和暦	天皇	事　　項
934	承平4	朱雀	(950年に再作成)に茶道具がみえる. この冬, 伊予国喜多郡にて, 海賊が備蓄のための不動穀3000斛余を奪う(『扶桑略記』).
935	5		2. - 平将門の反乱.
937	7		この頃, 源順, 分類体の漢和辞典『倭名類聚鈔』を撰述, 酥, 酪, 煎汁, 末醬, 鱠, 鮨など食品・加工食品多数を掲載.
942	天慶5	村上	6.18 飢饉, 疾疫により, 東西両京に賑給(『本朝世紀』).
947	天暦元 4・22		2.27 服御常膳の4分の1を減らす(『日本紀略』). 11.13 諸祭使饗禄の過差を禁止(『政事要略』67).
948	2		6.4 賑給のため, 備中・伊予両国の隠納米を捜索(『貞信公記』).
949	3		7.5 神泉苑の水を京南の田に流す(『日本紀略』).
954	8		5.3 炎旱により, 神泉苑の水を紀伊郡の田に流す(『村上天皇御記』).
956	10		7.23 大旱魃により, 服御常膳を減じ, 恩赦. 調庸を免除. 東山, 東海, 山陽では, 田租を免除(『北山抄』6・『本朝文粋』2).
957	天徳元 10・27		4.9 飢饉にて, 大和の不動穀1000余斛を, 17大寺に配分(『日本紀略』). 5.24 京にて, 賑給(『日本紀略』). この年, 穀価の高騰により, 常平倉を設置し, 近国の不動穀を穀倉院, 木工寮に運んで売却(『西宮記』臨時5).
959	3		12.7 紫宸殿の前庭に橘を植える(『日本紀略』).
960	4		9.19 服御常膳を削減(『日本紀略』).
966	康保3		閏8.27 宮中での放牧を厳重に取り締まる(『政事要略』70). 9.9 洪水に伴い, 京・畿内に賑給を実施. 調傭を免除(『日本紀略』).
970	天禄元 3・25	円融	3.15 服御常膳の4分の1を減じる(『日本紀略』). 7.16 天台座主良源, 「廿六箇条起請」の中で, 煎茶を停止する.
971	2		7.19 大和・尾張・武蔵などに, 国用の米, 絹, 調布などを貢納させる(『別聚符宣抄』).
975	天延3		2.1 信濃, 甲斐などの諸国に検牧使を派遣(『類聚符宣抄』8).
976	貞元元 7・13		1.2 神火により, 陸奥不動穀倉21宇焼失(『日本紀略』).
979	天元2		10.5 女御藤原詮子, 銀製の猪, 亀などをすえて, 亥の子餅を奉る(『源順集』).
980	3		2.16 近江の日次御贄, 御鷹飼を停止(『小記目録』). 11.28 内裏焼失. 服御常膳を削減し, 未進調庸を免除(『日本紀略』).
984	永観2	花山	3.21 伊予三島社にて, 鹿の生贄を停止(『伊予三島縁起』). この夏, 冷雨にて, 米価高騰(『日本紀略』). 11.28 丹波康頼, 医学書『医心方』を奏進. 牛乳の項目に, 唐の陳蔵器『本草拾遺』を引用し, 飲用に際しての牛乳の煮沸の必要性に触れる. また, 牛乳の効能に, 全身衰弱を保護, 通じを改善, 皮膚のつやを増し, 滑らかにするとある. この年, 服御常膳を削減(『日本紀略』).
987	永延元 4・5	一条	5.29 旱害により, 服御常膳の削減と大赦を実施(『日本紀略』).

990～1069(正暦元～延久元)

西暦	和暦	天皇	事　項
990	正暦元 11·7	一条	8.22 祈年穀および天変怪異，御悩により，伊勢以下の諸社に奉幣使を派遣(『日本紀略』).
991	2		6.22 諸国で旱害．神泉苑の水を放出(『日本紀略』).
996	長徳2		この年，米価，高騰．冬，京中に火事が頻発(『日本紀略』).
1001	長保3		この頃，『枕草子』成立．甘葛入りの削り氷，おもの(飯)・汁・あわせ(おかず)の記載あり．
1007	寛弘4		2.30 藤原道長，春日詣にて，ほうとうを食する(『小右記』).
1016	長和5	後一条	1.29 藤原道長が摂政となり，**全盛時代出現**．
			3.22 検非違使の妻に乱暴を働いた内蔵有孝に，刑罰として，有毒と信じられていた馬肉を食べさせる(『小右記』).
			5.11 藤原道長，発熱のために茶を飲む(『小右記』).
1017	寛仁元 4·23		12.4 藤原道長，大饗を催して，倭絵屏風を建てる(『小右記』).
1037	長暦元 4·21	後朱雀	4.22 中宮藤原嫄子，竈神屋を建てる(『行親記』).
1043	長久4		5.1 諸国で旱魃(『扶桑略記』).
1053	天喜元 1·11	後冷泉	この頃，『新猿楽記』に納豆の記事あり．
1055	3		この年，女房小式部による諸国名産に関する記述：讃岐釜，大和鍋，近江鍋，河内鍋，片岡の鉄鍋・飴鍋，備前の火桶・折敷，信濃の梨，丹波の枝栗，若狭の椎，丹後の和布，出雲の甘海苔，河内の蕪，近江の餅・乾瓜，岩城の松の実，陸奥のあけび，越中の柑子・橘など(『堤中納言物語』よしなしごと).
1057	5		8.10 東海・東山道諸国に，兵糧を陸奥に運ぶよう命じる(『扶桑略記』).
1069	延久元 4·13	後三条	7.22 御厨子所，初めての「精進御菜」供進(『扶桑略記』).

図27　亥の子餅(979)

1070〜1127（延久2〜大治2）

西暦	和暦	天皇	事　　項
1070	延久2	後三条	2.14 近江，筑摩御厨を廃止．今年の日次御贄を停止．播磨高砂御厨の貢魚を停止．精進物を貢納させる（『扶桑略記』）．
1074	6	白河	8.3 造酒司使等の醍醐寺域内への濫入を禁止（『醍醐寺雑事記』）．
1077	承暦元 11・17		この年，諸国で旱魃（『水左記』8月4日条）．
1081	永保元 2・10		9.17 藤原為房の熊野参詣に際し，肉食の穢れによる物忌として，一昨日より「魚味を食らはず」とあり（『為房卿記』）．
1082	2		夏，諸国で旱魃（『扶桑略記』7月16日条）．
1083	3		この年，藤原真衡，陸奥国司源義家を「三日厨」という饗応でもてなす（『奥州後三年記』）．
1085	応徳2		7.- 京中にて，淫祠を祭り，群飲する者が増える．検非違使が破却（『百練抄』7月1日条）．
1086	3	堀河	11.- 白河上皇，院政を開始．
1091	寛治5		7.21 越前に来着の宋人に食料を給う（『為房卿記』）．
			10.25 貴族間で，砂糖の贈答記録あり（『後二条師通記』）．
1100	康和2		この頃，歯固めの献立に，鹿宍の代わりに鴨，猪宍（獣肉）の代わりに雉子（鳥肉）が用いられる（『江家次第』）．
1102	4		3.10 東寺での空海の命日3月21日（御影供）に供える菓子の内訳に，粽，餅，興米，甘子（柑子），栗，橘，栃，串柿，伏菟，餲とあり（『平安遺文』1476）．
1108	天仁元 8・3	鳥羽	8.3 紀伊の住人に対し，権門勢家の威を借りて大膳職等の課役である海藻や雑魚等を闕怠することを止め，納入することを命じる（『勘仲記』弘安10年7月13日条）．
1114	永久2		9.14 賀茂の供御料所を除き，宇治田上の網代を撤去し，殺生禁断を命じる（『中右記』9月14日・15日条）．
1115	3		7.21 関白藤原忠実，東三条殿へ移った際に，饗宴を催す（『類聚雑要抄』）．
1116	4		1.23 藤原忠通，東三条殿にて大饗を催す．偶数の料理，四種器，箸と匙などの料理形式示す（『類聚雑要抄』）．
1117	5		5(3?).29 内裏にて，闘鶏・闘草を開催（『百練抄』）．
1118	元永元 4・3		8.9 京中に餓死者多数．白河法皇が二条河原にて，賑給を行う（『殿暦』）．
			閏9.13 稲を刈り取った跡に麦を播く権利で争いが起こる（「伊勢太神宮検非違使伊勢某状」）．
1123	保安4	崇徳	5.28 「春田」という記載あり（「讃岐国曼荼羅寺所司等解」）．
1125	天治2		この年，白河法皇，諸国に殺生禁断を命じる（『百練抄』）．
1126	大治元 1・22		6.21 殺生禁断の一環で，院御所門前にて諸国の約5000の魚網を焼き壊す（『百練抄』）．
1127	2		5.4 三院が鳥羽御殿に御幸．田植の興あり（『百練抄』）．
			8.10 釈奠に際し，殺生禁断により動物の供犠を停止（『百練抄』）．
			この年，公家の仏事に，精進物として，海藻，穀類，野菜などの精進料理（「御斎会加供送文」『朝野群載』7）．

1128〜1157(大治3〜保元2)

西暦	和暦	天皇	事 項
1128	大治3	崇徳	5.11 八条大宮水閣にて，白河法皇と鳥羽上皇が田植を観覧(『百練抄』).
1130	5		10.7 私的な鷹狩，鷹の飼育を禁止(『朝野群載』11).
1134	長承3		この年，諸国に洪水，飢饉，疫病(『中右記』5月17日・閏12月30日条).
1135	保延元 4·27		3.17 鳥羽上皇，賀茂川の河原にて，飢餓貧民に米1000石を賑給．1000万人が集まる(『中右記』). 4.8 上皇，播磨別進の3000石をもって，京中の飢民に賑給(『百練抄』).
1136	2		春，諸国で飢饉(『中右記』3月1日条).
1140	6		10.12 崇徳天皇が鳥羽上皇の白河御所へ行幸した際，藤原家成の見事な鯉料理の実演をみる(『古今著聞集』18).
1145	久安元 7·22	近衛	3.4 源頼清と源義朝の郎従の相模大庭御厨における濫行を禁止(『内宮神官所持古文書』).
1149	5		11.30 大炊寮御稲田の数百人の供御人(天皇の膳部の食料貢進を任務とする集団)が院に公役免除を求める(『本朝世紀』).
1150	6		この頃，平安末期の庶民の食事の様子が描かれる．高盛飯に汁，3種の菜がみえる(『病草紙』平安時代後期成立). この頃，施粥の食事をする乞食たちが描かれる(『粉河寺縁起絵巻』).
1152	仁平2		2.25 鳥羽法皇の五十賀により，賑給・施米を実施(『兵範記』). 3.− 東寺の御影供の菓子の内訳，粽，餅，草餅，興米，柑子，栗，干柿，野老，伏菟，飩とあり(『平安遺文』2756).
1155	久寿2		6.− 諸国で大飢饉(『百練抄』).
1156	保元元 4·27	後白河	7.11 保元の乱.
1157	2		8.19 藤原忠通の子基実が右大臣就任の際，東三条邸での大饗にて，蒸鮑，干鳥，干鯛などの干物が赤木の台盤に白い絹布を敷き，折敷にのせられ，用意される．九献におよぶ酒宴．台盤や椅子，匙の使用など大陸からの影響も見える(『兵範記』).

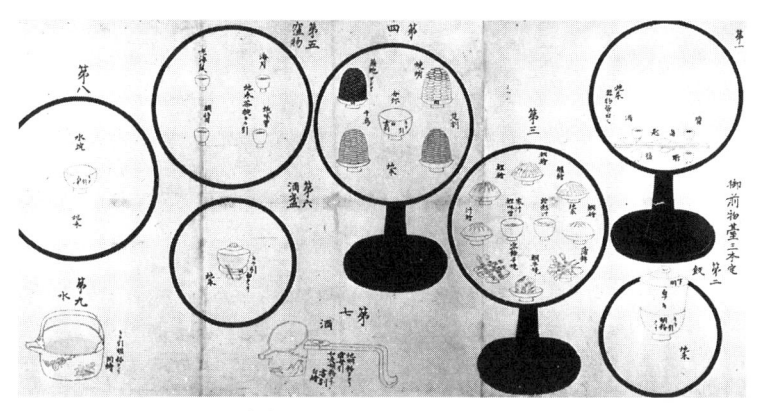

図28 関白右大臣が東三条へ移った際の饗宴(1115)

1159〜1184(平治元〜元暦元)

西暦	和暦	天皇	事　　　　項
1159	平治元 4·20	二条	12.9〜12.26 平治の乱.
1160	永暦元 1·10		この年, 同一の畠にて,「畠」「夏畠」として, 年2回検注され, それぞれ麦と油で所当が徴収されている(「某国弓削荘田畠検注帳」).
1164	長寛2		7.20「春田」という記載あり(「讃岐国善通曼荼羅寺所司等解」).
1167	仁安2	六条	2.11 平清盛が太政大臣になる.
1171	承安元 4·21	高倉	9.7 大内記藤原光範, 肉を食べたことで, 参内せずとあり(『玉葉』).
1172	2		1.2 摂政藤原基房の臨時客の記事に, 蘇(乳製品)の記載あり(『玉葉』).
1175	5		5.27 後白河法皇, 100日間にわたり, 蓮華王院で窮民に毎日米30石を施す(『百練抄』).
			6.7 長雨が続き, 諸国で作物に被害(『玉葉』).
1180	治承4	安徳	12.20 三浦義澄, 新邸落成祝いとして, 源頼朝に埦飯(高盛の強飯椀を中心に, 打ちあわび, 梅干, くらげ, 酢, 塩, 酒を添えたもの)を献上(『吾妻鏡』).
1181	養和元 7·14		1.1 千葉常胤, 源頼朝に椀飯を献上. 3尺の鯉, 酒肴多数とあり(『吾妻鏡』).
			4.5 京にて, 餓死者が道路に満ちる(養和の飢饉,『吉記』).
1182	寿永元 5·27		1.ー 嬰児が棄てられ, その死骸が道にあふれる(『百練抄』).
			3.17 諸国に院宣を下し, 諸国の荘園から兵粮米を徴収(『吉記』).
			4.26 文覚, 江ノ島での断食参籠の後, 頼朝に謁する(『吾妻鏡』).
			この年, 前年からの引き続きで, 五穀が不作. 飢饉にて, 4〜5月に左京のみで数万人が亡くなる(『方丈記』).
1183	2	後鳥羽 (安徳)	この年, 木曽義仲が, 朝廷の使者猫間中納言藤原光隆を饗応した際, 中納言は武家の食事に箸をつけなかったとあり(『源平盛衰記』).
1184	元暦元 4·16		2.22 諸国の公田・荘園からの兵粮米の徴収を禁止(『玉葉』).

図29 庶民の食事の様子(1150)

1185～1193(文治元～建久4)

西暦	和暦	天皇	事　項
1185	文治元 8·14	後鳥羽	3.24 長門壇ノ浦の戦いで，平家は滅亡． 5.3 源頼朝，武蔵国飯倉を伊勢神宮御厨(みくりや)として奉納(『吾妻鏡』)． 11.29 源頼朝の要求によって，兵粮米の徴収を勅許(『玉葉』)．
1186	2		3.21 源頼朝の奏請で，諸国の荘園での兵粮米徴収を停止(『吾妻鏡』)． この年，雨宮勘解由，甲斐にて，野生のブドウを発見し，城徳寺の畑で栽培を開始(『果樹園芸大百科3ブドウ』)．
1188	4		4.2 源頼朝，甘海苔を後白河法皇に献上(『吾妻鏡』)． 8.17 源頼朝の奏進により，諸国での殺生を禁止(『吾妻鏡』8月30日条)． 9.- 洛南の淀津に，瀬戸内海から運ばれてくる塩合物(塩干物)を取り引きする独占的業者組織「魚市(うおのいち)」あり(『玉葉』9月15日条)．
1189	5		2.30 幕府，上総・下総の荒野に浪人を招集し，開墾させる(『吾妻鏡』)．
1190	建久元 4·11		10.13 佐々木盛綱，遠江の菊河宿にて「鮭の楚割(すわやり)」に小刀を添えた折敷を，頼朝に献上．頼朝，喜び，歌を詠む(『吾妻鏡』)．
1191	2		この年，栄西，宋から茶を持ち帰り，筑前背振山に植える．その後，明恵(1173～1232)が，栄西の持ち帰ってきた茶の実の残りを，山城栂尾や宇治に植える(栂尾茶・宇治茶の起こり)．後に，鎌倉時代の茶の産地は，栂尾を第一とし，仁和寺，醍醐寺，宇治，葉室，般若寺，神尾寺を第二，大和の室尾，伊賀の八鳥，伊勢の河居，駿河の清見，武蔵の河越と記される(『異制庭訓往来』)．
1192	3		7.12 源頼朝が征夷大将軍になる．
1193	4		5.8 源頼朝，富士野・藍沢の夏狩をみるため，駿河へ向かう(『吾妻鏡』)． 5.16 源頼朝の家督の若君頼家，駿河富士野にて，鹿を射止める．そ

図30　現代の奈良市郊外の茶畑(1191)

1193～1214(建久4～建保2)

西暦	和暦	天皇	事項	
1193	建久 4	後鳥羽	の晩，北条義時が3色(黒，赤，白)の餅を献上．食べ方の詳述あり．ほかに，勢子餅や矢口餅の記載あり(『吾妻鏡』)．	
			この頃，顕昭の陳状に，伊勢の塩田の記述．製塩技術が大きく発展をみせたことを示す(『顕昭陳状』)．	
1195	6		9.29 鎌倉幕府，鷹狩停止を諸国の御家人に命ずる．違反者は罰されるが，神社の供物にする場合のみ許可される(『吾妻鏡』)．	
1197	8		この頃，穀倉院領播磨小犬丸保の住民が，隣荘布施荘からの灌漑用池の押妨を訴える(『鎌倉遺文』912号)．	
1201	建仁元 2·13	土御門	10.6 北条泰時，伊豆の飢民に賑給(『吾妻鏡』)．	
1203	3		11.23 後鳥羽上皇，和歌所にて，藤原俊成に九十賀宴(きゅうじゅうのがのえん)を賜う(『後京極摂政別記』)．	
			12.15 北条政子，諸国の地頭分の狩猟停止令を発布(『吾妻鏡』)．	
1204	元久元 2·20		5.8 幕府，国司の訴えにより，山海狩漁に関する国衙の所役，国司・地頭の得分などに関する三条を制定(『吾妻鏡』)．	
			7.28 藤原定家の日記に氷を食す記録(『明月記』)．	
1207	承元元 10·25		3.20 幕府，地頭に武蔵野の開墾開発を命じる(『吾妻鏡』)．	
1210	4	順徳	10.13 幕府，守護・地頭に諸国牧場の振興を命じる(『吾妻鏡』)．	
1211	5		1.- 栄西，日本で初めての茶書『喫茶養生記』を著す(1214年に修訂)．	
1212	建暦 2		3.29 この頃，鴨長明，『方丈記』を著し，養和の飢饉で餓死する人々の様子について記す．	
1213	3		11.- 「蔵人所牒案」に，「諸道の細工人等，身の芸能につきて，色々の私物を交易売買せしむるはこれ定例なり．よって鋳物師等，五畿七道諸国を往反し，鍋・釜以下を売買し，鉄の鋤・鍬を打たしむ」とあり(『能登中井家文書』『鎌倉遺文』2063号)．	
1214	建保 2		2.4 栄西，宿酔を患った源実朝に，良薬として茶と茶の徳を賞した	

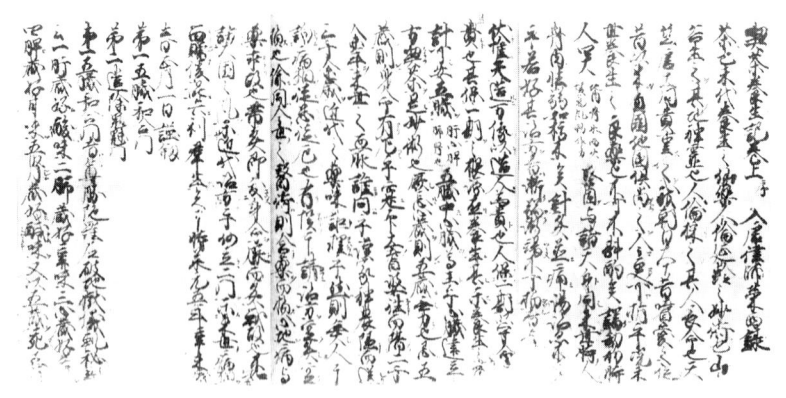

図31 『喫茶養生記』(1211)

1214～1239(建保2～暦仁2)

西暦	和暦	天皇	事　　　　　　　　　　　　　　　項
1214	建保2		『喫茶養生記』を献上(『吾妻鏡』). この頃,『宇治拾遺物語』成る.中に,「めぐりには酢,酒,塩入りたる瓶どもなんめりと見ゆる数多置きたり」とあり,自分で調味をする様子がみえる(『宇治拾遺物語』10,吾妻人生贄をとどむる事).
1221	承久3	順徳	5.15～6.15 承久の乱.
1222	貞応元 4・13	後堀河	4.- 朱雀大路などの巷所耕作を禁止(『承久三年四年日次記』).
1227	安貞元		12.10 藤原定家,卿相(大臣・大納言・参議等の公卿)の間で,夜通し酒宴を続け,(雉が少ないため)鶴や鷺を嗜む風潮があると記す(『明月記』). この年,道元,南宋から帰国.「精進料理」「茶礼」を持ち帰る.また,干しシイタケを用いて,だしをとるようになる.また道元は,自著『永平清規』の中に,後の武家茶礼形式に当たる茶礼について記す. この頃,加藤四郎左衛門景正(藤四郎),瀬戸にて茶器製造開始(『よくわかる茶道の歴史』).
1228	2		この年,由良興国寺の開山覚山,中国から径山寺味噌を伝える(『日本の味 醤油の歴史』).
1230	寛喜2		6.24 宣旨を下し,米価1石当たり銭1貫文と定める(『百練抄』). 9.- 奈良興福寺内にて昨年「魚鳥料理飲酒高会」を催した藤原為経に対し,寺側が訴えを起こす(『明月記』9月30日条). 10.13 藤原定家,寛喜の飢饉のために自邸の北庭を,麦畑に仕立てる(『明月記』). 11.15 藤原定家邸に,近江の所領吉富荘から,「軽微」ながら米が到着.定家は「今年に於ては莫大」と喜ぶ(『明月記』11月16日条). この年,大冷害による大飢饉.北条泰時,余財を得ようと1食を減じる(『渋柿』『明月記』).
1231	3		3.19 北条泰時,伊豆・駿河にて,貸し付け用の出挙米を出して飢民を救済するよう命じる(『吾妻鏡』). 3・4.- 寛喜の大飢饉(『明月記』『吾妻鏡』). 5.22 寛喜の大飢饉にて,六波羅探題が京都の飢民等による富家の襲撃,銭穀の強要を禁止(『皇帝紀抄』). 6.- 京都にて長雨後の洪水で死者増大.大路小路,鴨川の岸辺,寺院の境内に無数の屍(『民経記』). 7.- 餓死者続出(『明月記』).
1232	貞永元 4・2		2.26 朝廷,飢饉に際し,牛馬の飼料に麦を使用することを禁止.(『民経記』). 8.10 関東御成敗式目(貞永式目),制定.
1236	嘉禎2	四条	6.24 洛中の六角西洞院にて,大勢の武士が「宍市」と称し,肉を食べる.摂政藤原道家邸に近いので,禁じられる(『百練抄』).
1237	3		この年,道元,『典座教訓』を著す.禅院における食事作法,調理の心得を説き,野菜の利用を重視する.
1239	暦仁2		1.- 叡尊,菩薩流の修正会(年始修法の結願日)にて,鎮守八幡に供

1241〜1254(仁治2〜建長6)

西暦	和暦	天皇	事　　　　　　　　項
1241	仁治2	四条	茶した後，衆僧に呈する．西大寺大茶盛のはじめ(『よくわかる茶道の歴史』)． 10.22 幕府，武蔵野開墾を計画．多摩川の水を用いた水田を作るよう議定(『吾妻鏡』)． 12.1 幕府，酒宴などでの御家人の贅沢を禁止．酒宴の風流菓子も禁止(『吾妻鏡』)． この年，聖一国師，禅宗を修め，宋より帰国．茶を持ち帰ったことから，静岡茶の祖ともいわれる(『日本食文化人物事典』)．
1246	寛元4	後深草	この年，道元，『赴粥飯法』著す．飯・粥の食事作法や給仕，食器の洗い方などについて記す．
1250	建長2		3.16 幕府，鎌倉中の無益の輩を田舎に送り農作業従事を命じる(『吾妻鏡』)． 11.29 幕府，鷹狩を禁じる(『吾妻鏡』)．
1252	4		9.30 幕府，鎌倉をはじめ，諸国の市での酒の売買停止を命じる禁酒令(沽酒の禁制)を発令(『吾妻鏡』)． 10.16 幕府，諸国にて，一屋一壺の所持を許すが，他用に使用することとし，それによる造酒は禁止(『吾妻鏡』)． この年，京にて大飢饉．米1升が100銭に高騰(『如是院年代記』)．
1253	5		8.28 道元，没す． この年，臨済宗の禅僧蘭渓道隆，建長寺開山．後に，建長寺汁(けんちん汁)考案(『日本食文化人物事典』)．
1254	6		10.17 幕府，薪，墨，糠などの定価を撤廃(『吾妻鏡』)． 10.17 橘成季，『古今著聞集』を著す．中に鯉やミカンなどの果物の切り方や食べ方が記される．

図32 現代の東大寺修二会食作法(1246)

1259～1283（正元元～弘安6）

西暦	和暦	天皇	事　　項
1259	正元元 3・26	後深草	2.9 幕府，前年からの諸国での飢饉に対応するために，浪人が食料を求めて，山野・江海に入ることを地頭が制止することを禁じる（『新編追加』）．
		亀　山	この年，大冷害により，諸国にて飢饉，疫病が起こる（正嘉の飢饉，『百練抄』）．
1260	文応元 4・13		1.23 幕府，六斎日と春秋の彼岸の殺生を禁止（『吾妻鏡』）． 6.4 幕府，飢饉により，軽囚を放免することなどを六波羅探題に命じる（『吾妻鏡』）．
1261	弘長元 2・20		2.20 幕府，埦飯役の百姓賦課などを禁止（『吾妻鏡』）． 2.30 幕府，遠近の御家人が鎌倉にて，「旅籠振舞」と称する宴会を行うことを禁じる（「関東新制条々」『中世法制史料集』1）．
1262	2		1.-～2.27 北条実時の招きにて，叡尊が鎌倉へ下向．途中の近江守山，美濃，尾張，駿河，伊豆など9ヵ所の諸宿にて，儲茶（ちょちゃ，『関東往還記』）．
1263	3		8.4 幕府，鶴岡八幡宮放生会の供奉人予定者の肉食について咎める（『吾妻鏡』）．
1264	文永元 2・28		4.12 幕府，領主による農繁期の百姓の傭役禁止などを命じる（『新編追加』）． 4.26 幕府，水田裏作の麦の年貢の徴集を禁止（『新編追加』）． 4.- 幕府，守護・鎌倉地奉行に命じ，東国での酒の売買，また「土㯮」と称して筑紫から酒を運ぶことを禁じる（『新編追加』）．
1266	3		3.28 幕府，社官による社領での供祭用鷹狩以外の鷹狩を禁止（『吾妻鏡』）．
1269	6		10.7 西大寺の叡尊，紀伊名草の神宮寺領で，19郷に殺生禁断を勧める．近隣では飲酒乱舞が盛ん（『感身学正記』）．
1274	11	後宇多	10.5～21 文永の役． この年，粟津・橋本の供御人，京都六角町にて，鯉，鮒，鮒鮨などの販売始める（『贈答と宴会の中世』）．
1275	建治元 4・25		10.28 紀伊阿氐河荘の百姓たちが地頭の湯浅氏の横暴なふるまい13ヵ条を，荘園領主の高野山に訴え出る．地頭の湯浅氏は抵抗する百姓の耳をそいだり，何日も百姓の家に居座り，食事（1人1日2膳弱）を出させるなどした内容がみえる（『高野山文書』）． 1270年代，文永・建治の飢饉．
1281	弘安 4		5.21～閏7.7 弘安の役．
1283	6		6.15 近江奥島百姓，神事に当たり，鮨，切魚，酒を用意することを決める（『大島奥津島神社文書』）． 8.- 無住道暁，『沙石集』を著す．中に，若い頃に麦飯を見るのを嫌だったと記す．なれ鮨の話などもあり． 9.27 鎌倉の円覚寺にて，1年間に必要とする米（酢・酒・塩料の36石，味噌料の48石を含む）を，幕府に上申（『円覚寺文書』）． この年，下野の宇都宮氏，式条を制定．正月の酒宴を禁止．来客時以外の飲食に関する規定を制定（『宇都宮家式条』）．

1284〜1309(弘安7〜延慶2)

西暦	和暦	天皇	事　項
1284	弘安7	後宇多	4.13・26 殺生禁断の宣旨・院宣発布(『勘仲記』).
1286	9		この年，西大寺の僧叡尊，歳首の御修法結願日に，鎮守の八幡社にて茶を大衆に施す(『感身学正記』).
1287	10		7.3 越中国司，近年の鮭の不漁に言及し，鮭5隻を絹1疋に換算して貢納したいと告げる(『勘仲記』7月13日条).
1290	正応3	伏見	この年，幕府，人身売買，沽酒(酒の売買)・醸造，六斎内二季彼岸の殺生を禁止する(『近衛家本追加』).
			この年，造作・修理・替物用途・埦飯役・五節供などを百姓に賦課することを禁止(『近衛家本追加』).
1295	永仁3		この頃，『厨事類記』，成立か．中に，食事献立，配膳等の詳細あり．
1297	5		3.6 永仁の徳政令.
1299	正安元 4・25	後伏見	8.23 『一遍上人絵伝』，成る．中に，僧侶たちによる食事の施しの様子(施行)が描かれる(『一遍上人絵伝』).
1303	嘉元元 8・5	後二条	2.12 幕府，円覚寺僧に点心は1種を超えてはならないと命じる(『円覚寺文書』).
1305	3		2.29 洛中の沽酒を禁止(『興福寺略年代記』).
			4.28 京の賀茂分雷神社(上賀茂神社)の遷宮に派遣された大工たちの酒宴記録あり．串柿，団子，生物(塩鯛)などが並ぶ(『嘉元三年御遷宮記』).
1306	4		5.– 近江葛川の行者，川に流毒して虫魚を殺生することなどの荘園領所の非法を訴える(『葛川明王院文書』).
1307	徳治2		この年から5年間，院宣により，敦賀津の升米を西大寺，醍醐寺，祇園社修造料に充てる(『西大寺文書』延慶2年3月14日関東下知状案).
1308	延慶元 10・9	花園	12.– 東大寺八幡宮に兵庫島升米を寄進(『東大寺文書』正和4年9月東大寺申状案).
1309	2		3.– 西園寺公衡，高階隆兼ら制作の『春日権現霊験記』を奉納．食事の調達の様子が描かれる(『春日権現霊験記』).

図33　施行(1299)

1314～1333(正和3～元弘3)

西暦	和暦	天皇	事　項
1314	正和3	花　園	9.- 伊予弓削島の百姓たち，1年に7回召し上げられること，白酒1升に対し，大俵1俵の塩を取り上げられることに抗議して，申状提出(『東寺百合文書』).
1318	文保2	後醍醐	2.- 伊勢大神宮の服忌令成立．猪や鹿を食した場合，100日間の参拝禁止(『文保記』).
1319	元応元 4·28		12.18 後宇多法皇，大炊寮に洛中の米屋から毎年家ごとに1果(米約1石か)を徴収することを許す(『押小路家文書』). この年，剣阿，金沢貞顕の自邸にて葉茶を磨る(『金沢文庫古文書』).
1322	元亨2		2.19 後醍醐天皇，洛中での酒麹売への課役賦課を造酒正(さけのかみ)の専属とする綸旨を下す．後に，洛中の多くの酒屋を支配する山門(延暦寺)などの反対にあい，失敗に終わる(『押小路家文書』).
1325	正中2		10.1 前関白一条内経，酒の飲みすぎにより35歳で没(『花園院御記』).
1329	元徳元 8·29		この年，高山寺領美濃小木曾荘にて，京都から来た検注使一行をもてなす．もてなし方は，小木曾荘吉野保の外で，酒肴を供して長旅をねぎらい(境迎)，保内にて特別の祝膳(落着)．その後，3日間にわたる昼食の「昼塊飯」，夕食の「三日厨」．1人当たり1日白米9合．酒は清酒と白酒合計27瓶子，鳥9羽，骨をはずした「ムシリ魚」，細かく割いた干魚「スイリ」，「シル芋」，野菜「御菜」，「味噌」「塩」など．4日目からは「平厨」という普通の接待．清酒なし．白酒も1日1瓶子(『美濃小木曾荘検注雑物日記目安注文』『高山寺文書』). 1320年代，元亨の飢饉おこる.
1330	2		1.23 幕府執権の金沢貞顕，六波羅探題として京都在住の弟貞将に，自身が3月に御所(守邦親王)の旬の雑掌となるため，「白土器」を調達し，鎌倉まで送るよう，便りを出す(『金沢文庫古文書』). 5.22 朝廷による洛中の米価制定．記録所が，弘安の例に従い，洛中の米価を宣旨枡1斗当たり銭100文と公定する(『東寺執行日記』). 6.9 京にて，沽酒の制度を定め，酒の売価を制定．商人の暴利抑制(『東寺執行日記』). 6.11 商人が米を売らず，朝廷，二条町に市を立て，公定価で米を売買させる(『東寺執行日記』). 6.15 朝廷が飢民救済のため，諸関の升米徴収を8月まで停止(『東大寺文書』). この頃，『徒然草』成立．鯉は重んずべき魚，雉，松茸も並ぶもののない食品としている．また，鰹は，以前は下等な魚で頭は下僕でも食べなかったが今は鎌倉の上流階層に受け入れられていると述べている(118.119段).
1332	元弘2 (正慶元)	後醍醐 (光厳)	6.5 花園上皇，近臣らと茶会を行う．賭け物を出し，茶の味の識別会をしたとある(『花園院御記』).
1333	3 (正慶2)		5.24 鎌倉末期に御厨子所が管掌した供御人(『内蔵寮領等目六』)：菓子供御人，大和座供御人，六角町生魚供御人，姉小路町生魚供御人，鳥供御人，上桂供御人，今宮供御人，蓮根供御人，奈良火鉢，町面折敷・瓦気以下伊勢タナ，大魚の棚，散在売買鳥，大和国内侍原小南供

1334～1351（建武元～正平6）

西暦	和暦	天皇	事　　項
1334	建武元 1・29	後醍醐	御人，深草瓦気． 　供御人を出した諸荘：河内大江御厨，同岸御園，山城精進御園，近江菅浦，大和黄瓜御園． 5.− 建武の新政，始まる． 8.− 鴨川の「二条河原落書」に，流行物として「美物」（味のよいもの）とあり（『建武年間記』）．
1336	延元元 2・29 （建武3）	後醍醐 （光明）	2.6「弁当」の記事あり（『鈴鹿家記』）． 11.7 建武式目制定．大きな賭けをする茶寄合（闘茶）を禁止．（『建武式目』）． この年，佐々木道誉，大原野にて百服の飲茶勝負開催（『茶の湯の歴史』）．
1337	2 （建武4）		3.− 新田義貞，越前金崎城籠城中に食料尽きて，馬を喰い尽くす（『太平記』18）． 6.11頃 足利尊氏，堺浦魚商の南朝への内通を疑い，売買を禁じる（『南行雑録』）．
1338	3 （暦応元）		8.11 足利尊氏，征夷大将軍になる．
1343	興国4 （康永2）	後村上 （光明）	この年，闘茶勝負の点取り表あり（『祇園社家記録』）．
1349	正平4 （貞和5）	後村上 （崇光）	2.11 足利尊氏，鎌倉極楽寺に飯島敷地を安堵し，島築の興行，前浜殺生禁断を管理させる（『古今消息集』）． この年，林浄因来日．饅頭屋始める．この流れをくむのが塩瀬総本家（『日本食文化人物事典』）．
1351	6 （観応2）		5.10 法隆寺にて，酒肴として，枝豆，竹の子と麩の煮物，うどん，そうめんが出される（『嘉元記』）． 10.− 『慕帰絵』成る．寺院での僧侶の食事準備風景，また点心の調理風景が描かれる（『慕帰絵』）．

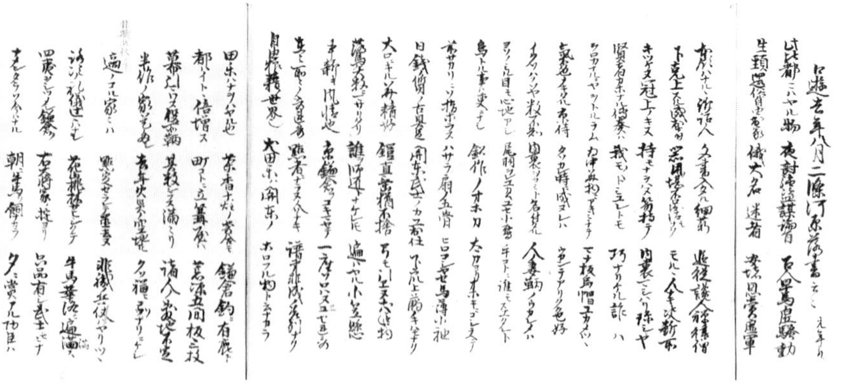

図34　二条河原落書（1334）

1354～1383(正平9～弘和3)

西暦	和暦	天皇	事　項
1354	正平9 (文和3)	後村上 (後光厳)	7.2 法隆寺にて，酒肴として，枝豆，集汁，うどんが出される(『嘉元記』)．
1356	11 (延文元)		この秋，洪水，諸国で飢饉起こる．その後，21年まで続く(『日本凶荒史考』)．
1362	17 (貞治元)		11・12. - 南北朝期より，天皇の日常の御飯と朝餉の御飯を炊いたのは，大炊寮の仕女とあり(『師守記』11月18日条・12月11日条)．また天皇の食饌の副食物の調進には，内膳司の御炊(みすい)という女性があたる(『師守記』11月25日条)．戦国期には，天皇の日常の御飯を薪炊する櫃司(ひつかさ)という2名の女性あり．
1370	建徳元 2・5以前 (応安3)	長慶 (後光厳)	9.20 駿河以東にて，大風が起こり，飢饉となる(『後鑑』)． この頃，『庭訓往来』，成る．煮染牛房，昆布，鳥頭布，荒布煮，里煮蕗，茄子酢菜，点心として砂糖羊羹，饂飩，饅頭などの記述がある．
1379	天授5 (康暦元)	長慶 (後円融)	1.19 大納言柳原忠光が大酒により，身体に水腫ができ，46歳で死去(『愚管記』1月20日条)． この年，矢野荘の和市(相場)に従うと，多収穫性で，虫害や干害に強い新品種「大唐米」は銭1貫文で1石5斗(普通米　1石2斗)に相当するとあり．しかし，味は低劣，色味は赤味を帯びる(『図説　日本庶民生活史』第2巻　平安—鎌倉)．
1381	弘和元 6・21以前 (永徳元)		11.10 京にて，僧元聖が悲田院を建立(『空華日用工夫略集』12月21日条)．
1382	2 (永徳2)	長慶 (後小松)	10.11 9月29日に円覚寺黄梅院にて，夢窓疎石の三三年忌の仏事が催され，経費等を幕府に上申．中に塩・味噌・酒・油・胡椒・辛子などがみえる(『黄梅院文書』)．
1383	3 (永徳3)	後亀山 (後小松)	8. - 石清水八幡宮の魚市問丸，大山崎神人(じにん)が建てようとした塩新市に反対(『中世民衆の生業と技術』)．

図35　寺院での僧侶の食事準備風景(1351)

1390〜1406(元中7〜応永13)

西暦	和暦	天皇	事	項
1390	元中7 (明徳元)	後亀山 (後小松)	7・8.－大雨が続き,前年来の飢饉となる(『南方紀伝』『武家年代記』).	
1392	明徳3	後小松	閏10.5 南北朝の統一.	
1393	4		11.26 幕府,洛中洛外の土倉・酒屋の税制を定める(『建武以来追加』).	
1394	応永元 7・5		12.25 足利義満,太政大臣となる.	
1396	3		8.－朝廷,内蔵寮領近江菅浦供御人の訴える同領への堅田浦住人の乱入漁猟を禁じる(『菅浦文書』).	
1397	4		11.24 近江堅田と菅浦にて,湖上の漁場の境界を定める(『菅浦文書』).	
1399	6		6.16「鰻かば焼」の記録あり(『鈴鹿家記』).	
1399			11.29〜12.21 応永の乱.	
1401	8		この年,備中国新見荘市場での購入品目に,「たぬき・さけ100文,たぬき・こふ(昆布)130文,うさぎ25文,たひの魚80文」とあり(『東寺百合文書』).	
1402	9		1.－朝鮮にて,明の使者に茶(雀舌茶)を与える(『李朝実録』). この年,夏に旱魃,秋に風水害,各地で地震.飢饉が起こる(『日本凶荒史考』).	
1403	10		4.－東寺南大門前の一服一銭茶売人,商売上の定めを守ることを誓約(『東寺百合文書』ケ).	
1404	11		1.9 朝鮮の太宗,対馬領主の宗貞茂に焼酒(焼酎)を与える(『李朝実録』). 4.3 東寺にて,茶売りたちが預けていた火鉢がもとで出火騒ぎ.茶売りの誓約書に従い,東寺を追放される(『東寺百合文書』く). 7.23 東寺の茶売りが醍醐寺三宝院に仲立ちを依頼し,再び茶売りを再開.東寺門前の一服一銭が盛んに(『東寺百合文書』く・し). この年,足利義政,明との勘合貿易開始(永楽勘合貿易).	
1406	13		9.21 山科教言,駕輿丁らが新儀に魚鳥等を商売することの停止を請	

図36 一服一銭(1403)

西暦	和暦	天皇	事項
			う(『教言卿記』).
1407	応永14	後小松	10.18 朝鮮の太宗,対馬の宗貞茂に焼酒(焼酎)を与える(『李朝実録』).
1408	15		12.3 幕府が洛中辺土散在の土倉・酒屋役の制度を再度定める(『建武式目追加』).
1410	17		6.29 島津元久,足利義持に「沙糖(砂糖)」を献上(『島津文書』御文書,元久公2).
1416	23	称光	1.1 後崇光院,『看聞日記』を記す(～文安5年4月). 3.7 伏見宮で茶会が行われ,食物を用いた風流(ふりゅう)の懸物が置かれる.「束帯を着した官人が剣・笏を帯びて柳・桜の下に立つ」姿の懸物は「桜の枝に星を懸く〈星は食物の霰なり〉.柳の枝に露を置く〈露は食物の雪なり〉.旗一流枝に懸く〈旗は昆布を以てこれを作る〉.地盤に沙を敷く〈沙は食物の雪〉.官人の食物を以てこれを作る」とある(『看聞日記』).
1418	25		8.29 栗拾いの記述あり(『看聞日記』).
1419	26		9.28 幕府,禁酒令を発令.北野麹座以外の麹作りを禁止.ついで,50軒以上の酒屋麹室を破却する(『北野神社文書』). 10.- 関東にて大風,大洪水,旱魃が続き,飢饉が起こる(『喜連川判鑑』). 11.26 貞成親王,父大通院が故北山殿(足利義満)に送っていた先例に従い,足利義持に蜜柑を進上(『看聞日記』).
1420	27		2.- 義持,第2次禁酒令を発令(『大飢饉,室町社会を襲う！』). 5.20 旱魃のため雨乞い祈祷,6月には天下飢饉となり,翌年も餓死者数知れず,五条河原などに施行所.疫病流行(『看聞日記』). 5.- 義持,第3次禁酒令を発令(『大飢饉,室町社会を襲う！』). 7.- 宣守,『海人藻芥』を著わす.「毎日三度の供御(くご)」は,「御めぐり七種,御汁二種なり」とあり,また,御飯は「強飯」とある.主食のほか,副食7種,汁2種の食事の記録がみえる.四足(獣肉類)はすべて用いないとあり,また,豆腐はカベ,素麺はホソモノ,鮒はフモジ,鯉はコモジなど,女房言葉がみえる. 10.18 義持の病気が本復し,大名たちが「美物」を贈る(『看聞日記』). この年,京都に2ヵ月滞在した朝鮮使節宋希璟,秋に麦,初夏に稲,秋に麦を栽培する三毛作を行う農民(摂津尼崎付近)の勤勉さに驚きつつ,貧民,乞食の多さを指摘(『老松堂日本行録』).
1421	28		6.25 足利義持,子義量の酒飲を戒め,義量に酒を飲ませないことを側近に命じる(『花営三代記』). 7.- 義持,第4次禁酒令発令(『大飢饉,室町社会を襲う！』).
1422	29		2.9 貞成親王,翌日から熊野参詣の精進を行う田向長資と禅啓などに,「餞送」として,一献(宴会)を設ける(『看聞日記』).
1423	30		4.- 津軽の安藤氏,将軍義量に昆布500把を献上(『後鑑』4月7日条).
1424	31		1.9 朝鮮国王世宗,左衛門大良に「焼酒」を賜う(『李朝実録』世宗6年正月丙戌条・2月癸丑条).
1425	32		7.19 禅啓,貞成親王に「御精進解(おんしょうじんとき)」のための

1425～1433（応永 32～永享 5）

西暦	和暦	天皇	事　項
1425	応永32	称光	魚と樽（たる）を贈る（『看聞日記』）. 11.- この月付および翌年 2 月16日付の洛中洛外の酒屋経営者の名簿に，合わせて342名がみえる（『北野神社文書』）. この年，四郎衛門定吉，京都の下京五条坊門西洞院南西頬に酒屋出店（『日本中世史事典』）.
1426	33		6.- これより先，幕府，北野社神人の訴えにより，酒屋での麹室の密売を摘発し破壊，これに対し，この月，近江坂本の馬借が一揆を起こす（『兼宣公記』6 月 8 日条）.
1427	34		4.11 利根川中流域の上野国佐貫荘にて，麦のほかに粟や稗が年貢として作人に賦課される（「大島家吉畠請状」）. 4.20 幕府，洛中洛外酒屋土倉条々を規定（『建武式目追加』）.
1428	正長元 4・27	後花園	9.- 近江・山城にて，郷民による正長の徳政一揆. 11.22 幕府が，土一揆を禁止（『東寺百合文書』ヰ）. この年，飢饉．餓死者多数出る（『神明鏡』）.
1430	永享 2		4.29 足利義教，貞成親王に「美物」を贈る．樽（たる），鯉，鯛，いるか，ます，さはら，鮒のすし，鮎のすし，酒ひて，いはし，貝のあわなどとあり（『看聞日記』）. 6.24 貞成親王，『大嘗会記録』『神膳御記』を後小松上皇に進献（『看聞日記』）. 9.30 幕府，洛中洛外酒屋土倉条々を規定（『蜷川家文書』）. 12.30 足利義教，貞成親王に「美物」を贈る．くくい，ひしくい，かん，うさき，ゑひ，くるくる，大かに，雉，くらけ，かき，樽（たる）などとあり（『看聞日記』）. この年，奈良の北市に「蒟蒻屋」あり（『福智院家古文書』）.
1431	3		7.5 京都にて，飢饉で多数の死者が出る．この日，侍所，米商人の所行として米商人を召し捕る（『看聞日記』7 月 6 日条・10日条）. 7.8 幕府，古米 6 升，新米 8 升を等価で販売させることを伝える立札を，各辻に立てる（『満済准后日記』）. 7.19 幕府，洛中諸口にて，米の流入妨害や米不売，米価を吊り上げ，暴利をむさぼる非法の洛中の米商人 6 人を訊問．この日，3 人を斬る（『看聞日記』7 月 6 日条・10日条・19日条）. 12.29 足利義教，貞成親王に「美物」を贈る．足利義教と貞成親王の贈答内容に，鵠，雉，樽（たる），紫蕨，鯉，鮒，蜜柑，近江瓜，海松，初雁，松茸，木練(柿)などがみえる（『看聞日記』）.
1432	4		7.20 幕府，洛中辺土散在の土倉・酒屋役制再発布（『蜷川家文書』）.
1433	5		1.4 足利義教，貞成親王に「美物」を贈る．菱食，雁，雉，鯛，海老とあり（『看聞日記』）. 12.8 足利義教，後花園天皇に「御精進解（おんしょうじんとき）」のための「美物」を贈る（『看聞日記』）. 12.29 足利義教，貞成親王に「美物」を贈る．くぐい，菱食，雁，水鳥，雉，兎，鯉，鯛，鱈とあり（『看聞日記』）.

西暦	和暦	天皇	事　　　　　　　　項
1434	永享 6	後北園	この年，連歌会の規定に，食事の記録あり．朝は粥に汁菜，日中の飯は汁一種に，菜は7，8種，夕飯は菜4，5種．菓子・茶子は普通に出され，点心も，麺・饂飩・餅が必ず一度ずつ出されたとあり（『大和国染田天神縁起』）．
1436	8		**宣徳勘合貿易開始．** 1.1 尹良親王の子良王，正月元日に，尾張の津島天王の神主宅にて受けた饗応記録あり．「魚なし．伊勢蛤を羹とす．御飯は半白米也．汁物は尾張大根の輪切，鱠は小鰯の干たるに大根の削を入れて奉る」（『浪合記』）． 6.14 伏見宮貞成親王，祇園会の際に，点心2種，「茶子」1折，大和瓜1籠，樽（酒）2つを，相伴の武士に贈る（『看聞日記』）．
1437	9		11.18 後花園天皇，金銀の茶具を伏見宮貞成親王に下賜（『看聞日記』）．
1438	10		5.− 飢饉，疫病により，多数の死者が出る（『看聞日記』5月14日条・25日条）．
1442	嘉吉 2		6.− 幕府，京都の酒屋に課税（『斎藤基恒日記』）． 11.11 公家の獣肉食盛行．中原康富，布施民部大夫邸の夕食にて，狸汁をふるまわれる（『康富記』）．
1443	3		9.18 北野社神人，酒麹造を洛中洛外の土倉に認めた幕府の裁許に憤り強訴（『康富記』）．
1444	文安元 2・5		4.13 京都の地下人，麹酒造に関して，京都の酒屋と争い，北野社を焼き，幕府に抵抗（『建内記』）． この年，素麺を冷やして食べた記録あり（『康富記』）．
1445	2		1.2 兵庫北関をこの日に通過した商船61艘の半数が塩船（『兵庫北関入船納帳』）．塩の生産が増大し，それに伴い塩問屋，塩商人も増加．
1447	4		この頃，陸奥の馬之助，松前白符村にてニシン漁開始（井原水産HP）．
1450	宝徳 2		この頃，土製の羽釜が使用される（愛知県清水寺遺跡）．
1455	康正元 7・25		9.18 幕府政所，酒屋役条々制定（『蜷川家文書』）．
1456	2		5.26 医家竹田昌慶，衛生書『延寿類要』を著す．服食用捨篇に米穀25種，菜46種，菓36種，獣12種，鳥11種，虫魚36種について記載．
1458	長禄 2		4.18 瑞谿周鳳水と冷麦の関係について記す（『臥雲日件録』）．
1459	3		1.25 将軍足利義政の御所における御煎点の記録あり．点心6点，菓子7種と茶が出た後，精進三之膳がふるまわれ，最後に唐餅と菓子・茶でしめくくる（『蔭凉軒日録』）．
1460	4		夏，寛正の大飢饉（『大乗院日記目録』『碧山日録』など）．たび重なる戦乱と水害や蝗害などによって，稲の不作，多数の死者が出る． 点心の菜を多くすることを「元弘様」と称し，物笑いの種として記す（『尺素往来』）． 「本膳，追膳（二の膳），三膳」と本膳料理の記述あり（『尺素往来』）． 得がたい美物：「美物」として，「四足，二足，魚類，貝類，此外」と類別し，それぞれの品目が挙げられる．猪，鹿，羚，熊，兎，狸，猫（猿），獺，雉，鶉，鴫，鶩，鴨，雁，鵠，鶴，鷺，山鶏，青鷺，卵子，

1461〜1467(寛正2〜応仁元)

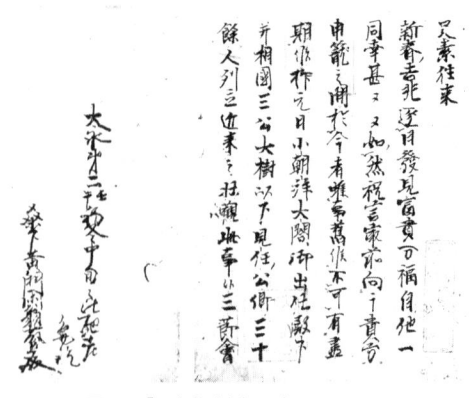

西暦	和暦	天皇	事　　項
1461	寛正2	後花園	鯉, 鱸, 王余魚, 魚味鰹, 鰐(さめ), 鯨鯢, 海鹿(いるか), 赤鯛, 腹赤, 多楽, 名吉, 雨魚, 剣魚, 鯵, 鱧, 鰯, 鰤, 鯖, 鮭, 鱒, 魛, 鮎, 鯰, 鰻, 氷魚, 白魚, 石臥, 鯤魚, 雑魚, 鮑, 螺, 牡蠣, 蚌蛤, 海老, 海鼠, 海月, 穂屋, 烏賊, 擁剣(かざめ), 蛸など(『尺素往来』). 宇治茶が第一とあり(『尺素往来』). 1・2.− 前年からの飢饉(寛正の大飢饉)により, 正月から2月にかけての京の飢饉の死者数約8万2000人, 京の乞食は数万人. 鴨川が死体で埋まる(『碧山日録』). 2.− 洛中六角の頂法寺(六角堂)前の路上に, 時宗僧願阿弥(七条道場金光寺)が, 将軍足利義政から寄金(銭100貫文)を受け, 流民のための小屋を築き, 粥を施す(『碧山日録』). この年, 岡本善右衛門(現在の総本家駿河屋), 京伏見にて, 鶴屋の屋号で饅頭処の商い開始(総本家駿河屋HP).
1464	5	後土御門	この年, 宇治茶の贈答に関する記述あり(『蔭凉軒日録』).
1465	6		1.10 この日の条に, 正月に食す鱈の腸を「コズコズ」(来ず来ず)と呼ばず, 「中比(なかごろ)」から「来る来る」にかけて「クルクル」と称するようになった旨の注記がある(『親元日記』). 2・3.− 伊勢の小原氏や長野氏, 鯨荒巻を献上(『親元日記』2月25日条・3月5日条). 10.1 亥子餅の記述あり(『親元日記』).
1466	文正元 2・28		2.25 足利義政の飯尾之種邸への御成の記録(『飯尾宅御成記』). 閏2.8「砂糖餅」の記録あり(『蔭凉院日録』). 9.− 山城徳政一揆. 在京の武士ら, 酒屋を襲撃(『大乗院寺社雑事記』). この年, 幕府, 五条坊門の酒屋に, 毎月公方に60貫文の美酒を献上させるとあり(『蔭凉院日録』7月4日条).
1467	応仁元 3・5		2.29 酒肴に「ひやむき」(冷麦)を用いるとあり(『山科家礼記』). 5.4 この頃から, 献上品に, 近江のふなすしの記録がみえるように

図37 『尺素往来』(1460)

1467〜1477（応仁元〜文明9）

西暦	和暦	天皇	事　項
1467	応仁元	後土御門	なる（『親元日記』）。 5.26 応仁の乱始まる（〜1477）。 10.1-3 東寺の買物日記に，50文で買えるものとして，約1尺2寸の鯛なら1尾，乾鮭なら2匹，小豆では3升3合余りにあたるとあり（『東寺執行日記』10）。
1470	文明2		5.23 古市胤栄，古市一族若党と「淋汗茶湯」を行う．闘茶ではなく，武士の親睦目的の茶会．まず風呂に入り，白瓜，山桃，素麺などで，宇治茶，雑茶の上下二番を楽しんでから，一献におよぶ．5月24日，7月3日・10日・24日・27日，8月3日・6日・9日・12日・23日・26日にも行う（『経覚私要鈔』）。 8.- 幕府政所の伊勢守政親，応仁の乱の軍需米として朝鮮に米5000碩を依頼し，500碩を得る（『李朝成宗実録』巻7，元年8月24日条・9月27日条）。
1471	3		12.- 李氏朝鮮の記録『海東諸国紀』成る．京の町の描写の中に，1杯1文の茶を飲ませる茶店があったとあり（『海東諸国紀』）。
1472	4		7.8 近衛家の食膳は朝夕の2回（『大乗院寺社雑事記』）。
1473	5		6.25 伊勢貞宗，幕府に美物7種を進上（『親元日記』）。 12.28 足利義政，後土御門天皇に後花園天皇の忌日の精進解のための美物を贈る（『親元日記』）。 この年，甲斐にて，大飢饉．餓死者多数．米1升130文，粟70文，大麦60文（『妙法寺記』）。
1474	6		6.- 後土御門天皇の茶会が開かれる（『親長卿記』）。
1475	7		4.5 「鴬飲」に関する記事（『実隆公記』）。 この年，甲斐，「富貴(豊穣)」（『妙法寺記』）。
1476	8		この年，能阿弥，足利義政蒐集の茶道具目録『君台観左右帳記』を書写（『茶の湯の歴史』）。
1477	9		8.- 江戸の市に，安房の米，常陸の茶，信濃の銅などが集まるとあ

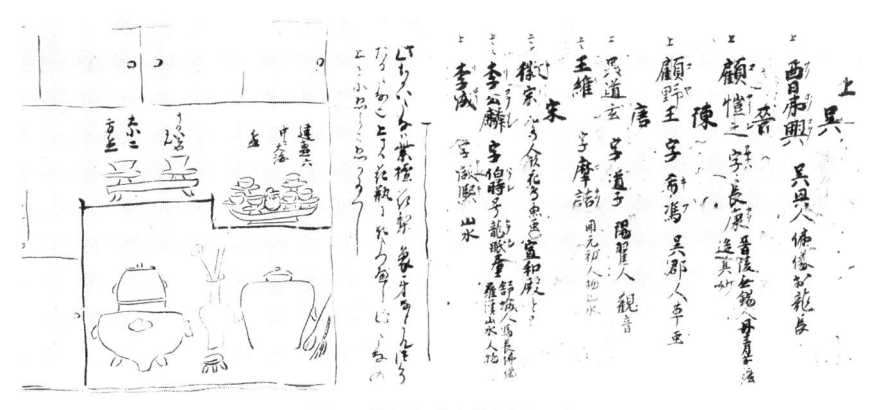

図38　『君台観左右帳記』（1476）

1479～1499(文明11～明応8)

西暦	和暦	天皇	事　項
1479	文明11	後土御門	り(『寄題江戸城静勝軒詩序』). この年，甲斐国，北陸にて飢饉(『日本凶荒史考』). この年，前年の豊作により，「世中十分吉」(豊穣)(『妙法寺記』). この年，砂糖が贈答品として登場(堺の海会寺記録『蔗軒日録』).
1480	12		6.2 山科家の家司大沢久守，二郎兵衛尉と「きりむき(切麦)」を肴に酒を飲むとあり(『山科家礼記』). 9.- 京にて，一揆．酒屋を襲撃．
1481	13		1.3 朝倉孝景，伊勢貞宗に歳暮「美物」として，鱈，大蟹，くるくる(鱈の腸)を献上(『親元日記』). 2.20 尾張の織田敏定，伊勢貞宗に年始の祝儀に鯨の荒巻を献上(『親元日記』). 5.7 伊勢貞宗，将軍に鯛，鱧，烏賊を，精進解の「美物」として進上(『親元日記』). 6.2 能登の畠山氏の足利義政への献上品に，「鯖子十桶，同背腸十桶」とあり(『親元日記』). 9.25 山名豊泰，足利義政に初鮭を献上．以後，10月26日，11月18日にも鮭を献上(『親元日記』). 12.29 朝倉氏景，父の孝景の先例に従い，歳暮「美物」として，足利義政に白鳥，鷹，鱈，鯛，塩引，大蟹，蜷川親元に鱈，塩引を献上(『親元日記』).
1482	14		閏7.22 近衛政家，21日の月次和漢御会にて，断酒精進中につき飲酒を断ったため，後土御門天皇の不興を買い，来月以降の御会への出席を停止される(『後法興院政家記』).
1483	15		5.11 織田敏定，伊勢貞宗に細鯉500本を献上(『親元日記』).
1485	17		8.9 「精進直」として，伊勢貞陸，足利義政に鴨，鯉，海月，義尚に鴨，海月，日野富子に鱸，蛸，海月を進上(『親元日記』). 9.17 越前の朝倉氏，足利義政・義尚に「初雪魚(鱈)」を献上(『親元日記』). 11.21 足利義政，後土御門天皇に鯉を進上．庭田雅行に調理させる(『御湯殿上日記』).
1488	長享2		2.28 「十度飲」に関する記述あり(『実隆公記』). この年，禁裏御領越前河合荘が糸引納豆を納める(『言継卿記』).
1489	延徳元 8・29		1.1 「御強供御如例年」として，埦飯の記述あり(『実隆公記』). 2.- 多治見貞賢，『四條流庖丁書』に相伝奥書を加える． 8.10 九条散所座の者が公事について，三条西実隆を訪ね，鯉魚を献上(『実隆公記』).
1490	2		この年，宮中での砂糖の記述(『御湯殿上日記』).
1492	明応元 7・19		この年，諸国にて飢饉(『後法興院政家記』).
1494	3		この年，「糖粽売」(あめちまきうり)がみえる(『三十二番職人歌合』).
1497	6		2.26 『山内料理書』成る．「菓子」や「茶子」の区別にもふれる．
1499	8		この年，諸国で飢饉．死者多数(『実隆公記』『後法興院政家記』).

1500〜1514(明応9〜永正11)

西暦	和暦	天皇	事 項
1500	明応 9	後土御門	9.- 幕府，洛中洛外酒屋・土倉役の法制定(『管領幷政所壁書』).
1501	文亀元 1・19	後柏原	この年，諸国で旱魃・飢饉(『立花事実記』).
1502	2		3.9 近江今堀の郷村にて，村下掟(じげおきて)が稲餅，麦餅，そば餅をつくことを禁止(『日吉神社文書』).
1503	3		この年，旱魃により，飢饉(『政基公旅引付』).
1504	永正元 2・30		2.16 前年の飢饉時に，百姓が多数餓死．救荒食として蕨を晒している間に盗難に遭う記事あり(『政基公旅引付』). この年，東国にて飢饉．死者多数(『妙法寺記』). この頃，『大草殿より相伝之聞書』成る．
1505	2		この年，盃10個を輪の中に置き，物も言わず，肴も口にせず，順番に銚子と盃を回していく十度飲に興ずる記事あり．女中衆だけの酒宴もあり(『二水記』4月21日条・11月24日条・11月25日条). この年，陸奥にて飢饉(『会津塔寺八幡宮長帳』).
1509	6		4.22 幕府，洛中諸口の駄米は，米場座(米穀取引所)を通じて売買するよう命じる(『蜷川家文書』). 閏8.22 三条西実隆，大隅国の禰寝(ねじめ)氏から贈られた甘葛(あまづら)一筒を宮廷に進上し，宮廷から鱒鮨一折を下賜される(『実隆公記』).
1510	7		12.20 竜崎中務丞(道輔・大内氏の家臣)，三条西実隆を訪ねて『弘安礼(弘安所札礼)』『百官』等の不審箇所を問い，紙10帖・茶碗鉢1・砂糖1桶を芳志とする(『実隆公記』).
1511	8		3.20 「越前蟹」の贈答記録あり(『実隆公記』). 3.23 幕府，洛中の味噌役等についての条規を制定(『蜷川家文書』).
1512	9		この年，川端道喜，京の餅座を預かる(『京都時代MAP』).
1514	11		4.18 三時知恩寺の椿性女王(後土御門天皇皇女)が茶の湯を催し，大内義興が連なる(『元長卿記』).

図39 糖粽売(1494)

1515～1527(永正 12～大永 7)

西暦	和 暦	天 皇	事　　　　　　　　　　項
1515	永正12	後柏原	この年，琉球の使者，島津家へ「南蛮国酒・唐酒(中国酒)・琉球焼酎(泡盛)」献上.(『上井覚兼日記』).
1516	13		この頃，金春禅鳳，見事な唐物同様,「いせ物」(伊勢焼)や「びぜんもの」(備前焼)のような素朴な焼き物も評価する(『禅鳳雑談』).
1518	15		3.17 畠山順光邸での足利義稙の御成にて，20献の酒宴(『畠山亭御成記』).
1520	17		この年，島津氏，京都へ参着した挨拶として,「南蛮酒・砂糖」などを贈る(『島津家文書』). この頃，虎屋創業(虎屋 HP).
1521	大永元 8・23		この年，美濃の白山神社にて神殿の上棟に際し，餅をまき，酒をふるまう(『長瀧寺文書』).
1522	2		6. - 冷麦の記述あり(『祇園会御見物御成記』). 12.19 幕府賦奉行，魚類商売座衆の営業安堵の訴えを受理(『賦引付』). この年，千宗易，堺に生まれる(『茶の湯の歴史』).
1523	3		12.6 三条西実隆，正客に前左大臣三条実香，公頼親子を招き，甘露寺伊長，持明院基規を相伴客に，新茶坑開きをする(『実隆公記』).
1524	4		8. - 女長者の食事の絵あり(『真如堂縁起絵巻』).
1525	5		この年，武野紹鷗，堺から上洛し，村田珠光の弟子から茶を学ぶ.
1526	6	後奈良	6.6 角倉家の吉田与次と三条西実隆が茶会をもつ(『実隆公記』). この年,『宗長日記』『二水記』にて，下京茶湯者村田宗珠についての記述あり(『茶の湯の歴史』).
1527	7		1.27 山科言継，一日3度も訪問先で酒をたしなむ(『言継卿記』). 3.27 山科言綱・言継，賀茂山のつつじ見物に出かける．出立前から，酒をふるまう．法印が花見ののちも所望するが，売っておらず，仕方なく，茶屋にて，餅と茶をふるまわれる(『言継卿記』). 4.11 山科言継，鳥と鯨の吸い物で酒宴を催す(『言継卿記』). 4.12 山科言継，タケノコと雁の汁でもてなす(『言継卿記』).

図40　武野紹鷗(1525)

西暦	和暦	天皇	事　　項	
1528	享禄元 8·20	後奈良	1.- 伊勢貞頼,『宗五大艸紙』を著す.蒲鉾・砂糖羊羹の記述,式三献に関する記述・挿絵がみえる(『宗五大艸紙』). 8.- 山科言継,雉汁の馳走を受ける(『言継卿記』).	
1529	2		3.13 山科言継,嵯峨釈迦堂に,赤飯と酒持参で,一家をあげて出かける(『言継卿記』). この年,種々の食物売り「酒作,油売,餅売,蛤売,魚売,饅頭売,法論味噌売,一服一銭,煎物売,米売,豆売,豆腐売,素麺売,塩売,麹売,葱売,庖丁師,調菜,酢造,心太売」がみえる(『七十一番職人歌合』).	
1532	天文元 7·29		9.- 鷲尾隆康,青蓮院尊鎮法親王と曼殊院慈運法親王を,宗珠の茶室に案内する(『二水記』).	
1533	2		6.5 丹後や能登が,素麺の産地として有名.能登の名物「そろそろ」という記載あり(『御湯殿上日記』). 9.1 山科言継,高倉範久父子と近江の知人の山にきのこ狩りに出かける.松茸150〜60本を収穫する(『言継卿記』). この年より,『松屋会記』が記される.最初の記事は,本年3月20日に東大寺の四聖坊へ松屋久政が出向した記録.	
1535	4		6.- 『武家調味故実』,成る. この年,山科郷民が果実の売買をし,祇園社の柑類販売の座がこれを訴える(『言継卿記』). この年,公家や寺院から後奈良天皇への食品の献上物「黒豆・野菜・なっとう・ところ・白魚・きじ・白鳥・富士のり・くり・みかん・新茶・うめつけ・あわび・いちご・びわ・あんず・柑子・たけのこ・くしがき・まつたけ」とあり(『後奈良院宸記』). この頃,紀伊湯浅の赤桐右馬太郎,径山寺味噌から湯浅醤油100余石を醸造(『日本の味　醤油の歴史』).	
1537	6		9.13 千宗易(後の千利休),京にて茶会(『松屋会記』).	
1539	8		8.- 地方武士たちは唐伝来の文物に関心を示し,中国語ばかりを使用して終夜茶飯と呼ぶ酒宴を開催したとあり(『大内義隆記』).	
1540	9		6.- 諸国で大雨による大飢饉,さらに悪疫,流行.人,互いに相食む(『日本凶荒史考』). この年,千宗易,武野紹鷗に入門(『利休大事典』). この年,大友義鑑,京の大館晴光らに白砂糖を献上(『大友史料』).	
1542	11		6.26 細川邸の的射の席にて,射手に湯漬と冷麦がふるまわれる(『親俊日記』). この年,茶席の菓子として羊羹が出される(『松屋会記』4月3日条・5日条).	
1543	12		8.25 ポルトガル船が,種子島に漂着.	
1544	13		2.- 珠光茶碗を用いた千宗易の茶会の記録あり(『茶の湯の歴史』). 10.- 近江守護六角氏の本拠観音寺城の二階造り茶室に関する記述(『東国紀行』). 12.23 御厨子所供御人に鳥三座.狼,猿,兎,狐,狸,獺(かわうそ),	

酒作　　　　　　　　　油売

餅売　　　　　　　　　蛤売

魚売　　　　　　　　　饅頭売

図41　食物関係の職人図(1529)

1545～1550(天文14～天文19)

西暦	和暦	天皇	事項
1545	天文14	後奈良	黐(とりもち)などで営業(『賦〈くばり〉引付』). この年,山科言継,柳原資定等を招き,鯛汁や鮭の焼物などで馳走する(『言継卿記』). 6.- 鳥座である五条座を有する長橋局,課役について訴訟を起こす.「さいのほこの神人」のこうるい(柑類)座が,鳥を販売したことを訴える(『言継卿記』6月6日条). この頃,粟津座供御人の生魚商人,京都市場で生魚の専売権を独占し,巨大な利益を収める(『戦国時代の宮廷生活』).
1546	15		8.3 後奈良天皇,青蓮院入道尊鎮親王が持参した茶の湯道具(前日に細川晴元が献上したもの)を見る(『後奈良院宸記』). この年,武田信玄,碓氷峠の闘いで功績のあった上野某に朱の膳で魚鳥を饗応させる(『甲州将士人名考』).
1548	17		12.- 津田宗達,以後宗及・宗凡との3代にわたる『天王寺屋会記』を書き始める(『茶の湯の歴史』).
1549	18		7.22 イスパニアのイエズス会のフランシスコ・ザビエル,来日(『耶蘇会士日本通信』). 12.25 絵師狩野法眼(元信)に砂糖20斤などが礼として贈られる(『証如上人日記』). この年,武野紹鴎が大林宗套から「一閑居士」号をさずかる(『よくわかる茶道の歴史』). この年,ザビエルがサンパウロに出した手紙に,「日本人は家畜を殺して食うこと少なく,肉食を罪悪視する」とあり(『耶蘇会士日本通信』).
1550	19		8.25 山科言継,鴨上下社への参詣の途次,賀茂山にて,「いくち」というきのこを採取(『言継卿記』). この頃,本膳料理による食事風景や台所の調理風景,庖丁式が描かれる(『酒飯論』).

図42　千利休(1540)

1550～1557(天文19～弘治3)

西暦	和　暦	天　皇	事　項	
1550	天文19	後奈良	この頃，中世の上流階層の饗応(婚礼とその調理風景)，魚売り，庖丁式，茶の湯などが描かれる(『鼠草紙絵巻』)．	
1551	20		9.1 **大内氏滅亡．勘合貿易断絶．** この年，十四屋宗伍，津田宗達のもとを訪れ，茶会に興ずる(『天王寺屋会記』5月29日条，6月10日条・22日条・23日条)．	
1552	21		8.26 山科言継，一条兼定の屋敷で鶴汁を馳走される(『言継卿記』)． 9.7 山科言継，滞在先の葉室家の餅山にて，栗を200～300個拾う(『言継卿記』)．	
1553	22		この年，高橋雅楽助宗衡による鯉の包丁式が行われる(『言継卿記』)．	
1554	23		4.28 大慈光院の尼宮，宮中で沈酔し，小御所にて転倒するとあり，女子の遊戯的飲酒も一般化(『言継卿記』4月29日条)． この年，今井宗久『今井宗久茶湯日記書抜』の記事が始まる．	
1556	弘治2		2.9 山科言継，禁中で砂糖餅を拝領する(『言継卿記』)． 10.15 山科言継，駿河の今川氏のもとに滞在中に，製造されていた蒲鉾を賞味する(『言継卿記』)． 11.25 寄合酒肴之制に，河内の天野，興福寺大乗院領の菩提泉，伊豆の銘酒「江川酒」に関する記述あり(『結城家新法度』)． 11.29 山科言継，駿河の今川氏のもとに滞在中に，義元が前晩に遠江から到来した鵠を言継に贈る(『言継卿記』)． 12.2 津田宗達，阿波の大名三好実休(義賢)の口切の茶会に招かれる(『天王寺屋会記』)．	
1557	3	正親町	1.9 松平和泉守(親乗)，鉄砲四張で狩に出かけ，鶴1羽，雁12羽，鴨3羽を獲，山科言継に贈る(『言継卿記』)． 2.4 山科言継，浜納豆の調味法を習い，日記に記す(『言継卿記』)． 2.4 山科言継，朝比奈備中守(泰朝)から「豆州江川樽　五荷」を贈られる(『言継卿記』)． 5～8.- 早魃が続き，その後，風水の災あり．諸国大凶作(『日本凶荒	

図43　『酒飯論』(1550)

1557～1563(弘治3～永禄6)

西暦	和暦	天皇	事	項
1557	弘治3	正親町	史考』). 山科言継，駿河の今川氏のもとに滞在中に，法論味噌一桶を贈られている(『言継卿記』). この年，角寺鉄異老(カステイラ)，復烏而(ボウロ)，革二減比而(カルメイラ)，掩而皿兮(アルヘイ)，哥目穴伊(コンヘイ)などの甘味を作り，老若男女を接待し，伴天連の教えに従う人が増えたとある(『原城紀事』).	
1558	永禄元 2・28		この年，下総国野田の飯田市郎兵衛が溜り醬油醸造．後に，野田醬油となる(『野田の醬油史』). この頃，高麗茶碗が盛んに用いられる(『茶の湯の歴史』).	
1559	2		8.- 山科言継，長橋局に莘1袋と「シヤウユウ」の小桶を贈っている(『言継卿記』). 12.22 津田宗達，前関白九条稙通・前大納言久我晴通らを自邸に迎え，自慢の茶道具で茶を進める(『天王寺屋会記』).	
1560	3		5.19 織田信長，桶狭間の戦いで，今川義元を破る.	
1561	4		3.- 足利義輝，三好筑慶・義長邸にて受けた献立記録あり．式3献で始まる豪華な本膳料理．なしやむすびこんぶが菓子として登場．17献におよぶ酒宴もあり(『三好筑前守義長朝臣亭之御成之記』). 9.10 川中島の戦． この年，能登の守護畠山義綱が同国鹿島郡七尾の家臣長続連の私邸にて，21献の饗応を受ける(『長伝書』). 京都の庶民の食生活は「食料品が欠乏し，常食はかぶら・だいこん・なす・ちさ，および豆類」とあり(『耶蘇会士日本通信』).	
1563	6		1.11 松屋久秀の茶会にて回し飲みの記述あり(『松屋会記』). 5.29 山科言継，焼酒を飲む(『言継卿記』). この年，幕府は，歳末に近臣から，雉5，鯛10，鯉5，辛螺(さざえ)50，赤貝100などの美物の献上を受ける(『雑々聞検書』).	

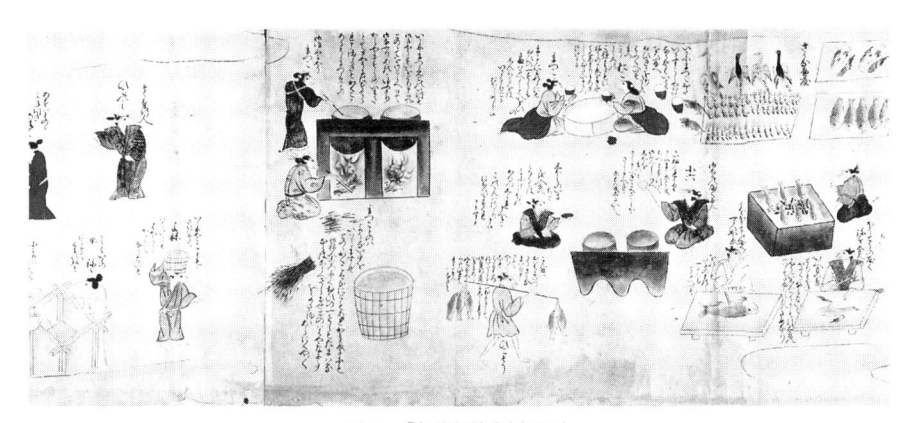

図44 『鼠草紙絵巻』(1550)

1564～1568（永禄7～永禄11）

西暦	和暦	天皇	事　項
1564	永禄7	正親町	9.18 山科言継，砂糖を贈る（『言継卿記』）． 9.20 武蔵多摩郡関戸郷にて，六斎市定まる．毎月3・9の日に濁り酒と塩あい物の自由販売が許可される（『武州文書』）．
1565	8		9.3 狩野永徳，『洛中洛外図屏風』をなす（『御書集』）． 『洛中洛外図屏風』にみる食の風景には，竪臼・竪杵・箕を使用したイネの脱穀，祇園社の茶店，路傍の茶店など多数． この年，ルイス・フロイス『耶蘇会士日本通信』：「日本人は食事あたって礼儀正しい」，ガスパル・ビレラの書翰：「肉は甚だ少なく，全国民は肉より魚類を好み，その量多く又甚だ美味にして佳良なり」など．
1566	9		8.8 摂津平野郷が酒造界に進出し，醸造した平野酒も有名に（『言継卿記』）．
1567	10		4.22 二階造りの茶亭に関する記述（『言継卿記』）． この頃，見晴らしのよい二階造りの茶亭が，茶の湯の盛行で流行． 6.8 小麦の価格が米の半分（『多聞院日記』）． 6.11 連歌師里村紹巴，駿河清見寺での饗応の際，名酒江川酒を味わうとある（『紹巴富士見道記』）． 9.3 山科言継，葉室山にて，栗拾いをする．御室や京都の知人にも配る（『言継卿記』9月3日条・7日条）．
1568	11		9.- 織田信長の入京によって三好三人衆が退去．それに伴い，三好家の料理人坪内某が捕らえられ，刑具は免れたものの拘束の身となる．何年かして，信長の臣下市原五右衛門が，信長に坪内を料理人として採用するよう進言したため，坪内は信長に料理を献上することとなる．しかし，信長の口に合わず，成敗されそうになるが，もう一度機会をと嘆願し，再度料理を献上する．2度目の料理が口にあい，信長を喜ばすことになった（『常山紀談』3）． 10.- 織田信長，「つくも茄子・松島の壺・紹鷗茄子」などの茶道具を入手．織田信長の茶器蒐集（名物狩り）始まる（『信長公記』）．

図45　刈入れ作業（1565）

1568～1574（永禄11～天正2）

西暦	和暦	天皇	事項
1568	永禄11	正親町	11.19 武蔵国八王子城・栗橋城の北条氏照が，同国久良岐郡戸部郷の船方に「なまこ二〇〇はい，たい五〇枚，たこ三〇盃」の注文を申し渡す（『武州文書』）。 12.17 烏丸家にて，万里小路，山科，甘露寺，正親町などの名門公卿が狸汁で夕方まで酒を酌み交わす（『言継卿記』）。
1569	12		2.6 織田信長，禁裏に鮒を献上．正親町天皇，公家を招宴し，鮒汁を賜う（『言継卿記』）。 4.3 ルイス・フロイス，二条城の織田信長に金平糖などを献上（『耶蘇会士日本通信』）。 4.19 武田信玄，駿河久能城内の掟書に「大酒禁法之事」を記す（『中世法制史料集』5）。 11.23 千宗易，津田宗及を招き，茶事を催す．茶懐石も提供する（『天王寺屋会記』）。
1570	元亀元 4・23		4.2 千宗易，今井宗久に織田信長の御前で薄茶を賜る（『利休大事典』）。 5.22 「酒煮之」と，酒の火入殺菌の記述あり（『多聞院日記』）。 8.15 山科言継，連歌会にて，きしめんを酒肴に酒を飲む（『言継卿記』）。 11.29 北条氏政，上野国倉内城中へ，酒肴として「蜜柑1合，干海鼠1合，干物1合，柳3荷」を贈る（『上杉文書』）。 この年，『唐商売往来』にて，巴旦杏（アメントス），西瓜核，鶏蛋（タマゴ），家鴨，火腿（フタラカシ），醃肉（シラニク），猪饅頭（ブタマンヂウ），東坡肉などがあり．
1571	2		3.4 今井宗久，上・下京の町衆を集め，東福寺にて茶会を開催（『天王寺屋会記』）。 4.3 幕府，東坊城家の知行であった山城宇治郷などの葉茶の公事銭を納めるよう命令（『勧修寺文書』）。 9.30 織田信長，幕府禁裏用途のため，洛中洛外に段別1升の米を賦課する（『言継卿記』10月9日条）。 10.15 織田信長，上・下京の民に各町ごと5石の米を貸し与え，利米を供御とする（『京都上京文書』『立入文書』）。
1572	3		7.23 北条氏堯，駿河の口野5ヵ村に対して，漁業の掟を制定（『植松文書』）。 この年，津田宗及，三好康長ら50人を招き，茶会開催（『天王寺屋会記』）。
1573	天正元 7・28		7.18 織田信長，足利義昭を追放．室町幕府，滅亡． 10.28 千宗易，織田信長の茶頭になる（『信長公記』）。 11.23・24 京の妙覚寺にて，織田信長が茶会を開催．堺の代官松井友閑，今井宗久，山上宗二が臨席し，千宗易が濃茶を点てる．大覚寺天目などを用いる（『今井宗久茶湯書抜』）。
1574	2		1.12 織田信長，尾張瀬戸の焼物窯のみを認め，他所の窯を停止（『加藤彦四郎氏所蔵文書』）。 3.16 信濃国定勝寺の修復工事の竣工祝いに「ソバキリ」をふるまう

1574〜1577(天正2〜天正5)

西暦	和暦	天皇	事　項
1574	天正2	正親町	(『定勝寺文書』). 3.24 京都の相国寺にて，織田信長が堺衆(紅屋宗陽，塩屋宗悦，今井宗久，茜屋宗左，山上宗二，松江隆仙，高三隆世，千宗易(利休)，油屋常琢)を招き，茶会を行う(『今井宗久茶湯書抜』). この年，下総市川にて，近江の一族の田中長兵衛，醬油の製造開始(『日本食文化人物事典』). この年，紀伊有田郡糸我荘の伊藤孫右衛門，肥後国八代地方のみかんの苗木を移植．紀州みかんの始まり(『日本食文化人物事典』).
1575	3		6.29 織田信長，美濃の真桑荘の真桑瓜を御所に献上(『御湯殿上日記』). 7.26 津田宗久の手記に，はんぺんの記述あり(『天王寺屋会記』). 10.14 三好康長，三日月の葉茶壺を織田信長に献上(『慶應義塾大学図書館所蔵文書』). 10.28 織田信長，京・堺の数寄者17名を京の妙覚寺に招き，茶頭千宗易の点前で茶の湯を開催．蒐集した唐物中心の茶道具(白天目・つくも茄子・三日月壺)で座敷を飾る(『信長公記』).
1576	4		2.－ 織田信長が安土城に移る． 10.－ 北条氏照，古河公方足利義氏の子の誕生に際し，砂糖餅を下賜される(『喜連川文書』). この年，蘭叔玄秀，『酒茶論』を著わす． この頃，長崎に南京芋(ジャガイモ)が渡来．また，同じ頃，トウモロコシ，スイカ，カボチャの種子も渡来する(『誰でも読める日本中世史年表』).
1577	5		6.－ 織田信長，安土城下にて，楽市楽座実施(『誰でも読める日本中世史年表』). 閏7.25 北条氏政，飛脚を使い，北条氏邦へ貝や鮑を届けさせる(『岡本文書』).

図46　紀州みかんの始まり(1574)

西暦	和暦	天皇	事　項
1577	天正5	正親町	8.23 北条氏政，西伊豆の植松氏が「七百節の鰹」を獲ったことを責める(『植松文書』). 10.30 千宗易，今井宗久らを招き，茶会を開催(『天王寺屋会記宗及他会記』).
1578	6		1.1 安土城での新年茶会に，五畿内の諸大名，北陸・東海の諸将(織田信忠，滝川一益，細川藤孝，明智光秀，羽柴秀吉ら)が出仕．唐物中心の茶道具で開催．松井友閑，茶を点てる(『信長公記』). 9.- 京にて，織田信長が前関白近衛前久，宮内卿法印(松井友閑)，佐久間右衛門尉，滝川左近丞，細川右京大夫などを招き，口切の茶会を開催(『信長のおもてなし』).
1579	7		7.2 ヴァリニャーノ，在日イエズス会士に対し，豚や羊の飼育，および牛の屠殺を禁止(『日本食肉文化史』).
1580	8		6.26 土佐の長宗我部某，織田信長に砂糖3000斤を献上(『信長公記』).
1581	9		6.1 氷砂糖に関する記事(『御湯殿上日記』). この年，越中礪波郡井波の板倉弘方，落雁の製造を開始(『日本食文化人物事典』).
1582	10		1.6 正親町天皇，織田信長が献上した鯨肉を廷臣に配る(『御湯殿上日記』). 1.- この頃，伏見に塩座が成立．これに粟津と大津の塩座衆が加わる(『言経卿記』). 3.21 北条氏政，甲斐武田氏を破った織田信長に，江川の酒を祝儀品として献上(『信長公記』). 5.15・16 安土城で開かれた，徳川家康をもてなす饗宴の接待役に，織田信長が明智光秀を任命．しかし，光秀は丁重なもてなしを施したにもかかわらず，「贅沢すぎる」との信長の怒りに触れ，解任される(『天正十年安土御献立』『真書太閤記』『明智軍記』). 6.2 本能寺の変． 9.- 徳川家康，甲斐滞在中の飯田氏に「駿州名物」として，蜜柑1箱を送る(『贈答と宴会の中世』). 11.7 羽柴秀吉，山崎宝積寺にて茶会を開催(『利休大事典』). この年，太閤検地，開始． この年，美濃の後藤才助，長良川の鮎を酢漬けにして販売(『日本食文化人物事典』). この年，千宗易，二畳敷の草庵茶室「待庵」を創建と伝えられる(『利休大事典』).
1583	11		9.1 羽柴秀吉，大坂城築城(〜85). 9.16 羽柴秀吉，大坂城にて，松井有閑，荒木村重，千宗易，万代屋宗安，津田宗及と名物茶道具の展覧と茶会を行う「御道具そろえ」開催(『天王寺屋会記』).
1584	12		1.- 宣教師の書簡に，日本人は果物，甘い物，油や酢をつけたもの，牛乳，乾酪を嫌い，米，野草，貝類を塩と用いるとある(『耶蘇会士日本通信』).

1585～1588（天正 13～天正 16）

西暦	和暦	天皇	事 項	
1585	天正13	正親町	3.8 千宗易，羽柴秀吉の大徳寺大茶湯に津田宗及とともに茶頭をつとめる（『利休大事典』）。	
			10.7 千宗易，「利休」の号を賜る．正親町天皇の御所にて羽柴秀吉，正親町天皇らを迎えて茶を点じる（『兼見卿記』）。	
			この年，ルイス・フロイス，「日本人は野犬，鶴，大猿，猫，生の海藻を好む，牛肉は食べないが好む，太閤も甚だ嗜好す」と報告に記す（『日本史』）。	
1586	14	後陽成	1.16 豊臣秀吉，小御所にて，正親町天皇らを招き，茶会開催．前年に完成した黄金の茶室を披露（『大友文書』）。	
			10.- 徳川家康の上坂により，千利休，秀吉の茶頭として接待に奔走（『利休大事典』）。	
			この年，茶の湯の回飲みを意味する「吸い茶」登場（『茶の湯の歴史』）。	
			この年，農村の質素な会席料理記録（「月次会席之法度」）。	
1587	15		1.3 大坂城にて，豊臣秀吉が茶会を催す．「生鶴御汁」が供される（『宗湛茶湯日記』）。	
			6.18 豊臣秀吉，キリシタン禁令で牛馬の食用を禁じる（『日本食肉文化史』）。	
			6.25 豊臣秀吉の九州平定の折，神屋宗湛が懐石料理でもてなす（『神屋宗湛献立日記』）。	
			10.1 豊臣秀吉，北野の大野原にて九州平定成功の祝賀会として，北野大茶会開催（『北野大茶湯之記』）（演出には，千利休・今井宗久・津田宗及）。	
			11.25 京にて，上京14町が集合して寄合の飲食制を制定（『京都上京文書』）。	
			この年，円尾屋孫右衛門長村，播磨龍野にて，醬油醸造に着手．龍野醬油の始め（『日本食文化人物事典』）。	
1588	16		2.27 山上宗二，『茶器名物集』を著す．	

図47 検地の様子（1582）

1588〜1591（天正16〜天正19）

西暦	和暦	天皇	事項
1588	天正16	後陽成	4.14 聚楽第にて，豊臣秀吉，後陽成天皇を酒宴でもてなす．三献の後，湯漬けの膳を7つ出し，献14，合計17献（『日本食物史概説』）．
1589	17		この年，駿河屋善右衛門，練羊羹「伏見羊羹（別名紅羊羹）」を売り出す．豊臣秀吉の大茶会で諸侯に引出物として評価される（駿河屋総本家HP）．
1590	18		8.1 徳川家康，江戸城へ入城． 8.- 豊臣秀吉の全国統一． 9.21 千利休，豊臣秀吉を正客に迎えてもてなした茶会での懐石料理．めし，菜汁，鮭焼，鱸，引而，さかひて（酒浸），おぼろとうふ，くわし（菓子），ふのやき，いりかや，やきくり（『利休百会記』）． 9.23 豊臣秀吉，聚楽第にて，茶会を開催（『天王寺屋会記』）． 10.- 武蔵吉祥寺（井の頭）の池水を江戸城まで引水した神田上水完成．江戸市中の飲み水にする（『図説　日本庶民生活史』第4巻）． この年，江戸日本橋魚河岸起こる．家康入府のときに，摂津佃村の庄屋森孫右衛門，住吉神社の平岡権太夫，佃村および隣村の大和田村の漁師32人の計34人，江戸に下り，将軍家に魚を納め，残りを市中にて販売したのが初めとされる（『佃島と白魚漁業』）． この年，横山五郎兵衛宗信，播磨国龍野にて醤油製造を開始（キッコーマンHP）． この年，高山右近，豊臣秀吉の小田原攻めの際，蒲生氏郷と細川忠興に牛肉料理をふるまう（『日本食肉文化史』）．
1591	19		1.30 土佐の長宗我部氏，浦戸にて捕鯨．豊臣秀吉に贈る（『日本食肉文化史』）． 2.28 千利休，豊臣秀吉の怒りを買い，切腹（『多聞院日記』）． 10.24 島津義久，琉球王尚寧に征明の兵糧米などの負担を催促（『薩藩旧記』）． この年，紀伊湯浅の赤桐三郎五郎，醤油廻船を利用した醤油販売開始．

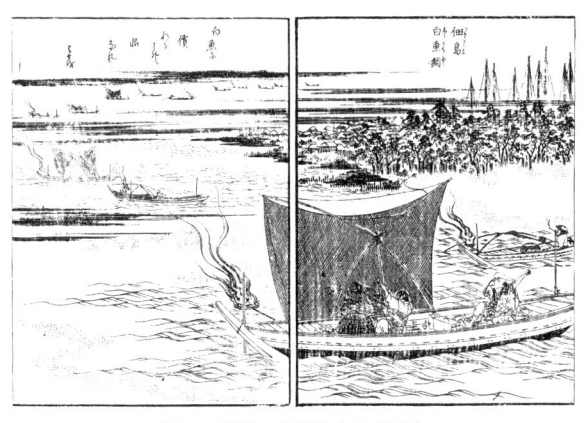

図48　佃島の漁が始まる（1591）

1592～1597（文禄元～慶長2）

西暦	和暦	天皇	事項
1592	文禄元 12・8	後陽成	豊臣秀吉の小田原攻めの際に兵糧米を献上したため，大船1艘を恩賞として賜ったことがきっかけになる（『日本食文化人物事典』）． 1.5 豊臣秀吉，3月1日からの朝鮮出陣を命ず．文禄の役． 5.28 大坂城の黄金の茶室が，肥前名護屋城に運ばれ，全国の諸大名，諸将を招いた茶会を開催（『よくわかる茶道の歴史』）． 10.30 朝鮮出陣に際し，肥前名護屋滞在中の豊臣秀吉を，神屋宗湛が博多の自邸へ招く．本膳500膳余，豊富な料理数でもてなす（『神屋宗湛献立日記』）． この年，江川酒を生産した江川英治・英長親子，肥前名護屋城の徳川家康の陣所，伏見徳川屋敷に酒を献上（『寛永諸家系図伝』）．
1594	3		3.28 豊臣秀吉，茶屋四郎次郎と亀屋栄任を菓子奉行に任命（『御用達町人由緒』）．
1596	慶長元 10・27		5～6.26 大水によって，葛西，浅草にて溺死者(300～400人)，牛馬の被害が多数出る（『当代記』）． 9.8 イスパニア船，土佐に漂着．翌年1月，その帰国に際し，豊臣秀吉，白米1000石，豚200匹，鶏2000羽，酒の大樽100本，饂飩の粉500石，種々の肴50荷を与える（『太閤記』）． この年，朝鮮通信使黄慎一行の見聞記に，日本人の食事習慣（3度食，玄米食）に関する記述あり（『日本往還記』）． この年，日本橋小田原町に市場開場（『日本橋魚河岸物語』）． この年，神田鎌倉町にて，豊島屋（現在の豊島屋本店）開店．江戸時代には白酒で知られる（豊島屋本店HP）．
1597	2		2.1 豊臣秀吉，朝鮮再派兵．慶長の役． 2.24 豊臣秀吉，伏見城にて茶会を開催（『宗湛日記』）． 4.12 豊臣秀吉，地方の麦の年貢を3分の1に決定し，給人の在所に儲倉を設置（『日下文書』）． 9.12 京都南禅寺にて，徳川家康，朝食に饂飩をふるまわれる（『言経

図49　神田鎌倉町の豊島屋(1596)

1597〜1605(慶長2〜慶長10)

西暦	和暦	天皇	事 項
1597	慶長2	後陽成	卿記』). 9.21 家康,冷泉為満に扶持米を贈る(『言経卿記』). 9.28 豊臣秀吉,朝鮮人鼻塚の施餓鬼を行う(『鹿苑日録』).
1598	3		3.15 豊臣秀吉,醍醐三宝院の庭にて,盛大な花見宴を催す.また「加賀の菊酒,麻地酒,其外天野,平野,奈良の僧坊酒,尾ノ道,児島,博多之煉,江川酒」などの名酒が供される(『太閤記』). 11.8 博多にて,毛利元就,石田三成らを招き,茶会を開催(『宗湛日記』).
1599	4		2.28 京都伏見にて,古田織部がいびつな茶碗を使用した茶会を行う.薄茶に「セト茶碗,ヒツミ候也,ヘウケモノ也」と記される(『宗湛日記』). この年,徳川家康,山科言経に扶持米を贈る(『言経卿記』).
1600	5	後陽成	9.15 関ヶ原の合戦.
1601	6		この年,江戸芝にて魚市場開設(『佃島と白魚漁業』). この年,家康に,浅草川の白魚を初めて献上する(『佃島と白魚漁業』).
1602	7		この年,信濃の塩沢宗閑,養命酒製造開始(NTTコムウェアHP). この頃,讃岐坂出にて塩田開始(香川県HP).
1603	8		2.12 徳川家康,征夷大将軍になる. 7.- 家康,宮中へ鮨を献上. 9.30 家康,砂糖1000斤を献上した島津氏に書状を送る(『徳川実紀』). この年,『日葡辞書』成立. この年,冷泉家の歌会にて,茶請けとして,麩焼の「茶子」の記載あり.
1604	9		この年,朝は粥,昼はくもじの軽食など,1日3度食すとある(『御湯殿上日記』).
1605	10		7.28 伊予今治藩主藤堂高虎,城下に塩屋町を設置.塩の専売開始. 8.- 関東近辺にて,大風・水害により凶作(『当代記』).

図50 醍醐の花見(1598)

1605～1610(慶長11～慶長15)

西暦	和暦	天皇	事　項
1605	慶長11	後陽成	この年，琉球那覇の野国総管，福建から甘藷を持ち帰り，栽培させる．儀間真常が野国総管から，これをもらい受け，沖縄全島に栽培を奨励(『甘藷の歴史』)． この頃，唐辛子伝来とあり(『武江年表』)．
1606	11		この年，カンボジア王，河野喜三右衛門に，徳川家康に献上する氷糖と蜂蠟を託す．
1607	12		4.12 1回目の朝鮮通信使406人，京都に到着．大徳寺を宿に饗応する． 4.－ 林羅山，李時珍著『本草綱目』(1578年成立)を長崎より持ち帰り，家康に献上(『徳川実紀』)．伝来は1604年以前とされる(真柳誠1998)． 5.20 通信使，駿府城で徳川家康に会見し，人参60斤・白苧布30疋・蜜・蠟100斤を献上(『徳川実紀』)． この夏，関西にて麦豊作．雨降らず，関東凶作(『当代記』)．
1608	13		2.25 千宗旦，奈良の茶人松屋久重を茶会に招く(『松屋会記』)． 7.22 カンボジア王より，砂糖6桶の貢献あり(『徳川実紀』)． この夏，関東で麦凶作．西国大水，諸国不作(『当代記』)．
1609	14		1.－ 家康，9月の伊勢両宮正遷宮に際し，料米6万俵寄進(『徳川実紀』)． 8.－ オランダ，初めて入貢，唐船も初めて来航(『武江年表』)． 10.6 フィリピンから葡萄酒2壺の貢献あり(『徳川実紀』)． この年，京都を境に東国は凶作，西国は豊作(『当代記』)． この年，フィリピンの前イスパニア総督ビベロ，日本人の常食は米，大根・茄子などの野菜とまれに魚類と記す(『日本見聞録』)．
1610	15		閏2.17 徳川秀忠，三河国蔵王山にて狩猟．鹿247頭，猪22頭を獲る．22日には，若見山などで狩猟．鹿162頭，猪23頭獲るなど盛んに狩猟が行われる(『徳川実紀』)． 9.7 島津家久，江戸城茶室にて秀忠より茶を給う(『徳川実紀』)． 9.－ 古田織部，千利休の弟子で点茶の技，右に出る者なしといわれ

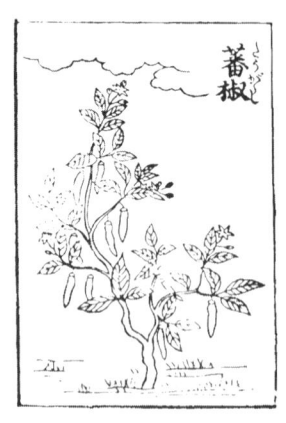

図51　唐辛子(1605)　　　図52　七味唐辛子屋(1625)

1610〜1613（慶長15〜慶長18）

西暦	和暦	天皇	事　　項
1610	慶長15	後陽成	将軍秀忠に点茶式伝授（『徳川実紀』）． この年，直川智，奄美大島にて，砂糖を製造．黒糖約100斤を得るとされるが慶長年間との説もある（『日本糖業史』）．
1611	16	後水尾	9.15 徳川家康，二の丸でフィリピン人をみる．葡萄酒・南蛮蠟などの献物あり（『徳川実紀』）． 9.26 大久保忠隣（小田原藩主），家康に鮮鮭・塩鮭を献上（『徳川実紀』）． 11.8 家康，連日鷹狩を行い，鶴，雁などの料理を家臣に給う（『徳川実紀』）． 11.11 家康，鷹狩において，真名鶴，黒鶴を得る．夜，家康，駿府城にて，茶を点じ南部利直に給う（『徳川実紀』）． 12.2 在勤者，駿府城にて，狩猟で得た白鳥料理供せられる（『徳川実紀』）．
1612	17		2.3 家康，遠州堺川二上山にて鹿狩り．5000〜6000人が弓，銃をもち，唐犬60〜70匹を放し，猪20〜30頭を得る（『徳川実紀』）． 3.21 **幕府，キリスト教を禁じ，京都の教会堂を破却**（『駿府記』）． 6.20 ノビスパン（メキシコ）王国の献上品に南蛮酒2樽あり（『徳川実紀』）． 8.6 幕府，喫煙・煙草の売買，屠牛を禁じる（御当家令条）．
1613	18		5.5（陰暦6.12）平戸にイギリス船が来航．船長ジョン・セーリス，平戸領主松浦鎮信から日本酒・魚類・豚などを贈られる．また松浦の求めに応じ，イギリス人が牛肉や豚肉の料理を調製（『大日本史料』9月1日条）． 8.10 幕府，摂津佃村より江戸（鉄砲洲向島）に移住した漁民に幕府の御用掛として，江戸近海，河川での白魚の網漁の特権を与える（『佃島と白魚漁業』）． 8.22 フィリピン王国の使者，家康に葡萄酒，氷糖を献ず（『徳川実

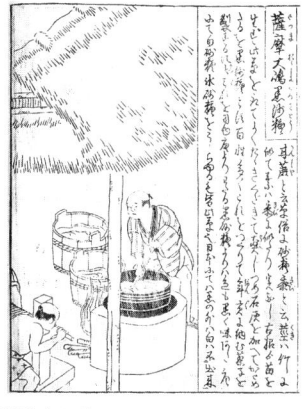

図**53**　砂糖製造（1610）

1614〜1615(慶長19〜元和元)

西暦	和暦	天皇	事　項
1614	慶長19	後水尾	紀』). 1.12 徳川家康，鷹狩りで鶴3羽を得，猪も多いため狩猟すべしと命じる．翌日，鹿2，猪4頭を得る(『徳川実紀』). 2.3 近江国の社僧慈性，江戸常明寺にて，そば切の振舞があったと日記に記述(『日本めん食文化の1300年』)．しかし，常明寺の所在が不明確で，その場所の解釈には異論もある． 9.- 南蛮人，オランダ人来朝(『武江年表』). 10.1 家康，大坂征討を命ず(大坂冬の陣). 10.- 『慶長見聞集』成立 12.4 家康，伊達政宗から献上された生鱈の料理を命じ，政宗らを相手に夜食に食す(『徳川実紀』).
1615	元和元 7·13		4.6 家康，大坂征討を命ず(大坂夏の陣). 5.5 家康，大坂夏の陣に陣中の御膳米5升，干鯛1枚，梅干し，味噌，鰹節のほかに無用のものをもたないよう，また3日の兵糧を用意して討つように命じる(『徳川実紀』). 5.6(陽暦6.2) 平戸のイギリス商館長リチャード・コックス，ウィリアム・アダムス(三浦安針)が琉球から甘イモ1袋をもたらし，ダミアン・マリネスも藷とバナナを持参し，これを6月19日(陽暦)に植える(『イギリス商館長日記』). 6.17(陽暦7.12) イギリス商館長リチャード・コックス，松浦家重臣松浦重忠に葡萄酒2樽，鯣5束，鰹節5本を贈る(『イギリス商館長日記』). 7.7 武家諸法度制定． 7.17 禁中並公家諸法度制定． 7.24(陽暦9.16) イギリス商館長リチャード・コックス，豚2頭，家鴨2羽，牝鶏2羽，豚の腰肉1切を焼き松浦隆信の小舟に運び饗応す(『イギリス商館長日記』).

図54　日本橋魚市(1610)

1615〜1619(元和元〜元和5)

西暦	和暦	天皇	事　　　　　　　　　　　　　　項
1615	元和元	後水尾	この年，江戸の本船町・本小田原町にて，魚問屋開設(『日本橋魚河岸物語』)． この年，松平忠明，大坂京橋北詰鯯市場(後の京橋川魚市場)を公認(『雑喉場魚市場使』)． この年，仙台城主伊達政宗の長子秀宗，宇和島に分封．仙台の笹かまぼこの技術が伝わり，宇和島かまぼこが製造される．
1616	2		1.21 徳川家康，京坂で流行していた鯛をかやの油で揚げ，その上に薤(ラッキョウまたはオオニラ)をすりかけた料理を命じて作らせ，食した夜から腹をこわして療養．一旦快復に向かうようにみえたが悪化(『徳川実紀』)．4月17日没す． 1.- 諸国にて，飢饉．京・奥羽などにて，餓死者多数(『日本凶荒史考』)． 7.- 天領の年貢米，米3斗7升を1俵とする． この年，大和国桜井出身の助五郎，江戸日本橋本小田原町で魚商を営み，浦々の生簀にタイなどを囲い，幕府や武家の大量注文に応える．関東・東海の漁場の仕入れ・販売の実権を押さえ，本小田原町に魚会所設置． この年，田中玄蕃，銚子にて溜りしょうゆの製造・販売始める(ヒゲタ醬油HP)． この頃，鍋島軍が朝鮮出兵から連れ帰った朝鮮陶工李参平(金ヶ江三兵衛)，有田にて，日本で最初の磁器焼成始める(『海を渡った陶磁器』)．
1617	3		8.26 京都にて，朝鮮通信使を饗応．三使に七五三膳，通事に五五三膳でもてなす(『徳川実紀』)．
1618	4		この頃，京窯(仁清焼・清水焼・粟田焼など)の生産開始．
1619	5		9.26 大坂にて，上荷船・茶船が，幕府より営業特権を受ける． この年，和泉堺の船問屋，大坂の荷を廻送する江戸廻船開始(『菱垣廻

図**55**　日本橋魚市(1616)

1619〜1626(元和5〜寛永3)

西暦	和　暦	天　皇	事　　項	
1619	元和 5		船問屋規録』). この年，大干魃にて，五穀凶作．各地で飢饉が起こり，多くの流民が江戸にて死す(『元寛日記』)．	
1620	6		3.1 幕府，浅草にて米蔵を築造(『文政浅草町方書上』)． この年，茶竹子による『喫茶雑話』成立．	
1622	8		4.16 徳島藩，塩田に関する定書を出す． この年，飛騨にて，凶作(『日本凶荒史考』)．	
1623	9		この年，琉球の儀間真常，製糖法習得のため，中国の福建へ家人を派遣(『球陽』)．	
1624	寛永元 2・30		3.24 イスパニア船の来航を禁止． 5.- 幕府，饗宴において，二汁五菜，酒3献，肴2本に制限するよう命じる． この年，大坂の泉屋平右衛門，江戸積船問屋開業．菱垣廻船使用(『菱垣廻船問屋規録』)． この年，薩摩にて焼酒の輸出禁止． この年，福砂屋，長崎にてポルトガル人より伝授されたカステラの製造開始．原名をカストルボルという(『長崎案内』)．	
1625	2		7.- 米・塩・薪炭・銭・酒・味噌・灯油・魚油・焼酎・綿布・繰綿を規定物に指定する． この年，初代辛子屋中島徳右衛門，江戸両国薬研堀にて漢方薬からヒントを得て，七色唐辛子の販売開始．やげん堀創業(やげん堀HP)．	
1626	3		8.- 将軍家光上京し，翌月，二条城にて，後水尾天皇をもてなす．19献にわたる酒肴．式正料理の仕立て人として，禁裏庖丁人は高橋・大隅両家，幕府方から堀田・鈴木両家，京庖丁人に生間家の名が見える(『二条城行幸献立之次第』)． この年，「卓子(シッポク)」は，オランダ語の「ターフル」と同義とあり(『紅毛訳問答』)．	

図56　菱垣廻船(左)と弁才船(1624)

82

1626～1633(寛永3～寛永10)

西暦	和暦	天皇	事　　　　　　　　　　　項
1626	寛永 3	後水尾	この年，奥州にて，飢饉．江戸においても米価が高騰する(『誠弐日記』)．
			この年，仙台藩，買米仕法施行．農民の余剰米を江戸へ回送，販売する．また，塩の専売制開始．以後，各藩でも始まる．
			この年，松前藩，幕府に身欠きにしん献上．
			この年および翌年，大旱魃により餓死者多数(『日本凶荒史考』)．
1627	4		この年，新羅より琉球へ渡った西瓜の種，薩摩に伝来(『武江年表』)．
			この年，豊前にて，飢饉．小倉藩主，農民困窮のため，秘蔵の茶器を売却して，窮民を救済する(『熊本細川家譜』)．
			この年，琉球，薩摩より茶種を持ち帰り，琉球国内にて播種・栽培開始．
1628	5		この年，仙台藩にて，鮭の魚役に関する規約制定．
1629	6	明　正	この年，老中酒井忠世の浜屋敷居住の漁師が，深川の干潟を与えられ，深川漁師町ができる．
1630	7		7.－ 徳川忠長，三穂の浦遊覧の際，銃で打ちとった塩漬の鳥を秀忠に献上(『徳川実紀』)．
			8.－(陽暦9.9) 長崎・薩摩に到着した船で運ばれた白砂糖・黒砂糖を売買(『平戸オランダ商館の日記』)．
			この年，『和歌食物本草』刊行．以後，改訂されながら，100年近く刊行される．
1631	8		この年，千住組魚問屋8人，冥加(営業税)として，鯉・鮒などの川魚の献上開始．
			この年，「ホウレンソウ」「カラナ」の名がみえる(『多識編』)．
1632	9		この年，加賀藩，辰巳用水を城内に引く．
			この年，仙台藩，江戸廻米開始(『武江年表』)．
1633	10		2.28 幕府，長崎奉行に奉書船以外の日本船の海外渡航を禁じる．鎖国政策始まる．

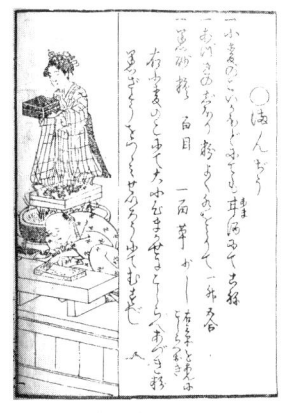

図57　カステラを焼く天火(1624)

1633～1637（寛永10～寛永14）

西暦	和暦	天皇	事　項
1633	寛永10	明正	この年，曲直瀬玄朔，本草書『日用食性』を著す．
1634	11		5.－ 米穀不足に際し，蔵米実施． 閏7.9 島津家久，琉球の使者とともに二条城二の丸にのぼり，中山王尚豊および王子よりの太刀のほか香餅，焼酎を献上する(『徳川実紀』)． 8.－ 将軍徳川家光，帰府の途次，駿府の町民に1万5000石の施米実施． 9.－ 茶人作事奉行小堀遠州，二条城の茶室を完成させる． 12.－ 茶屋船の海外渡航を禁じる． 12.－ 連年の不作により，江戸・京・大坂・奈良・堺などにて，酒造地の酒造高の半減，麦作の奨励を命じる． この年，江戸にて，紀州のみかん400籠入荷．元禄11年(1698)には，24万～30万籠へと増加．また，水菓子問屋の新山屋仁右衛門，江戸京橋にて，みかん問屋開業．
1635	12		5.19 鎖国の励行． 5.28 全ての海外渡航，海外からの帰国を禁じる． 6.21 参勤交代の制度化． 6.－ 家光，新造安宅丸船上にて饗応． この秋，下野宇津宮領にて，穀屋の横暴に対し，米の自由販売を要求した騒動勃発(長島屋騒動)． 9.27 番頭の宅で饗応する場合，二汁三菜のほか，肴，吸物以下無用とし酒は3盃に限ると命じる(『徳川実紀』)．
1636	13		5.21 小堀遠州，徳川家光に茶を献じる(『徳川実紀』)． 10.5 家光，鉄砲にて鷹狩．翌日，水戸黄門(徳川光圀)・薩摩黄門(島津家久)に鶴を遣わし，二の丸では家臣に鶴の料理を給う(『徳川実紀』)． この年，米価高騰に際し，米蔵を開いて，米の廉売開始．
1637	14		10.25 島原の乱が起こる．翌年2月28日，幕府軍の兵糧攻めの結果，

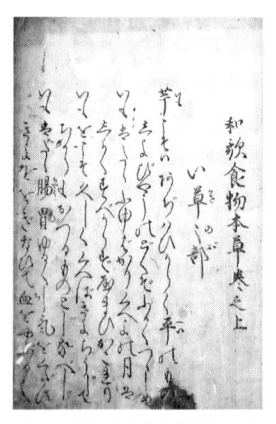

図58　『和歌食物本草』(1630)

1637〜1639（寛永14〜寛永16）

西暦	和暦	天皇	事　　　　　　　　　項
1637	寛永14	明正	食料が尽き，原城陥落．一揆が鎮圧される．米価高騰（『寛永日記』）． この年，佐賀藩陶業者が薪をとるため山を荒らすとの理由で陶工826人を追放し，有田の13の窯場に統合．磁器のみの生産体制を確立する（『海を渡った陶磁器』）． この年，加賀藩，農民の敷借米（利子をとって貸す米）制定． この年，小堀遠州，伏見屋敷の茶室転合庵にて，「清拙正澄の墨蹟」披露の茶会を行う（『よくわかる茶道の歴史』）． この年，下総・常陸・陸奥などの浦々より，江戸に干鰯が入る． この年，大坂にて，上荷船・茶船の条例制定．
1638	15		2.25 千代姫（徳川家光の長女）の定婚の祝い．紀州邸より将軍に樽5荷，塩鯛30枚，熨斗30把，昆布30把，姫君に樽3荷，そのほか同じ．生母にも贈り物あり（『徳川実紀』）． 10.29 江戸品川・牛込にて，薬園開設．品川は医師池田重次，牛込は医師山下宗琢が管理に当たる（『徳川実紀』）．またこの年，麻布・大塚にても，薬園新設．漢薬の栽培開始． 11.- 品川に東海寺創立（『武江年表』）．同寺の沢庵宗彭，大崎居木橋の村名主松原庄左衛門に南瓜を栽培させる．居木南瓜のはじめ（『日本の野菜』）． この年，中川白魚御菜場，佃村の住人に下賜され，御菜御用を務める（『佃島と白魚漁業』）． この頃，全国各地の古今の特産品を紹介する記述あり．摂津・天満宮前大根，相模の鼠大根・秦野大根，駿河・奥津鯛，遠江・浜名納豆などあり（『毛吹草』）．
1639	16		4.22 幕府，諸大名に倹約令発布． 6.16 嘉定（祥）が例年どおり行われる．病で登城できなかった石川弥左衛門より熟瓜が届く（『徳川実紀』）． 7.4 ポルトガル船来航禁止．

図59　狩りの際，屋外で料理をする料理人たち（1636）

1639～1641(寛永16～寛永18)

西暦	和暦	天皇	事	項
1639	寛永16	明正	7.25 幕府, 平戸来着のオランダ船との通商を許可(『徳川実紀』). 11.2 家光, 酒井忠勝の別業に臨み, 水戸邸より献上された鮫鱇を調理し, 供せられる(『徳川実紀』).	
1640	17		1.13「番士の輩の饗応には, 一汁三菜, 香物, 酒3盃に過ぐべからず」と定められる(『徳川実紀』). 3.7 番頭にて饗する時は二汁三菜のほか, 肴, 吸物も無用, 酒は3盃に限ると定める(『徳川実紀』). この年, 江戸四谷の隠れキリシタン百姓9人が牛肉の食用で梟首に処せられる(『玉滴隠見』).	
1641	18		1.8 小堀遠州, 伏見にて, 石州茶人片桐石見守・奈良茶人松屋久重を招き茶会を催す. 飯・汁・貝焼(あわび・赤貝)・このわたの本膳, 二の汁・鯛つくり・引物の二の膳が供される(『松屋会記』). 1.13 旗本に倹約令発布. 5.17 平戸のオランダ商館, 長崎出島に移る. 6.25(陽暦8.1) オランダ船が持参した牛肉・塩蔵の豚肉・アラク酒, イスパニア・フランスの葡萄酒・オリーブオイルなどのキリシタンが通常使用するものを, 日本人・支那人・外国人に販売, 贈答することなどを禁止(『長崎オランダ商館の日記』). 6.28(陽暦8.4) オランダ, 日本への砂糖の輸入超過のおそれがあると警戒(『長崎オランダ商館の日記』). 6.- 諸国にて, 大凶作(『佐藤家記』). 8.20 家光の長男家綱誕生に際し, 風流踊りや奢侈を禁止. 饗宴の料理を二汁五菜までと定める(『徳川実紀』). 9.16 江戸川の御殿にて, 家光が毛利秀元の茶の供応を受ける. 数奇屋・茶室・茶道具・花器など善美を尽くし, 20日間にわたり, 江戸の老若男女が貴賤を問わず参集する. 閏9.20(陽暦11.12) オランダ人, 肉桂・氷砂糖・黒砂糖などを売却	

図**60** 出島での饗宴図(1641)

1641～1644(寛永18～正保元)

西暦	和暦	天皇	事　　　　　　項
1641 1642	寛永18 19	明　正	(『長崎オランダ商館の日記』). この年，細川三斎，『茶湯之書』を著す. 2～7.- 寛永の大飢饉．幕府，市中に仮小屋を建て，施粥(『寛永日記増補』). **5.9 幕府，譜代大名に参勤交代を命じる.** 5.26 幕府，農民に対し，雑穀を用い，米を多く食べないよう命じる．また農村での酒造り・酒販売禁止．9月には，農村でのうどん・そうめん・そば切り・まんじゅう・南蛮菓子の類販売禁止．ただし名物のそうめんは例年程度の製造許可(『徳川実紀』). 5.- 昨年の不作により，畿内・西国・関東に巡察使派遣. 6.28 飢饉に際し，農村に年貢米未進のないよう示達(『徳川実紀』).
1643	20	後光明	9.14 江戸，京・坂，堺，奈良等の酒造前年の半減とすること，地方での商売用の酒の製造を禁じる．うどん・そうめん・そば切り・まんじゅう・南蛮菓子類の販売を禁じる．さらに，年内に麦をまくこと，近郊狩場以外で猪，鹿を逐うよう奨める(『徳川実紀』). **3.11 幕府，田畑永代売買禁止令発布．**しかし，常陸国のみ実施せず. 7.18 江戸にて，第5回朝鮮通信使を饗応(『徳川実紀』). 8.5 家綱に雲雀，青鷺が現状され，饗膳を酒井忠勝などに賜う(『徳川実紀』). 12.- 初めての出版料理書『料理物語』刊行．鹿・狸・猪・兎・かわうそ・熊・犬などの獣肉食も紹介される. この年，土民仕置覚えで，百姓は通常雑穀を食べるべきとし，米を勝手に食べることを禁止. この年，中島浄雲，江戸にて，求肥飴製造(『武江年表』). この頃，陶工初代柿右衛門，赤絵付に成功(柿右衛門窯HP).
1644	正保元 12・16		2.- 寛永年中，鉄砲洲向干潟百間四方の地を，摂津国佃村の漁人に給付したが，この2月，漁家を建て佃島と称す(『武江年表』).

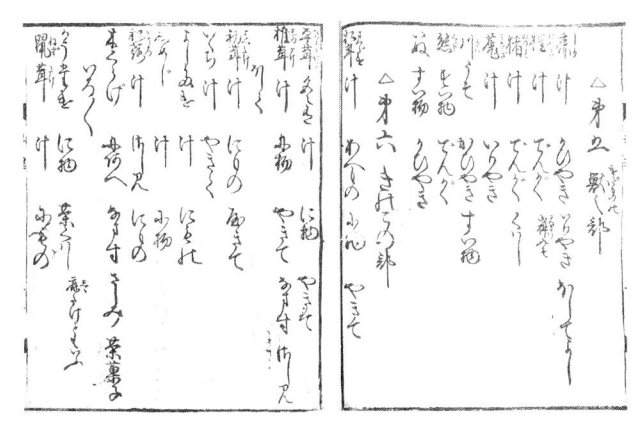

図61　『料理物語』(1643)

1644～1648（正保元～慶安元）

西暦	和　暦	天　皇	事　項	
1644	正保元	後光明	3.22 家光，猪狩にて，猪16頭のうち1頭を鎗で突きとめる．翌日，狩の猪の股を土井利勝，酒井忠勝，松平信綱など諸大名に賜る．井伊直孝はかねてより獣肉を食せずと聞き，鴈を賜う（『徳川実紀』）．	
1645	2		5.21 家光，隅田川にて，尾張の鵜匠らの鵜飼いをみる（『徳川実紀』）． この年，初代浜口儀兵衛，紀州から江戸に近い下総国銚子にて，醬油製造開始．ヤマサ醬油の始まり（ヤマサ醬油HP）． この頃，三河岡崎にて，八丁味噌（三州味噌）の醸造が開始されたとするが，延元2年(1337)創業とするところもある（カクキュー，まるや八丁味噌HP）．	
1646	3		3.12 京都の鹿苑寺にて，花見にうどんをたしなむ記述あり．また，7月25日にはきりむぎを打ち，明王院をもてなす（『鹿苑日録』）． 11.12 諸大名の江戸への廻米停止．封地で売り払い，江戸で必要な米を買い入れることが認められる． この年，浅草蔵奉行，城米蔵奉行に対し，蔵米の管理を定めた法令発布． 12.30（陽暦1647.2.4）長崎通詞西吉兵衛，奉行の使いとして，オランダ商館にバター4斤やチーズ半斤を所望し，江戸に送る（『長崎オランダ商館の日記』）．	
1647	4		3.- 加賀藩と関係の深かった玉舟，芳春院にて，唐物大海の茶入を使用し，茶会を行う（『よくわかる茶道の歴史』）． 7.20～23 家光，水戸邸などに雲雀を贈る（『徳川実紀』）． この頃，琉球にて黒糖の専売制開始． この頃，野々村仁清，京都にて御室焼創始．	
1648	慶安元		2.28 江戸市中の無札の振売を取り締まる（『江戸町触集成』）． 6.5 幕府，大坂上荷船・茶船の仕置制定（『御触及口達』）． この年，千宗旦，今日庵にて鳳林承章を招き，茶会を行う（『近世茶道史』）．	

ヤマサ　　ヤマジュウ　　ジョウジュウ　　キハク

ヒゲタ　　ジガミサ　　キッコーマン

図**62**　醬油の商標(1645)

1649〜1653(慶安2〜承応2)

西暦	和暦	天皇	事　項
1649	慶安2	後光明	2.26 幕府，農民に対し，「慶安御触書」公布(非存在説がある)．米を食わず，麦・粟・稗・菜・大根など雑穀を作るよう命じる．
1649	2		3.10 旗本に倹約を命じる(『江戸幕府日記』)．
			8.- 江戸在住の大名に合力米を与える．
			この年，岡田半左衛門泰次，尾張清洲にて，清酢の醸造を始める(マルカン酢HP)．
1650	3		9.- 幕府，関東の代官・地頭に対し，猟人以外の鉄砲所持を禁止(『徳川実紀』)．
			この頃，京都伏見美濃屋太郎左衛門により寒天が発見され，舟渡地方で寒天が製造される(『地域研究年報』27)．
1651	4		1.24 雁・鴨・鮫鱇の肝を抜き取り，魚の子を取り，人目をくらました商売を禁じる(『江戸町触集成』)．
			この年，大坂の青物市場が京橋1丁目から京橋北詰片原町へ移設．
			7.23 由井正雪の乱が起こる．
1652	承応元 9·18		2.3 紀州邸，将軍家に延命酒・味噌漬け・鰹節を贈る(『徳川実紀』)．
			2.3 江戸市中の無札の振売を取り締まる(『江戸町触集成』)．
			12.- 玉川上水の工事が，玉川庄右衛門・清右衛門兄弟に命じられる(『江戸上水道の歴史』)．
			この年，赤穂藩の塩田開発が本格化．
			この年，正月20日の武家の行事「御具足餅」が，この年より11日になる．
			この年，尾池四郎左衛門，土佐藩にて捕鯨業開始．
1653	2		1.13 幕府，麹町・芝口の町人らに，玉川上水道の工事を許可(『徳川実紀』)．
			2.- 大坂にて，町人の米仲買条規制定．
			4.- 玉川上水開設工事開始(『江戸上水道の歴史』)．
			閏6.27 東国では守随正得，西国では神善四郎の秤を使用するよう定

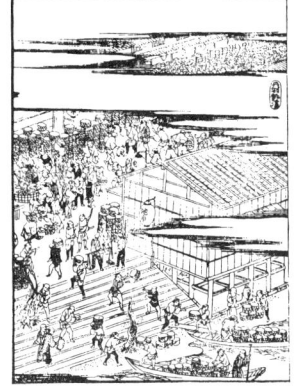

図63　天満青物市(1652)

1653～1658(承応2～万治元)

西暦	和暦	天皇	事　項
1653	承応2	後光明	まる. 7. 30 大坂にて天満橋北詰に移転. 天満青物市場の成立(『雑喉場魚市場史』). 9. 28 琉球国王尚質, 王子を遣わし将軍に焼酎・香餅などを献上(『徳川実紀』).
1654	3	後西	3. 22 大坂市中にて, 米手形売買禁止(『御触及口達』). 6. 20 玉川上水完成. 7. 5 長崎に, 黄檗宗の隠元が明国から渡来. 隠元豆や煎茶を伝える(『長崎志』). この頃, 日本橋北新堀・茅場町にて, 江戸で初めての干鰯問屋開業. 承応年間, 豪華な弁当を伴う船遊山流行(『武江年表』).
1655	明暦元 4·13		3. - 野々村仁清, 京都の仁和寺にて公卿に製陶披露. この年, 秋田藩, 江戸廻米開始.
	2		12. 3 家綱, 紀伊狩場へ枝柿, 鯛を, 徳川光圀へ蜜柑, 鯛を遣わし, また尾張狩場へ鵰, 鴨を献ずる(『徳川実紀』).
1657	3		1. 18～20 明暦の大火により死者10万8千余人(回向院過去帳に2万2人, 『徳川実紀』). その後, 浅草金龍山門前にて奈良茶飯屋開業. 茶飯・豆腐汁・煮しめ・煮豆などを提供する(『武江年表』). 1. 21 大火により, 米価高騰. 幕府, 米価騰貴を抑制する. 米値段の上限を金1両=7斗にする. 2. 27 **徳川光圀の命により, 『大日本史』の編纂開始.**
1658	万治元 7·23		2. 17 江戸市中にて, 振売の種類および人数調査実施(『江戸町触集成』). 12～閏12. - 江戸大火と諸国の風水害による米の不足により, 翌年まで江戸・京坂・奈良などにて酒造を半減. 新規の酒造も禁止される(『徳川実紀』『御触書寛保集成』). この年, 美濃屋太郎左衛門, 京都伏見にて心太(ところてん)を製造.

図64　行楽弁当の再現(1654)

1659～1663（万治2～寛文3）

西暦	和暦	天皇	事　　　　　　　　　　　項
1659	万治2	後　西	1.19 50歳以上，15歳以下，または身体障害者の振売保護のため，鑑札を与える．また，家持，新規参入者の振売禁止．また，この年の振売の調査によると，江戸の北部だけで5900人，その7割以上が50歳以上，15歳以下，身体障害者であったとされる（『江戸町触集成』）． この春，長崎にて，飢饉（『長崎年表』）． 6.23 幕府，酒造半減令発布． 9.5 江戸城大奥の台所各所にて，火の用心，倹約令が命じられる． 12.25 玉川上水から引水する武家屋敷に水道料を賦課．維持費に充てる．
1660	3		11.2 大坂市中の米売買の仕法制定（『御触及口達』）． この頃，本所茅場町3丁目，深川北松代町1丁目，駒込に，蔬菜を扱う前栽市場開設．近郊農村より青物・土物を売りに来てにぎわう．
1661	寛文元 4・25		10.- 幕府，江戸市中の茶店や煮売屋・振売などの夜間営業禁止（『江戸町触集成』）．先日も触れた通りとあるためこれがはじめてではなく今後もしばしば禁令が出される． この年，高梨兵左衛門，下総国野田にて醤油醸造開始．翌2年茂木七左衛門醤油製造（『キッコーマン醤油史』）． この年，隠元，黄檗山萬福寺を開山．黄檗宗の精進料理「普茶料理」を伝える（萬福寺HP）．
1662	2		1.- 葺屋町河岸の一銭茶屋の営業が禁じられる（『武江年表』）． この年，琉球の武当親方，清の康熙帝の即位式参列のため渡清．製糖技術，白砂糖と氷砂糖の製法を取得し帰国．
1663	3	霊　元	9.- 倹約令発布．国持大名でも，不時のふるまいは二汁七菜に限り，贅沢な吸物や肴を禁ずる．ふるまい・常食にも杉重の菓子は無用とし，組中のふるまい，相役人の寄合も二汁五菜までとする（『御触書寛保集成』）． この年，太地角左衛門，紀州にて，『鯨品』1巻を著わす．鯨19種を

図**65**　普茶料理（1660）

1664〜1668(寛文4〜寛文8)

西暦	和暦	天皇	事　　　　　　　　　　　項
1664	寛文4	霊元	図示． この年，けんどん蕎麦切始まる(『武江年表』)．
1665	5		1.29 幕府，御台所で遣う蔬菜魚鳥の時期を定める(『江戸町触集成』)．鱒が正月から．生椎茸が正月より4月まで．つくし・防風(セリの一種)が2月より．蕨・蓼・葉せうが(しょうが)・むなくろが3月より．鮎・鰹・根芋・筍は4月より．茄子・白瓜・枇杷が5月より．まくわ瓜・大角豆が6月より．ほとしき・りんごが7月より．めうど・松茸が8月より．雁・なまこ・鮭が8月末より．ぶどう・梨が8月末より11月まで．鴨・雉・つぐみが9月より．蜜柑・くねんぼが9月より3月まで．御所柿が9月より11月まで．あんこう・生たら・までは11月より．白魚が12月より． 8.11 肴商人による古い生鰹の売買が発覚し摘発される．以後，禁じられる(『江戸町触集成』)．
1666	6		2.2 幕府，諸国山川掟発布．草木根の乱伐，川筋の新田・焼畑が禁じられる(『御当家令条』)． 11.8 幕府，凶作により，酒造量半減．新規酒造業も禁じられる(『徳川実紀』『御触書寛保集成』)． 12.8 大坂の雑魚場から出火．2日で142町，1933戸焼失．
1667	7		3.4 幕府，諸大名に，酒造制限令の無期延長を通達する(『徳川実紀』)． この年，『和歌食物本草増補』刊行． この年，幕府，城米廻送取締規則公布．
1668	8		2.27 幕府，江戸市中の米・大豆・菜種・大麦・小麦・油・魚油・鯨油・ゴマ・酒・塩・苴などの在庫調査を命じる(『江戸町触集成』)． 3.8 幕府，長崎貿易の輸出入禁制品目改定(『御当家令条』)． 3.- ふるまい二汁五菜以下と定められるが，後同僚の会は一汁二菜のほか，香の物，菓子各1種となる(『徳川実紀』)．

図66　雑喉場魚市(1666)

1668~1672(寛文8~寛文12)

西暦	和暦	天皇	事　　　　　　　　項
1668	寛文8	霊元	6.1 池田光政，家中に対し，老中は二汁三菜・肴は1種，番頭並1000石以上は一汁三菜・肴1種，物頭並に500石以上は一汁二菜・肴1種など，ふるまいでの身分による料理数，また使用できる食材の内容を定める(『有斐録』)．
1669	9		2.18 江戸枡改正．京枡と統一される．樽屋藤左衛門に枡1挺を銀4匁で売り出させる(『江戸町触集成』『徳川実紀』)． この年，『料理食道記』刊行．医学と料理を合わせた本で，各地の産物を紹介．四季献立冬の部に，叩いた小鳥とえびのてんぷらの記述あり．
1670	10		5.10 幕府，西国の凶作に際し，秋まで酒造，辻売り・振売による酒の販売禁止(『御触書寛保集成』『徳川実紀』)． 7.18 暮れ六ツ以後の，煮売の営業禁止(『江戸町触集成』)． 8.13 幕府，百姓の衣食住に関する制度制定(『徳川実紀』)． この年，長崎にて飢饉． この年，琉球尚貞王，徳川家綱に泡盛酒献上．
1671	11		6.- 幕府，酒造制限令発布．以後，寛文12年(1672)，延宝2年(1674)，3年，正徳5年(1715)などにも出される(『江戸町触集成』)． 7.- 幕府，河村瑞賢に陸奥国の幕領米を東廻り航路で江戸へ廻送させる．また，翌年7月には西廻り航路(長崎・下関を経由して大坂)で，出羽の幕領米を江戸へ廻送(『奥羽海運記』)． 10.1 幕府，知行地経営に失敗した旗本を知行取から蔵米取に変更させる(『徳川実紀』)． 11.1 寒造り酒，去年の半量だけ造るよう指示(『江戸町触集成』)． この年，名古屋玄医，食物本草書『閲甫食物本草』刊行．
1672	12		5.2 幕府，魚介類や野菜など36品目の売り出し限定期日制定．初物を「走り物」と称し，季節に先立って販売することを禁じた町触れも

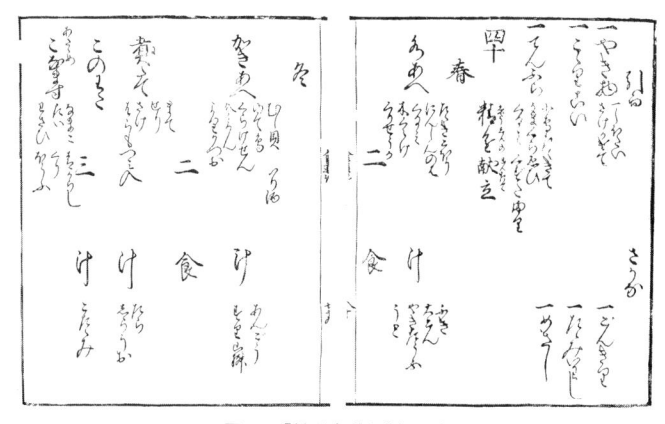

図67　『料理食道記』(1669)

1672～1675(寛文12～延宝3)

西暦	和暦	天皇	事　　　　　　　　　　　項
1672	寛文12	霊元	公付(『江戸町触集成』). この頃,『酒餅論』成立. 弥生はよもぎ餅, 端午にはちまきや柏餅, 水無月初めの氷餅, 嘉祥の餅の記述あり(『世事百談』).
1673	延宝元		2. - 幕府, 城米廻船条例制定(『徳川禁令考』). **6. - 分地制限令発布.** この年, 江戸浅草の正直そば始まる. この年, 安芸国草津にて, 牡蠣のひびだて養殖開始. 大量生産が可能になる.
1674	2		11. - 江戸日本橋本小田原町と本船町の魚問屋が, 漁師より多額の口銭(手数料)を徴収. 武蔵本牧村・相模三崎村など17浦の漁師の出願により, 日本橋川南本材木町に新規の魚市場の開設が認められ, 新肴場ができる. この年, 江戸の名物として, 塩瀬の饅頭, 笹粽, 金竜山の米饅頭, 浅草のお興米, 白山の彦左衛門のべらぼう焼, 八丁堀の松尾煎餅, 日本橋高砂屋の縮緬饅頭, 麹町助惣の麩焼, 両国橋のちぢら糖, 芝の三官飴, 大仏大師堂の源兵衛餅とあり(『食物名国町の沙汰』). この年, 紀伊の甚太郎, 土佐浦で燻乾法による鰹節製造開始. この春早, 夏秋風水の害あり, 餓死者多く, 飢饉起こる(『日本凶荒史考』).
1675	3		1.19 幕府, 飢饉に際し, この春, 米の給付を計画(『日本凶荒史考』). 2.20 大和にて, 吉野の飢民に救米施行(『徳川実紀』). 2.28 摂津・河内にて, 飢民に救米施行(『徳川実紀』). この年, 網をからませ, 銛で刺しとらえる網取式捕鯨が考案される. この年, 野田清右衛門, 江戸本郷元町にて, 酒悦開業. 伊勢から仕入れた海産物を扱う. 後に, 上野寛永寺境内(上野池之端)に移転, うにやこのわたなどの酒肴, のり・香煎なども扱うようになる. やがて, 15代目が福神漬創案(酒悦HP).

図**68**　網取式捕鯨(1675)

1676〜1682(延宝4〜天和2)

西暦	和暦	天皇	事　項
1676	延宝 4	霊元	この頃，京都祇園の二軒茶屋，祇園豆腐と称する焼き豆腐を，北野の七軒茶屋で売るとあり(『日次紀事』)．
1678	6		4.5 幕府，江戸市中の茶屋及び煮売屋の調査実施(『江戸町触集成』)． 11.1 幕府，茶店の給仕女を2人に制限．また，夜の営業を禁じる(『江戸町触集成』)． この年，諸国にて，風水害による飢饉(『日本凶荒史考』)．
1679	7		2.13 幕府，振売の新規営業停止(『江戸町触集成』)． 8.15 石清水放生会再興(『続史愚抄』)． この年，大坂における「諸国煎茶問屋」の所在に関する記述あり(『難波雀』)．
1680	8		9.28 酒造量の前年比半減を命じる(『御触書寛保集成』『徳川実紀』)． 11.20 寒造りの酒のほか，当座造りの新酒，当年・次年の製造を禁じる(『徳川実紀』)． この冬，東海諸国にて，大干魃(『徳川実紀』)． この年，植木屋四郎左衛門が，江戸浅草雷門前にて，アサクサアマノリを養殖し，浅草海苔に商品化． この年，大飢饉発生．畿内や関東の米価や物価が高騰．出雲にて餓死者数3万8590人(『続日本王代一覧』)． この年，貝原益軒，『本草綱目和名目録』完成． この頃，江戸洲崎の茶屋の記述あり(『武江年表』)．
1681	天和元 9.29		1.29 幕府，江戸市中の米・麦・大豆の在庫量調査の実施．買溜や独占販売を禁じる(『江戸町触集成』)． この春，近畿・関東にて飢饉(『山鹿素行日記』)．翌年，中国・畿内にても飢饉． 10.1 幕府，酒造半減令発布(『御触書寛保集成』『徳川実紀』)． この年，帰化僧心越，江戸小梅の水戸藩邸にて，肉桂の苗を植える．
1682	2		8.12 茶屋に給仕女を置くことを禁じる(『江戸町触集成』)．

図**69**　浅草海苔(1680)

①かつお釣り

②浜でかつおを処理

③かつおをおろす

④かつおを蒸す

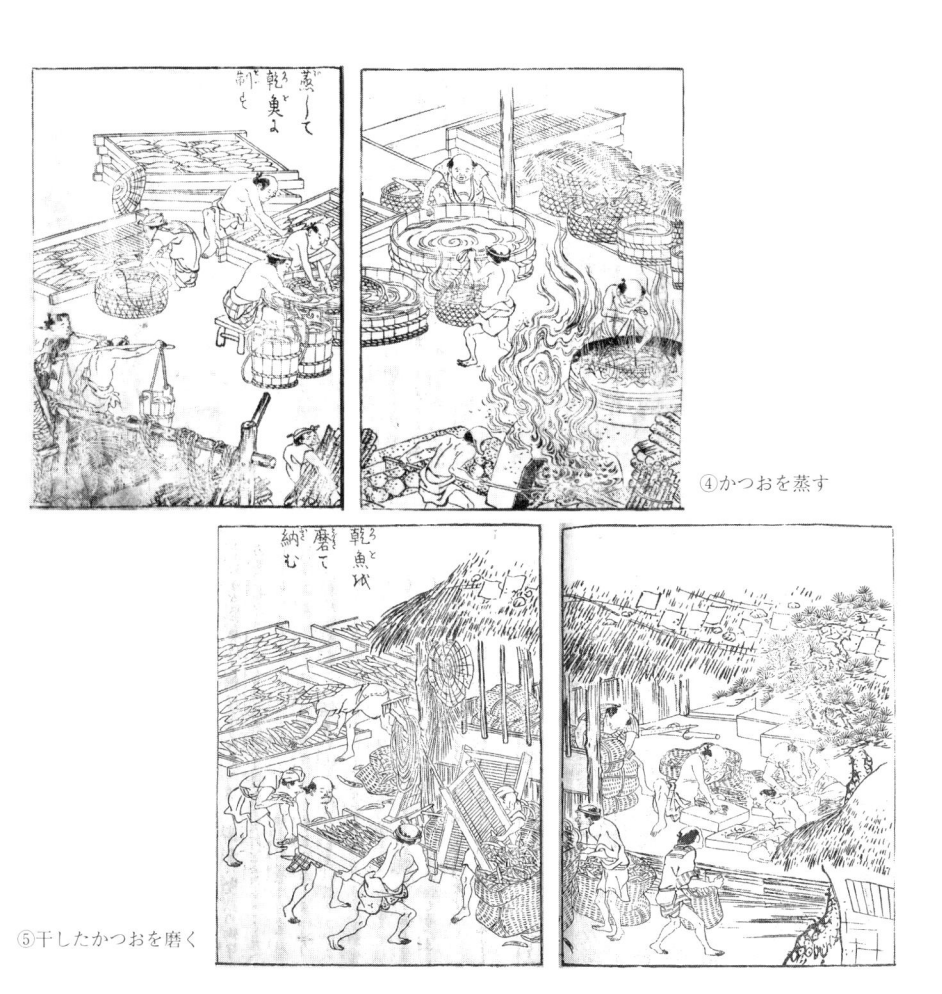

⑤干したかつおを磨く

図70　鰹節の製造(1674)

1682〜1687(天和2〜貞享4)

西暦	和暦	天皇	事　項
1682	天和2	霊元	この頃，京都にて，鹿・野猪・家猪・狼・兎を解体して売る人あり． この頃，大豆・大麦で麹を造り，水・塩を加えて製造する醤油を，和泉堺の酒家にて多く造り，堺醤油として名産とする(『雍州府志』)．
1683	3		2.3 幕府，奢侈品や珍獣の輸入を禁じる(『御触書寛保集成』『徳川実紀』)． 6.23 河村瑞賢，山城・河内の水路巡察の幕命を受ける(『徳川実紀』)． 8.15 幕府，酒造半減令解除(『徳川実紀』)． 10.19 幕府，諸藩に備荒貯穀指示(『徳川実紀』)． この年，桔梗屋，江戸本町にて菓子昆布の花昆布・刻昆布販売開始． この頃，延宝の頃に辻売りであった(『紫の一本』)．
1684	貞享元 2·21		この年，佐瀬与次右衛門，『会津農書』を著す．
1685	2		7.- 清国福建省アモイの商船が長崎に来航し，長崎奉行が寒天試売． 11.7 幕府，江戸城にて，公家饗応以外での鳥類・貝類・海老などの調理禁止．
1686	3		5.6 生椎茸・葉生姜・竹子・茄子・白瓜・琵琶(枇杷)・真桑瓜・大角豆・林檎・梨子・松茸・葡萄など野菜・果実の商売すべき時期を定める．魚鳥については自由．しかし，新物が高すぎないように取り締まる(『江戸町触集成』)． 8.27 幕府，諸国城米の増加を命じる(『徳川実紀』)． 9.- 山城風土記『雍州府志』刊行．各種食品に，鹿，猪，狼，兎の販売記事，造醸部に醤油，米醋(米酢)のほか興米，麩焼，団子，欠餅，煎餅などの菓子あり．
		東山	11.30 江戸市中のそば・うどんなどの火を持ち歩く行商を禁じる(『江戸町触集成』)．
1687	4		1.28 生類憐みの令発布(『徳川実紀』)． 2.- 食用の魚・鳥類の販売も禁じる．また，翌月には，鳥の飼育，

図71　そばの屋台(1686)

1687〜1689(貞享3〜元禄2)

西暦	和暦	天皇	事　項
1687	貞享3	東山	鶏の絞殺・売買，亀の飼育，魚の生簀も禁じる(『江戸町触集成』). 4.11 田畑永代売買禁止を再令(『御触書寛保集成』『徳川実紀』). 5.19 幕府，江戸城両下馬所(大手・桜田)での食物販売禁止. この年，藤田理兵衛，地誌『江戸鹿子』刊行．八百屋・うどん屋・菓子屋・煎茶屋などの食べ物屋を紹介．鮓・食ずしを扱う店として，四ツ谷の近江屋・駿河屋が挙げられる． この年，料理方法を加えた食物本草書『食用簡便』成立． 貞享年間，大森辺りにて，海苔製す(『武江年表』).
1688	元禄元 9・30		9.- 幕府，酒造半減令発布(『御触書寛保集成』『徳川実紀』). 10.27 不良品の秤が出回っているので使用しないようにとの町触れが出される(『江戸町触集成』『徳川実紀』). 12.6 寛永寺・増上寺参拝に当たり，食の穢れにつき，羚羊・狼兎・狸鶏は5日，牛馬は150日，猪鹿・犬豚・猿羊は70日，二足は前朝卯より食すことを禁じる．玉子は魚物に同じ．五辛も前日卯刻より食することを禁じる(『徳川実紀』). この年，井原西鶴，金平糖について記す(『日本永代蔵』). この年，江戸にて，神田連雀町・佐柄木町・多町の青物市場が合併し，営業開始． この年，幕府，大坂堂島開発に着手(堂島新地)(『米商日記』).
1689	2		7.12 猟師以外が猪・鹿・狼をうった場合は，そこに埋めて，一切食物の商売に使うことを禁じる(『江戸町触集成』). この年，『合類日用料理指南抄』刊行． この年，「なんばんちゃ」として，コーヒー紹介(『丸山艶文』). この年，京都黒谷参道の聖護院の森の茶店(現在の聖護院八ツ橋総本店)にて，貞享2年(1685)に亡くなった琴の名手八橋検校の遺徳をしのび，琴の形に似せた干菓子八ツ橋創製，発売(聖護院八ツ橋総本店HP).

図72　長崎・異国船・金平糖の話(1688)

1690～1696(元禄3～元禄9)

西暦	和暦	天皇	事　項
1690	元禄3	東山	4.- 宇治出身の山本嘉兵衛，江戸日本橋にて，茶や紙類を売り出す(山本山HP)． 10.15 朝鮮人参の高値販売禁止． この年，『人倫訓蒙図彙』に，菓子師・餅師・煎餅師などが描かれる． この年，福岡藩の家老立花実山，『南方録』を書写． この年，全国地誌書，磯貝舟也著『日本鹿子』刊行．各地名物として，ダイコンなどの食品，鰹のたたきなどの料理を紹介． この頃，彦根藩，皮を武具に使用した後の牛肉の利用として牛肉みそ漬を考案する．後に将軍家や諸侯に贈る(『日本食文化史』)．
1691	4		この年，遠藤元閑，千利休，古田織部，小堀遠州などの茶を著した『茶之湯三伝集』を著す．
1692	5		9.27 幕府，浅草川に殺生禁止区域設置．浅草諏訪町から聖天町に至る河岸での漁撈を禁じる(『御触書寛保集成』『徳川実紀』)． この年，砂糖売りの記述あり(鹿野武左衛門『鹿の巻筆』)．
1693	6		7.10 江戸の上水の維持管理を町奉行から道奉行の所管とする(『徳川実紀』)． 8.16 幕府，魚釣り禁止． この年，新井了庵，『食物本草』8巻を著す． この年，幕府，貞享3年(1686)と同様，野菜類21種の発売時期を定める(『江戸町触集成』『古久保家文書』)．
1695	8		8.- 陸奥雫石通の百姓が飢饉のため年貢減免を要求し強訴．また，10月には，津軽藩，米3万俵を幕府から借用． この年，京都にて，魚鳥類の捕獲や売買禁止． この年，琉球の伊舎堂成富，清国より黄甘藷を持ち帰る．
1696	9		8.17 幕府，節酒令発布(『徳川実紀』)． この年，筑前の宮崎安貞，『農業全書』全11巻を著す．翌年7月に刊行．甘藷を蕃藷(りうきういも)と称し，植え方など詳しく記されてい

図73　餅師・煎餅師ら(1690)

1696〜1702(元禄9〜元禄15)

西暦	和暦	天皇	事項
			る.
1696	元禄9	東山	前年より,諸国にて飢饉.津軽藩では,約10万人が餓死(『津軽歴代記録』).
1697	10		この年,人見必大,『本朝食鑑』刊行.薬として牛肉をみそ汁に入れて食す方法の記述,江戸にて,駿河・信濃・甲斐などの煎茶が販売され,毎朝食事前に煎茶を朝茶として,特に婦女が飲んでいるとの記述,さらに世を挙げて蕎麦をたしなみ,大根汁の辛いものが好まれ,各家にて競って辛い大根を植えているなどの記述あり.
1698	11		9.- 江戸の大火のあと,田楽売り登場. 12.- 幕府,20年以上にわたる小作地を永小作とする. この年,琉球王,甘藷の種苗を種子島領主種子島久基に贈る.久基,家老西村時乗に命じて,種子島の石寺野に植樹させる(『成形図説』).
1699	12		9.4 幕府,風害による江戸市中の米不足により,諸代官に江戸廻米を要請.酒造量は5分の1に制限(『御触書寛保集成』『徳川実紀』). 10.23 幕府,大奥に倹約令を出す. この年,高津伊兵衛,江戸日本橋四日市の土手蔵にて,鰹節と塩干類の商いを始める鰹節専門店にんべんの開業(にんべんHP). この年,風水害にて,凶作(『高松藩記』).
1700	13		1.29 江戸市中の鳥の売買場所が限定される(『江戸町触集成』). 4.- 佃島の漁師が江戸湾内で減少した鯔(ぼら)の稚魚の禁漁化と保護を幕府に請願.6月6日に許可される(『佃島と白魚漁業』). 7.23 生魚の鰻や泥鰌の売買を禁じる(『江戸町触集成』). 9.18 幕府,酒造半減令発布(『御触書寛保集成』『徳川実紀』). この頃,貝原益軒,「諏訪神社(信濃国)の3月の祭に鹿頭75個を神前に供える」とあり(『岐蘇路之記』).
1701	14		10.2 幕府,酒造量を前々年の5分の1に制限(『御触書寛保集成』『徳川実紀』). 12.- 幕府,飢饉により,江戸本所霊山寺そばに御救小屋設置.翌年の春まで,施行(『日本凶荒史考』). この年,久須美疎安,千宗旦からの聞き書きをまとめた『茶話指月集』を著す.
1702	15		3.30 幕府,米不足により,元禄10〜11年(1697〜98)の全国の酒造米高を調査.今後の酒造基準とする(『御触書寛保集成』『徳川実紀』). 7.18 幕府,酒造量を制限.元禄10年(1697)の5分の1,古くからの専業者は3分の1とする(『御触書寛保集成』『徳川実紀』). 7〜8.- 西は九州より,北は北海道に至るまで天候不順,凶荒で餓死するものあり(『日本凶荒史考』). 閏8.21 幕府,専業者以外の造酒厳禁. この年,越後新発田の松崎喜右衛門,竃河岸(へっついがし)にけぬき鮓開業.これは笹巻きの鮓に桶に積み石で押したもので1個2文で販売.『七十五日』(1787)に同店の広告あり(『守貞謾稿』笹巻けぬきすし総本店等).

1702～1709(元禄15～宝永6)

西暦	和暦	天皇	事　項
1702	元禄15	東　山	この年，大坂虎屋伊織開業．饅頭・羊羹の切手発行(『浪華百事談』)． この年，七兵衛という飴売りが江戸にて売り歩いた千歳飴が大流行． この年，大石内蔵之助，堀部弥兵衛にあてた手紙に，彦根産牛肉をもらい，それを堀部に進上すると記す(『日本食肉文化史』)．
1703	16		12.23 幕府，居宅や慶事の際の贈答品や衣服に関する倹約令発布． 元禄年間に描かれた『金毘羅祭礼図』に，うどん屋がみえる． 元禄年間末，甘藷，琉球より薩摩にわたり，蒸して干し粉にして餅とし，飢えを救うとある(『本朝世事談綺』)．
1704	宝永元 3・13		8.- 京都の寒造酒を元禄10年(1697)の5分の1に制限．古来の酒造家は3分の1とする．年内の新酒販売，新規の造酒屋を禁止． この年，小松屋喜兵衛，江戸両国橋西詰にて幾世餅販売． この頃，サツマイモあり(『武江年表』)．
1705	2		7.- 江戸市中にて，塩や米の問屋を改める． 9.29 幕府，鳥類や動物の飼育を禁じる． この年，秋田にて，杉山良作，小豆粉の菓子をつくり，秋田藩主佐竹義格に献上．秋田の銘菓諸越の始め(杉山壽山堂HP)． この年，大坂堂島にて，米市開設． この年，薩摩藩山川郷児ヶ水の漁夫前田利右衛門，琉球から甘藷を伝え，試植(『成形図説』)．
1706	3		この頃，オランダ人，南京豆(落花生)やキャベツを伝える．
1707	4		8.11 幕府，鳥類・うなぎ・泥鰌の商売禁止(『江戸町触集成』)． 10.13 幕府，大名や旗本に田畑の借り入れをしての年貢の先納を禁じる(『憲教類典』『徳川実紀』)． この年，伊勢国宇治山田にて，赤福餅創製．
1709	6		**1.10 幕府，生類憐みの令廃止．** 3.2 鳥類・うなぎなどの販売が許可される．これらを営業し，投獄されていた者も釈放．

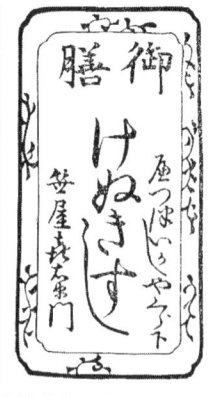

図74　現在のけぬき鮨(左)と江戸時代の引き札(1702)

1709〜1715(宝永5〜正徳5)

西暦	和暦	天皇	事　項
1709	宝永5	中御門	この年，貝原益軒，『大和本草』を著す.「蒸餅(パン)」の記述あり．長崎にて作り,「中華，殊山西人，朝夕ノ粮トス」とある． この年，琉球にて飢饉(丑の餓死年). 薩摩藩主，銀200貫目を援助(『琉球藩史』).
1711	正徳元 4・25		11. 22 下見吉十郎，薩摩より甘藷の種芋を持ち帰り，干害による飢饉に苦しむ伊予にて植える. 瀬戸内海の甘藷栽培に尽力(『甘藷の歴史』). この年，江戸本所回向院にて，夏から甲斐八日市不動尊開帳が行われ，両国橋東詰にて，初めての飛団子が販売される. この頃，京都の島利兵衛，琉球から甘藷を持ち帰り，栽培開始(『甘藷の歴史』).
1712	2		8. - 幕府，城米廻漕規則改定(『御触書寛保集成』『徳川実紀』). 12. 12 江戸大手桜田下馬にて，酒・煮売りを禁止(『江戸町触集成』). この年，近江水口から下野壬生に転封の鳥居伊賀守(忠英)がユウガオの種子を転封先に栽植. 干瓢名産地の素を築く. この頃，寺島良安，大坂にて，『和漢三才図会』を完成させる. 全国の産物を紹介する.
1713	3		1. - 貝原益軒,『養生訓』完成. 6. 16 嘉定(祥)の慶宴進物の菓子を順に戴く様子が記される. 又家継のはじめての慶宴のため三家から鮮鯛献上. 9. 19 茶壺の口切のため，水戸藩主徳川綱條より茶，干柿，鯛，酒が献上され，紀伊藩主徳川吉宗より葡萄，鯛，酒を献上(『徳川実紀』).
1714	4		この年，江戸神田の青物市場が，幕府の御用を初めて命じられる. この年，貝原益軒,『諸菜譜』3巻を完成させる. 菜類139種の栽培法，食法を和文で記述. この年，近畿地方の諸国で凶作による大飢饉(『日本凶荒史考』).
1715	5		1. 11 諸大名巡察時の饗応は常器を用い，一汁五菜，酒3献，羮肴各

図75　堂島米あきない(1706)

1715～1718(正徳5～享保3)

西暦	和暦	天皇	事　項
1715	正徳5	中御門	1種, 菓子2種以内とすべきと定める(『徳川実紀』). 4. - 田畑永代売買の禁止を再令. この年, 対馬の陶山存(庄右衛門), 老農原田三郎左衛門を薩摩に送り甘藷の苗を持ち帰り, 全島で栽培(『甘藷の歴史』). この年, 藤井懶斎, 『閑際筆記和漢太平広記』にて, これまで禁じられてきた供犠の必要性を説く.
1716	享保元 6·22		5. 16 幕府, 間部詮房・新井白石らを罷免し, 享保の改革開始. 古代律令制以来の大規模な人口調査, 諸国の薬草・産物調査が実施される. 上米の制(旗本・御家人の財政難救済). 年貢増収を図り, 耕地を増やし, 新田開発. 甘藷や菜種などの新作物の奨励, 朝鮮人参の国産化などを図る. 7. - 大坂の曽根崎にて, 出火. 堂島・天満に延焼し, 3600戸余, 米8万4700石焼失. 8. 22 幕府, 鷹匠頭再置(『徳川実紀』). 9. 11 幕府, 再び鳥見役設置. 鷹場が復活する(『徳川実紀』). この年, 香川修徳, 『獣肉篇』を著す. 肉食を勧める. この年, 深川花街のひとつ越中島の古石場にて, 料理茶屋ができる. この年, 浜口正勝, 江戸日本橋小網町にて醬油業広屋開店.
1717	2		5. - 幕府, 無判の枡の使用を禁じる. 樽屋藤左衛門に吟味が命じられる(『御触書寛保集成』『徳川実紀』). 5. 11 吉宗, 鷹狩を復活させる. 15日には, 旧例通り, 御三家に放鷹地を下賜(『徳川実紀』). 11. - 幕府, 江戸日本橋小田原町の米蔵廃止. 浅草米蔵に併合. この年, 松岡成章, 『蕃藷録』1巻を著す. 甘藷に関する和漢の諸説, 効能を説く. また, 京都・摂津・紀伊・三河・肥前長崎にて, 甘藷が盛んに栽培されていることも記す.
1718	3		1. - 『古今名物御前菓子秘伝抄』刊行. 最古の菓子専門書.

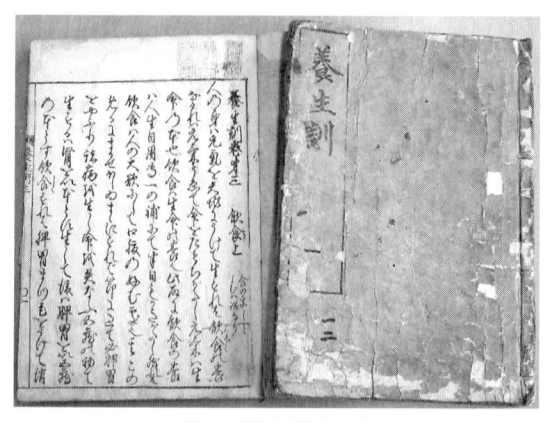

図76 『養生訓』(1713)

1718～1722(享保3～享保7)

西暦	和暦	天皇	事　項
1718	享保 3	中御門	4.- 伊勢山田奉行による伊勢参宮者数は, この年正月～4月15日までで42万7500人とあり, 農民の農閑期の参宮者が盛んになる(『江戸の旅文化』). 7.25 幕府, 鳥類減少に際し, 3ヵ年は鶴・白鳥・がん・かもなどのふるまい料理禁止. 江戸の鳥問屋を3ヵ年10軒に制限(『江戸町触集成』). この年, 江戸両国橋際にて猪料理の専門店ももんじ屋豊田屋開業.
1719	4		6.- 京都にて, 煮売商売の許可制を周知させる. 9.1 前田綱紀, 加賀藩の儒医稲生若水著の本草書『庶物類纂』を吉宗に献上. この年, 日新舎友蕎子, 『蕎麦全書』を著す. 江戸市中のそば屋と信濃そば・深大寺そば・二八そばなどそばの種類・作り方など紹介.
1720	5		4.- 幕府, 諸鳥献上・贈答, 鳥問屋の制限などをとく(『御触書寛保集成』). 9.13 上目黒村にて, 目黒薬園設置. この年, 高橋孫左衛門, 越後高田にて粟のあめ創製.
1721	6		2.- 田中丘隅, 江戸付近の百姓の食生活を記録した『民間省要』を著す. 2.- この頃より, 江戸にて本草学流行(『武江年表』). 閏7.25 大坂堂島にて, 米価高騰に際し, 町奉行が米商に大坂諸藩蔵屋敷の延売, 先手形による売買・買い占めを禁止(『御触及口達』). 閏7.- 諸国早魃後, 洪水(『月堂見聞集』). 下総行徳では, 塩田が大洪水で大打撃. 次第に衰退する. 8.17 幕府, 小石川薬園設置(『徳川実紀』). この年, 西川如見, 『百姓嚢』を著す. 麦や粟の食用を奨励.
1722	7		6.- 幕府, 各地の薬種問屋代表を集め, 薬種の使用基準を設定. 7.3 幕府, 上米の制を定める. 参勤交代も緩和.

図77　鷹狩(1717)

1722〜1726（享保7〜享保11）

西暦	和暦	天皇	事	項
1722	享保7	中御門	9.15 寺院の法会・饗応の倹約を命じる． 10.18 西葛西瀬崎の辺りで鷹狩により，鶴・鴨などを得る．吉宗，供奉の御家人に菓子を賜る．また21日，小笠原長重，吉宗に拝謁の際，鴨を賜う．また饂飩・吸物・酒・餅・菓子により饗応（『徳川実紀』）． 12.4 幕府，小石川薬園内に小石川養生所開設（『徳川実紀』）．	
1723	8		2.— 幕府，米価の下落に際し，酒や醬油などの諸物価の引き下げを命じる． 6.18 幕府，足高の制を定める． 8.21 幕府，下総行徳領に江戸城御用として塩浜の復興・保護を命じる．	
1724	9		1.10 対馬藩の儒者陶山訥庵，『甘藷説』『栗孝行芋植立下知覚書』を著す．甘藷の栽培を奨励（『甘藷の歴史』）． 1.18 幕府，廻船問屋に大坂から江戸への米・味噌など11種の積荷数量の報告を命じる（『町触頭書』）． 2.15 幕府，米価下落に際し，諸物価の値下げを命じる（『御触書寛保集成』『徳川実紀』）． 5.— 幕府，江戸の米・水油など22品目の問屋に組合の結成を命じる（『撰要永久録』）． この頃，京都清水寺・高台寺近くの寺内坊院・茶屋，精進料理を供するようになる（『洛陽勝覧』）．	
1725	10		11.— 幕府，米価下落の防止に際し，江戸・大坂の町人らに買米をさせる．また，大坂に米会所設置を許可（『江戸町触集成』）． この年，オランダ船が椰子苗30余株を舶載．幕府，これを駿河や伊豆大島に試植． この年，山城屋三右衛門，江戸本所回向院の門前の伊勢屋にて，花まんじゅうを売り出す（『日本たべもの百科』）．	
1726	11		3.27 吉宗，下総国小金原にて，大規模な鹿狩挙行（『徳川実紀』）．	

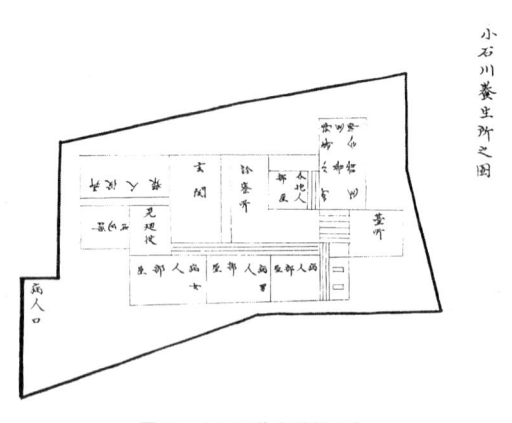

図78 小石川養生所（1722）

1726～1730(享保11～享保15)

西暦	和暦	天皇	事　項
1726	享保11	中御門	8.- 吉宗，諸国に甘蔗の栽培法を問い，長崎滞在中の清国アモイの船頭李大衡がその製法を録進.
1727	12		閏1.3 うどん・そば切り・煮売りなど，火を持ち歩く商売禁止(『江戸町触集成』).
			5.25 江戸にて，菜種買問屋設立(『江戸町触集成』『徳川実紀』).
			7.- 大坂に入津する200石以上の諸国廻船隻数を調査.
			この年，吉宗，インドから白牛雌雄3頭輸入. 安房嶺岡牧場に放牧し，白牛酪製造(『日本食肉文化史』).
			この年，吉宗，糖業奨励. 琉球より甘蔗苗を取り寄せ，島津家家臣落合孫右衛門に浜御殿での試植を命じる(『徳川実紀』).
1728	13		9.- 江戸市中の隅田川や神田川などの氾濫により，大量に捕獲されたナマズが料理に用いられる.
			12.1 幕府，大坂米会所廃止(『御触及口達』).
			12.14 幕府，関八州に唐胡麻栽培奨励. 指定した江戸の買受問屋に専売権を与える(『江戸町触集成』『徳川実紀』).
			12.- 長崎奉行三宅周防守(康敬)，黒砂糖・白砂糖の製造法，甘蔗栽培法を詳録し，幕府に献上.
1729	14		4.- 幕府，米価下落に際し，米商に米穀の買米奨励(『江戸町触集成』).
			8.- 幕府，関東代官に向け，菜種の栽培奨励(『御触書寛保集成』『徳川実紀』).
			10.8 幕府，江戸の辻商人・蕎麦切売り・飴売りなどの，火を持ち歩く商売を重ねて禁じる(『江戸町触集成』).
			12.12 綱吉の養女竹姫の婚儀の翌日，島津継豊580の餅を賜い，継豊よりは580の餅，塩鯛30，塩鰤50，塩鰯30，塩鮭30などが献上された(『徳川実紀』).
1730	15		4.15 諸大名の上米の制を廃止することを布告. 参勤交代も従来の形式に戻す(『御触書寛保集成』『徳川実紀』).

図79　行徳塩浜の復興・保護(1723)

1730～1733（享保15～享保18）

西暦	和暦	天皇	事 項	
1730	享保15	中御門	8.- 幕府，諸大名に囲米を命じる（『御触書寛保集成』『徳川実紀』）． 12.- 無免許者による薬種の直買禁止を再達．	
1731	16		2.10 幕府，桐山太右衛門に浜御殿の砂糖黍を与え，世話係に任命． 2.28 幕府，米価下落に際し，3年間の倹約令発布（『徳川実紀』）． 8.22 幕府，江戸市中の白米過多により，奥州・関八州からの精米搬入禁止． この年，香川修徳，『一本堂薬選』を著す．肉食肯定論を展開する．	
1732	17		9.1 **享保の飢饉**．西国諸藩（九州～畿内）にて，蝗害による大飢饉．飢民265万人，餓死者数1万2000人．幕府は東山・東海・北陸方面から米穀の廻米を命じる．また遠海・駿河・三河・尾張・伊勢の幕領・私領から江戸への払米・商売米の輸送が禁止される．薩摩・長崎では，甘藷栽培により，餓死者が少数にとどまる．水田の蝗の幼虫駆除に，鯨油散布が考案される（『御触書寛保集成』『徳川実紀』）． この年，菊岡沾凉，地誌『江戸砂子』刊行．料理茶屋・菓子屋などを紹介．	
1733	18		1.21 幕府，奥州・関八州から江戸への廻米制限解除．江戸への白米搬入が許可される． 1.23 各地で米価高騰．町民に施米（男2合，女1合）実施（『江戸町触集成』『御触書寛保集成』『徳川実紀』）． 1.25 2000人におよぶ江戸町人，米を買い占めた米問屋高間伝兵衛を襲撃（享保の打ちこわし）．また同日，飢饉救済策として，幕府，諸大名に命じ，米価騰貴に苦しむ江戸の窮民に人夫として堀浚いをさせ，その日給を生活費にさせる（『徳川実紀』）． 1.29 幕府，江戸市中にて米屋の囲米（蓄米）禁止． 2.2 幕府，東海地方からの江戸廻米を許可．東国にて，雑穀作付を奨励．また，中部・奥羽地方の新麦は四国・中国・西国へ，関八州・伊豆・甲斐の麦は江戸へ送られる．	

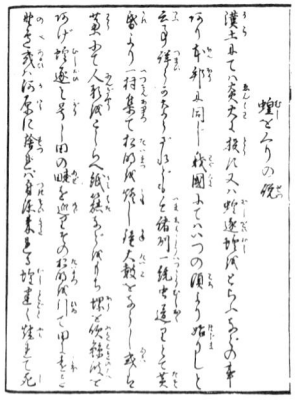

図80 水田の虫逐い（1732）

1733〜1735(享保18〜享保20)

西暦	和暦	天皇	事　　　　　　項
1733	享保18	中御門	4.16 西国にて，蝗害による凶作．虫除呪法の出版が許可される． 5.27 石見(島根県)の代官井戸平左衛門，飢饉に際し，さつまいもの試作を行い，独断で税の引き下げ，蔵米を窮民に施すなどした責任をとり切腹．村人村々に碑を建てる(『甘藷の歴史』『石見年表』)． 5.28 両国の花火が始まる．吉宗が前年の飢饉などの慰霊と悪病退散を祈り，隅田川にて水神祭を挙行したことがきっかけ．また，同月には江戸市中での米の買い占めが禁じられ，北国筋の米麦が大坂へ輸送される． 6.- 荻生徂徠，『度量考』を著す． 7.1 伊勢国津藩にて，飢人・乞食に施米実施． この年の餓死者数96万9900人． この年，『江戸名物鹿子』刊行．当時の食べ物・料理屋も紹介．塩瀬饅頭・色紙豆腐・薄せんべい・助惣やき・幾世餅など．料理茶屋では，二軒茶屋・百川・升屋など．
1734	19		2.- 肥前の大村藩主大村純富が，大岡越前守(忠相)の要請により，甘蔗300斤8箱を幕府に供出． 3.21 幕府，丹波正伯に『庶物類纂』の編纂の継続を命じる．諸国の大名にも，産物調査への協力を求める． 6.18 地廻塩問屋の要請で，82人の問屋以外へ，行徳塩を売り渡すことが禁じられる． この頃，京都祇園・四条河原にて，料理茶屋・水茶屋開店．繁昌する(『洛陽勝覧』)．
1735	20	桜町	1.- 青木昆陽，大岡越前守に自著『蕃藷考』をさし出し，これを将軍吉宗にみせる．吉宗，昆陽に藷の試植を命じ，苗を薩摩などから求め，小石川薬園，養生所で試作．栽培結果をまとめ「薩摩いも作り様，功能之儀上書」(のちに「蕃藷考」と称す)を著し，幕府は，木版本として甘藷とともに各地に配布(『甘藷の歴史』)．

図**81**　青木昆陽の墓(1735)

1735〜1740(享保20〜元文5)

西暦	和暦	天皇	事　項
1735	享保20	桜町	4.27 江戸の茶屋やうどん屋などで，旅人を宿泊させることが禁じられる(『江戸町触集成』). 10.4 米価下落を防ぐため，諸国払米の買値設定．11〜12月に米価を引き上げる(『徳川実紀』). 11.- 江戸への白米輸送を禁止. 12.7 幕府，米価調節のため，蝗害地の大名に恩貸金の返済期限を延期(『御触書寛保集成』『徳川実紀』). この年，鰻の蒲焼の記述あり(『続江戸砂子』). この年，将軍の御菜を献上する御菜8ヵ浦(金杉・本芝・品川・御林町・羽田・生麦・新宿・神奈川)成立. この年，江戸郊外の中野村に桃の木が植えられる．後の中野桃園. この頃，海苔の養殖・海苔抄き開始.
1737	元文2		この頃，徐々にサツマイモが広まる(『武江年表』). この頃，料理茶屋の佐野屋，京都にて，しっぽくとして阿蘭陀料理(代金約65匁)を供す(『洛陽勝覧』).
1738	3		4.- 備前・備中・近江・石見・備後・美濃にて牛の屠殺が多いため，吟味するように指令(『徳川禁令考』). 5.30 『庶物類纂続編』(63巻)完成. この年，各地にて，凶作(『日本凶荒史考』). この年，永谷宗円(三之丞・宗七郎)，山城国宇治田原にて，従来の煎茶に改良を加え，上質の青製または宇治製とよばれる煎茶を創製．山本山の山本嘉兵衛に新製品の販売を依頼．「天下一」と号し，市販開始(『日本の茶—歴史と文化』，山本山HP).
1739	4		3.8 幕府，青木昆陽を留守居の所属とする(『徳川実紀』). 11.12 幕府，蝦夷地松前藩に煎海鼠の長崎移出を命じる.
1740	5		6.8 幕府，江戸の茶屋・うどん屋での旅人の宿泊を禁じる(『江戸町触集成』).

図82　中野の桃園(1735)

1741～1748（寛保元～寛延元）

西暦	和暦	天皇	事　　　　　　　　　　項
1741	寛保元 2·27	桜　町	12.- 対馬藩，播磨国赤穂の塩田技術者招聘．
1742	2		この頃，松前藩，幕府の命を受け，長崎へ昆布移送． 5.- 火を持ち歩く商売禁止（『江戸町触集成』）． 9.14 幕府，諸大名に関東の水害被災地での米穀輸送，販売許可（『徳川実紀』『御触書寛保集成』）． 10.- 魚・野菜などの販売時期，貞享・元禄にも触れたように三度目の触を出す（『江戸町触集成』）． 12.12 水害対策に鯨船が造られる．
1743	3		2.23 江戸にて油の需要増大．大坂では菜種油が高騰．幕府，兵庫・西宮以西と紀伊での絞油の江戸直積みを禁じ，大坂廻送を命じる．同時に菜種栽培も奨励． 12.- 安芸国広島藩にて，牡蠣の養殖増産開始．新規に牡蠣株仲間14株も編成．牡蠣の養殖を藩の管轄下におく． この頃，寺社地に山猫と名付けられた茶屋女が増える（『武江年表』）．
1744	延享元 2·21		10.29 30年以上勤仕した大奥の女房に生涯蔵米(恩給米)を与えることを決定．
1745	2		この年，京都料理組合の前身ともいえる組合魚鳥講結成（『京都時代MAP』）．
1746	3		1.12 佃島漁師と白魚役(小網町の漁師で白魚を将軍に運んでいた)が，漁場について元禄4年に引き続き再び紛争始まる．5月6日に和解（『佃島と白魚漁業』）． 12.- 幕府，倹約令を発布．
1747	4	桃　園	5.12 大坂にて長俵物会所設立．俵物の捺印制度開始． 8.- 江戸とその近郊にて風邪流行．煎茶と麦湯が配られる．
1748	寛延元 7·12		1.- 江戸市中の鳥類問屋仲間の制を定める．

図83　京の料理茶屋「佐野屋」(1737)

111

1748〜1755(寛延元〜宝暦5)

西暦	和暦	天皇	事　項
1748	寛延元	桃園	この年,料理書『歌仙の組糸』刊行.3種のてんぷらを紹介.
1749	2		1.- 幕府,江戸市中の鳥問屋14件に専売許可(『江戸町触集成』).
1750	3		この年,幕府の酒の御用商人,御酒屋(伊勢屋弥兵衛)と御膳御酒所(茶屋治左衛門・正法院八左衛門・京屋忠助)に区別される(『日本食生活史』).
1751	宝暦元 10・27		1.- 江戸名物『再版増補江戸惣鹿子名所大全』に目黒飴・目黒餅花・目黒栗餅・塩瀬饅頭・鳥飼饅頭・桔梗屋饅頭などのほか各種麩・豆腐・餅などあり.
			3.- 不忍池の築地にて,茶屋・楊弓屋・講釈場などが繁昌する.
			12.26 明樽(空樽)問屋が20人に限定される(『江戸町触集成』).
			この年,『増補江戸惣鹿子』にて,「深川鮓,深川富吉町柏屋.御膳箱鮓,本石町2丁目南側伊勢屋八兵衛.交ぜ鮓・切鮓・早漬其外色々御望次第」とあり.
1753	3		8.- 尾張藩,商米舟の入津停止.
			この年,江戸醤油酢問屋仲間成立.
			この年,大坂より江戸に下った大住喜右衛門,江戸南伝馬町にて,菓子業大坂屋を営み諸侯各家の御用をつとめる(『日本洋菓子史』,鳳月堂HP)
			この年,江戸日本橋横山町2丁目にて,奈良の釣瓶鮓出店.
1754	4		2.29 幕府,諸大名に対し,前年同様,1万石当たり籾1000俵の備荒貯穀を命じる(『御触書宝暦集成』『徳川実紀』).
			11.22 幕府,正徳5年(1715)以来の酒造制限令撤廃.元禄10年(1697)の酒造米定額まで勝手造りを許可(『御触書宝暦集成』『徳川実紀』).
			この年,平瀬徹斎,『日本山海名物図会』(長谷川光信画)を著す.鰯網・鯨漁などが絵入りで解説される.
1755	5		11.21 幕府,米価高騰のため,粥食を命じる.以後,何度か実施.

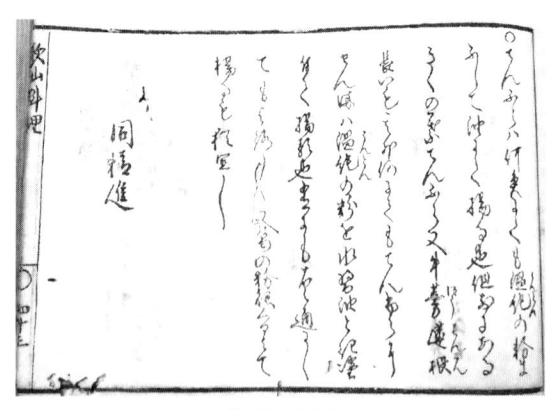

図84　『歌仙の組糸』(1748)

1755〜1761(宝暦5〜宝暦11)

西暦	和暦	天皇	事　項
1755	宝暦 5	桃園	12.- 幕府，米不作による米価高騰に対し，諸大名・御三家・御三卿・幕領に1年分の囲米(蓄米)売り払いを命じる(『御触書宝暦集成』)．この夏，奥羽地方にて冷害による大飢饉．八戸，盛岡領などで餓死者多数．出羽新庄領の「豊年瑞相談」では，御救扶持を願い出たが米は1人1日1合で，さまざまなものを売り食物にかえ一椀4文の粥，雑炊売りありと伝えている(『日本凶荒史考』)．
1756	6		6.23 幕府，米価高騰のため，米商の買占(貯米・占売)禁止．11月に解除(『御触書宝暦集成』)．また翌日には，白米の高値売りを禁じる．この頃，越後国村上藩士青砥武平治，鮭の産卵・孵化のための種川の制創設．三面川に種川を造り，自然増殖の振興に努める．
1757	7		4〜5.- 関東や中国各地にて，長雨による洪水で，米価高騰(『武江年表』)．この年，江戸浅草真先稲荷の境内にて，田楽茶屋が数軒開設され，繁昌する(『武江年表』)．
1758	8		この年，江戸内湾大森村付近の海苔ひび場の範囲決められる．この年，日本版『茶経』刊行．この頃，土佐与市，鰹の荒節を改良し，現在の鰹節製法考案．安房・伊豆・焼津に伝わる．
1759	9		8.29 幕府，江戸城内の各部屋への飲食物持ち込みを禁じる．9.17 江戸浜御殿(現在の浜離宮恩賜公園)にて，製糖開始(『徳川実紀』)．
1760	10		7.28 会津藩にて，塩の専売開始(『家世実紀』)．9.30 薩摩藩にて，徳之島の扶持米以外の年貢を砂糖上納とする．この年，鷹匠の山田鐵右衛門，妻たまとともに江戸日本橋にて軍鶏専門店玉鐵(現在の玉ひで)開店．この頃，本草学者田村藍水，『甘蔗製造伝』1巻を著す．
1761	11		12.16 大坂にて，出油屋13軒以外の絞油直買禁止(『御触及口達』)．

図85　「釣瓶鮓之図」(1753)

1762～1770(宝暦12～明和7)

西暦	和暦	天皇	事　項
1762	12	後桜町	10.17 幕府，浜御殿の甘藷根株を武蔵国橘樹郡大師河原村名主池上幸豊に分与.
1763	13		11.- 風来山人(平賀源内)著『風流志道軒伝』，刊行．中に「厭離江戸前大樺焼」とある． この年，浅草新鳥越にて，料理屋八百善開店． この頃，寄合茶屋浅草並木藤屋・深川西之宮，繁盛(『武江年表』).
1764	明和元 6・2		3.11 幕府，長崎貿易の輸出不振打開策として，煎海鼠(いりこ)・干鮑などの俵物生産と長崎廻送を奨励(『御触書天明集成』『徳川実紀』). 6.24 江戸城宿直者が集って酒食することを再び禁止(『徳川実紀』). 閏12.26 幕府，神田にて元売の人参座開設．日本産の朝鮮人参を販売．諸国への下売人を定める(『江戸町触集成』).
1765	2		7.6 幕府，諸国浦々に清国貿易向けの海鼠・干鮑などの俵物製造奨励． この頃，松前屋，京都にて，菓子昆布を後桜町天皇に献上．「雪の上」「松葉昆布」(求肥昆布)の名を賜る．
1767	4		この年，幕府，江戸日本橋魚河岸にて，御用の魚類を直接買い上げる御納屋(おなや)設置．
1768	5		3.17 幕府，武蔵国橘樹郡大師河原村名主池上幸豊の上申により，田沼意次の庇護の下，関東・東北諸国に甘藷栽培，砂糖製法の伝授希望者を募る．
1769	6		この年，青木昆陽，『蕃藷考補』を著す．
1770	7		6.15 江戸本所回向院での嵯峨釈尊の開帳に嵯峨おこし発売． 5～8.- 諸国にて旱天が続き，大凶作になり，琵琶湖が10尺減水．イネには虫が発生し，江戸にもカチという蝗の1種が飛んでくる(『続史愚抄』). 9.1 幕府，米価高騰にさいし，粥食奨励．
		後桃園	この年，諸国にて，旱魃．麦・稗の値が高騰し，野菜類・魚の価格より高くなる．海，苦塩が出て魚類ことごとく死ぬ(『武江年表』).

図86　料理屋八百善(1763)

1771～1776(明和8～安永5)

西暦	和暦	天皇	事　　　　項
1771	明和8	後桃園	6.- かぼちゃ瓜の小さなものが唐茄子と呼ばれ，流行し始める(『武江年表』)． この年，江戸浅草田圃の西のまち(酉の市)が人気になる．唐芋や八頭などが縁起物として売られる． この頃，升屋宗助(祝阿弥)，深川洲崎にて高級料理屋升屋望汰欄開店(『江戸の食生活』)．
1772	安永元 11·16		この年，寡婦の玉，江戸小石川にて，白餅に塩餡を入れた大福餅を売り出す． この年，福建人文旦，薩摩国阿久根に文旦をもたらす． この頃，江戸市中にて，すし・そば・おでん・燗酒などの屋台店(見世)流行． 安永年間の初め，綿の実の後の畑にまいたそばを食べて死ぬ者ありとのうわさが広がり，そばの売上減少(『武江年表』)．
1774	3		9.14 幕府，諸大名に対し，1万石につき籾1000俵の貯穀(囲籾)を命じる(『御触書天明集成』)．
1775	4		2.18 幕府，東国33ヵ国の秤を検査． 8.15 『ツンベルク日本紀行』に，「豚は長崎以外では見ることができない．日本人は牛肉は食はず，牛乳牛脂を知らぬ，長崎では新鮮な肉類は全然入手できないのでバタビアから家畜を輸入する」とあり． この年，大坂にて，刻昆布屋仲間が伊勢講を作る． この年，幕府，輸入砂糖の濫用防止政策として，菓子司数を極度に制限．京都にて，京菓子の品質を守るねらいで，京都上菓子株仲間結成．白砂糖と氷砂糖の独占使用が認可される．
1776	5		2.29 幕府，東国33ヵ国の枡を検査し，私枡使用を禁じる．使用できる枡は樽屋検印に限ることとする(『御触書天明集成』『徳川実紀』)． また，翌月甲斐郡内領にて，無判の枡の通用が禁じられる．

図87　江戸市中に流行した屋台店(1772)

1776～1784(安永5～天明4)

西暦	和暦	天皇	事　項
1776	安永5	後桃園	9.12 浅草寺境内にて水茶屋・団子茶屋の営業許可.
1777	6		11.14 幕府, 江戸日本橋本材木町新肴場問屋以外, 新肴場付属漁場31浦の魚類の売買を禁じる. この年, 笹巻が名物となる. 『土地万両』に, 3店の笹巻すしを扱う店舗が記される.
1778	7		3.23 幕府, 長崎港輸出の煎海鼠・干鮑の俵物生産奨励(『通航一覧』).
1779	8	光格	この年, 品川の薩摩邸前にて, 琉球産の筍(たけのこ)が初めて植えられる. 世に孟宗筍と称す(『武江年表』). 安永年間, 流行しているものとして, 軽焼・そばきり・ふなきり・料理茶屋・しっぽく・田楽・あめ・いけす鯉・ふのやき・隅田川もろく・ふ・御所おこし・すし・蕎麦切豆腐・淡雪奈良茶・せんべい・浅草餅・幾世餅が挙げられる. また, 名物店の名もみえる(『武江年表』).
1781	天明元 4・2		5.- 子どもの病気が流行し, 病気除けに子どもの手型を門戸にはり, 赤飯を食べる習慣がみられるようになる. この年, 三浦安貞, 『梅園拾葉』を著し,「営養」(栄養)は, 提灯に蠟燭を供えるようなもので, 飲食が胃に入り, 消化して血や肉となり, 残滓は排泄されるとの説明あり. この頃, オランダ人, アスパラガス(アステルビー・アスペルケー)を伝える.
1782	2		この年, **天明の大飢饉**. 春から夏にかけての長雨で, 南海・九州にて凶荒. 以後, 天明2～7年まで, 諸国飢荒す(『日本凶荒史考』). この年, 豆腐料理を100種紹介した『豆腐百珍』刊行. 百珍物のさきがけ. 好評を博し, 『豆腐百珍続編』(1873年), 『豆腐百珍余録』(1878年)と続く.
1783	3		5.26～7.8 **浅間山大噴火**(『震災予防調査会報告』). 8.25 幕府, 浅間山噴火の被害地域にて田畑再開墾を命じる. 9.19 仙台城下にて, 買米請負制度の矛盾から安倍清右衛門宅, 数千人の民衆により打ちこわされる. 上州・信州などでも打ちこわし起こる(『飢饉と一揆』). この年, 海辺で魚大漁となり, 魚類・海草が市に出て, 赤魚のでんがく, わらび餅, 小豆餅, 大豆餅, わら餅など色々の食物売でにぎわうが, 子どもで奪いとる者, 1升600文の清酒を好き勝手に飲む者などがあることを伝えている(『動転愁記』).
1784	4		1.16 米価の高騰により, 素人直売買が許可される(『江戸町触集成』). 閏1.- 米価高騰に際し, 関東・出羽・信濃などの農民に余剰米売り出しを命じる(『江戸町触集成』). 2.28 武蔵国多摩郡羽村にて, 百姓が雑穀を買い占めた中藤・高木両村の穀屋を襲い, 打ちこわす(武州村山騒動, 『編年百姓一揆史料集成』). 3.16 陸奥国会津・三春両藩にて, 飢餓復興を目指し, 幕府から資金を得る.

1784～1787(天明4～天明7)

西暦	和暦	天皇	事　　　　　項
1784	天明4	光格	この春～夏，諸国にて飢饉．農民流亡のため，各農村は荒廃．津軽のみで，8万1700余人餓死(『続日本王代一覧』)． 4.23 幕府，米商以下に飢饉による米の買い占め(貯穀)・売り惜しみ・徒党・打ちこわしを禁じる(『御触書天明集成』『徳川実紀』)． 5.20 江戸にて打ちこわし始まる．22日までに米屋980軒，酒屋，質屋，菓子屋など商家約8000余軒が襲われた(『飢饉と一揆』)． 11.- 信濃国松代藩にて，飢饉．百姓が酒造家に借金強談・強訴(山中騒動)．
1785	5		2.17 幕府，干鮑・鱶鰭などの俵物と昆布の売買を長崎会所の直仕入れとする．廻国による買取も禁止(『御触書天明集成』『徳川実紀』)． この年，『新著料理柚珍秘密箱』『大根一式料理秘密箱』『諸国名産大根料理秘伝抄』『鯛百珍料理秘密箱』『万宝料理秘密箱　前篇　抄(玉子百珍)』などの「秘密箱」シリーズが刊行される．
1786	6		7.14～16 江戸，大雨のため大洪水．18日御救飯，21日4000人前の炊出し行われる(『江戸町触集成』)． 7.- 雀，鳩など御鷹の餌鳥の売買を禁止する(『江戸町触集成』)． 9.- 江戸浅草の与市という者，草蘚(ヒカイ)の苦味を抜き，粉に製し，食物または糊にする．割麦のように製したものは米・麦に混ぜ食用として，京・大坂へも出店して売出す(『江戸町触集成』)． 10.- 笠井・二俣の両村にて，遠江国豊田郡14村の農民が商人の米買い占めに反対して打ちこわしおこる(二俣騒動)．
1787	7		3.1 鰹が豊漁．塩つきのなまり節1本が4文で売られる(『武江年表』)． 5.13 極貧者へ御救米支給． 5.- 江戸にて米価高騰．米の買い占めに反対して打ちこわしが頻発する(『蜘蛛の糸巻』)．

図88　『豆腐百珍』などの百珍物(1782)

1787〜1792(天明7〜寛政4)

西暦	和暦	天皇	事 項
1787	天明7	光格	5.- 幕府，江戸窮民救済のため，大坂の米の他地域への廻送を禁じる． 6.2 幕府，米穀の買い占め・貯蔵を厳禁．8日，幕府，窮民救済のため，江戸廻米を関東郡代伊奈忠尊に命じる． 6.- 幕府，酒造量を通年の3分の1に削減する(『天明録』)． 8.- 大坂にて米価下落に際し，米穀他所売禁止令中止． 9.12 江戸にて井戸水に毒があるという噂が広まる(『武江年表』)． この年，鶏卵問屋組合結成． この年，『七十五日』に江戸の飲食店を紹介．各種菓子屋・そば屋・すし屋・茶屋・酒屋・鰻屋など．宇治煎茶の名品喜撰，手打ち生蕎麦の名がみえる．江戸日本橋の山本嘉兵衛の茶所，松崎嘉右衛門のけぬき鮓などの引き札もあり(『七十五日』)． この年，秋里籬島著・竹原春朝斎画『拾遺都名所図会』刊行．中で祇園社(八坂神社)門前の茶屋の田楽を紹介．
1788	8		3.7 幕府，諸国での酒造米高・株高を調査(『御触書天保集成』『続徳川実紀』)． 6.- 出羽国仙北郡にて，飢饉や米価高騰に際し，秋田藩領六郷地方の農民数百人が打ちこわし． 7.29 幕府，米の売り惜しみや占売などをした大坂の米方年行司や仲買人など13人を投獄(『大阪編年史』)． 7.- 酒造石高を基準とし，生産量を3分の1とする酒株改めを行う(『江戸町触集成』)． 8.- 幕府，関東8ヵ国の菜種買受問屋・仲買廃止(『御触書天保集成』)． 9.27 伊予国宇和島藩にて，飢饉などが原因で打ちこわし． この年，長崎にて，豚肉や牛肉を提供する店あり(『江漢西遊日記』)． この年，古川古松軒，幕府巡察使に随行し，北海道・東北視察．紀行文『東遊雑記』に，地域の食生活を記す． 天明年間，5代目秋元三左衛門，酒造業とともに味醂の醸造開始と伝えられる．流山味醂のはじめ(『日本食文化人物事典』)．
1789	寛政元 1・25		9.17 幕府，諸大名に対し，5年間にわたる囲米(蓄米)を命じる(『御触書天保集成』『続徳川実紀』)． 9.- 『甘藷百珍』刊行． この年，大住喜左衛門，江戸京橋にて，粟饅頭を売り出す．老中松平定信より御定用御菓子調進を命じられる(凮月堂HP)． この年，布屋太兵衛，麻布永坂町にてそば屋永坂更科開店．
1790	2		2.11 幕府，大坂上問屋・上積米屋株廃止(『御触及口達』)． 7.27 幕府，諸大名に囲米(蓄米)を命じる(『東京市史稿』)． 10.- 幕府，諸国に郷蔵を建設させ，備荒貯穀を命じる(『憲教類典』)． この年，京都にて，福寿園創業(福寿園HP)． この年，薩摩藩から日向国那珂に甘蔗移植．医家向山周慶，高松藩にて砂糖50斤製造．
1792	4		2.25 堂島にて，帳合米取引しばしば中断(『大阪編年史』)．

図89　引き札(1787)

1792〜1795(寛政 4 〜寛政 7)

西暦	和暦	天皇	事	項
1792	寛政 4	光格	5.- 医生桃井源寅,『白牛酪考』を著す.酪の性質効能などについて言及.	
			この頃,安房国嶺岡牧の白牛70余頭に上る.幕府,白牛酪(バター)製造(『武江年表』).	
			10.- 従来許可されていた山城・河内・和泉・摂津など上方11ヵ国以外からの江戸への下り酒の廻送禁止(『江戸町触集成』).	
1794		6	9.- 幕府,酒造制限令緩和.翌月には,酒造制限高の一部を解除(『御触書天保集成』).	
			10.- 幕府,寛政元年の倹約令を明年よりさらに10ヵ年延長(『御触書天保集成』).	
			閏11.11 大槻玄沢,芝蘭堂のオランダ正月の祝宴にて多くの蘭学者を招き,共同膳によりもてなす.	
			この頃,平川文左衛門,秋田藩能代にてハタハタを砂干しして翌年の春まで貯蔵する方法,乾ブリ製法を考案(『日本食文化人物事典』).	
1795		7	1.- 幕府,酒造と下り酒の制限解除.	
			7.1 幕府,江戸にて水茶屋の新規営業を禁じる(『江戸町触集成』).	
			この秋,諸国にて凶作.米価高騰(『武江年表』).	
			10.4 幕府,前年以上に酒造制限を緩和.天明 6 年(1786)の酒造高までの製造を許可.	
			11.- 荷家台(にやたい)の夜の商売が多くなり,火を持ち歩く商売を改めて禁じる.ただし,貧窮者・老人などは除外(『江戸町触集成』).	
			12.20 玄米・水油・魚油・味噌・酒・醤油などの商人に,値段調査実施(『江戸町触集成』).	
			この年,ハモ料理を100種以上紹介した『海鰻百珍』刊行.	
			この年,パンに関する記述あり.「パンといへるものを出す.是は麦粉にて製したるものにて,よく脾胃を消和す.味ひ淡なり」(『長崎見聞録』).	

図90 芝蘭堂のオランダ正月(1794)

1796〜1799(寛政8〜寛政11)

西暦	和暦	天皇	事　　　　　　　　　項
1796	寛政8	光格	1. - 幕府，白牛酪の売り広めを命じる(『武江年表』)． 12. 6 琉球からの謝恩使が登城し，徳川家斉に謁見．泡盛献上(『続徳川実紀』)． この年，武蔵国橘樹郡大師河原村の名主池上太郎左衛門幸豊，不完全ではあるが氷砂糖の製造に成功．
1797	9		5. 19 幕府，駿河国駿東・富士両郡にて牧場設置． 5. - 近江国彦根にて，乾燥牛肉製法の記録あり．将軍家斉の命であったが，通常の味噌漬では，保存できないので干肉とし，4日間で将軍家に献上(『日本食肉文化史』)．
1798	10		5. 1 江戸品川沖にて，漁民が長さ9間1尺(約17メートル)の大鯨を捕獲する．同月4日には，家斉が捕獲した鯨を上覧．その後，捕獲した漁民に下賜(『続徳川実紀』)． 12. 29 むきみ類・肴売りのものが料理茶屋に正月の初売りとして押し売りすることを禁じる(『江戸町触集成』)． この年，千島にて蝦夷地を探検した最上徳内，ロシア人からジャガイモを入手(『酔古日札』)． この頃，江戸市中にて大福餅の行商流行(『寛政紀聞』)．
1799	11		1. - 蔀関月画『日本山海名産図会』刊行．鰹の漁法，鰹節の製造などが絵入りで解説される． 2. 9 出雲国松江藩にて，牛畜産開始． 4. 27 屋台で煮売りする夜の商人，これまでの場所以外での営業，また新規商売の禁止．鑑札を改める(『江戸町触集成』)． 6. 14 幕府，武蔵国八王子・下野国以外での石灰製造を許可． 6. 28 料理茶屋・煮売屋・居酒屋・奈良茶屋・茶漬屋・うどん屋・蕎麦切屋など飲食店の調査実施(『江戸町触集成』)． 9. - 肥後国熊本藩にて，砂糖製造所設置． この年，江戸王子村にて，料理屋海老屋・扇屋開店(『武江年表』)．

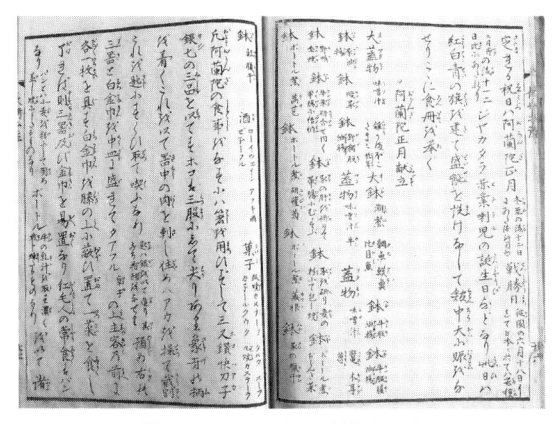

図91　オランダ正月の献立(1794)

1799〜1803(寛政11〜享和3)

西暦	和暦	天皇	事 項	
1799	寛政11	光格	この年，高松藩にて，砂糖方・砂糖会所設置．	
			この年，幕府，蝦夷地産物会所を設置．昆布買付規模も拡大(『休明光記』).	
1800	12		4．- 幕府，紀州藩に砂糖製造手当1万両ずつを4年間にわたり貸与．	
			11．- 幕府，蝦夷地御用塩として長州藩三田尻新田の塩を買い上げる．	
			1800．11．〜1801．8 松代藩真田幸弘隠居後江戸赤坂の中屋敷における日常食一汁二菜，大豆，野菜類中心の食事が記録(『御膳日記』).	
			この年，幕府，代官榊原小兵衛・河口忠太らに西洋麦種と作法書を頒布し，各支配地にて試植させる．	
			この年，備前屋藤右衛門，三河岡崎にて，銘菓きさらぎ創製．	
1801	享和元 2・5		この年，醍醐山人，『料理早指南』初編刊行．以後文化元年(1804)までに4編が成立し刊行される．花見の献立，魚のすり身を揚げたてんぷら，雁・鴨を鋤で焼くすき焼きなどを記述．	
			この年，土佐与市の鰹節製法が，伊豆安良里の高木五郎右衛門に伝わる．	
1802	2		7．20 尾張藩にて，問屋を通さない青物穀類売買禁止．	
			12．16 諸国洪水のため，酒造半減造りを解除．定例通りの酒造を許可する(『江戸町触集成』).	
			この年，小野蘭山，『本草綱目啓蒙』を著す．	
			この年，杉田玄白，『形影夜話』を著し，営養(栄養)の用語を用い，飲食が消化され，体を流れて血となると説明する．	
1803	3		11．10 幕府，酒造役米上納中止．諸国にて，酒造石数の厳重な調査を再実施させる(『御触書天保集成』).	
			この年，浅野高造，『即席料理 素人庖丁』初篇刊行．以後文政3年(1820)までに3編まで刊行．初篇に農具の鋤を用いて，ハマチを焼くすき焼きの記述あり．	
			この年，煎茶の会流行．紅屋志津麻の練羊羹・烏羽玉が人気になる	

図92 王子村の海老屋・扇屋(1799)

1804〜1807(文化元〜文化4)

西暦	和暦	天皇	事　　　　　　　　　　　　項
1804	文化元 2·11	光　格	(『武江年表』). 12.- 幕府，江戸町人食物商売を調査．ついで，調査の結果明らかとなる6165軒の食物商売を5年以内に6000軒に減らすように命じ，新規開業を禁じる(『江戸町触集成』). この年，江戸浅草墨田河原で海苔抄き止む．かわって品川大森にて，海苔養殖場所拡張． この頃，中野又左衛門，尾張知多半島半田村にて清酒の粕から粕酢醸造に成功．文化8年頃(1811)本格的に製造・販売(ミツカン酢HP).
1805	2		8.27 摂津・河内にて，菜種の自由販売を要求する国訴が起こる． 12.- 徳川家斉に石川辰之助が栽培した巨大カボチャが献上される． この年，下総国(千葉)の船橋屋出身の船橋屋勘助，江戸の亀戸天神社前にて葛餅の販売開始(船橋屋HP). この頃，大田蜀山人が長崎より書いた手紙に「長崎ではとかく鶏，豚の類を用ひ申し候」とあり(『日本食肉文化史』). この頃，神田にて，うなぎ料理神田川の前身となる屋台が営業を始める． この頃，茶漬見世の発生は大森とあり(『茶漬原御前合戦』). この頃，『東海道中膝栗毛』の著者十返舎一九，『餅菓子即席手製集』を著す．
1806	3		3.- 江戸芝にて，大火(丙寅の大火)．江戸春米屋が焼失．白米が払底のため，在方より買い上げを指令する(『御触書天保集成』). 9.22 幕府，米価下落に際し，酒造制限撤廃(『御触書天保集成』『続徳川実紀』). この年，江戸にて，茶漬屋が大流行(振鷺亭『日待噺』). この年，江戸日本橋小田原町にて，菓子店水門屋(現在の港屋)開店.
1807	4		この年，古茶屋50軒に新茶屋12軒を加えた茶屋仲間結成． この頃，『嬉遊笑覧』に文化の初めごろ，深川六軒堀に松ヶ鮨開店し，

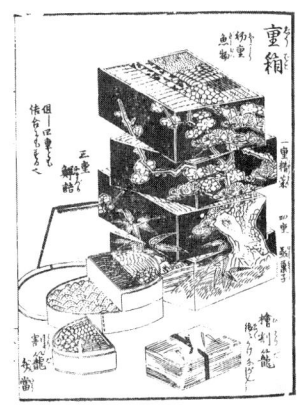

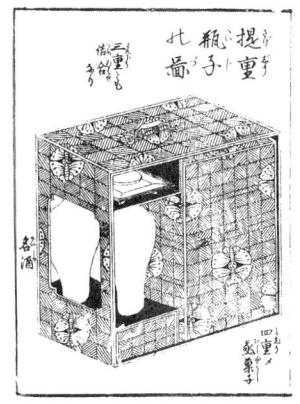

図93　『料理早指南』(1801)

1807〜1812(文化4〜文化9)

西暦	和暦	天皇	事　　　　　　　　　　項
1807	文化4	光　格	「世上すしの風一変す」とあり．店主堺屋松五郎の名で『酒飯手引草』に広告あり． この頃，前後より山間部農村における婚礼に，鯛，えびなど海魚が多用される記録増加(増田2005)．
1808	5		6.16〜18 江戸および近国にて洪水．米穀価高騰し，幕府，貧民へお救米下賜(『武江年表』)． この年，江戸西ヶ原村日香園大野権右衛門，宇治茶の種を初めて植樹． この年，青物売，水菓子屋，上菓子売屋など，江戸の生業が描かれる(『江戸職人歌合』)．
1809	6		12.4 赤穂藩，大坂での塩の専売実施． この頃，江戸にて，菓子類に和製の砂糖を使用するようになる．
1810	7		3〜4.- 江戸町人食物商売の調査結果，7663軒となる(『江戸町触集成』)． この年，銚子醬油，幕府の御膳御用命を受ける． この頃，華屋(小泉)与兵衛，東両国元町にて鮨店開業．わさびを使用，にぎり鮨を考案したとされる(『守貞謾稿』他)．
1811	8		3.24 江戸町人食物商人，大火で軒数が増加したため，改めて今後5年以内に6000軒に減らすよう，触れ書きが出される．煮売り酒屋1808軒，餅菓子屋1186軒，饂飩蕎麦屋718軒，獣肉屋9軒など合計7603軒(『江戸町触集成』)． 閏3.29 第12回(最後)の朝鮮通信使，対馬に到着．経費削減のため，対馬において聘礼．4月9日，両使と上々官に七五三膳で饗応(『朝鮮通信使の饗応』)． この年，八丈島名主菊池秀右衛門，新島より赤サツマイモを移植し，八丈島5ヵ村，小島・青ヶ島の飢饉を救う．
1812	9		4.- 京都洛中・洛外にて黒砂糖屋仲間以外の黒砂糖の直売禁止． 10.- 豊作となり，幕府，諸大名の江戸・大坂への米の廻送を例年より2割減少させる．

図94　魚売りと青物売り(1808)

1812～1819(文化9～文政2)

西暦	和暦	天皇	事 項
1812	文化9	光格	この年, 薩摩藩主, 江戸大崎・大井・白金の茶園にて茶を栽培し, 煎茶創製. この年, 松平定信から, 商号に凬月堂清白を選授され屋号を大坂屋から凬月堂とする(凬月堂HP).
1813	10		この年, 十返舎一九, 『手造酒法』を著す. 酒25種の製法がみえる. この年, 江戸日本橋にて, 山形屋・木村屋など, 海苔屋が9軒になる.
1814	11		9.- 諸国にて, 旱魃による飢饉(『日本凶荒史考』).
1815	12		7.17 幕府, 朝鮮の飢饉と輸入米の滞りにつき, 米1万石を対馬藩の宗義質に下賜. 7.19 南部藩の盛岡城下にて, 米価高騰に際し, 打ちこわし.
1817	14	仁孝	5.1 江戸両国柳橋の万八楼にて, 大食い大会開催. 飯では68杯, ソバでは63杯, 酒では3升入り杯で6杯が記録に残る. 12.- 琉球にて, 凶作(『続徳川実紀』). この頃, 江戸日本橋葺屋町の大野屋から, うな丼の前身であるうなぎめしが売り出される. 文化年間, 山谷町八百屋善四郎・深川土橋平清・下谷竜泉寺町駐春亭開業. 文化年間に流行(『武江年表』).
1818	文政元 4・22		4.29 幕府, 3年間の倹約令発布. 12.12 幕府, 本田畑における甘蔗の栽培を禁じる(『御触書天保集成』『続徳川実紀』). この年, 上野国館林の大越与兵衛, 麦落雁創製. この年, 頼山陽, 鹿児島にて, 牛肉・豚肉を食す(『日本食肉文化史』).
1819	2		9.25 高松藩にて, 各所に砂糖会所設置. この春, 不忍池を浚って, 西南岸を埋め立て, 茶亭酒楼設置. この年, 江戸谷中芋坂下にて, 菜飯が評判のふぢの茶屋開業. 羽二重団子販売. この年, 江戸の十組問屋のあとに, 恵比寿庵という料理茶屋ができる

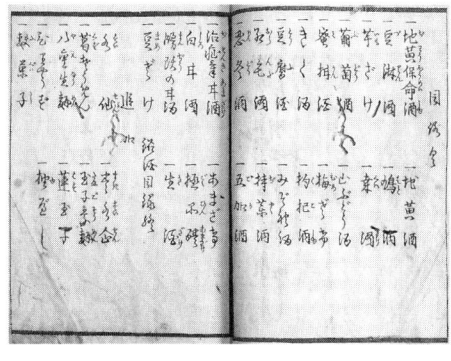

図95 酒の25種の製法を記す『手造酒法』(1813)

1820～1825（文政3～文政8）

西暦	和暦	天皇	事　　　　　　　　　　項
1820	文政3	仁孝	（『武江年表』筠補）． 2．- 江戸深川沖に，長さ6間半の鯨が2頭来る． この頃，信濃諏訪の海苔商森田屋彦之丞，遠江舞坂に海苔養殖を伝える．
1821	4		3.29 食物商人の減少目標6000軒より962軒多く，さらに期限を5年後に延長（『江戸町触集成』）． この年，関東醬油製造が増加し，江戸への年間入込高125万樽のうち，下り醬油は2万樽，ほとんどが関東醬油となる（『農業・農業加工』）．
1822	5		4.28 イギリス船，浦賀に来航し，薪水を求める． 7．- 幕府，兵庫菜種問屋と西宮灘目油江戸直積廻問屋廃止．水油などの大坂油問屋廻送を命じる（『御触書天保集成』）． この秋，西日本にて，コレラ流行． 11．- 幕府，水鳥問屋以外の水鳥販売を禁じる． この頃，江戸根岸の豆腐料理屋笹の雪が評判． この頃，高級料理屋八百善の4代目主人栗山善四郎，『江戸流行　料理通』初篇刊行．
1823	6		この年，小川某編『蕃薯考』刊行．
1824	7		この年，江戸の農産物蘿蔔（だいこん，練馬），秋菜（小松川），牛房（岩槻），水芹・春菊・茄子・豌豆・水菜（千住），西瓜（北沢），番椒（内藤新宿）などを紹介（『武江産物志』）． 享保2年（1717）より売り出された桜餅に，この頃77万5000枚の桜葉が使われたと記録（『兎園小説』）にあり（『和菓子ものがたり』）． この年，信濃小布施にて栗羊羹を創製． この年，中川芳山堂『江戸買物独案内』刊行． この年，幕府，酒造制限発令．
1825	8		11．- 琉球国にて旱魃．餓死者あり，中山王・薩摩より救米を行う． この月，薩摩藩より幕府にこの旨を届ける（『宝暦現来集』）．

図96　酒飲み合戦の図（1817）

1826～1831(文政9～天保2)

西暦	和暦	天皇	事　項
1826	文政9	仁孝	この夏，伊予国にて，洪水．200余軒流され死者80余人(『松山叢談』)． この年，シーボルトが記録した「1826年江戸の価格付き主要食品リスト」に，大根10本72文，ねりま大根10本200文，水菜1把56文など，食材の値段が記される(『vesta』27)．
1827	10		3.20 幕府，文政8年(1825)の酒造制限を解除． 3.- 『経済要録』に「豕ハ近来世上ニ頗ル多シ．(中略)能ク畜タルハ味極テ上品ナル者ナリ．」とあり． 6.4 紀伊和歌山藩徳川家，八丁堀蔵屋敷で米穀切手払開始(紀州払米捌所)． 12.- 調所広郷が薩摩藩の財政改革に着手．三島方を設置し，奄美大島・徳之島・喜界島の砂糖の専売を強化．
1829	12		10.- 雑菓子問屋仲間成立． この年，越後にて，本間屋が柚餅子(ゆべし)創製． この年，大坂心斎橋通大宝寺寺町南に福本という鮨店開店．鶏・卵・鮑・鯛などを加えた箱ずし，評判になる(『守貞謾稿』『花の下影』)． この頃，江戸にて海苔の増産に伴い，海苔料理普及．また業平あたりのしじみ，深川の船橋屋の羊羹，熊井町の翁そばが名物になる． この頃，江戸期の名物には，江戸菜・浅草海苔・魚河岸などがある． この頃以降，井伊直弼，茶の湯や禅の修業を始める(『近世茶道史』)．
	13		7.16 アメリカ人のネーサルセーボン，小笠原諸島の父島にてパイナップルの苗を伝える．
1830	天保元 12·10		9.23 年寄，同心への贈答や供応が禁じられる． 11.- 幕府，酒造石数を3分の1に減じる(『御触書天保集成』)． この年，喜多村信節が考証随筆『嬉遊笑覧』著す．てんぷらやうどんなど出典を示して解説した飲食部あり． この年，立川源四郎，神田連雀町にてあんこう鍋店いせ源開業．
1831	2		1.22～5.- 幕府，米価高騰に際し，町会所で江戸の窮民27万8000人

図97　下総国醤油製造の図(1821)

1831〜1836(天保2〜天保7)

西暦	和暦	天皇	事　項
1831	天保2	仁孝	に大規模な施米(『東京市史稿』). 2.18 東蝦夷地厚岸に，オーストラリアの捕鯨船が渡来．松前藩兵と交戦. 2.27 幕府，清国へ輸出する煎海鼠・干鮑・鱶鰭の密売禁止(『御触書天保集成』『続徳川実紀』).
1832	3		11.− 江戸にて，風邪流行．窮民30万6000人に施米実施. この年，江戸新橋にて，天ぷら屋橋善創業. この年，小山田与清，『鯨肉調味方』を著す. この年，『江戸繁昌記』初篇刊行．山鯨(いのしし)の項に「凡そ肉は葱に宜し」とあり，また江戸麹町の獣肉店について記す.
1833	4		この年，奥羽・関東にて，冷害と風水害による大飢饉(天保の大飢饉)．天保10年(1839)にまでおよぶ(『飢歳懐覚録』). この年，農学者大蔵永常，天保の飢饉対応策として，非常食について説いた『徳用食鑑』を著す．また，飯の倹約法をまとめた救荒書『都鄙安逸伝』『竈の賑』刊行.
1834	5		1.− 幕府，甘蔗作地制限を再達. 5.− 大坂にて，和製砂糖問屋を新たに認可. 5.− 酒造米石数を，天保4年(1833)以前の3分の1とする(『御触書天保集成』). 6.12 米価高騰に際し，町会所が窮民33万4000人へ施米実施．8月26日まで. 6.29 大坂市中にて，米価高騰による打ちこわしが続く(『編年百姓一揆史料集成』). この年，千疋屋弁蔵，日本橋葺屋町にて，水菓子・蔬菜類を扱う商い(現在の千疋屋)を始める(千疋屋HP). この頃，宇治で玉露誕生(『日本の茶　歴史と文化』).
1835	6		4.− 食物商人数調査実施．5757軒と，目標の6000軒以下となり，今後の新規開業・商売替えなどを引き続き禁じる(『江戸町触集成』). この年，熊谷惣道，秋田にて，太平山の露を使った蕗漬創製. この年，江戸の蕎麦屋「うどん，そば16文，しっぽくそば24文，玉子とじ32文」に対し，大坂では「うどん，そば16文，のっぺい24文，あんかけ18文」などの張り札あり(『浪華雑誌街能噂』『守貞謾稿』).
1836	7		7.− 酒造高を3分の1に減じる. 9.21 三河岡崎藩外にて，農民が凶作，米価高騰に際し，庄屋・米屋・酒屋を襲う(三河加茂一揆)(『編年百姓一揆史料集成』). 11.− 幕府，三河・遠江・甲斐・信濃・陸奥などの幕領での酒造を禁じる．その他の地域では4分の1高と定める(『日本財政経済史料』). この年，漬物問屋小田原主人，『四季漬物塩嘉言』を著す．64種の漬物がみえる. この年，花沢紋十，下総にて，甘藷より澱粉製造．織物用の糊に使用される.

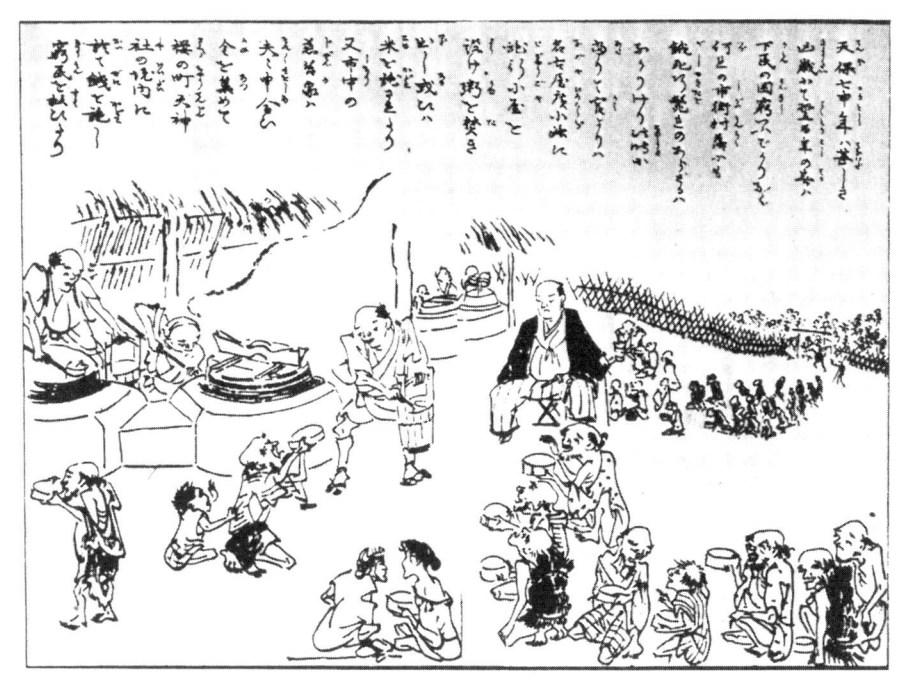

お救い小屋の炊き出し

飢饉の惨状

図98　天保の大飢饉(1833)

1836〜1841(天保7〜天保12)

西暦	和暦	天皇	事 項
1836	天保7	仁孝	この年,飢饉による被害,奥羽地方は特に厳しく,餓死者数10万人. この年,高野長英,救荒作物として,蕎麦と馬鈴薯の栽培を奨励した『勧農二物考』を著す. この頃,煎茶の会を催す(『武江年表』).
1837	8		3.- 幕府,江戸の品川・板橋・千住・新宿にて,御救小屋設置.飢民を救済する. この年,江戸日本橋山形屋四代目惣八,海苔問屋として,幕府御用商人を命ぜられる(山形屋HP).
1838	9		6.- 料理屋等に,魚・青物など時節外のものや手数がかかり高価なもので商売することを禁じる(『江戸町触集成』). この年,酒の江戸入津が減少したため,濁り酒を造って売る家が増える. この年,槌谷右助,柿の産地美濃大垣にて干し柿で羊羹製造.
1839	10		12.19 蛮社の獄.
1840	11		2.- 出羽国秋田藩にて,農民300人が凶作,余米徴収により打ちこわし. 5.- 売薬の看板にオランダ語の使用を禁止. 8.- 橋場料理舗棹月楼,商売をはじめる(『武江年表』). この年,大坂市場にて,和製砂糖(讃岐・阿波・土佐・和泉・河内・紀伊・駿河・遠江・三河からの三盆白など)が出回る. この年,桜正宗の祖,山邑太左衛門,灘の宮水発見.これを使用し,美酒を醸造.灘酒として発展(桜正宗HP).
1841	12		12.- 幕府,菱垣廻船十組問屋を解散させる(株仲間解散令).各種株仲間・問屋・組合も禁じる(江戸に発布). この年,横浜にて,いなり寿司泉平創業. この頃,小林粂左衛門が諏訪地方の玉川林にて,丹波地方で学んだ寒天製造を開始(『地域研究年報』27).

図99 『竈の賑』(1833)

1842〜1845（天保13〜弘化2）

西暦	和暦	天皇	事　項
1842	天保13	仁孝	3.2 幕府，株仲間・問屋・組合を禁じる（大坂に発布）．また大坂菱垣廻船積二十四組問屋を解散させる（『大阪編年史』）． 4.2〜 伊豆韮山代官江川坦庵（英龍・太郎左衛門），兵糧パンに関心をもち，長崎出島オランダ屋敷の料理方作太郎より製法を学ぶべく，江戸邸詰めの柏木総蔵に書簡を送り，1年保存できる乾パンの製法，各種パン製法を学び試作する（『日本のパン四百年史』）． 4.− 江戸にて，初物を料理茶屋などで買求め，高価な品で調理することが多く，きうり，なすなどの促成栽培が行われること禁止される． 7.− 幕府，外国船打払令を改め，薪水食料の給与を許可（天保の薪水給与令，『続徳川実紀』）． この年，酒1升売りの小売値段：極上230文，上170文，中140文，下110文． この年，山本山が西御本丸，東叡山，御三卿（田安・一橋・清水）の御茶御用を務める（山本山HP）．
1843	14		2.− 江戸にて，大豆の値上げ，豆腐を小さくきるなどの不正が頻発．奉行所では，大きさ，価格を店に張り出すよう命じる（『江戸町触集成』）． この年，江戸永代橋西詰の永代団子が有名になる． この年，植木屋蔦屋伝次郎，江戸駒込薮下にて，薮蕎麦創業． この年，水戸藩主徳川斉昭，弘道館の医学館そばに薬園と養牛場設置． 天保年間，京都南禅寺にて，料理屋瓢亭開店（『日本料理の歴史』）．
1844	弘化元 12・2		この年，三浦屋，江戸大森にて，焼海苔創製．
1845	2		この年，阿波の前川文太郎，ワカメの灰乾法を考案し，鳴門ワカメを評判にする． この年，オランダ船，パイナップルの種苗を日本本土に舶載する． この頃，江戸にて油揚げを開き，飯やおからなどをつめた稲荷鮓流行．

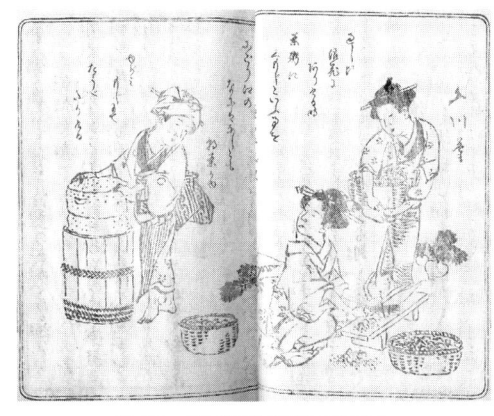

図100　『四季漬物塩嘉言』（1836）

1846〜1851(弘化3〜嘉永4)

西暦	和暦	天皇	事 項
1846	弘化3	孝明	1.1〜3 江戸にて，牛蒡に毒があり，食用すると死ぬとの流言が広まる． この年，『蒟蒻百珍』刊行． この年，青木彦兵衛，江戸神田多町にて，水菓子問屋万彦(万惣の始祖)を創業．また彦兵衛の長女ざんの婿青木惣太郎が果物小売店万惣経営(『日本食文化人物事典』)． この年刊行の『蜘蛛の糸巻』に駄菓子についての記述． この年，江戸神田明神前にて，甘酒屋天野屋開業．
1848	嘉永元 2·28		**11.－ 斎藤月岑，『武江年表』を完成させる．** この年，大森村の海苔不作． この年，蒼光堂，江戸の外食店ガイドブック『江戸名物　酒飯手引草』を刊行．会席・即席料理屋，茶漬屋，蒲焼屋，すし屋，蕎麦屋など600軒以上を紹介． この頃，讃岐の島嶼部の葬祭香典に「豆腐切手」が盛んに使用される(『近世から近代における儀礼と供応食の構造』)．
1849	2		この年，山本徳治郎，江戸日本橋室町にて，海苔の専門店創業(現在の山本海苔店，山本海苔店HP)． この年，主婦を対象とした『年中番菜録』刊行．
1850	3		3.－ 三代目樋口松太郎，それまでの食事処を閉じ江戸日本橋にて折詰料理専門店弁松を創業(弁松総本店HP)． この年，『東都五光商群』に料理屋八百善・百川・平清・清水楼・川口の5軒が挙げられる． この頃，大坂堺にて，くるみ餅の創製．
1851	4		12.3 水戸藩蘭方医の日記『方庵日記』に，「牛乳服用始」とあり，長崎では牛乳の供給があったとされる(『明治事物起原』)． 12.27 江戸十組問屋再興．諸国産物の自由販売を禁じる． この年，江戸の味噌問屋数が約140軒．半数が本郷に集中．

図**101**　現在の藪蕎麦(1843)

1851～1854(嘉永4～安政元)

西暦	和暦	天皇	事　　　　　　　　項
1851	嘉永4	孝明	この年，大坂阿波座の徳松，牛肉屋開店(『大阪府誌』4)． この年，信濃宮川村坂室にて，今井茂太郎・浜宮蔵・白川万蔵らが寒天製造開始．
1852	5		この年，柏屋，陸奥国郡山にて，薄皮饅頭創製(柏屋HP)．
1853	6		5.3 ペリー，軍艦4隻を率い，浦賀に来航． 12.6(陽暦1854.1.4) ゴンチャロフが招待した日本側全権(筒井政憲・川路聖謨)が牛肉とハムを喜んでいたと記録あり(『日本渡航記』)． 12.14 ロシア使節プチャーチン，長崎にて筒井政憲・川路聖謨らと会見．三の膳つき本膳料理後，酒宴の饗応を受ける(『藤岡屋日記』)． この年，油問屋の大浦慶，アメリカやアラビアなどに肥前産の嬉野茶の見本を贈る． この年，麦湯店の深夜営業を禁止． この頃，江戸市中にてコハダの握り鮨を売り歩く商人が現れる．
1854	安政元 11·27		1.15 蘭学者箕作阮甫，長崎にてすき焼きを食す(『長崎学・続々食の文化史』)． 2.10 ペリー，横浜応接所にて交渉．酒宴後，二の膳つきの本膳料理の饗応を受ける(『藤岡屋日記』)． 2.29(陽暦3.27) ペリー，ポーハタン号の船上で，返礼に日本人70人を招き，牛肉・鳥・ハム・野菜・ワイン・シャンパンなどをふるまう(『ペリー提督日本遠征記』)． 3.3 日米和親条約，調印． 4.- 日本橋伊勢町塩河岸の料理屋百川，江戸で初めてテーブルで卓袱料理を供し，人気となる． 10.19 『方庵日記』に紅毛料理献立と費用について記される．「スウプ(雉・葱・人参・法蓮草)，プラード(家鴨)，カルモナード」． 12.- 長崎にて，水戸藩の蘭医柴田方庵が西洋料理を来客約20人に供

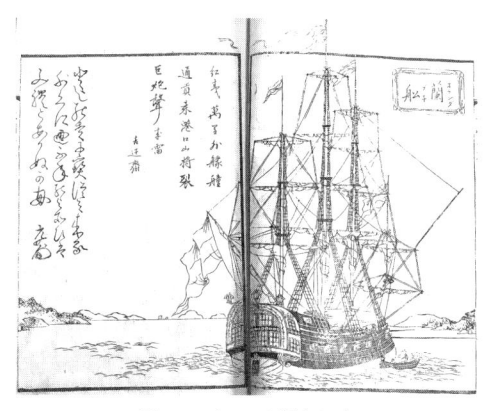

図102　オランダ船(1845)

1854～1858（安政元～安政5）

西暦	和暦	天皇	事　　　　　　　　　　　　　　項
1854	安政元	孝明	応する． この年，江戸浅草にて，汁粉屋梅園開店． この年，函館にて，幕府，緬羊を飼育． この年，ペリー，下田にて牛肉を要求する．日本側はこれを拒否（『日本食肉文化史』）． この年，杢野甚七，三河湾にて，のりの養殖開始．
1855	2		2.23 長崎にて，水戸藩蘭方医の柴田方庵，「パン」「ビスコイト」の稽古に行くとあり（『方庵日記』）． この年，江戸にて，紅梅焼(香餅)と称する餅を売る店が増加．
1856	3		7.- 函館にて，外国人への牛肉供給が許可される．南部藩に命じて，牛50頭供出（『日本食肉文化史』）． 8.- イギリス商人，大浦慶の嬉野茶を大量注文． 12.20 「ハリス日記」に野猪のハム，鹿肉などを供給されたとあり（『日本食肉文化史』）． この年，備前国にて衰退していたきび団子の製造再開．
1857	4		この年，尾張国鍋田川尻にて，江戸の商人市兵衛が海苔の養殖開始． この年，宇和島藩，天草の専売制実施． この年，江戸日本橋にて，三代目細田安兵衛(幼名栄太郎)，父の代までの屋台菓子井筒屋をたたみ，栄太楼(現在の榮太樓総本舗)創業．有平糖梅ぼ志飴，甘名納糖などを創製(栄太郎総本舗HP)． この年，江戸の芝増上寺，アメリカ公使から贈られたリンゴの苗木3本を，津軽の平野清左衛門にゆだねる． この年，アメリカ貿易事務官ライス，函館にて乳牛1頭を飼育し，牛乳の搾り方を指導．北海道の搾乳の始め． この年，長崎にて，先得楼・迎陽亭・吉田屋などの日本料理店が西洋料理店を兼業．外国人用西洋料理店として指定を受ける．
1858	5		2.20 幕府，蝋・漆・紙・茶類の増産奨励．

図103　ペリー来航　饗応の図(1853)

1858〜1862(安政5〜文久2)

西暦	和暦	天皇	事　項
1858	安政5	孝明	6.19 日米修好通商条約，調印． 7〜10.- 江戸にてコレラが大流行．町会所にて米銭支給． この年，浅草呉服橋の青柳才助，江戸佃島にて，小魚を砂糖と醤油で煮た佃煮を売り出す．
1859	6		2.- 横浜開港に際し，イギリス人らがウイスキーを日本に持ち込む． 7.- アメリカ領事，幕府の神奈川奉行所の役人7人を西洋料理の晩餐に招く(『アメリカ彦蔵自叙伝』)． 7〜9.- 江戸にてコレラの再流行． この年，うな丼が考案される． この年，大蔵永常，『広益国産考』を著す． この年，各藩にて，兵糧パンの製造を開始． この年，長崎の女性実業家大浦慶，イギリスへ茶を輸出(『日本食文化人物事典』)． この年，横浜ホテル開業．洋式のパンと料理を提供． この頃，紀州藩付家老水野家の侍医原田某，『江戸自慢』に，江戸と上方の食習慣の違いを記述．
1860	万延元 3·18		3.3 桜田門外の変． 閏3.1 幕府，関東の醸酒を半減させる．江戸へは1年に8万3000樽までの移出に制限する． 閏3.19 幕府，雑穀・水油・蠟・呉服・生糸の5品の江戸の問屋廻送を命じる．神奈川直送を禁止(五品江戸廻送令)． 閏3.24(陽暦5.14) 遣米使節一行，ワシントン政府の歓迎レセプションにて，日本人として初めてのアイスクリームを食す(『柳川当清航海日記』)． 11.3 幕府，国内穀物不足に際し，米や麦の輸出を禁じる． この年，江戸市中のそば屋約3760軒(夜鷹そばは除く)(『守貞謾稿』)． この年，遣米使節随行員の仙台藩士玉虫左太夫，アメリカの軍艦ポーハタン号船上にて士官が船員にビールを支給する様子を記す(『航米日録』)． この年，米・食料品・生活用品の価格が高騰． この年，菓子屋の内海兵吉，横浜にて日本で初めての邦人パン屋開業．
1861	文久元 2·19		2.- 物価高騰に際し，江戸の窮民に白米支給(『東京市史稿』)． この年，岡田明義，『無水岡田開闢法』を著し，ジャガイモの栽培，澱粉の製造法を解説． この年，フランク・ホセ，グッドマン，横浜にてパン屋開業．
1862	2		8.21 生麦事件． この年，『大津絵落葉籠』に，「いぢきたな立喰しよ」として，「煮〆・焼団子・天ぷらのあげたて(蛤むきみ・貝柱・あなご・こはだ・するめいか・海老)・焼いも・牡丹餅・はじけ豆・すし・麦湯・鰻の安売り・ゆで卵・水菓子・大福・麦飯・餡かけ・お伝(おでん)に燗

1862〜1863(文久2〜文久3)

西暦	和暦	天皇	事　　　　　　　　　　　項
1862	文久2	孝明	酒・よたかそば」などの立ち食いの夜店屋台の記述あり． この年，越前福井藩前藩主松平慶永，アメリカからリンゴの苗を輸入し，江戸近郊巣鴨の別邸に栽植． この年，江戸にて，イノシシ・シカ・ブタの肉の煮込みと酒を提供する店増加． この年，武蔵忍藩主松平忠国，肺病治療に際し，幕府搾乳所から払い下げられた牛乳を飲用．1合の値段が1分． この年，志摩鳥羽藩にて，テングサの専売開始． この年，遣欧使節随員の益頭駿次郎，シンガポールにて「ハナマ(椰子の実)・パイナポ(パインアップル)」を売る様子を記す(『欧行記』)． この年，中川屋嘉兵衛，富士の裾野や信濃諏訪湖・陸奥南部などにて氷の伐り出しを始める(『食生活世相史』)． この年，長崎戸町村にて，貿易商グラバーらの発起で解牛場設置． この年，幕府，アメリカから穀物と野菜の種子60品を輸入． この年，横浜居留外国人の使用人に，製パン技術の取得者増加． この年，横浜にて，初の牛鍋店伊勢熊開店． この年，横浜の外国人用牛肉店は2軒(『横浜ばなし』)． この年，伊勢の大谷嘉兵衛，横浜にて製茶貿易店開業． この年，鮒屋の大野佐吉，江戸日本橋室町にて鮒佐開店．鮒すずめ焼きが話題になる． この頃，イギリス人ウィリアム・クラーク，横浜にて，大型型焼食パンを焼く．
1863	3		**7.2 薩英戦争．** この年，イギリスから西洋南瓜の種を輸入．北海道や東北などの冷涼地で栽培開始． この年，横浜の邦字新聞に，外国人パン屋の広告が掲載される． この年，渋沢栄一と西郷隆盛，京都の相国寺にて豚肉を一緒に食べる．

図104 パンを焼く図(1861)

西暦	和暦	天皇	事　　　　　　項
1863	文久3	孝明	この年，草野丈吉，長崎にて五代才助に勧められて，西洋料理店良林亭(後の自遊亭)開業(『日本人と西洋食』)。 この頃，上総8ヵ村の海岸にヒビという柵を立て，海苔をとり，干し海苔に製す。江戸，その他に送る(『武江年表』)。 文久年間，福屋藤七，長崎にて，西洋料理店開業(『日本人と西洋食』)。
1864	元治元 2・20		3.2 江戸日本橋人形町通乗物町にて，安田善次郎が鰹節玉子店兼両替屋開店。 8.- 伊藤俊輔(後の博文)，下関にてアーネスト・サトウに西洋風料理で饗応。みりん漬の柿を賞賛(『一外交官の見た明治維新』)。 **9.5 幕府，五品廻送令廃止。** この年，鹿児島藩領徳之島犬田布村にて，農民が砂糖総買入に反対し藩役人へ強訴(犬田布一揆)。 この年，関東産の醬油に初めて最上醬油の名の使用を許可。 この年，京都の先斗町の沢甚，三条橋東の三己楼などでは背開き，三条通の佐野屋は腹開きにて鰻をさばく(『京都土産』)。 この年，長崎にて，藤屋が西洋料理店を兼業。 この年，幕府医師松本良順，西洋医学をとり入れた『養生法』を刊行。 この年，物産所にて，田中芳男が落花生と菊芋栽培。 この年，横浜沖の軍艦の雇人の日記に，朝食に温めた牛乳と鶏卵をゆで黄身の固まらないどろどろを好むとの記述あり(『明治事物起原』)。 この年，阿部喜任，『南嶼行記』にて，バナナを食した記述を残す。 この頃，四方家5代目卯之助(現在のTaKaRaの創業者)，焼酎，みりん，白酒の製造開始。
1865	慶応元 4・7		2.- 長崎の松尾清兵衛，北京にてフランス料理の技術取得。帰国後，一族の福屋長之助に伝える(『長崎市史』)。 3.- 幕府，米・酒・味噌・油・野菜・魚などの諸物価の高騰に際し，物価引下げ令，買い占め・売り惜しみ禁止令を発布。 閏5.21 幕府，米価高騰にさいし，米穀と雑穀の自由販売を許可。 7.- 幕府，横浜北方村字小港にて日本で初めての公設屠牛舎設置し，イギリス，アメリカ，オランダ，フランス，プロシヤの5ヵ国に貸与(『横浜もののはじめ考』)。 この年，江戸の雉子橋内フランス公使館の厩舎の牛乳から，将軍家用の牛酪製造(『明治事物起原』)。 この年，鹿児島藩，西洋式の機械制製糖工場設立(『日本糖業史』)。 この年，横浜居留地99番にて横浜初のビヤホール「ビア・アンド・コンサート・ホール」開業(『横浜もののはじめ考』)。 この年，横浜製鉄所，横須賀造船所などの起工に伴い，数十名のフランスの技術者が来朝。フランス式のパンやケーキも伝わる。 この年，神奈川奉行，横浜屠牛場約書をアメリカ・ポルトガル・オランダ・イギリス・フランス・スイス・プロイセン7ヵ国領事と結ぶ

1865〜1866(慶応元〜慶応2)

西暦	和暦	天皇	事　項
1865	慶応元	孝　明	(『横浜市史』2). この年，横浜のアメリカ85番館が神戸より三丹州(丹波・丹後・但馬)の牛30〜40頭を購入し，屠殺．神戸牛の名声があがる(『日本食肉文化史』). この年，神奈川奉行所，吉田新田にて西洋野菜を試作(『横浜市史稿』). この年，藤瀬半兵衛(半五郎)，長崎にてイギリス人からラムネ(ポン水)製法を学ぶ(『日本食文化人物事典』). この頃，江戸浅草光月町の「こばやし」にて，さくら肉販売(『日本食肉文化史』).
1866	2		1. 1〜12. 30 岡部藩主安部信発の江戸における日常食は一汁一菜で，登城には弁当持参(『御献立帳』). 2. - 横浜にて，元曲馬団リズレー，アメリカから連れてきた牝牛6頭，子牛などを囲う日本で初めての牧場開設．この春，幕府蕃書調所の田中芳男，福井藩前藩主松平慶永の巣鴨邸にあるリンゴの木から穂木をとり，開成所にて接木．4月には，リズレーの牧場が，牛乳の売り出し広告を掲載(『横浜もののはじめ考』). 8. - 上総国関村出身の前田留吉，横浜太田町にて牧場を開設し，牛乳搾乳業開始(『横浜市史稿』)．文久3年(1863)とする説もあり． 8. - 大野谷蔵，横浜姿見町3丁目に，外国人を相手とした西洋料理店開店(『日本食肉文化史』). 10. 21 横浜末吉町にて，豚肉料理店鉄五郎方より出火．港崎遊郭が全焼(豚屋火事). 12. - 福沢諭吉，『**西洋事情**』初篇刊行． この年，鹿児島藩営の奄美大島名瀬製糖工場操業開始． この年，中川屋嘉兵衛，横浜元町1丁目に牛肉店開業(『日本食肉文化史』). この頃，江戸にて屠牛行われ，羹を商う家が各所にできる．また西洋

図**105**　横浜異人屋敷之図(1866)

1866〜1867(慶応2〜慶応3)

西暦	和暦	天皇	事　項
1866 1867	慶応 2 　　　3	孝　明 明　治	料理店が開店する．家を西洋風に模した店も現れる(『武江年表』)． この頃，江戸にてにごり酒流行(『武江年表』)． 1. - パリ万国博覧会に徳川慶喜の代理として派遣された徳川昭武の随員としてフランス船アルフェー号に乗船した渋沢篤太夫(後の渋沢栄一)，コーヒーを飲み，また，グラース(アイスクリーム)を味わい，味のよさを記す(『航西日記』)． 2. - 横浜ユナイテッドクラブ支配人W・H・スミス，横浜山手に農場を有し，豚も飼育(『横浜もののはじめ考』)． 3. 25 将軍慶喜，大坂城にて，イギリス・フランス・オランダ・アメリカの公使と別々に会見し，フランス人の料理人によるフランス料理で饗応(4月1日)(『藤岡屋日記』)． 3. - 中川屋嘉兵衛，氷の広告を掲載(『万国』)． 5. 12 江戸にて，劇場や料理茶屋への外国人の立入が許可される(『江戸町触集成』)． 8. - 三河屋久兵衛，江戸神田にて江戸初の西洋料理店三河屋開店． **10. 15 朝廷，将軍慶喜に大政奉還を勅許．** 10. - 横浜元町中川屋嘉兵衛，パン・ビスケット・ボットルの広告を掲載(『万国』)． 10. - 幕府蕃書調所の所員ら，アメリカから届いたりんごを試食する． **12. 9 王政復古の大号令．** 12. - 幕府，関東八州に免許鑑札更新のため，醤油・味噌・酢・酒類の造石高・売捌石数などの取調べを命じる． 12. - 中川屋嘉兵衛，『万国新聞紙』に広告．各国公使館用のため高輪に牛肉店を開く．薬用として諸家より多くの御用ありと説明し，牛肉の効用，等級と料理法を図解(『横浜もののはじめ考』)． この年，福沢諭吉，『西洋衣食住』刊行． この年，東両国常盤町の蛇の目寿司が有名になる．

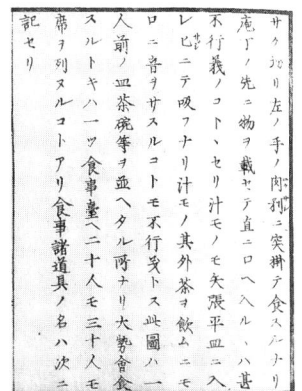

図106　『西洋衣食住』(1867)

1867(慶応3)

西暦	和暦	天皇	事　項
1867	3	明治	この年，松本良順など奥医師3人で幕府に牛羊の牧養・肉食・牛乳の効能につき，建白書提出．幕府は，これをうけ，8月に広瀬元泰を但馬国牧牛指導に派遣(『日本食肉文化史』)． この年，大坂にて，牛店新門亭開店(『日本食肉文化史』)．

1868（明治元）

西暦	和暦	事　　　　　　　項	
1868	明治元 9・8	1.－ 大膳職に肉饌（肉料理）の命が下される． 3.14 明治天皇，五箇条の御誓文を誓約． 4.－ ドイツ人アール・ガルトネル，北海道天領農場にて，リンゴとサクランボ栽培（『たべもの日本史総覧』）． 6.－ 米津松蔵，鳳月堂開業．薩摩藩の東北征討軍の兵糧食として，黒胡麻入軍用麺麭（パン）を5000人分製造（『日本のパン四百年史』）． 7.17 江戸を東京と改称． 8.6 米価高騰．府県の酒造量，免許量の3分の1に制限． 8.10 日本人によるホテルの築地ホテル館竣工．103室を有する広大なホテル．メニューはすべてフランス料理を提供する（『横浜外国人居留地ホテル史』）． 8.20 新政府，桑茶栽培推進政策開始． 9.8 明治と改元． 9.－ 能登出身の高橋音吉，横浜にて，牛肉とネギをみそダレまたは醤油で煮て食べる浅い鉄鍋を使った牛鍋屋（現在の太田なわのれん）開業（『横浜はじめ考』・「太田なわのれんHP」）． 11.19 東京築地に居留地を設置し，開市を布達． この年，清国人蓮昌泰，築地入船町軽子橋畔にて，ラムネの製造開始（『近代日本食物史』）． この年，イギリス製バス・エールビールの輸入が盛んになる（『ビールと日本人』）． この年，イギリス人キルビー，神戸海岸通りの柴六酒造蔵（借受）にて，屠牛開始．市民に反対され，ほどなくして廃業（『日本食肉文化史』）． この年，大膳職の付属として，半官半民の魚清（後の賜饌調理所）開設（『日本食生活史』）． この年，明治政府，幕府が経営していた雉子橋内の厩舎と房州嶺岡の牧場を接収して，民部省の所管とし，両所の牛乳・乳製品を政府の商官や外国公使館員にあてる（『日本食肉文化史』）．	

図**107**　東京築地ホテル館（1868）

1868〜1869(明治元〜明治2)

西暦	和暦	事項
1868	明治元	この年，米価統制令発布(『近代日本食物史』). この年，奥州戦争で負傷兵に牛肉を食べさせる(『日本食肉文化史』). この頃，神戸にて，生田川筋・和田岬居留地墓地などで，7〜8ヵ所の屠場設置.藤田組・宇治野組・神戸組・大栄組・京都組・協救社の6社が神戸牛の売り込みに従事(『日本食肉文化史』).
1869	2	1.14 安房・上総の諸牧場にて，牧牛始まる.嶺岡牧場(幕府直営牧場)が宮内省の御料牧場になる(『食肉文化史』). 1.20 山口・鹿児島・佐賀・高知の4藩主が版籍奉還を上表. 2.18 諸軍艦での糧食は，上下とも1日白米6合，菜代として士官1日金2朱，ほかに炭，薪，醤油などと定める(『日本海軍食生活史話』). 2.- 安南サイゴン米の輸入(318万石)で，米価下落.冷害や食料不足・国産料高騰により，輸入米は安価になる(『明治文化史』『米相場考』). 2.- 松前藩，領内の菓子屋に軍用パン製造を命じる(『日本のパン四百年史』). 3.26 茶が食品の輸出では第1位と報道(『中外』). 3.28 木村安兵衛，東京芝日陰町にて，パン屋文英堂(現在のキムラヤ)創業.年の暮，火事により焼失.翌年京橋区尾張町に進出し，木村屋と改称(『木村屋総本店百二十年史』). 4.14 明治天皇，皇居吹上御所にて，前田留吉実演による5頭の白牛の搾乳を観覧(『明治事物起原』). 4.28 市中での銃による発砲禁止(『太政官日誌』). 5.- 町田房造，横浜にて，氷水店を開き，氷またはアイスクリームを販売(『横浜もののはじめ考』). 7.8 開拓使を設置し，8月15日，蝦夷を北海道に改称.アメリカ式農法に基づく畜産奨励.バターや練乳の試作(『西洋料理がやってきた』). 7.9 幕府時代の海軍所(現在の浜離宮)にて，外国貴賓の接待所延遼館設立(『太政官日誌』).

図108 明治2年横浜馬車道の景色(1869)

西暦	和暦	事　　　　　項
1869	明治2	7.- 神奈川県にて，角田米三郎，養豚組合協救社開設(『食肉文化史』). 8.12 参内したイギリス王子を八百善仕出しの日本料理で饗応(『明治文化史』). 8.- 長崎出身の大野谷蔵，横浜姿見町3丁目にて，西洋料理店崎陽亭を開業(『明治事物起原』). 9.- 通商司，東京築地にて，牛馬会社設立．以後個人による屠殺を禁止(『日本食肉文化史』). 10.4 函館戦争で投獄された大鳥圭介，10月4日の入牢日記『幕末実談』に，植木屋東兵衛より衣類・煮肴・牛肉・梅干・砂糖を贈られるとあり(『明治事物起原』). 12.- 通商司，洋種の牛豚および製乳器機等を横浜在住イギリス人より購入，洋種牛輸入のはじめとされる(『日本食肉文化史』). この年，日本海軍で牛肉を栄養食として採用(『日本食肉文化史』). この年，中川屋嘉兵衛，東京芝露月町にて，牛鍋屋中川開業．神楽坂鳥金・蠣殻町中初・小伝馬町伊勢重などの牛鍋屋が相ついで開業(『明治文化史』). この年，『協救社衍義』に，ジャガイモから澱粉を製造する方法が記される(『明治事物起原』). この年，東京下谷にて，パン屋文明軒開業(『近代日本食物史』). この年，凮月堂，東京京橋にて，パン販売(凮月堂HP). この年，草野丈吉，大阪川口居留地外国人止宿所の司長(司厨長)になる(『西洋料理がやってきた』). この年，イギリス人ジョージ，築地本願寺裏にて，牛肉店開店(『日本食肉文化史』). この年，東京下谷にて，焼き芋小売店芋庄開業． この年，山本海苔店の山本徳治郎，東京日本橋にて，味附海苔創製(山本海苔店HP). この年，虎屋，東京に進出．菓子作り開始．のち1895年に赤坂裏に移る(虎屋HP).

図**109**　牛鍋屋(1870)

1869~1870(明治2~明治3)

西暦	和　暦	事　　　　　　　　　項
1869	明治2	この年,神戸元町にて,牛肉すき焼き店月下亭(後の月花亭)開業(『日本食肉文化史』)。 この年,エドワルズ,「生珈琲並焼珈琲」の広告を出す(『万国』15号)。
1870	3	1.13 米の欠乏に伴い,貧民「給助」のため,サイゴン米輸入(『もしほ草』)。 2.- 政府,全国牛馬商業社に鑑札を下付。東京府下6ヵ所に屠牛場の許可。その牛肉は「官許牛肉」「御養生牛肉」の旗を立て販売(『日本食肉文化史』)。 3.- 宇都宮三郎,松平慶永が輸入した製氷機で人造氷製造に成功(『たべもの日本史総覧』)。 4.15 玉川上水の羽村―内藤新宿間の通船開始。甲州ブドウなどが1日で運ばれるようになる。 5.- 月末より,東京両国,橋辺川通にて,大茶船で料理を楽しむ商売あり(『武江年表』)。 7.- 大膳職,内膳司,天皇の食膳・湯茶を一括して担当(『日本食生活史』)。 7.- 河合万五郎と堀越藤吉,京橋具足町にて,今里村の旧屠場再興(『日本食肉文化史』)。 この年の夏,ノルウェー生まれのアメリカ人コープランド,横浜山手(久良岐郡天沼)にて,ビール会社スプリング・バレー・ブルワリー開業(キリンホールディングスHP)。 9.- 横浜にて,シュルツ・ライス商会,ガス会社設置申請。高島嘉右衛門らも計画(『横浜もののはじめ考』)。 12.10 北海道開拓使,プロシア人ガルトネルより函館の天領農場を買い取り,七重開墾場と改める。ワイン用のブドウ栽培研究を始める。 この年,芝区西応寺町にて,万屋万平(芝七曲)・野口義孝(芝三田小山町)ら,屠殺場を開設するも,周囲の反対で程なくして廃場になる。 この年,横浜の清国人居留地にて,49番地ウォン・チャラー,81番地アー・ルンの2軒のチャイニーズ・イーティング・ハウスあり(『横浜市史編』)。

図110　崎陽亭の看板(1869)　　　図111　コープランド(1870)

1870～1871(明治3～明治4)

西暦	和暦	事　項
1870	明治3	この年，甲府の山田宥教・詫間憲久ら，葡萄酒試作(『たべもの日本史総覧』).
この年，北海道で甜菜糖を栽培(『明治文化史』).
この年，愛媛県，アメリカ人ファーバーより洋種の牛15頭を購入し搾乳はじめる(『明治文化史』).
この年，東京築地鉄砲洲にて，食パンで有名な蔦本開業(『日本のパン四百年史』).
この年，横浜山下町22番地のカルノー商会，ジン輸入(『たべもの日本史総覧』).
1871	4	2.8 京都府勧業局，全国に先がけて，京都府牧畜場設立．牛乳・乳製品の製造販売．牛の輸入も開始(『食の一〇〇年』).
2.- 東京市ヶ谷の元尾張屋敷に薩摩・長州・土佐の士族から選出された新兵隊が設置され，牛鍋屋中川屋より大量の肉を注文，市ヶ谷店を出すきっかけとなる(『日本食肉文化史』).
4.25 神奈川県にて，外国人の肉食増加に伴い，村々に牛の飼育の勧奨が布達される(『日本食肉文化史』).
4.- 仮名垣魯文，『牛店雑談安愚楽鍋』刊行．
6.- 東京富士見町の佐野屋，乳児用のゴム吸い口付き哺乳瓶乳母いらず発売．上等1両2分より，中等3分2朱，下等2分よりとあり(『明治事物起原』).
7.5 韮山請払帳に沸騰散(ラムネ)の記録あり(『明治事物起原』).
7.14 天皇，56藩知事を集め，廃藩置県の詔書を出す．
7.27 大蔵省，勧業司設置．8月23日には，勧農寮と改称(『国史大辞典』).
8.24 大蔵省，東京上目黒駒場野にて，欧米の方法を取り入れる牧畜試験場設置(『日本食肉文化史』).
8.- 大蔵省，牝牛屠殺を禁じる．病牛肉や死牛肉の販売禁止を全国に布達(『日本食肉文化史』).
8.- 田畑勝手作認可(『近代日本食肉史』).
11.13 肉屋の流行に伴い，東京高輪に食肉処理場設置が許可される．

図112　牛乳・乳製品の販売店(1871)

1871(明治4)

西暦	和暦	事　項
1871	明治4	11.17～18 全国の神社にて大嘗会・豊明会を行うことを伝える(『太政官日誌』). 11.28 京都府牧畜場が大阪のレイマンハルトマン商会に注文していたアメリカ種の牡牛2頭,牝牛25頭,牡羊2匹,牝羊12匹がサンフランシスコから神戸に入る(『開化』). 11.- 宮中の朝食がパンと牛乳に.皇后の牛乳飲用が始まり,明治天皇も毎日2度の牛乳飲用の習慣を取り入れる(『新聞雑誌』). 11.- 食物への有害染料混用禁止令発布.唐藍・紺青・緑青・唐緋が禁止になる.和菓子の有害着色料にも厳しい制限. 12.17 宮中での肉食解禁(『明治天皇紀』). この年,カルノー商会,横浜山下町22番地にてビールと猫印ウィスキー輸入販売(『東京故事物語』). この年,東京京橋区竹川町にて,薬種商滝口倉吉,焼酎に砂糖香料を加えて,リキュール製造(『明治文化史』). この年,ドイツ製ストックビール輸入(『明治文化史』). この年,長崎の満川新三,清国天津産の水蜜桃を政府に献じて試作(『明治文化史』). この年,横浜ガス局設置(『明治文化史』). この年,札幌と東京にて,西洋の作物や家畜を北海道に導入するための試作や試育を行う開拓使官園開設.札幌では,タマネギ(品種イエローグローブダンバース)などの栽培開始(『食生活世相史』). この年,長崎の松田雅典,缶詰製造開始.フランス人ジュリーより技術を習得し,イワシの油漬缶詰製造に着手.缶は,東京の根岸万吉が製造した日本初のスチール缶(『明治文化史』). この年,松花堂松野庄兵衛,神戸元町にて,瓦煎餅販売開始(『知っ得』). この年,草野丈吉,大阪梅本町にて,自由亭開業. この年,京都舎密局製造のリモナーゼ・ラムネ・ビール・氷砂糖などが市販さ

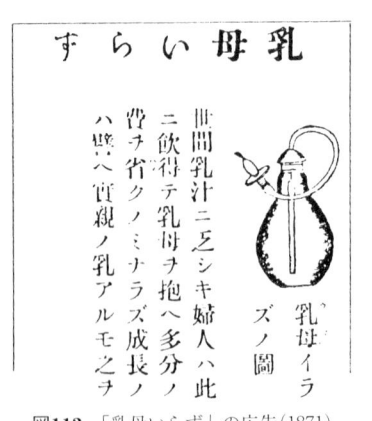

図113 「乳母いらず」の広告(1871)

1871~1872(明治4~明治5)

西暦	和暦	事　項
1871	明治4	れる．
この年，岸田伊之助，神戸にて，牛肉小売店「大井」開店(『日本食肉文化史』)．
この年，北海道開拓使の開拓次官黒田清隆，アメリカから馬鈴薯，小麦の種を持ち帰り，北海道にて試作開始．またキャベツ・タマネギ・アスパラガス・テンサイの栽培開始(『近代料理書の世界』)．
この年，ハリスの元通訳ヒュースケンの雇人の小林(近藤)平八，横浜にて，西洋亭開業．
この年，横浜にて，レッツがブランデーを，コードリエがラム酒輸入．
この年，横浜にて，レストラン開陽亭開業(『日本食肉文化史』)．
この年，安部幸兵衛，初めて外国糖(香港糖)を横浜へ輸入(『日本食文化人物事典』)．
この頃，東京新宿の農事試験場にて，ジャムの製造・販売開始．
この頃，京都府・福井県・千葉県など各地で搾乳目的の乳牛飼育開始(『明治文化史』)．
この頃，各地で天然氷が盛んになる．特に，函館氷が有名になる(『明治文化史』)．
1872	5	1.- 明治天皇が，宮中で牛肉を試食したことが報道される(『新聞雑誌』)．
1.- 開拓使ホーレス・ケプロン，リンゴを北海道や本州に移植(『たべもの日本史総覧』)．
2.15 土地永代売買の解禁．
2.18 天皇の肉食に反対した御岳行者による皇居乱入事件起こる(『歴史のなかの米と肉』)．
2.26 北村重威，東京築地にて，精養軒ホテル開業．フランス人チャリヘス料理長を招聘し，フランス料理を取り入れることを特色にする．しかし，近隣の会津藩邸の火災により，開店当日類焼(翌年，京橋采女町に再度建設，『西洋料理人物語』)．
3.25 東京本芝にて，アルファベット26文字，文明開化などの文字菓子発売

図114　東京采女町精養軒(1872)

1872(明治5)

西暦	和　暦	事　　　　　　　項
1872	明治5	(『東京日日』). 3. - 石川県金沢の佐野参四郎，陶製薬を焼き付けた鉄鍋(今のホウロウ鍋)の広告を出す(『明治事物起源』). 3. - 日本人によるビール製造始まる．大阪にて，浪華開商社の渋谷庄三郎，渋谷麦酒製造所を設立し，アメリカ人から伝授された手法で，日本産大麦のビール渋谷ビール製造(1881年に工場閉鎖，『明治事物起原』). 4.25 僧侶の肉食・妻帯・蓄髪が許可される(『日本食文化史』). 5.15 築地精養軒，西洋料理店開店(『日新真事誌』). 5. - 「牛乳育児法」に関する記事登場．「牛乳の生汁」がない場合は，「コンデンスミルク」を使用することを勧める．「最寄の唐物店」などで購入できるとあり(『明治事物起原』). 5. - 中川嘉兵衛，製氷に成功．5日より発売に乗り出す．「魚類，獣肉，蒸菓子，酒類，青物等の腐敗し易き物」も，氷で囲めば「新鮮」を保てるとあり(『新聞雑誌』). 7.11 京都府，牛乳飲用の布達を出す(『明治事物起原』). 7. - 豚肉の価格が高騰(『新聞雑誌』). 8.3 文部省，学制を公布. 8.30 東京新橋駅にて，構内食堂・西洋食物茶店の営業が許可される(『日本国有鉄道百年史』). 9.8 アルファベットを形どった英語煎餅つくられる(『大阪』). 9.8 フグの中毒で死亡する事件が多発．大阪にて，フグの食用・売り捌きが禁じられる(『東京日日』『大阪』). 9.12 新橋・横浜間，鉄道開業式. 9.12 新橋ステーション，構内に木村屋パン販売店を出店(『木村屋総本店百二十年史』). 9.15 東京新宿の旧内藤邸に，近代農業振興を目的に「内藤新宿試験場」(現新宿御苑)を設置し，欧米の技術品種を含めた果樹・野菜・養蚕・牧畜などの研

図115　新橋ステーション(1872)

1872(明治5)

西暦	和暦	事項
1872	明治5	究を行う(新宿御苑HP). 9.22 成島柳北,香港出帆の際,晩餐に「氷糕(アイスクリーム)」を食する(『明治事物起原』). 10.24 東京芝露月町牛肉店の中川屋藤吉,不正牛肉を売り逮捕される.その後自殺を図るが,一命を取り留める(『東京日日』). 10.25 岩倉具視一行,アメリカのウレッチングのハントエーとパスマル経営のビスコイト(ビスケット)製造所視察.西洋の風俗で,食後の喫茶や珈琲とともに食するものとあり(『米欧回覧実記』). 10.- 敦賀県にて,牛肉店が妨害を受ける.これを受け,県令が牛肉販売の妨害があれば,町役人の落ち度とする旨の布告通達(『日本食肉文化史』). 10.- 米・豆・その他雑穀で油をとることが許可される(『明治文化史』). 10.- 成島柳北,船中にて「洋種平果(りんご)」を賞味(『明治事物起原』). 11.24 勧業局試験場にて,ブドウ・サクランボ・アンズ・ハタンキョウ・ナシ・モモ・イチジク・マルメロ・フサスグリ・スグリ・クサイチゴ・カアレンス・グスベレ・クインスなどの苗木払い下げ実施(『明治事物起原』). **11.28 全国徴兵の詔.** 11.- 片岡伊右衛門,長崎市にてアメリカ人ペンスニの伝授の下,ハム工場建設(『日本食肉文化史』). 11.- 群馬県の日本初の器機製糸工場官営富岡製糸場にて,大食堂(請負制産業給食)開設. 11.- 僧侶の托鉢が禁じられる(『新聞雑誌』). 11.- 蕃茄(洋名トマト,和名アカナス)の栽培始まる.食べ方の説明に,「生を食うには,一二分に切り白糖と醋とをかけて食す.三杯醋またよろし,これに橄欖(オリーブ)油を加うれば更に妙なり.焼き方はよく洗いこれを串に刺し,火にかけ,茶褐色に変ぜし時,これを皿に取り,塩梅を付くべし.蒸し焼は塩及び胡椒を以て味を付け,これを掻き交ぜ,少し牛酪(バター)を加え,深き皿に入れ蒸焼きにすべし」とあり(『新聞雑誌』).

図116 『西洋料理通』(1872)

1872(明治5)

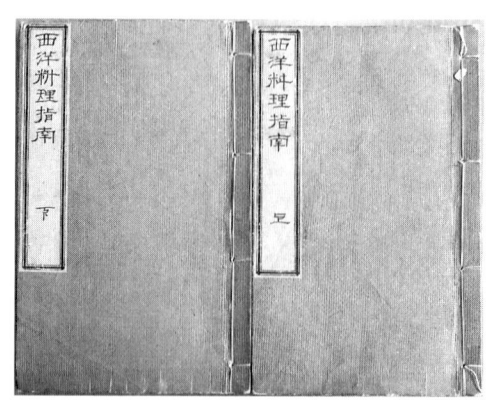

西暦	和　暦	事　　　　　　　項
1872	明治 5	12.3 太陽暦採用. この年, 木村屋, 仁礼景範や山本権兵衛の縁で, 攻玉社(海軍兵学校の前身)の御用達になる(『銀座木村屋あんパン物語』). この年, 日本で最初の西洋料理書『西洋料理通』『西洋料理指南』刊行(『近代料理書の世界』). この年, 開拓使庁にて, アメリカ人ケプロンの言により, 各種果物の苗とともにサクランボ移入. この年, 国学者近藤芳樹, 『牛乳考』『屠畜考』を著す(『明治文化史』). この年, Hang Shong, 居留地166番地にて, 清涼飲料水製造所営業(『開港から震災まで横浜中華街』). この年, 京都博覧会にて, 裏千家11世玄々斎宗室, 立礼式の茶法披露(『京都時代 MAP』). この年, 横浜にて, 高島嘉右衛門ら, フランス人ペルグレンの設計の下, 石炭瓦斯製造所設立(『日本食生活史』). この年, 札幌にて, 開拓使が官営の製粉工場設置. フランス製水車式石臼製粉機使用. この年, 乃木希典の友人桂弥一, ドイツ人医師の助言で, パンと牛乳による食事療法を実践. 重症の脚気を全治したと伝える(『木村屋総本店百二十年史』). この年, 京都にて, 牛乳配達開始(『食の一〇〇年』). この年, 海軍, 脚気予防に軍用食の乾パンを採用. この年, 東京浅草にて, 牛鍋屋ちんや開業. 名前の由来は, 江戸時代に将軍家や諸大名に狆(ちん)を納めた動物商が転業したことから. この年, 伊勢屋徳三, 築地入船町にて, 取り寄せた西洋野菜の種を1種15銭で販売(『新聞雑誌』). この年, 東京築地のフランスホテルにて, 西洋菓子販売. この年, 三河屋久兵衛, 東京神田にて, 西洋料理店開店. 三河町に移転し, 三河屋となる(『近代日本食物史』).

図**117**　『西洋料理指南』(1872)

1872～1873(明治5～明治6)

西暦	和暦	事　　項
1872	明治5	この年，東京新橋にて，西洋料理店金寿楼開業(『食物史』). この年，津田仙，東京三田にて，キャベツやアスパラガスなどの西洋野菜10種を，自分の菜園にて栽培. この年，米津松造，凮月堂から「白扇に月」の暖簾分けを許諾され，東京両国若松町に凮月堂開業(『東京凮月堂社史』). この頃，東京にて，桑や茶の栽培，兎の飼育が大流行(『知っ得』).
1873	6	1.8 榎本武揚と大鳥圭介，東京飯田橋にて，牛乳搾乳所北辰社開設，牛乳の生産やバターの製造開始. 1.10 徴兵令布告. 1.12 牛肉消費の増加が報じられる．東京府下の屠牛数：明治初年1日1頭半，5年末1日20頭(1人半斤と見積もれば，5000人分とあり)(『公文通誌』). 1.20 狩猟の禁止区域，農作物の保護に関して規定した鳥獣猟免許取締規則制定. 1.- ウィーン万国博覧会事務局へ建言された「浅草吉野町割庖店八百屋善四郎配膳濫觴の説」の大意が紹介される(『郵便報知』). 2.- 東京府，フランスから石臼製粉機輸入．東京浅草蔵前の米蔵内に官営の製粉機械工場が操業する(『食生活世相史』). 2.- 尼僧の蓄髪・肉食・婚姻・帰俗が自由になる(『郵便報知』). 3.2 太政官布告によって，病死した鳥獣肉の販売を禁じる. 3.8 甲府の野口正章，コープランドに醸造技術を習い，三ツ鱗麦酒製造(『東京日日』). 3.- 横浜にて，水道の給水開始(『知っ得』). 4.23 久留米にて，西洋料理店今新桜・開化亭開業. 4.- 『撃剣図』にパンと米の合戦図あり．またラムネが西洋酒の部下として従い，合戦する図もあり(『明治事物起原』). 5.- 新聞各社，牛肉すき焼の三河屋の廃業を報じる(『明治事物起原』). 6.10 菓子屋にて，西洋絵具で着色した餅で食中毒を起こすなど，洋風着色料の有害性を訴える(『東京日日』). 6.- 開拓使，『西洋果樹栽培法』『西洋蔬菜栽培法』刊行．林檎(アップル)・桃(ピーチ)・玉蜀黍類(コオン)・豌豆類(ピー)など多くの西洋野菜が紹介される. 7.2 東京にて，西洋料理店海陽亭(茅場町)，西洋(精養)軒(采女町)，日新亭(築地)繁盛の記事(『新聞雑誌』156号). 7.28 地租改正条例を制定・公布. 7.- 炭酸ソーダ・白糖・稀硫酸・橙精・粗粒の酒石酸を利用するラムネ製造法が掲載される(『新聞雑誌』116号). 7.- 明治天皇，皇后と西洋料理を食す．これ以後，皇后の昼食には毎度2品の西洋料理が出される. 8.1 米麦の無制限輸出が許可される(『新聞雑誌』). 8.12 司法省，偽造飲食物・腐敗食物の販売を処罰対象に決定. 8.- ペルー大統領から，明治天皇へコーヒー献上(『日本コーヒー史』上).

1873(明治6)

西暦	和暦	事項
1873	明治6	9.25 棄児養育令公布．満13歳まで年間7斗の養育米を下付する． 9. - 健全社の橋爪貫一，東京小石川区安藤坂中程にて，ソップ(牛羹汁)販売開始．価格は1合3銭(『明治事物起原』)． 10.12 銀座にて，牛鍋屋今広開業(『知っ得』)． 10. - 有名店として，精牛は通3丁目平庸，鳥類は小田原町東国屋，牛肉割烹は数奇屋河岸千里軒・黒船町鱗亭・参河町三ツぼし・上野釜甚，西洋料理店は采女町西洋(精養)軒・築地日新亭・茅場町海陽亭，洋酒は入舟町伊勢与・芝神明東花堂，ラムネは新富町三川屋，パンは鉄砲洲つた本屋の名がみえる(『明治事物起原』)． 10. - 東京市にて，牛乳の取り締まりについて決めた牛乳搾取人心得規則公布(『明治文化史』)． 11.5 大隈重信，若齢牝牛の屠殺を禁じ，地方で取り締まるよう命ずる(『日本食肉文化史』)． 11.16 牛肉商規則制定．牛種繁殖のための牝牛屠畜を制限する(『東京日日』1873.11.6)． 12. - 芸者小熊，柳橋のある船宿にて，マッチの火に驚いて気絶する(『新聞雑誌』)． 12. - 3代目正田文右衛門，千葉にて，醬油醸造業(現在の正田醬油)開始(正田醬油HP)． この年，鳥取県荒島村の広田亀治，イモチ病に強い水稲亀治選出． この年，遣欧帰りの須藤時一郎，『万宝珍書　食料之部　全』を著す．ビスケットやケーキなど9種類の洋菓子製法が記される(『近代料理書の世界』)． この年，陸軍，主食料に乾パン採用． この年，洋式捕鯨導入．東京神田にて，渡辺一蔵や藤川三渓，アメリカ式捕鯨業開洋社設立．安房付近で捕鯨を試みる． この年，橋本清三郎，大阪にてジン・ラム・シェリー・ベルモット・リキュール製造(『明治文化史』)． この年，津枝正信，奈良三笠山を牧場とする．洋種牛十数頭を飼育．1874年に，大阪の旧阿波邸へ移し，搾乳開始(『明治文化史』)． この年，前田松之助，大阪にて，東京から洋種の白牝牛を入れ，和牛にかけ合わせて繁殖を図る(『明治文化史』)． この年，東京府知事大久保一翁，牝牛屠殺および病牛肉・死牛肉の販売を禁じる(『日本食肉文化史』)． この年，加藤祐一『文明開化』にて，神道の立場から肉食の効用を説く(『文明開化』)． この年，岡山県の桃栽培の祖・渡部淳一郎，三田勧業寮からモモの苗木6～9本を持ち帰り，栽培開始． この年，陸軍，兵食を規定．1人1日6銭6厘(米6合，牛肉24匁，味噌20匁，魚適宜)． この年，亀甲万(現在のキッコーマン)の瓶詰醬油をウィーンに出品(『明治文化史』)． この頃，神戸に米が集められ，米の輸出が盛んになる．以後，北国米が神戸に

1873～1874(明治6～明治7)

西暦	和暦	事　項
1873	明治 6	集中し，大阪にて米不足となる(『明治文化史』)． この頃，日本米と南京米の組打ち(『開化因循興廃鏡』)，パンに降伏する南京米(『泰平大撃剣』)など，南京米の風刺画が増える(『明治事物起原』)．
1874	7	1.20 東京府，牛肉扱業者に鑑札付与． 2.－ 内務省，西南地方に，アメリカのカリフォルニア産のクルミ・ハタンキョウ・落花生を無償配布． 2.－ 東京本所大久保にて，豚専門食肉処理場設置． 3.－ 名古屋にて，パン製造開始．伝馬町の清甜堂(加藤定七)，大型・半型・小型のパンの広告を出すとあり(『愛知新報』『日本のパン四百年史』)． 4.－ 内務省勧業寮にて，製茶掛設置．茶業奨励事業の1つとして，紅茶の伝習と製造，牛酪販売など行われる．『紅茶製法書』も刊行(『郵便報知』)． 4.－ 工部大学寄宿舎にて，朝食にパン・コーヒー採用． 4.－ 東京の内藤新宿試験場内に農事修学所(現在の東京大学農学部)設置． 4.－ 香川県高松の砂糖問屋，イギリス製粗糖製造機械を導入し，近代的製糖を行う讃岐志度製糖場設立(『食の一〇〇年』)． 5.29 佐賀の乱，台湾征討などによって米価が高騰し，米麦の輸出が禁じられる． 6.23 北海道にて屯田兵制度設置． 6.－ 牛肉店が大繁盛している様子が記される．食卓や椅子を用いず，直に床に座り，「今戸焼の土火鉢」にて「鉄鍋の軟柔煮」を食する様子や，店内の活気にあふれた記述がみえる(『明治事物起原』)．横浜・横須賀にて，牛の屠殺，1日に85～90頭，東京へ半数送る．東京では，15頭屠殺． 7.2 東京府下洋食店多数開業．海陽亭が第一の評判とあり，椅子・テーブルの配列，婦女の給仕に至るまでていねい親切とある(『新聞雑誌』)． 7.－ 新潟県新潟町に，イタリア人ピエトロ・ミリオーレによる牛鍋屋が開店．同人，1880年の大火で店舗焼失後は西洋料理店イタリア軒を営む(ホテルイタ

図118　『文明開化』にみる食卓(1873)

1874(明治7)

西暦	和暦	事　項
1874	明治7	リア軒 HP). 8.25 胃腸の働きを役所や役人の仕事になぞらえて説く「食物消化の論」が掲載される(『郵便報知』). 9.10 東京山谷吉野町の八百善にて，団十郎よりもたらされたカニを出したところ，客は団十郎の裾分けに甘んじることを良しとせず，怒って帰るとあり(『東京日日』). 9.- 弘前の東奥義塾のアメリカ人教師エングによって，アメリカからリンゴの苗が移植される．翌年，内務省勧業寮，苗木1030本を輸入し，各地に配布(『明治文化史』). 10.- 勧業寮，欧米から種子を輸入し，三田試験場にてキャベツを栽培．また，モモ・リンゴ・ナシ・ブドウなどの果樹苗，キャベツやトウモロコシの種子も輸入し，各地に配布. 11.27 監獄の食事は1日2食とあり．悪臭のある玄米の盛り切り飯，副食に朝が汁2椀，夕は白梅4～5個とあり(『郵便報知』). この年，東京の常平社，1日3回配達する箱詰め弁当サービス開始．8銭，6銭，4銭の三等がある(『明治事物起原』). この年，千葉行徳の山田箕之助，お雇いのアメリカ人(工部大学教師)宅での四季の果物缶詰からヒントを得て，紋別漬を改良し，野菜類の缶詰製造開始．200個をアメリカのハワイへ輸出(『明治文化史』). この年，東京にて，牛乳の戸別配達開始(『日本食物史』). この年，アメリカのカリフォルニアから南京豆の大粒の改良品種を輸入．千葉にて栽培奨励(『中国伝来物語』). この年，東京にて，渋沢栄一ら，石炭瓦斯会社設立(『日本食生活史』). この年，東京銀座4丁目の洋風街に木村屋店舗完成．木村英三郎，酒種酵母発明．あんパン(酒種酵母使用)販売開始．好評を得る(『木村屋総本店百二十年史』). この年，半熟卵が消化がよいとして奨励される(『民家日用養生新論』).

図119　野田醬油醸造之図(1873)

1874〜1875(明治7〜明治8)

西暦	和暦	事項
1874	明治7	この年,牛鍋店に上・中・下の三等級の違いが規定される.店頭に旗を掲げた店が上等,提灯を掲げた店が中等.ネギと一緒に煮るのは並で3銭5厘,鍋に脂を塗って煮る焼鍋5銭. この年,神戸の外国人居留地15番館で,瞬間湯沸し器使用. この年,東京浅草新谷町屠牛改会社にて,4753頭の牛を屠殺(『日本食肉文化史』). この年,東京築地にて,フランスパン工場チャリ舎開業. この年,淡路町にて,東京芝露月町牛鍋屋中川の堀越藤吉の養子,牛鍋屋中川開業. この年,麹町にて,村上光保(宮内省大膳職料理方),村上開新堂開業(村上開新堂HP). この年,ウィリアム・カーティス,神奈川県鎌倉郡川上村にて,家畜を育て,ハム・ベーコン・牛乳・バターの製造開始(鎌倉ハム富岡商会HP). この年,凮月堂,リキュールボンボン製造し,甘露糖と名付け発売(東京凮月堂HP). この頃,地方でも野菜の栽培本格化.松山の池田謙蔵のブロッコリー栽培,大阪の堺では,ミツバの栽培が盛んになる.
1875	8	1.7 文部省,茶の分析を実施.紅茶の効力が緑茶に劣らないと発表(『東京日日』). 1.12 北海道屯田兵創設. 1.26 横浜にて,マッチ(摩附木)工場開設.機械をアメリカより輸入とあり(『読売』). 1.- 東京にて,泉屋新兵衛,コーヒー販売.同じ頃,横浜でも発売. 2.27 オランダ人,宇治の製茶屋出身の上林熊次郎の紅茶を評価.上林は中国人から紅茶の製法を学ぶ(『東京日日』). 2.- 東京府,指定した4ヵ所以外での屠殺を禁止(『日本食肉文化史』).

図**120** 製茶の様子(1874)

1875(明治8)

西暦	和暦	事項
1875	明治8	4.4 東京向島の旧水戸藩下屋敷にて，明治天皇，国花である桜の塩漬けをのせた木村屋のあんパンを食す(『木村屋総本店百二十年史』). 4.9 東京で棟上祝いの餅まきや果物を投げることが禁じられる. 4.28 東京向島堤の団子茶屋言問団子が近年繁盛とあり(『平仮名絵入』). 4.- 清水誠，東京三田四国町にて，フランスで習得した技術を駆使して，マッチ(黄燐マッチ)製造(『明治文化史』). 4.- 勧業寮，アメリカからオレンジ・ストロベリー・レモン・ホップなどの種苗輸入. 5.15〜21 東京九段の茶商上林熊次郎，紅茶講習開催. 伝習生も募集(『東京日日』1875.5.13). 6.- 氷店新金屋，東京新橋川岸にて，舶来大瓶ビール販売. 6.- 東京で夜店流行. 今川橋から眼鏡橋まで450店. そのうち78店が食べ物屋(イカの煮付・サツマイモの揚げ物・コンニャクの田楽・牛肉の煮込みなど). 6.- 東京日本橋の料理屋萬林，座敷に，ベルを鳴らすと勝手場の給仕が来る仕掛けとなる電気呼鈴設置. 7.20 東京上野広小路の麦湯店，炎暑のため繁昌. 7.- 津田仙，学農社設立. 翌年1月，『農業雑誌』創刊. 8.5 度量衡取締条例制定(尺貫法が統一される). 8.14 東京銀座のしゃも鍋店大黒屋が大繁盛(『郵便報知』). 8.- 勧業寮，アメリカからリンゴの苗木1万3000本を輸入し，北海道や青森に配布. 青森では旧弘前藩士に分与され，栽培が始まる(『明治文化史』). 9.1 日本の醤油が外国で人気になる(1合12〜13銭). ドイツでは，日本の醤油の偽物が出回る(『横浜毎日』). 9.3 家禄・賞典禄の米給を廃止. 金禄へ改正. 9.22 神戸が牛肉食の盛んな地域に選ばれる(『郵便報知』). 9.- 政府，牧羊場設置(下総国三里塚). 1878年までにヒツジ6000頭を輸入したが，半数が死亡(『日本食肉文化史』).

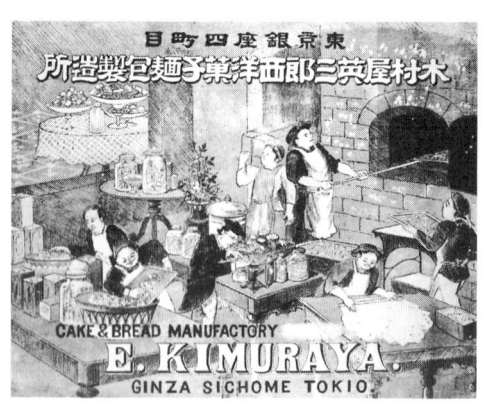

図**121** 木村屋西洋菓子・パン製造所(1874)

1875（明治8）

西暦	和暦	事項
1875	明治8	9.- 京都府，着色料取締規則制定．紺青・アニリンの食物添加が禁じられる（『明治文化史』）． 10.30 江戸の菓子商であった金沢三右衛門，東京新橋南金六町にて，ビール販売店開店（『知っ得』）． 11.28 「読売新聞」に四谷御門外尾張町1丁目のパン屋藤兵衛の広告として，「異人製法メリケンパン，フランスパン，異人菓子品々，日本食パン，乳入ビスケ云々」とあり（『日本のパン四百年史』）． 11.- 東京鎧橋の店にて，「一流石焼七味入」という薩摩芋の新商品が発売され，繁昌（『東京曙』）． この冬，『牛肉しやも流行見世』に，行司として，高安(よし町)・養生亭(浅草北馬道)・富士山(浅草黒船町)・野田栄(神田橋外)・新橋二葉町(角徳)・桃林亭(下谷広小路)，大関関脇として，三河屋(四ツ谷竹町)・釜屋(上野山下)・野田屋(神田橋外角)・中清(神田淡路町)・野田安(本町1丁目)とあり．70軒の牛鍋屋と77軒の魚鳥肉店が名をつらねる（『明治事物起原』）． この年，風月堂の米津松造，フランス人の製法に学び，機械を買い入れ，国産ビスケットの大規模な製造販売に成功（『明治文化史』）． この年，イギリス系薬局ノース＆トンプソン(1884年からノース＆レー商会)，横浜に開業．薬品のほか化粧品，炭酸水などの清涼飲料水販売． この年，東京日本橋の山形屋惣八，ガラス壜詰・ブリキ缶詰の海苔(1円)の販売開始（『朝野』5月～11月）． この年，中国から紅茶製造技術者凌長富，姚秋桂を招聘するとともに，大分県木浦・熊本県人吉に製造所建設．茶生産者に紅茶製造を伝習させる（『中外商業新報』）． この年，東京銀座2丁目のしゃも鍋屋大黒屋にてガスが使用される（『食生活世相史』）． この年，東京芝浜松町の牛鍋屋たむらの開店広告「御1人前○牛鍋4銭，ロウス・ビステキ5銭，シチウ3銭，ソップ3銭，シャモ4銭5厘」（『食生活世相

図122　ノース＆レーの広告(1875)

1875～1876(明治8～明治9)

西暦	和暦	事項
1875	明治8	史』). この年,弘前の清酒醸造の旧家藤田半左衛門(久次郎),宣教師アルヘートの下,開拓使からブラックハンブルグ・ボルドーノワール・マタロー・シャスラードフォンテンブローなどブドウの欧州種を入手し,ワイン醸造に着手(『食生活世相史』). この年,札幌郡真駒内にて,種畜牧場設置.バター・チーズの製造開始(『20世紀乳加工技術史』). この年,関沢明清,アメリカより,サケ・マス人工孵化法習得(『明治文化史』). この年,京都円山にて,大煎茶会が行われる(『よくわかる茶道の歴史』). この年,木村屋,初の遠洋航海軍艦筑波にパンを納入. この年,前田正名,フランスからリンゴの苗木輸入. この年,清国から山東結球ハクサイ3株が東京博物館に出品される.また,愛知県植物栽培所で,ハクサイの栽培開始.その後,宮城県立農学校で本格的に研究される.結球研究に勤しんだのは沼倉吉兵衛(宮城県立農学校)・渡辺顕二. この年,岡山県岡山・埼玉県熊谷にて,牛乳屋開業. この年,勧業寮,中国から天津水蜜桃・上海水蜜桃・蟠桃の苗木輸入. この年,東京市中で,赤飯の一膳売り流行. この年,名古屋にて,西洋料理店偕楽亭開業. この年,北海道七重勧業試験場で,コンデンスミルク製造. この年,秋元巳之助,横浜扇町にて,アメリカに帰還する軍艦から製造機械を譲り受け,ラムネの製造販売(『日録20世紀』). この年,東京内藤新宿試験場勧業寮出張所にて,果物缶詰試作.
1876	9	1.10 東京の菓子屋岡野谷,神田旅籠町にて茶呑み稽古英字煎餅発売(『読売』). 2.5 東京上野の博物館建設により,数十軒の掛け茶屋が立ち退きを要請される(『郵便報知』). 2.8 大阪府にて,アンズ・サクランボ・ブドウ・モモ・リンゴ・イチジク・ブドウなど果物の作付開始(『横浜毎日』). 2.17 大山巌,築地精養軒にて結婚披露宴を行う(『東京曙』1876.2.20). 3.1 銀座の菊屋開店.白酒を販売し盛況(『読売』1876.3.2). 3.19 東京上野の山王台が整備され,山谷の八百善・築地の精養軒が進出.「外国人に笑われないくらい,立派な普請をする」とあり(『東京日日』). 3.28 廃刀令. 4.1 工部省,東京品川にて,官営硝子製造所を設立(1877年11月開業).イギリス人を雇用し,食器・器具の製造開始.1888年に民間に払い下げられ,ビール瓶の製造に成功(『明治文化史』). 4.13 勧業寮東京内藤新宿出張所が栽培したリンゴ・アンズ・スギリ・イチゴなどが希望者に払い下げられる(『朝野』). 4.14 上野明教院跡に普請した精養軒が開店し,「日々大入りのよし」とあり.しかし,山王台に建設予定の八百善の醋春楼の建築は進まず(『東京日日』1876.4.19). 4.- アメリカから,オレンジやレモンなどの種苗輸入(『知っ得』).

1876（明治9）

西暦	和暦	事　項
1876	明治9	4.-　東京本所の千葉周作邸にて，客人にコイを釣らせ，それを調理し，食べさせる「大庭園」開園． 5.16　東京浅草の肉商人らの尽力で，不良肉の多さから問題視された肉の辻売りが禁止になる（『朝野』）． 6.17　東京上野広小路・万世橋内外・浅草広小路・同橋内外の4ヵ所にて，7月1日～8月30日に限り，麦湯の夜店が許可される（『東京曙』）． 6.20　岸田吟香，梨檬水（レモン水）の広告を出す（『東京日日』）． 6.-　大阪心斎橋にて，茶店が林立し，シロップや沸騰散流行．京都新京極でも飲食店でにぎわう． 6.-　東京深川区にて，井戸水の不良で，各町が飲料水を買い入れ（全町合計2264円2銭）．大阪にても，水の値段が1荷5～8銭へ高騰． 7.5　開拓使，舶来染粉による飲食物の着色・販売を禁じる． 7.6　東京府下の主な飲食店の商人数．米屋1232人，酒屋1211人，薪炭屋1072人，煙草978人，豆腐屋510人，水菓子屋282人，濁酒屋204人，玉子屋110人（『郵便報知』）． 7.8　森寛，熱海にて，湯治客対象に牛乳販売（『郵便報知』）．1882年には，箱根仙石原牧場から取り寄せて需要を満たす（『東京日日』1882.3.9）． 7.8　緑茶ブームの裏側で，不良茶の販売も増加．東京では，不良茶を排除する製茶総会社発足（『東京日日』）． 7.12　東京府下，牛の屠殺数が冬から春は毎日30頭，夏も10頭屠殺とあり（『郵便報知』）． 7.12　牛肉を好む者が増え，屠牛場が多忙になる（『郵便報知』）． 7.16　天皇の函館行幸（16～18日）に際し，開拓使，煮た牛肉を氷の中に入れ冷凍した料理でもてなす． 7.27　庶民の清涼飲料であった麦湯の販売が禁じられる（『食生活世相史』）． 7.-　横浜にて，野毛山より馬車道弁天通りへかけ氷水店98軒，麦湯店が108軒． 8.7　上野精養軒，日本座敷を新築し，和洋の料理を始める（『郵便報知』）．

図**123**　上野精養軒　錦絵（1876）

明治期の外観

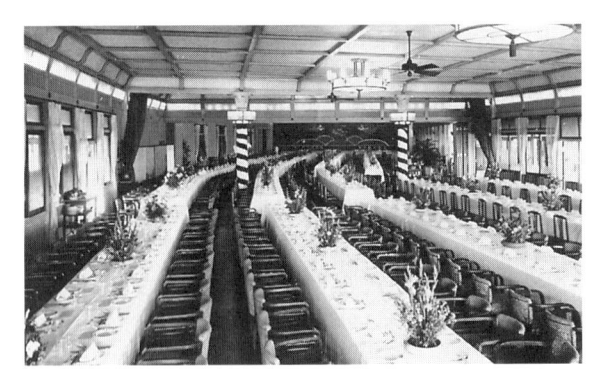

大正〜昭和期の宴会場

大正〜昭和期のテラス

図124　上野精養軒(1876)

1876(明治9)

西暦	和　暦	事　　　　　　　　　　　項
1876	明治 9	8. 14 東京上野山内の精養軒と八百善，見込外れの不況となる(『東京曙』). 8. 18 東京芝金杉見はらし，見晴らしの良さを誇る料亭広告を出す(『東京曙』). 8. 23 上野博物館，金森宗和の茶室を金50円で買い入れる(『郵便報知』). 9. 24 開拓使札幌本庁，北海道にて，アイヌ人の伝統猟法であった毒矢の仕掛け弓狩猟の禁止発表．代りに猟銃の貸与などを定める. 9. - 開拓使，開拓使麦酒醸造所(札幌酒公社の前身)設立．主任はドイツから帰朝した中川清兵衛．翌年北極星をシンボルにした冷製札幌ビール発売．また，開拓使，札幌種畜場内に養豚場設置(サッポロビールHP). 9. - 神奈川県にて，フグの売買禁止. 10. 25 山梨にて，葡萄酒製造開始(『読売』). 10. - 舶来ビール流行(『家庭叢談』15号). 10. - 各県に脚気病の調査を命じる. 10. - 浅草新谷町と白金の屠殺場が警視庁管轄になる．食肉衛生警察の始まり. 11. 9 東京浅草の松橋誠一郎，命養牛肉酒発明．東京府に発売を願い出る(『読売』). 12. 16 馬肉が流行と報道(『読売』). 12. - 江戸時代以来の将軍遠出の際の習慣「火食之禁」廃止. この年，清水誠，本所にて，国産マッチ工場新燧社設立(1888年11月21日破産). この年，開拓使，札幌官園(苗穂村)にて，ブドウ(コンコード種)収穫．麦酒醸造所にて，葡萄酒の研究に取りかかる. この年，納富介次郎・河原忠次郎，ボヘミアのエルボーゲン陶器製造所にて，石膏型製陶法を学ぶ．帰国後，勧業寮洋法陶器試験所にて，石膏型製陶の後進の指導にあたる(『食生活世相史』). この年，横浜グランドホテル内にて，フランス料理店開店(『食生活世相史』). この年，札幌麦酒製造所設立(『知っ得』). この年，東京京橋の宮内福三，ジン・ラム・シェリー・ベルモット製造(『明治文化史』).

図125　開拓使麦酒醸造所(1876)

1876〜1877(明治9〜明治10)

西暦	和暦	事　項
1876	明治9	この年，内務省，フランスより甜菜種子を輸入．東北や北陸諸県に配布(『明治文化史』)． この年，関沢明清，茨城県那珂川にて，サケの人工孵化に着手． この年，政府，ブドウの苗木をアメリカから3万6000本，フランスから2万本輸入． この年，松本米兵衛，山梨県甲府三日町にて，パン屋開店． この年，岡山にて，牛肉店備初開業． この年，津田仙，『農業雑誌』にて種苗の通信販売開始． この年，東京の鰻屋兼肉屋和田平で修業した松田金兵衛，三重にて牛肉店和田金開業(『食肉文化史』)． この年，無極庵，東京上野にて，牛肉とネギを使ったソバ開化南蛮販売． この年，写真家下岡蓮杖，東京浅草奥山にて，御安見所コーヒー茶館設立(『東京絵入』)． この年，凮月堂の米津松造，アイスクリーム製造機械購入(東京凮月堂HP)． この頃，横浜製の「すり附木(マッチ)」の値段，おおよそ50ゴロスにつき金30円と輸入品(50ゴロスにつき金36円)に比べ廉価(『浪花』1876.8.17)． この頃，神田鍋町の岡清，東京のしゃも鍋の相場は5銭だが1人前3銭5厘で提供する(『仮名読』1876.12.13)．
1877	10	1.11 東京浅草の花月，天ぷら茶漬け店開業(『知っ得』)． 1.24 開拓使，アメリカや清の果樹(ブドウ・ナシ・リンゴ・サクランボ・モモ・アンズなど)を接木栽培し，東京で販売(『東京日日』)． 1.- 徳島県にて，肉料理専門店市川精養軒開業． 2.13 紅茶製造伝習でインド巡回中の多田元吉，清を経由し，帰途につく(『東京日日』)． 2.15 西南戦役開始． 2.19 警視庁，東京浅草千束村15番地にて，直轄の屠牛場新設．従来の屠場や

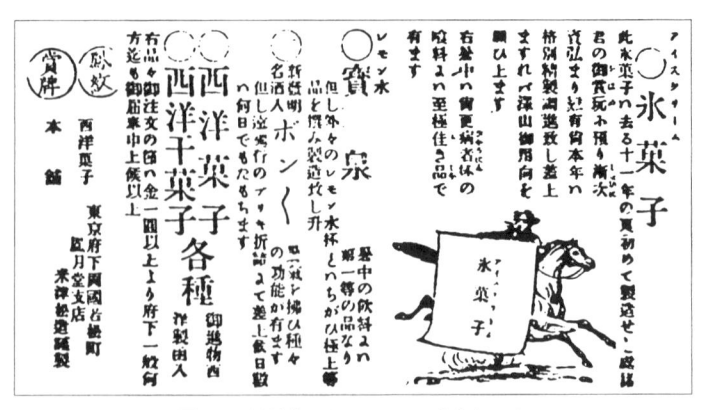

図126　凮月堂アイスクリーム広告(1876)

1877(明治10)

西暦	和暦	事　項
1877	明治10	結社をすべて廃止する(『日本食肉文化史』). 2.19 凮月堂，内国博覧会に直径9尺の大饅頭を製して出品とあり(『読売』). 2.- 神戸にて，マッチ工場設立. 2.- 陸軍，東京両国の凮月堂に，西南の役用のビスケット注文．7月には，一般用にビスケットの発売開始．この頃，「乾蒸餅」から「ビスケット」という呼称に替わる．以後，戦争のたびにビスケット工業が発達する． 3.31 明治天皇，大阪の傷病兵をパン・葡萄酒・麦酒で見舞う(『横浜毎日』1877.4.5). 3.- 板垣退助，東京両国にて，牛乳店開業． 4.- 西南の役で，土佐のカツオ節が保存食として評価される． 5.1 **佐野常民ら，博愛社(現在の日本赤十字)創設．** 5.19 勧農局，人工孵化させたサケの稚魚を多摩川上流に放流(『朝野』). 5.29 内藤新宿勧農局にて，モモやスモモの国産ジャムや砂糖漬製造(『読売』). 5.- 横浜にて，水不足により，水の価格が高騰．8厘から2銭5厘〜3銭へ． 6.11 日本橋の山形屋，1帖10円の大判海苔を販売(『読売』). 6.- 東京府にて，「魚鳥青物市場および問屋仲買営業例規」公布．千住・日本橋・芝などの魚市場，その他に16ヵ所の青物市場が認可される． 6.- 開拓使勧業課製造のビール1函を明治天皇に献上． 7.7 瑞穂屋卯三郎，パリの博覧会にて，茶を出品．会場で供した茶酒(洋酒と茶のカクテル)が好評を得る．同じ頃，東京菓子舗の越後屋，甘露水「宇治の雫」を売り出す(『郵便報知』). 7.11 山梨県下の勧農局出張所で，洋種のブドウの植え付けが盛んになる(『朝野』). 7.- 京都にて，氷水屋大流行．1町に10軒．人造氷工場も増加(『明治文化史』). 8.8 中国人胡秉枢，遠州森町・駿州有渡郡にて，紅茶の製造にいそしむ(『郵便報知』). 8.15 東京柳橋にて，やまとだね西洋料理考案．魚・鳥・肉・野菜を洋風に料

図127　ドイツ留学中の中川清兵衛(右端，1877)

1877(明治10)

西暦	和暦	事項
1877	明治10	理したもの．上等50銭，中等25銭(『郵便報知』1877.8.14). 8.21 第1回内国勧業博覧会にて，風月堂のビスケット・榮太楼の甘名納糖などが受賞(『日本洋菓子史』). 8.27 児玉少介，長州産児玉蜜柑(夏ミカン)の培養に尽力(『読売』). 8.- 山梨県令藤村紫朗の提唱で，大日本山梨葡萄酒設立(『明治文化史』). 8.- 千葉県市原郡にて，スイカの栽培が盛況．極上品1個が3銭以上になる. この夏，ドイツで修行した中川清兵衛，ドイツ風ビールの札幌ビールを開拓使麦酒醸造所で製造．東京にて販売(札幌ビールHP). 9.16 東京大学の招聘教授エドワード・モース，大田区にて大森貝塚発掘に着手. 9.22 アメリカのコロンビア河産サケのブリキの函詰が横浜に輸入される(『かなよみ』). 9.30 内務省，東京芝区三田四国町にて，三田育種場開業(『東京日日』1877.10.1). 10.10 関沢明清，北海道にて官営の缶詰工場設立．サケ・マス・イワシ油漬・アワビ・タラバガニなどの缶詰製造(『明治文化史』). 10.10 山梨県祝村の高野正誠と土屋龍憲，1年間でワイン醸造法を習得することを目的として渡仏．トロワ近郊のワイナリーで修業(『日本食生活史』). 10.28 内藤新宿勧農局，マッシュルームの人工栽培に乗り出す(『朝野』). 10.- 東京両国若松町の風月堂，ボンボンの製造開始. 11.8 東京にて，牛肉屋558軒．1年間の全国の屠牛数が3万3954頭. この年，発酵社，東京芝桜田本郷町にて，桜田麦酒創立. この年，村上開新堂，東京にて，シュークリーム販売. この年，風月堂，ワイン付のランチサービス開始．風月堂にて，フランス料理や「八銭均一」洋食(カレーライス・カツレツ・オムレツ・ビフテキ)販売．アイスクリームも初夏から秋にかけて販売(東京風月堂HP). この年，政府の事業として，札幌でホップの栽培が始まる(『食生活世相史』).

図**128** 明治期の村上開新堂(1877)

1877～1878(明治10～明治11)

西暦	和暦	事　項
1877	明治10	この年，大阪にて，人造氷が作られる(『明治文化史』).
この年，滋賀県伊吹山にて，野生ブドウ醸造(『明治文化史』).
この年，軍艦筑波にて，製氷機設置(『海軍食グルメ物語』).
この年，山梨県勧業場にて，アメリカ帰りの大藤松五郎主任の下で，葡萄酒醸造所設置(『朝野』1878. 1. 6).
この年以前に牛肉を食用した地方として，鹿児島・宮崎・熊本・京都・金沢など(『明治生活調査報告』).
この年，西南戦役に兵食として，350貫の牛肉缶詰の補給．政府，北海道石狩に缶詰製造場を設置(『畜産経済地理』).
この年，風月堂，外国人の職工を雇い入れ，洋菓子製造．
この年，東京浅草にて，仲見世ではじき豆が販売となり名物になる．
この年，奈良県にて，割り箸製造．割り箸の生産地となる．
この年，大阪道修町にて，小西儀助，混合白葡萄酒・ウイスキー・リキュールの製造開始(『明治文化史』).
この年，全国の成牛屠殺数3万3959頭．なお東京では，牛鍋屋550軒．牛肉屋も激増し，東京府下で7025頭屠畜．
この頃，東京下谷の酒悦の野田清右衛門，福神漬創製(酒悦HP).
1878	11	初春，三井勝次郎，東京南天馬町1丁目1番地にて，味付海苔の製造販売(『明治事物起原』).
1. 6 上州高崎在豊岡村氷製造所，碓氷川にて天然製氷に着手(『明治事物起原』).
1. 17 紅茶製造伝習規則公布．3月，静岡にて伝習所・製造所開設(『朝野』).
3. 5 千葉県の池田久右衛門，馬肉を牛肉と偽り，懲役60日を言い渡される(『朝野』1878. 3. 7).
3. - 浅草榎本政廬の飲料水汲入れ販売会社許可される(1荷2厘．ただし低所得者には無料．『朝野』1878. 3. 13).
4. 2 神奈川県北多摩郡吉祥寺村辺にて，ウドの収穫で利益向上．上り高が3000円から6500円余に跳ね上がる(『読売』).
4. 6 相模川にサケを放流(『読売』).
4. 18 内務省，飲食物の着色(アニリンなどの有毒の金属性絵具染料など)の使用を禁じる．
4. 29 横浜の潜水業者の増田万吉と千葉県の根本村の森精吉郎，潜水器によるアワビ採り開始．
5. 9 飲料水注意法制定．井戸水汚染防止のため，下水溝の改修築を促進．
5. 11 米騒動勃発．富山県伏木港から三菱汽船の米積出しを見た漁民女房ら500人が，地元の米不足の折から県外移出に反対して騒動を起こす(『東京日日』1878. 5. 21).
6. 8 京橋の新富座にて，開館披露の招待客に，横浜から取り寄せたアイスクリームをふるまう(『有喜世』).
6. 22 師岡裕助，東京日本橋浜町にて，水漉器械を発明．『朝野新聞』に推奨文が載る(『朝野』).
6. 26 東京浅草小島町の精良社にて，懐中に便利な袋入りマッチ製造(『朝野』).

1878(明治11)

西暦	和暦	事　項
1878	明治11	7.1 前年に類焼した東京神田多町の青物市場が再建(『東京曙』). 7.17 内務省衛生局，味噌・豆腐・ゆばの分析を行い，大豆食品の蛋白質の価値を再評価(『朝野』). 7.30 マッチの輸出が始まり，マッチ製造が全国に広まる．上海へ輸出開始へと報道(『郵便報知』). 7.- パリ大博覧会に，開拓使で製造した缶詰を出品．好評を得る．サケの缶詰はフランスへ，サケ・マス・カキの缶詰はアメリカへ輸出開始(『東京日日』1878.7.12). 7.- 明治政府，池田謙斎・石黒忠悳・今村了庵・佐々木東洋らを設立委員として東京本郷に脚気病院を設立．漢洋脚気相撲と呼ばれたが，4年後廃止，その役割は東京大学医学部脚気病室に移される(『高木兼寛伝』). 7.- 長崎馬町にて，西洋料理店自由亭開業． 8.6 長野県にて，岩塩の製造始まる(『読売』). 8.20 氷の大流行により，氷の周囲に置くおがくずが高騰．1俵1銭から6～7銭へ(『東京日日』). 8.- 東京三田育種場にて，清国から取り寄せた水蜜桃の栽培が成功し，大豊作になる． 8.- 牛乳搾取人心得改正(『明治事物起原』). 10.16 農夫ら10余名，小笠原島での機那コーヒー苗植え付けのため，11月1日に出向く由あり(『郵便報知』). 10.29 神田・玉川両上水水源取締規則制定(『日本食品衛生史』). 11.6 イザベラ・バード，日光金谷家に滞在し，金の蒔絵のある膳，九谷焼の茶瓶と茶碗を用い，金蒔絵の鉢に入れた飯を食べる．「金谷さんは外人用ホテルを建設したいと思っている」と記す(『日本奥地紀行』). 11.7 イザベラ・バード，秋田県久保田にて滞在中，鶏を購入したが，「肉のためではいくらお金を出しても売ってくれないが，卵のためというと喜んで売ってくれる」と記す．「動物の生命を奪うことに対する反発が強い」と感想を記述する(『日本奥地紀行』). 11.8 イザベラ・バード，訪ねたアイヌ村の食物についてシチュー(野草の根や青豆，海草，干魚，鹿肉，キビ，水，強いにおいの魚油)を紹介．「彼らの風俗習慣について話したことは日本政府に内緒にするように」と告げられたと何度も記す(『日本奥地紀行』). 11.16 中川嘉兵衛の息子幸七，銀座3丁目にて，自ら精製した果物缶詰と開拓使物産局が精製したカキ缶詰発売(『明治事物起原』). 11.16 北海道にて，サケの大豊漁．缶詰・魚油・肥料(搾り粕)などに利用され，「漁民の大漁貧乏」を救う(『東京日日』). 11.27 軍艦筑波，オーストラリアに本年1月～6月に航海．その食品保存記録に鮭缶詰・貯海苔・牛肉缶詰佃煮・乾牛乳などあり(『朝野』). 12.3 日本橋栄太楼にて，長生飴と記した星形の打物を一新し，来る1月より販売と報道(『東京曙』). 12.7 1879年以降の鹿児島県下大島での砂糖売買の自由化を伝える(『東京さきがけ』).

1878～1879(明治11～明治12)

西暦	和 暦	事　　　　　　項
1878	明治11	12.11 東京神田三河町の久保田豊三，牛肉とスープの売り歩きを申請(『読売』)． 12.15 官報に，20日でできる味噌の速醸法が紹介される(『農業雑誌』72号)． 12.24 和歌山県の捕鯨基地，太地沖にて，「セミ流れ」と呼ばれる日本捕鯨史上最大の事故発生．セミクジラが船を引きずり回したことで，111人の鯨捕りが死亡． 12.25 鳳月堂の米津松造，東京両国にて，貯古齢糖(チョコレート)・氷菓子製造(『郵便報知』)．翌年，京橋南鍋町に支店を開店．ビスケットの製造機を輸入(『東京日日』1879.12.12)． 12.- イギリスのモルド，白小麦・赤小麦の2種が，大阪・静岡・愛知・兵庫・堺・岡山に頒布される． 12.- 滋賀県彦根にて，牛肉店開店．京都の人が出張し開業．鶏肉店は3～4店(『朝野』)． この年，成島謙吉，西久保弘道をフランスに派遣し，缶詰製法を学ばせる．帰国後，鮭缶詰の製造開始． この年，東京府下の乳牛185頭，搾乳高1371石余． この年，飲料水取締規則制定．井戸水検査開始(『明治文化史』)． この年，千葉県のビワ，東京湾の汽船の発達により，東京へ進出． この年，東京にて豊年おこし売り流行．大原女のスタイルで"豊年じゃ，豊年じゃ"と踊りながら売り歩く． この年，牛乳配達に，ブリキ缶(180ミリリットル)の使用開始． この年，柴原和，千葉県にて落花生栽培奨励．金原総蔵が中心となり着手(『日本食文化人物事典』)． この頃，大阪府にて牛肉流行(『朝野』1878.1.19)．
1879	12	1.14 宮城県にて，粗悪米籾抜き精撰規則制定(『朝野』)． 1.19 中国料理店永和斎の主人王惕齋，『朝野新聞』の編集長末広重恭を招き，「松花蛋・白斬鶏・蒸鰻・菜巻肉・炒肉絲・五香焼牛肉」など27品でもてなす

図129 「鳳月堂浮世絵」(部分，1878)

1879（明治12）

西暦	和 暦	事　　　　　　　　　　項
1879	明治12	(『朝野』). 1.- 東京築地入船町にて，支那(中国)料理店永和嘗方玉稷案開業．値段は1人1円20銭から7円．6人以下はお断り．道具持参で出張料理を行う． 1.- 東京府内で牛肉の値上げ．1斤18銭から20銭になる． 2.15 京都の洛東若王寺山養魚場や滋賀の醒ヶ井にて，サケの養殖に力を入れるとあり(『大阪日報』). 2.- 益田直蔵，神奈川県川上村にて，ハム製造開始． **3.20 琉球藩を廃し，沖縄県設置．** 4.12 牛肉の消費が増え，その料理にネギ類を用いるものが増えたため，島根県下隠州で葱芹類が値上がりする(『朝野』). 4.15 伏見多喜蔵，岡山県にて，西洋料理店文楽軒開業． 4.20 大阪府勧業局，缶詰の試作に際し，東京の勧農局から缶詰製造機を取り寄せる(『大阪日報』). 4.- 若山惣太郎，北海道末広町八幡坂下にて，ロシア料理とパンの店五島軒開業．初代料理長：五島出身の五島英吉(『西洋料理がやってきた』). 4.- 鈴木清，神戸区下山手通りにて，牛肉大和煮缶詰製造工場開設．後に，牛肉のみならず，羊肉・鶏肉・鯨肉・アワビ・ウナギ・イセエビ・鳥貝などの味付け缶詰製造にも着手(『日本食文化人物事典』). 5.7 勧農局，千葉県銚子にてイワシの油漬缶詰試作と報道(『郵便報知』). 5.12 岡山県庁の開庁式にて，洋食宴開催． 5.14 神奈川県西多摩郡にて，旧園を再墾し狭山茶が再興されたことにも伴い，狭山茶場の開場式が開催される(『横浜毎日』1879.5.29). 5.22 軍艦清輝内にて，開拓使のサケの缶詰が好評．廉価であり，イギリスのものにも劣らないと評価を受ける(『朝野』). 5.28 浜離宮にて，豪華な大食堂建設(『東京日日』). 5.- 高野正誠・土屋龍憲，フランスから帰国．大日本山梨葡萄酒株式会社の子息宮崎光太郎らとワイン醸造に着手(『日本食文化人物事典』).

図**130** 高野正誠(右)と土屋龍憲(1879)

1879(明治12)

西暦	和暦	事　　　　項
1879	明治12	6.- 立食パーティの概要を記した「横浜大夜会記」がみえる(『明治事物起原』)。 7.1 宮内省，アメリカの前大統領(ユリセス・グラント)が来朝の折に，国産の純銀製洋食器を使用し，饗応することを報じる．本町の薬舗松本が製造に当たる．7月8日東京虎の門の工部大学校で歓迎の夜会が行われる(『郵便報知』『東京日日』)。 7.9・10 大阪府にて，コレラ予防のため，寒天・トコロテン・ヒジキ・アラメ・ナンバキビ・カボチャ・カニの販売を禁じる(『大阪日報』1879.7.10)。 7.13 茨城県多賀郡大津村の鉄伝七，鮑漁をすると病身になるとの塩竈神社の迷信を破り，鮑漁に成功する．以後鮑漁が盛んとなる(『朝野』)。 7.19 東京京橋の精養軒で，玉突きの名人ロヘルツとショルトルが曲技披露。 7.23 鮑の酢漬缶詰の試作開始(『郵便報知』)。 7.- 長崎県庁内にて，缶詰試験場開設．松田雅典，主任となる(『日本食文化人物事典』)。 8.8・12 新潟の米騒動の詳細が伝えられる(『朝野』)。 8.14 料理店と飲食店の区別を伝える布達が出される．「料理店とは何品を問わず，客の求めに応じ割烹調理するを以って料理店とす．諸飲食店とは鰻屋，鮨屋，蕎麦屋，汁粉屋(煮売屋とは何品を問わず煮炊し，店頭に展列販売するがごときものを云う)等の類を以って諸飲食店とす」(『東京日日』1879.8.21)。 8.16 岡山県にて，開新楼開業。 夏，栃木県にて，渡良瀬川の魚類数万尾が大量死．翌年にも発生．栃木県令が「渡良瀬川の魚は有害」と警告。 9.15 横浜にて，第1回生糸製茶共進会開催．開会式の後，日本料理の立食宴会開催(『明治事物起原』)。 9.24 八丈島にて，洋牛の乳にて，バター「牛酪(ボートル)」製造．漁猟の缶詰にて，府庁へ送られる．上出来とあり(『東京日日』)。 9.26 銚子のイワシの缶詰，九十九里名産として賞賛(『郵便報知』)。 9.29 学制を廃し，教育令制定。 9.- 山梨県にて，ブドウ酒造り本格化．150石製造．勝沼ワインの始め(『西洋料理がやってきた』)。 10.- 福岡県柳川のアゲマキという貝が，外国人の間で人気になる．干し身が1日平均200円余輸出。 11.1 開拓使ベルギーよりとり入れたホップを育て，国産ホップのビール醸造と報道(『朝野』)。 11.20 上野池の端のそば屋無極庵にて西京法を折衷して新製のおだまきうどんを発売(『郵便報知』)。 11.- 西洋料理店「吾妻亭」，東京日本橋小網町に開業(『明治西洋料理起源』)。 12.15 三十軒堀の勧奨社にて，内務省勧農局牧羊場の払い下げ羊肉の販売開始．代価が1斤15銭．1頭，および10斤以上は割引になる(『明治事物起原』)。 12.- 静岡にて，カマボコの製造隆盛。 12.- 東京浅草の井生村楼にて，立食パーティが行われる．福山藩の儒学者江木鰐水の古希記念のために開催．地震学者のユーイングなど150人が参加．西

1879～1880(明治12～明治13)

西暦	和 暦	事 項
1879	明治12	洋料理の仕出しは神田三河屋，日本料理の仕出しは常盤屋(浅草下平右衛門町，『明治事物起原』). この年，神戸にて，三田育種場付属オリーブ園開設．勧農局神戸三宮暖地植物苗木仕立所移植． この年，服部倉次郎，東京深川の池にてウナギの養殖開始． この年，長野県松本の戸部慶寿，南部産乳牛2頭を購入し搾乳開始．戸部は，東京浅草の牛馬羊豚市場に学び，松本市外の深志村に牛馬羊豚市場も設置． この年，西洋料理の広告「並20銭，中等40銭，上等御好次第」(『東京』). この年，興農社，東京小石川にて，鳥獣・魚介・果物・蔬菜などの缶詰製造(各地の篤志家にも缶詰製造を推奨)．翌年，3割以上の純益を上げる(『郵便報知』1880.3.16). この年，開拓使，七重勧業試験場にて，チーズの製造開始．また，ブドウジャムの製造開始(『牛乳・乳製品の知識』). この年，各府県にて，衛生課設置．食品衛生担当も明示．町村の衛生事務取り扱いの組織も制定される． この年，新潟村上にて，町の有志で村上製茶会社設立(『明治文化史』). この年，広島県加茂郡西村の博進社，フランス人宣教師パーテルの勧めで，缶詰製造開始．輸送費などがかさんで，採算がとれなかったため，後に広島へ出て牛肉缶詰製造開始．日清戦争時には，軍用牛肉缶詰を大量生産する(『明治文化史』). この年，愛知県甚目寺村にて，舘助左衛門，油障子によるナスやキュウリの促成栽培実施． この年，愛媛県にて，夏ミカンの栽培開始． この年，全国でニンジンの大増産．史上最高の30万斤． この年，東京の大谷甘泉堂で，模造ブランデー製造． この年，長野県真島村(更級)にて，中沢治五衛門が県内初のリンゴ栽培開始． この年，広島と尾道にて，家畜市場開設． この年，神戸にて，西洋料理店静養亭・レストランフクシマ開業． この年，上海方面で牛疫が流行したため，開拓使の命により，神奈川・長崎・新潟・兵庫にて上海からの牛の輸入禁止になる． この頃，愛知・静岡・大阪・兵庫・岡山などで安全マッチの製造開始． この頃，岡山県の岡山師範学校の農業実習で，赤茄子(トマト)・和蘭きじかくし(アスパラガス)などを栽培． この頃，神奈川県根岸村にて，港町青物市場の西洋野菜問屋伊勢芳主人の委託を受けて，宮崎留五郎，アスパラガスと朝鮮アザミ(アーティチョーク)の栽培開始．
1880	13	1.21 玉川(多摩川)のアユを缶詰に試製(『朝野』). 1.22 石川県のある村にて，一網で4日間に1万2,3000尾のブリがかかる(『朝野』). 1.- 勧農局所管の下総牧場にて，成島謙吉・西久保弘道，羊肉缶詰試製(『食肉』). 1.- 大阪堺・岐阜・大分・熊本の4ヵ所に，紅茶伝習所開設．

西暦	和暦	事　項
1880	明治13	1. - 長崎の西洋料理店福屋の値段：上等8円，下等75銭．
2.12 名古屋にて，洋酒流行．日本酒の需要減る（『朝野』）．
2.14 岐阜県安八郡にて，馬肉食流行（『朝野』）．
2.15 大阪にて，第1回棉糖（綿砂糖）共進会開催．後に砂糖集談会を結成，後の内国砂糖大会社の設立に繋がる．
3.2 岡山県の県令高崎五六，市内の鰻屋の主人を，県庁の御用掛として，東京のウナギの料理法習得を目的に，東京へ出張させる．
3.8 越後の酒，東京にて，中国酒より上等として評判になる（『東京日日』）．
3.9 大阪堂島にて，5月からの南京米の受け渡しの許可が下りる（『東京日日』1880.3.12）．
3. - 兵庫県印南新村に勧農局のブドウ栽培園（後の播州葡萄園）開設．西日本で国産ワイン醸造が始まる．
3. - 女子師範学校用の割烹教科書石川県第一師範学校編纂『くりやのこころえ　全』刊行（『近代料理書の世界』）．
4.6 東京市街地で豚を飼育，10日前より価格高騰との報道（『東京曙』）．
4.8 竹葉亭や喜多川などの鰻店が品薄で休業（『東京曙』）．
4. - 米価高騰．丼飯屋の廃業も続出（『朝野』1880.4.29）．
5.4 清からの早附木（マッチ）の注文多く，横浜では全く品切れとなる（『東京日日』）．
5.12 長養軒，牛乳を原料とする粉ミルクやバター・クリームなど発売（『明治事物起原』）．
5.21 京都にて，磨砂（みがきすな）利用の精米が禁じられる（『郵便報知』）．
5.26 大阪心斎橋筋の平戸弥兵衛の窯元にて，大鍋は砂糖や寒天などの業務用，小鍋は台所用にと，ほうろう鍋製造販売．
6.5 松田道之（みちゆき）東京府知事，混砂米に関する禁令発布（『明治事物起源』）．
6.8 勧農局，「内藤新宿の植物苑なる缶製所」にて，銚子港に水揚げしたイワシや玉川産のアユで缶詰製造（『東京日日』）．
6.23 東京芝浜松の魚屋連，屠牛場設置に猛反対（『郵便報知』）．
6.27 愛媛県にて，緑青着色だんごによる200人の食中毒事件が発生．
7.3 駒場野にて，砂糖製造所開設（『朝野』）．
7.12 山城国有市村から湧き出る天然炭酸水発売．『東京絵入新聞』の広告に「薬用」にと紹介（『明治事物起原』）．
7. - 中川幸吉，東京銀座にて，リンゴ水・ミカン水・レモン水・イチゴ水などを売り出す．
7. - 東京東両国元町にて，三橋堂が西洋アイスクリーム（定価50銭より）を売り出す．
8.2 米価高騰．下がる見込みがないと伝えられる（『東京曙』）．
8. - 大阪にて，米の1合売り開始．
8. - 沖縄県にて，勧農試験場創設．ヤシ・ウコン・藍などの試験栽培開始．
8. - 勧農局，四国・九州に紅茶の試験所開設．同局技師多田元吉が指導にあたる（『朝野』）．

1880（明治13）

西暦	和　暦	事　　　　　　　　　項
1880	明治13	9.4　東京大森に魚市場の開設許可． 9.4　静岡県勧業課，ドイツ産のブドウのリースリング・トラミネル・フルシアンの3種各1000本とトロリシゲール100本の苗を回送（『朝野』）． 9.5　東京麻布古川橋の田村某，ブドウの土中接木法に成功し，結実する（『朝野』）． 9.30　天保山沖でのカキの養殖が順調とあり（『大阪日報』）． 9.－　福島県須賀川の橋本伝右衛門，フランスから移入したバレイショを栽培し，大収穫をあげる． 10.2　東京浜町にて，魚鳥会社開設． 10.10　ケレー本舗の鶴岡市太郎，東京神田通新石町にて鶏肉の缶詰を発売． 10.13　上野精養軒にて，板垣退助を招いて歓迎の宴が催される（『東京日日』1886.10.16）． 10.14　富山県魚津にて，米価暴騰により，騒動が起こる（『東京日日』）． 10.29　前年京都にて，中川幸七が試製したマツタケの缶詰（水煮・ソップ）販売の広告が出る（『明治事物起原』）． 11.19　兵庫県にて，ブドウ園開園（『東京曙』）． 11.30　三田育種場にて，電熱使用による卵の孵化に成功．大量育雛が可能になるも，普及せず（『郵便報知』）． 11.－　駒場農学校獣医学科にて，家畜病院設置． 12.3　新製珈琲糖のブリキ缶詰など即席食品が紹介される（『朝野』）． 12.6　米価高騰により，蕎麦粉も高値になる．焼き芋屋が人気となる（『東京日日』）． 12.26　東京にて，鍋焼饂飩大流行．売る者863人という．これに対し夜鷹そばを生業とする者11人とある（『読売』）． 12.－　北海道伊達紋鼈村にて，開拓使，官営の甜菜糖製造工場設立．フランス製の製糖機械による製糖開始． この年，岡山の牛肉缶詰，石川のカニ缶詰，京都のマツタケ缶詰など，地方の

図**131**　『くりやのこころえ』(1880)

1880～1881(明治13～明治14)

西暦	和暦	事　項
1880	明治13	特産品が缶詰になる(『大阪日報』1880.2.6, 9.21, 『朝野』1880.10.23). この年, 東京深川にて, 雨宮敬次郎(現在の日本製粉の創始者), 泰靖社を起こし, 蒸気力による機械製粉開始(ニップン HP). この年, 信州上飯田の山林にて, 丸山三吉, 梨栽培開始(『明治文化史』). この年, 凮月堂, 東京にて, イギリスからビスケット製造機械を購入, 設置(『日本洋菓子史』). この年, 東京勧農局, 水産係を昇格させた水産課に, 養殖事業の推進を兼ね, サケ・マスの稚魚を放流. この年, 中村磯吉, 北海道札幌にて, タマネギを1町歩にわたり試作. この年, 横浜太田村にて, 屠牛場開設. この年, 和歌山県有田郡にて, 笠島淳蔵, 蜜柑酒醸造. この年, 神谷伝兵衛, 浅草花川戸にて, 模造葡萄酒(甘味葡萄酒)の製造開始(翌年に発売する蜂印香竄葡萄酒のきっかけ). この年, 神谷伝兵衛, 東京浅草にて, みかはや銘酒店開業. 酒の1杯売り開始(神谷バー HP). この頃, 抹茶が流行. 京都の小学校では, 千家の家元が出頭し, 教授するとあり(『郵便報知』1880.5.13).
1881	14	1.18 延遼館にて, 東京府知事松田道之の主催で新年の晩餐会開催. 料理はフランス料理. 皇族・左大臣・右大臣・参議・各省長官・各国公使などが招待された(『延遼館 夜会記録』). 1.20 海軍軍艦比叡・筑波内にて, 肉や魚・野菜の缶詰の貯蔵試験. 結果は良好(『朝野』). 1.21 東京桜田本郷町の醱酵社にて製造された桜田麦酒発売(『東京日日』). 1.22 東京にて, 物価高騰に伴い, 米価が高騰. 不況の影響で, 東京の蕎麦屋がもり・かけ1銭2厘を1銭5厘に値上げされる(『東京日日』). 2.1 幕府に献上していた佃島の白魚, しばらく廃止されていたが本年2月1日白魚漁の初日のため宮内省へ白魚献上(『東京日日』). 2.11 神田小柳町の牛肉煮込屋から出火し, 7700戸が焼失(『知っ得』). 2.15 芝公園内にて, 純日本風建築の高級料亭紅葉館開業. 政財界人, 外国人の饗応に使用される(『東京日日』). 2.19 東京府飯田町の北辰社, 9区(麹町・牛込・神田・小石川・本郷・下谷・日本橋・京橋・四谷)にて, 牛乳配達スタート. 戸別配達付きで1合3銭(『朝野』). 3.1 東京上野公園にて, 第2回内国勧業博覧会開催. 11都道府県(北海道・東京・新潟・千葉・滋賀・福島・石川・福井・福岡・秋田・島根)から魚介類などの缶詰出品. 2府3県からホウロウ製の食器が出品. そのほか, ハム・乾肉・ソーセージなどの出品もあり, 凮月堂のビスケット・キッコーマン醬油・桜田ビールが受賞(『明治文化史』). 4.4 1879, 80年に内務省勧農局が調査した「人民常食種類調査」公表(『第二次農務報告』). 4.4 東京浅草の平野亭, 牛肉ソップの販売・配達開始(『朝野』).

1881（明治14）

西暦	和暦	事　　項
1881	明治14	4.25　大阪にて,「牛乳搾取ならびに販売取締規則」施行.搾取営業が許可制になる. 5.5　警視庁衛生係,「安ビスケット」に使用されていた「白土」押収(『明治事物起原』). 6.11　瓶詰スープの売り出し広告「頂好滋養食料　硝子瓶詰二オンス入り　牛肉羹　一名懐中ソップ　定価金八十銭　右は安達氏新発明滋養第一号の必用品,今般弊舗に於いて大販売仕り候間,インキとともに陸続御注文を乞う.　大販売所　東京神田淡路町二丁目三番地　簿記用インキ本舗　渡辺隆」(『東京日日』). 7.13　島根県出雲のワカメ,「産出夥多」とあり(『東京曙』). 7.21　「再栽馬鈴薯(にどうえじゃがたらいも)　アーリー・ロース(薄紅大馬鈴薯)」の払下げ広告(『東京日日』). 7.-　横浜にて,守屋正造,懐中ラムネ・懐中レモン発売. 9.1　鹿児島県にて,糖業の洋式化すすむ(『有喜世』). 9.-　東京浅草の新福亭にて,マッチをタバコ盆に添えるサービス開始. **10.12　国会開設の詔.** 12.4　日本三老農の1人船津伝次平,岐阜にて葎草(英名ホップ)発見(『朝野』). 12.10　向柳原の柳北学校にて,弘医会の講談あり.東京大学医学部御雇い教師ベルツ,「日本養生論」にて,米食肯定論を説く(『東京日日』1881.12.12). 12.-　東京にて,木村荘平,牛鍋屋いろは開業. 12.-　農務局,各府県の茶業調査実施.その書式に,「日乾／釜熬／黒口／鳥竜(ウーロン)」と4種の製茶名あり(『朝野』1881.12.16). この年,神谷伝兵衛が横浜で入手した輸入葡萄酒に甘味を加えて蜂印香竄葡萄酒発売(シャトーカミヤ HP). この年,東京京橋の大通りに,夜になると,すし・しるこ・おでんに酒・そば切り・すいとんなどの屋台,橋のたもとには牛鍋などの屋台が並んだ.特に,すいとんは人気を博す. この年,前田道方,カモの大和煮缶詰創製. この年,石川県金沢にて,兼六園付近に洋食店酔紅館開業. この年,大阪にて,すき焼きの北むら開業.生卵にすき焼きをつける方法を考案. この年,東京神田市場にて,温州ミカン入荷. この年,北海道真駒内牧牛場にて,札幌出張所設置.飲用牛乳の販売開始. この年,東京芝にて,鈴木音松(ラムネを作った清国人蓮昌泰の元配達人),洋水社を設立し,ラムネ製造(『明治文化史』). この年,大阪に7ヵ所の搾乳所設置(『明治文化史』). この年,神谷伝兵衛,輸入葡萄酒を再生し,販売開始(神谷バー HP). この年,イギリス人化学者ウィリアム・ガウランドによる天然鉱泉水の発見.三ツ矢サイダーの淵源になる(アサヒ飲料 HP). この年,塩川伊一郎,日本で最初のイチゴジャム缶詰製造に成功.2代目伊一郎,明治天皇・皇后に,自家製イチゴジャムを献上する(『日本食文化人物事典』).

1882（明治15）

西暦	和暦	事　項
1882	明治15	1.14 岡山県にて，牧野好義，白醤油発明． 1.15 長野県下伊那郡にて，岩塩の山塩製造機械所建設（『明治日報』）． 1.20 伊勢松坂大口村では餅・飯・酒の飲みくらべ，食べくらべをする風習があると報じる（『朝野』）． 1.25 東京にて，品川・洲崎・大森などのノリ，上出来となり，利益が上がる（『東京日日』）． 1. - 東京日本橋にて，西洋料理店滋養亭開業．並食1人前35銭の格安値（当時の相場は40～90銭）のため繁昌．2ヵ月後に浅草にも出店． 2.2 大日本水産会設立（『明治文化史』）． 2.7 延遼館にて，府知事の夜会が西洋風で行われる（『東京日日』1882.2.8）． 2.11 東京日本橋にて，赤堀峯吉，家庭婦人を対象とした赤堀割烹教場開校（『指南包丁』）． 2.16 狭山茶，海外でも人気とあり（『東京日日』）． 2.22 小笠原島にて，コーヒーが結実（『東京日日』）． 4.10 三田育種場にて培養された柿の苗木を，オーストラリアに送るとあり（『東京日日』）． 4.13 日比野泰輔，東京本所にて，ブドウの栽培開始．葡萄酒も醸造する見込みとあり（『東京日日』）． 5.6 赤穂の塩が「日本第一等の品」と評される（『東京日日』）． 5.8 東京京橋にて，西洋料理店青陽楼開業．一品料理8銭，10銭，12銭（『朝野』）． 5.30 芝・神田にて，コレラ発生（『東京日日』）． 5.31 日の出ビール，舶来品に劣らず，「嗜好の客も多き」とあり（『有喜世』）． 6.15 E・S・モース，「ネットウ，チャプリン，ホウトンの諸教授」を送る晩餐会に参加．東京芝公園に新設の倶楽部「紅葉館」での晩餐会を，日本の正餐ですばらしく，菓子と砂糖菓子の箱をもらったと記述（『日本その日その日』）． 9. - 東京両国の風月堂の米津恒二郎，日本人初のケーキ作りの習得を目指し

図132　赤堀割烹教場実習風景（1882）

1882～1883(明治15～明治16)

西暦	和　暦	事　　　　　　　　　項
1882	明治15	ヨーロッパへ留学. 10. 25 田村能次, 小笠原の父島にて, サツマイモ栽培. 上出来とあり(『東京日日』). 10. - 農商務省所轄の下総種畜場にて, 蜜乳(コンデンスミルク)の国産化に成功(『東京日日』). 10. - 東京神田連雀町にて, 藪蕎麦開業. 茶そばが人気となる. 11. 27 大阪にて, 12月8日に砂糖大会社設立の開業式を挙行するとあり(『東京日日』). 12. 2 明石塩販売会社, イギリスの帆前船にて, 北海道への明石塩の運搬実施(『東京日日』1882. 12. 18). 12. 2 全国第一等の評を得る但馬牛とアメリカ産牛の交配をはかるとあり(『朝野』). 12. 15 福沢諭吉, 「肉食せざるべからず」公表(『時事新報』). この年, 東京での豚肉食用の増加により, 千葉県にて養豚が盛んになる. この年, 内務省お雇い教師オランダ人エイクマン・陸軍士官学校生徒, 監獄所の食料を分析し報告. その指導を受けた田原良純, 後に日本人の食料分析など作成(『衛生試験彙報』2号). この年, 神戸港にて, 米の輸入開始(『明治文化史』). この年, 高野長英著『勧農二物考』が復刻される. 馬鈴薯の普及に拍車をかける(『日本食生活史』). この年, 大阪の搾乳場7ヵ所にて, 牛乳の供給過剰になる. これを受けて, 前田松之助がバター製造(『明治文化史』). この年, 山形県谷地町にて, 牛肉店が開店(『明治文化史』). この年, 京都にて, 松葉の二代目松野与三吉がにしんそば考案(『日本食文化人物事典』). この年, 神谷伝兵衛, 速成ブランデー(現在のデンキブラン)の製造販売開始(神谷バーHP). この頃, 松田某, 島根県浜田にて, 百合根から餡を作り, 百合羊羹製造(『日本たべもの百科』). この頃, 海部壮平, 弟正秀と, 地鶏と中国産バブコーチンを交配して, 海部鶏・海部ウスゲ(名古屋コーチン)作出(『日本食文化人物事典』).
1883	16	1. 9 自家用の酒造が禁じられる. 1. 14 醸酵社・清水谷商会, 芝紅葉館にて, 桜田ビール創業5周年の祝宴開催とあり(『東京日日』1883. 1. 12). 2. 1～10 上野公園にて, 農務局育種場主管種苗交換市を開催(『東京絵入』1883. 1. 17). 2. 2 東京浅草花川戸町の日の出麦酒, 新たに蛇の目ビール発売とあり(『東京日日』). 2. 4 飢饉対策に, オシメ昆布生産の奨励(『官報』). 2. 28 明治天皇, 農業書に深い関心を示す(『東京日日』). 2. - 「飲食物並に玩弄品着色料規則」制定. 「氷製品販売取締規則」改正.

1883(明治16)

西暦	和暦	事項
1883	明治16	3.1 農商務省，東京上野にて，第1回水産博覧会開催（『東京日日』1883.3.2）． 3.3 新潟県下にて，梨酒の試造に成功（『郵便報知』）． 4.12 石川県金沢にて，茶の湯大流行．茶器の売買も盛んになる（『郵便報知』）． 4.17 フランスの農務省書記官ドクロン，山梨〜京阪のブドウの調査に来日と報道（『東京日日』）． 4.28 会津の漆器の輸出が増大する（『東京絵入』）． 4.- 東京日本橋亀島町にて，中国料理店「偕楽園」開業．大倉喜八郎が発起人．一品料理1円50銭． 4.- 大蔵省印刷局にて，男女工員に対し，早朝の始業を理由に朝食支給が決まる． 5.8 多摩川水源にて製造した氷の発売が許可される（『東京日日』1883.5.9）． 5.19 赤城の氷，宮内省へ献上される（『東京日日』）． 5.- 内務省，東京・京都・大阪の司薬所を衛生局試験所と改称．食品や飲食物着色料の検査や栄養分析に着手する． 5.- 鈴木藤三郎，浜松にて，氷砂糖製造に成功．翌年，氷砂糖工場を設立し，本格的な生産開始．原料の精白糖は香港から輸入． 6.7 沖縄県下西原間切棚原村の製糖家知倉明敦，白砂糖の製造に成功（『郵便報知』）． 6.14 三野村利助・小野善右衛門らを発起人として，東京永田町日枝神社境内にて星ヶ岡茶寮創設．17日には，3日間にわたる開寮式．茶の湯と古式の料理を献進（『明治事物起原』）． 7.1 東京米商会所開場．仮の開業式を行う．西洋料理で饗応（『郵便報知』1883.7.2）． 7.27 イギリス人セ・ゼーエット，築地入船町にて，氷製造器械を据え付け，人造氷製造開始． 8.6 海軍省内にて，茶の飲用禁止（『官報』1883.8.8）． 8.25〜27 東京三田育種場内にて，第1回農産品評会開催（『時事』1883.8.30）． 8.- 愛知県にて，宮重大根が人気を博す．種子の注文殺到． 9.1 神戸にて，第2回製茶共進会開催（10月20日まで）．埼玉県から786品，滋賀県から535品など，全国で茶の栽培が盛んになる． 9.15 海軍の軍艦竜驤航海中に169人の重症脚気，うち25人が死亡し，品川に帰港．海軍軍医高木兼寛，同年11月29日，伊藤博文の仲介により天皇に謁見し，兵食改善を上奏．また，竜驤号脚気予防調査委員会を組織し，実態調査を実施．兼寛はタンパク質と炭水化物の比（1：5）の重要性を説く（『高木兼寛伝』）． 10.19 函館にて，鶏肉・牛肉が高騰．魚はうそのように安いとあり（『東京日日』）． 10.20 甲府にて，西洋料理店開業の記事（『山梨日日』）． 10.30 支那料理店偕楽園開店計画の記事．豚の濃（こく）漿，羊の蒲鉾，鼠の天ぷらなどの料理広告もあり（『開花』1883.10.30）． 10.- 東京女子師範学校，新築寄宿舎完成により，それまでの賄いにかわり，家事実習を兼ねて自炊することとなる（『お茶の水女子大学百年史』）． 10.- 東京築地にて，冷凍機を利用した製氷を行う機械氷会社東京製氷会社開

1883(明治16)

西暦	和　暦	事　　　　　項
1883	明治16	業．人造氷が大盛況になる(『明治文化史』)． 11.28 鹿鳴館，東京麹町山下町にて完成し，開館式を行う(『東京日日』1882.11.29)． 11.- 宇都宮三郎発明の築竈法が大流行．同じ頃，偽物も横行する(『時事』1883.8.30・11.22)． 12.7 農商務省，農業関連の古文書収集に乗り出す(『官報』)． この年，潘鐘華，東京にて陶陶亭開業(『明治文化史』)． この年，山形県にて，ハッカの輸出に成功．県下にて，ハッカ栽培流行(『明治文化史』)． この年，山田啓助，京都にて，竜紋氷室と名乗り，天然氷販売．明治33年まで関西地区での販売を独占する． この年，国民1人当たりの砂糖消費量3.1斤(1860グラム)．明治初めには1斤余(600グラム)，家庭用ではなく，ほとんどが菓子や再製糖の原料になる． この年，岩城竜次郎，東京京橋にて，外国人の注文に応じ，玉入りラムネ瓶を作る． この年，東京市中にて，一切1銭のつけ焼きもちが流行． この年，ビール醸造に酵母の純粋培養法を応用． この年，平野武次郎，浅草海苔の養殖開始． この年，牛鍋屋いろはの経営者木村荘平，警視庁から払い下げを受けた千束屠場を，芝浜に移転し，豊盛社共同屠場と改称(『日本食肉文化史』)． この年，長野県松本にて馬肉料理三河屋創業． この頃，東京にて，滝口藤次郎，果実蜜(現在の人工フルーツシロップ)製造． この頃，長崎のド・ロ神父，フランスなどから西洋野菜を取り寄せ，長崎初のトマト・西洋イチゴを栽培し，外国人に販売． この頃，東京のパン店約115軒． この頃，甲府や米沢などの地方都市にて，洋食店開店(『山梨日日』1883.10.20・『出羽』1886.9.22)．

図**133**　鹿鳴館貴婦人慈善会図(1883)

1884(明治17)

西暦	和暦	事　項
1884	明治17	1.15 海軍卿川村純義が艦船勤務の下士官以下の食糧給与概則制定(同年2月1日施行).1人1日,肉類は80匁(卵を肉に代用するときは卵1個を肉10匁,魚類を肉に代用するときは魚類40匁を肉20匁とする.『食肉』『日本海軍食生活史話』). 1.23 東京駒場農学校御傭ドイツ人ケルネル,刺身は有害と説く(『日本立憲政党』). 2.3 前年の反省をふまえ,海軍の軍艦筑波にタンパク質:炭水化物1:5の食事(米・パン・ビスケット,麦粉,肉類,魚類,野菜,コンデンスミルクなど)を採用.脚気による死者なし.以後,全海軍兵食が改善され,翌年3月から麦と米の混合食採用.海軍兵士の脚気患者絶滅へ(『高木兼寛伝』). 3.3 茶業組合準則を府県に頒布(不良茶防止のため,茶業組合設置,『東京日日』1884.3.4). 3.- 東京浅草にて,一品料理店あづま開業.つかみ料理と称す.1品6銭. 4.18 製茶貿易を始めた大浦慶,表彰される(『東京日日』). 4.29 小笠原島にて試植されたコーヒーの樹数が4万本になる.内地の需要を充たすと予期される(『東京日日』). 5.18 東京芝口2丁目の料理屋伊勢源の息子真島喜一と前川源助,ロンドンで開催の万国衛生博覧会にて,日本料理店開設.好評を得る(『読売』). 5.- 札幌県のアイヌ人,前年の干害やイナゴの害で飢餓に陥る. 6.12 鹿鳴館の貴婦人慈善会が開かれ,1万2000人来観.共立東京病院に寄付された.鹿鳴館の食卓はすべて洋式で,洋菓子は麹町山元町開新堂村上光保が日々館に納入(『日本洋菓子史』). 6.30 東京湾の漁業は38種の漁法に限られる(『郵便報知』). 7.3 醤油が盛んに輸出される(『東京日日』). 7.25 東京築地の製氷会社,挽茶(ばんちゃ)を入れた「茶氷」と花や魚などをそのまま凍らせ,水中を模した「飾氷」などを製造(『いろは』). 7.25 鯛味噌屋鈴木吉兵衛,琵琶湖名物の鮒ずしから粕漬考案(『朝野』). 8.2 錦水社のビール,舶来品に負けず好評とあり(『東京日日』). 8.10 東京両国にて,隅田川の川船料亭青柳亭開業.船料理を提供. 8.13 桜田ビールの醸発社,横浜に進出しようとしたドイツ人カールロートのビール会社に対抗(『東京日日』). 8.16 高峰譲吉,酒の腐敗を防ぐ火入れ法を考案(『東京絵入』). 8.29 陸軍省にて,パン製造掛設置を伝える(『読売』). 9.7 札幌にてニシン,石狩川・千歳両川にてサケの大漁を記録(『朝野』). 9.29 新潟県のワイン,評価が高いことから,一大会社を設立し,製造が開始される(『東京日日』). 10.11 砂糖を大量に用い,甘い日本料理(会席料理)をおいしいとする風潮に批判が集まる(『朝野』). 12.10 料理屋飲食店取締規則制定. 12.26 西周や加藤弘ら,日本節酒会に賛同(『東京日日』). 12.- 陸軍大阪鎮台(後の第4師団)にて,麦飯採用.1891年までに全師団に,麦飯支給.この頃,陸海軍ともに脚気が問題化していた.しかし,陸軍軍医本

1884～1885(明治17～明治18)

西暦	和暦	事　項
1884	明治17	部では，麦飯と脚気の関係を認めず，日清戦争(1894年)において，石黒忠悳軍医総監が麦飯の輸送に反対し脚気が多発した(『模倣の時代』). この年，伊藤源之助(一源製餡所先代)，北海道にて，さらし餡の製造開始. この年，海軍で，食料制度の見直し．給与の食費分を天引きし，その金で定められた食品を購入して食べさせる標準指定金給制度へ変更. この年，三田育種場，『舶来果樹要覧』刊行. この年，居留地81番地にて，ラムネ製造所開設(『開港から震災まで横浜中華街』). この年，讃岐糖業大会社設立. この年，西日本にて凶作．各地にて，救荒作物の研究進む. この年，三重製茶会社，製茶直輸出開始. この年，井上釜により，東京煉乳会社設立(『牛乳・乳製品の知識』). この年，千葉県井興村にて，土屋常蔵，落花生油製造. この年，富山県にて，名物のマスずしを商品化．マスずしは，江戸時代には将軍家に献上されていた. この年，兵庫県多田村平野から湧き出た炭酸水をびんに詰め平野水(ひらのすい)として製造(『明治文化史』). この年，凮月堂の米津松造，シュークリーム・キャンディーを新製し，発売(東京凮月堂HP).
1885	18	1.9 滋賀県の奥野仁三郎の鯉や鮒の養魚放流が好成績になる(『官報』). 1.22 大漁の伊多良貝柱，清国へ輸出(『東京横浜毎日』). 1.28 内務省，黄燐マッチ製造を禁じる(『官報』). 1.31 高木兼寛，脚気病予防説の講演で海軍の実験による結果から，食物中のタンパク質の割合を増加する必要性を述べたが，同年2月5日，石黒忠悳，『脚気談』を刊行．海軍の兵食改善による脚気予防は根拠がないと批判．東大脚気病室の緒方正規が脚気病菌発見を報告．以後脚気論争が盛んになる(『高木兼寛伝』). 2.18 奥山直道，岡山県にて，即席汁粉考案. 2.20 農商務省内に水産局設置．麹町には，水産試験所設置，缶詰製造にも着手. 2.21 葡萄酒，薬用として重宝される(『朝野』). 2.22 大日本節酒会第1回総会開催(『明治事物起原』). 3.8 東京新橋の洋酒問屋大野屋にて，スペイン産の古葡萄酒が人気とあり(『自由燈』). 3.10 大蔵省印刷局にて，職工への朝飯(肉食)給与廃止．節約をはかる(『今日』). 3.27 アメリカにて，「日本風の料理」流行とあり．膳椀や茶椀，箸などを買い求めに来日するアメリカ人も現われる(『日本立憲政党』). 4.9 司法省にて，洋食の食堂開設(『朝野』). 4.21 東京浅草幾久屋橋側の精明堂の翁飴と養生飴，滋養の多さと色味と味わいの良さが評価される(『朝野』).

1885(明治18)

西暦	和暦	事項
1885	明治18	4.- 愛知県半田にて,中埜又左衛門,ビール製造開始. 5.8 菓子税則・醤油税則制定,7月1日より施行(『官報』). 5.15 全国にて飢饉.岩手県では,死馬肉を食す(『朝野』). 5.19 凮月堂のアイスクリーム売り出し広告が掲載される(『東京日日』). 5.26 東京の菓子屋1万軒に上る(『朝野』). 5.- 各紙にて,全国各地の飢饉による惨状を伝える記事が続く(『朝野』『東京日日』など). 6.4 大阪菓子の第一等に,南区二ツ井戸の岩おこし商が選ばれる(『日本立憲政党』). 6.25 海軍にて麦飯を採用して以来,脚気症患者が一人もなしと伝える(『東京絵入』). 7.16 上野—宇都宮間に新線が開通し,駅弁(梅干し入りの握り飯2個とタクアンで5銭)が,旅館白木屋の斎藤嘉平により,宇都宮駅で販売される.茶も売り出す. 7.18 東京築地にて,シナ(中国)料理店聚豊園満漢酒館開業.1人前:中等1円・並50銭 上等大料理は2日前に注文とあり(『朝野』). 7.22 東京製氷会社,葡萄水の販売を発表(『自由燈』). 8.12 伊豆諸島にてクサヤの干物の製法が改良される(『朝野』). 8.18 外国人の日本酒醸造を禁じる.清国人も含まれる(『朝野』1885.8.18・23). 8.28 東京府のガス,渋沢栄一や大倉喜八郎らに払い下げられる.10月1日,東京瓦斯会社営業開始.1893年に東京瓦斯株式会社と社名変更(東京ガスHP). 8.- 西洋料理店松の家,東京日本橋に開業,9月より献立を毎日広告. 8.- 流行の禁酒会四社として,羅馬字会・束髪会・節酒会・囲碁会(『団団珍聞』). 9.3 福島県相馬にて,マグロ網に1日で2000本の漁獲高を記録(『奥羽日日』). 9.5 鮑漁用潜水器械の使用を制限(『読売』). 10.1 曹洞院にて,肉食妻帯を禁じる(『東京横浜毎日』1885.10.3). 10.3 鹿児島県大島にて,ブドウ・スモモ・イチゴ・ヤマモモ・クワなどの果実の表皮や花びらで製造した偽の赤葡萄酒が製造され,禁止になる(『朝野』). 10.3 東京本郷区のみで氷屋から牛肉屋に替わった店が47軒あると記す(『読売』). 10.- 磯野計,横浜にて,酒類・食料品の直輸入・販売を行う. 11.8 鞴祭(ふいごまつり)にて,中古からのミカンまきの習慣をとりやめ,その費用を養育院に施入することを取り決める(『東京絵入』). 11.13 警視庁,牛乳営業取締規則公布. 11.28 和洋料理の老店,新橋太田楼にて,畳の間で,牛炙・鶏羹などの洋食を提供するとあり(『東京日日』). 12.5 野菜価格の下落に左右されないことから,東京目黒のタケノコを増産(『時事』). 12.18 東京京橋区の凮月堂,西洋酒1杯売り,西洋料理2,3種売りを始めるとあり(『時事』).

1885(明治18)

西暦	和暦	事　項
1885	明治18	12. 22　内閣制度発足. 12. -『女学雑誌』に「女子の学科の中に割烹の科目を加うべき議」という記事あり(『女学雑誌』). 12. -　和歌山県上南部村にて，梅の畑地栽培開始. この年，横浜山手のスプリング・バレー・ブルワリーの跡地にて，ジャパン・ブルワリー・カンパニー(日本麦酒醸造会社，後のキリンビール)開業. この年，ヤマサ醤油8代目の浜口儀兵衛，ウスターソースをミカドソースと名づけて発売．新味醤油として登録商標を得る．しかし売れ行きが悪く，1年で製造中止(『食生活世相史』). この年，3府5港の1ヵ年の1人当たりの肉食量：東京2斤8匁，京都86匁，大阪2斤22匁，兵庫92匁，長崎36匁，新潟6匁，神奈川74匁，函館16匁．また全国の屠牛数が約1万6000頭を超える．うち8割が大阪. この年，花島兵右衛門，静岡県三島にて牛乳業開始(『20世紀乳加工技術史』). この年，イギリスのロンドン・サウスケンジントンにて行われた万国発明品博覧会にて，榮太楼，嵌物・金玉糖・改良長名糖・練羊羹出品(榮太郎総本舗HP). この年，横須賀鎮守府の囚人食を米4，麦6に切り替えた結果，半数以上いた脚気患者が皆無になる(『女学雑誌』). この年，長野県諏訪地方の寒天をゼリーの材料として輸出. この年，小石川の興農社の前田喜代松，フランスからバター製造分離機バターチャーン輸入(『20世紀乳加工技術史』). この年，青森県弘前にて，宅地で競ってリンゴが植栽される. この年，東京大学の生理学教授大沢謙二，麦食反対論を説く. この年，秋田県内にて，キャベツ(玉茎)の栽培開始. この年，大阪の天満市場にて，タマネギが初出荷される. この年，大阪ミナミにて，クジラ専門店西玉水開業. この年，前年に引き続き，全国的な凶作．全国で野草・木の芽・松葉のだんご

図134　ジャパン・ブルワリー・カンパニー工場(1885)

西暦	和暦	事　　　　　　　　　　　　項
1885	明治18	が食用になる．囚人の食料であった麦の搗きガラも1升8厘に値上がり．ジャガイモも全国的に普及．東京の三田育種場は『再植馬鈴薯の記』を全国に配布（『明治文化史』）． この年，福羽逸人，ヨーロッパからメロンの種子を取り寄せ，栽培開始． この年，山形県鶴岡にて，種無し柿が発見される． この年，東京にて，手軽や即席を謳う即席日本料理店，和洋折衷料理屋が流行． この年，『商工函館の魁』刊行．菓子商砂糖類正開堂，諸国銘酒和洋　砂糖東京菓子　小島又次郎，西洋酒製造　石黒源吾，森亀　牛肉商　山田亀吉，料理店　堀川徳七，旅人宿兼料理店　武蔵野喜久，西洋料理　養和軒，蕎麦店　海運亭支店，西洋料理店　木村留吉，西洋菓子商　東洋堂中村作兵衛，川定　鰻　武藤定吉，牛肉店　新井直，蕎麦　唐澤善次郎，料理店　浅田ハツなどが紹介される． この年，アメリカ人のクララ・ホイトニー，母の手控えを整理し，『手軽西洋料理』刊行（『近代料理書の世界』）． この年，北辰社，『酪農提要』刊行． この年，木村屋，チンドン屋を使ったあんぱんの宣伝を開始する（『木村屋総本店百二十年史』）． この年，東京の牛肉屋：豊国・平野・宮川・米久・中川・黄川田など26軒（『東京流行細見記』）． この年，諏訪湖にて，サケの養殖開始． この年，浅田甚右衛門，浅田麦酒醸造所開業．東京中野にて，浅田麦酒発売（『日本食文化人物事典』）． この年，仮名垣魯文が割烹店等級比較表で八百善を「第一等」と評価（『割烹店通誌』）．
1886	19	1.-　岡山県の西大寺観音院の正月会式にて，富くじの景品として乳牛が提供される．

図**135**　『手軽西洋料理』(1885)

1886（明治19）

西暦	和　暦	事　　　　　　　　　　　　　　項
1886	明治19	2.7 飢饉対策に，藁餅が発明される．しかし，身体に悪いと警告が出る（『改進』1886.2.7・『中外物価新報』1886.4.17）. 3.2 帝国大学令公布． 3.- 農商務省，福羽逸人をブドウ栽培とブドウ酒醸造法研究のためにフランスに派遣． 4.7 東京墨堤にて，盛大な西洋料理店を開店するとあり（『朝野』）. 4.10 師範学校令・小学校令（義務教育制を初めて標榜）・中学校令公布． 4.28 牛肉の消費量，1年で倍増とあり（『時事』）. 6.2 石川県鳳至郡にて，毎年12月1日より翌年の2月までの期間の能登産なまこの乱獲が禁じられる（『朝野』1886.6.15）. 6.23 東京ホテル開業の広告「22日，開業式を執行．23日より営業．（中略）料理は欧米各国の正式により献立いたし，食料元品は善良物を相撰み，内外とも御客様の嗜好に適するよう調理仕り候．かつ仕出しもいたしますれば，なにとぞ開業当日より賑々しく御尊来願い上げ奉り候．料理定価　上等　金七十五銭　中等　金五十銭　並等　金四十銭　その他は御好み次第」（『朝野』）. 7.5 内務省衛生局東京試験所長心得の田原良純・高等師範学校・攻玉社塾，二松学舎の生徒および越後屋呉服店の店員の食事調査・食品分析結果を報告．日本人の保健食料（栄養摂取基準）の基礎データを整える（『衛生試験彙報1』）. 7.9 陸海軍が常食として，麺包や肉類に切り替える議あり（『郵便報知』）. 7.15 白米の等級が一等米から五等米に分別される． 7.19 老舗青柳楼，肉や卵を使った和洋折衷滋養料理（1人前25銭）を売り出す（『朝野』）. 7.- 飲料水の水質保全のための井戸取締規則公布． 7.- 東京新橋にて，大衆食堂新富楼開業．パンと日本酒1本，さしみにスープなどの和洋折衷料理が1人前25銭（『朝野』1886.11.6）. 7.- 慶応義塾の賄所にて，西洋料理人を置き，西洋風の肉食を提供するとあり（『時事』1886.7.10）.

図136　木村屋のチンドン屋広報（1885）

1886（明治19）

西暦	和暦	事　　　　　　　項
1886	明治19	8.3 野村忍助と雨宮敬次郎が設立した麺包製造会社，陸海軍省の御用をひきうける（『時事』）． 8.8 東京をコレラ流行地に指定．これにより，流行地は3府16県となる（『東京日日』）． この夏～秋，コレラ大流行．死亡者は約11万人．東京や横浜の新聞に，「炭酸を含有している飲料水を飲むと恐るべきコレラ病におかされない」との記事が掲載，ラムネが大流行．6月には，コレラの影響で魚屋の客が減少，寿司屋も3分の1に減少（『明治文化史』）． 9.15 大阪にて，洋食流行（『東京日日』）． 10.1 札幌の官有畑のホップ，見事に成長（『中外物価新報』）． 10.7 東京日本橋区弥生町にて，岡商会が摂州灘・今津・西宮などの酒造家と特約を結び，日本酒を大・中・小の壜詰で販売（『毎日』）． 10.9 長野県下にて，馬肉流行（『朝野』）． 10.10 陸軍軍医森林太郎（鷗外），『日本兵食論大意』発表．その中で，高木兼寛の栄養説を批判． 10.14 東京神保町にて，体位向上のための肉食を奨励する洪養社の設置を伝える（『時事』）． 10.28 東京府の北辰社，純生バター（純粋乳油）製造．値段は1斤80銭以上（『時事』）． 10.28 滋賀県にて，鰻や鱒の養魚に成功（『東京日日』）． 11.8 吹革祭（ふいごまつり，鞴とも）恒例のミカンまき，紀州ミカンが間に合わず，地元の前川ミカンを供物とするのみにし，中止される．また神田辺の鍛冶屋にては，青い前川ミカンをまいたとあり（『郵便報知』）． 11.13 東京日本橋小網町にて，喫茶店洗愁亭開業． 11.28 海軍軍医総監高木兼寛ら数名，洋食嫌いの婦女のため，月3回の洋食会の開催を決定する（『毎日』）． 11.- 東京浅草永住町の開養社，馬肉の販売所開設．17・18の両日で，開店売

図137　高木兼寛（1886）

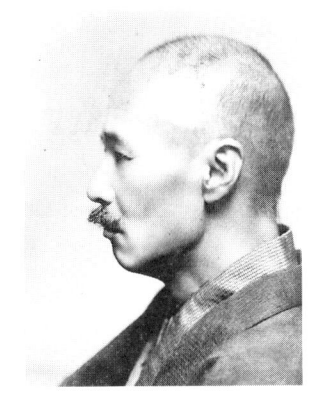

図138　森鷗外（1886）

1886～1887（明治19～明治20）

西暦	和暦	事　項
1886	明治19	り出しを行う．安価な馬肉が人気になる（『郵便報知』1886.11.1）． 12.19 栃木県日光中禅寺湖にて採卵した鱒と嘉魚（いわな）の卵，群馬の榛名湖へ放流されるとあり（『東京日日』）． 12.- ドイツのチボリビール・ボックビール・インペリアルビールの発売． 12.- 料理雑誌『庖丁塩梅』創刊． この年，北野茶の湯300年記念の献茶行われる（『よくわかる茶道の歴史』）． この年，岩淵利助，札幌にて乳楽軒開業．瓶詰殺菌乳発売． この年，大阪・泉南郡にて，今井伊太郎，タマネギの栽培開始． この年，腸チフス流行（『台所の一〇〇年』）． この年，アメリカのキリスト教宣教師，信者にパンとビスケット配布．栃木県喜連川町にても，宣教師が信徒にパンを配布． この年，各地で洋食店が広まる．東京神田橋の丸久の新聞広告：パンと酒1本1人前25銭，ライスカレー 7銭，コーヒー 3銭．大阪では，普通上等50～70銭が競争激しく，35銭の店も出る．氷水5厘． この年，鹿児島県にて，坂上次助，文旦漬（ブンタンヅケ）考案．鹿児島県の名物になる． この年，東京にて，弁当にパンを持参する小学生現れる．地方の学校でもパン食出現． この年，ドイツで発明されたサッカリンが砂糖の代用品として輸入される． この年，小林織江，東京日本橋箱崎町にて，三河屋パン店開業． この年，芥川鉄三郎，神田八名川町にて，製菓業（現在の芥川製菓）開業．イギリスのモルトン社のドロップの研究開始（鉄三郎の息子の長定は，後にチョコレートで有名な芥川製菓合名会社社長，『日本食文化人物事典』）． この年，磯野計，横浜万代町にて船舶納入業開始．1903年に明治屋創業（明治屋HP）． この年，浅草の洋酒商伊部猪三郎，本郷区湯島の高木海蔵が製造したビールをストックビールの空瓶に詰め，販売．人気のストックビールの偽物が売り出されたとして，日独の外交問題に発展（『ビールと日本人』）． この年，大久保重五郎，果樹園を開設し，モモの品種改良に着手．1901年に，上海水蜜桃を改良し，白桃創製（『日本食文化人物事典』）． この年，雨宮竹輔，山梨にて，小沢善平の谷中の農園よりブドウの苗を持ち帰り，繁殖に成功．山梨のデラウェア栽培の基礎を作る（『日本食文化人物事典』）． この頃，鶏の品種改良進む．ブラマー・バフコーチン・ミノルカ・アンダルシャン・レグホン・プリマウスロックを輸入．
1887	20	1.11 全国にて，肉食会広がる（『読売』）． 1.30 大阪にて，ホップの栽培を計画（『大阪日報』）． 1.- 斎藤満平，神奈川県鎌倉郡にて，1882年頃からブタを加工して，ハム・ベーコンを試験製造（『日本食肉文化史』）． 1.- 3代目大島代次郎，フルーツパーラーの前身となる果物食堂（現在の千疋屋）創業．1894年には，銀座店（現在の（株）銀座千疋屋）をのれん分け（千疋屋HP）．

186

1887(明治20)

西暦	和　暦	事　　　　　　　　　　　項
1887	明治20	2.8 東京鎮台にて，1日1回だったパン食を3回に定め，製造所設置(『時事』). 3.11 東京日本橋区南茅場町の養生組，パイナップル酒発売(『読売』). 3.28 水産税則公布(『官報』1887.3.31). 3.- 帝国大学理科大学教授桜井錠二，東京高等女学校にて，「女子の体育」と題し，衣食住と運動に関する講演を行う(『東洋学芸雑誌』1887.4.25). 4.1 木挽町の厚生館にて，大日本水産会による水産陳列所開場式開催．第1回水産品評会を行う(『郵便報知』). 4.8 東京日本橋にて，漉水会社(ろくすいかいしゃ)開業．ヨーロッパ流の上水濾過方法を取り入れ，神田上水の水を濾過し，純良水にして販売. 4.25 鹿鳴館にて，首相伊藤博文主催の仮面舞踏会開催．欧化主義への非難高まる．1人前の料理代は20円. 4.26 東京木挽町の厚生館にて，庖丁会開催．会頭は北白川宮能久親王．船中の鯛や花見の鯛などの技術を実見(『朝野』). 4.- 東京鳥居坂の井上馨(世外)邸にて，八窓庵の席披きに明治天皇が行幸(『よくわかる茶道の歴史』). 4.- 中央茶業組合，ウーロン茶製法の伝習のために，台湾へ伝習生2名を派遣．また各地の茶業組合も清国本土，台湾，インドに技術者を派遣し，製茶の技術改良と販路拡大を図る. 5.13 大阪湯島にて，湯島麦酒醸造場設置．ウィリアム・コープランドを雇って，醸造師とし，ドイツ風ビールを醸造する(『毎日』). 6.5 東京両国の凮月堂にて，カルルス煎餅を近日販売と発表．医科大学長三宅秀が欧州から持ち帰った「カリルス煎餅」からヒントを得る(『郵便報知』). 6.16 小笠原島にて産出するシトロン，「良味」とあり(『東京日日』). 6.- 播州龍野にて，上西卯兵衛，即席醤油製造に成功. 6.- 東京府下豆腐営業組合設立(『朝野』1887.6.24). 6.- 関口八兵衛，外国からの麦酒の輸入増加を憂い，上菱麦酒の醸造に着手．翌年3月21日には，東京日本橋の百尺楼にて，縁故のある諸会社や各新聞社を

図**139**　千疋屋の宣伝マッチラベル(1886)

1887(明治20)

西暦	和暦	事　項
1887	明治20	招き，宴会を開催(『東京日日』1888.3.24).
7.4 甘味ぶどう酒，鉄・キニーネなどの強化食品としてコレラや悪病を防ぐとされる(『朝野』).
7.- 伊豆大島にて，アメリカ式捕鯨が試験的に実施.
8.8 東京にて，駄菓子屋が繁盛(『時事』).
8.11 牛乳の需要が月々増加．東京の1ヵ月の消費高3万円とあり(『時事』).
8.20 小石川柳町直正堂にて製造する三鞭葡萄酒(シャンパン)，舶来品に劣らないとあり(『東京日日』).
8.29 洋食の流行に伴い，西洋料理店が増加．料理人の引き抜きが盛んになる(『時事』).
9.2 横浜にて，鉄管上水道が完工．近代的上水道の始め．10月17日に給水開始(『日本食生活史』).
9.- 東京荏原郡三田村にて，日本麦酒醸造会社設立(『ビールと日本人』).
10.27 浅草永住町117番地に，馬肉専門販売店開養社開業．午後4時頃までに売り切れるといった繁昌をみせる．牝馬ロース1斤8銭より牡馬肉2銭まであり(『食生活世相史』).
10.- 斎藤満平，神奈川県鎌倉郡川上村にて，ウィリアム・カーティスのもとでハムの製造開始．鎌倉ハムと命名(鎌倉ハム HP).
11.8 兵庫県の山邑太左衛門，防腐剤を使わない新酒「桜正宗」醸造(『時事』).
11.- **農学会設立**.
12.8 渋沢栄一と大倉喜八郎，帝国ホテル設立を出願(『東京日日』).
12.- 渡辺慶太郎，イギリスより牝牡山羊5頭を輸入．しかし，2年間の宣伝にもかかわらず，山羊の乳は1合も売れなかった．
12.- 札幌麦酒会社，大倉組麦酒醸造所を基礎に設立(『時事』1888.4.8).
この年，九十九里の赤貝が大豊漁となる(『時事』1887.4.12).
この年，愛知県半田の中埜家，家紋マル三を変形し，ミツカンのロゴを商業登録する．
この年，雨宮敬次郎，京橋区飯田町にて日本製粉会社(現在のニップン)設立(ニップン HP).
この年，堀内伊太郎，東京神田にて，浅田宗伯処方の咳止め用御薬さらし水飴販売．2年後に，伊三郎・伊太郎親子，御薬さらし水飴を浅田飴と改称し，製品化(浅田飴 HP).
この年，秋元巳之助，金線商標を創案した金線サイダー発売．同年，長男の源次郎とともに，日の出シャンピンサイダー発売(『明治文化史』).
この年，京都料理組合，第1回京料理展示会開催(『京都時代 MAP』).
この年，岡山にて，村山松寿軒，鶴の子を売り出し，岡山名物に．
この年，北海道紋鼈製糖所が民間に払い下げられ，紋鼈製糖会社となる．1896年に解散(『明治文化史』).
この年，千葉県にて，ジャガイモの新品種の栽培開始．
この年，東京銀座にて，ミルクホール千里軒開業．椅子に腰掛けてミルクを飲むスタイル．また，銀座では，松田・上野の雁鍋などの安価な大衆料理店が繁昌．

1887～1888（明治20～明治21）

西暦	和暦	事項
1887	明治20	この年，東京日本橋にて，鯨組が高知の鯨肉販売．連日売り切れの人気を博す（『朝野』）． この年，長野県佐久郡の神津邦太郎，志賀高原にジャージー種（乳牛）などを飼育する神津牧場開設． この年，北海道庁の葡萄酒醸造所が払い下げられ，花菱葡萄酒醸造所になる． この年，東京にて，大衆的な西洋料理店が開店（『時事』）． この年，全国の屠殺数，牛10万6673頭，馬5256頭（『帝国統計年鑑』）． この年，中埜又左衛門，ビール製造に着手．甥の盛田善平をビール工場視察のため東京へ派遣（赤煉瓦倶楽部半田HP）． この年，大森八景園の自養飯，横山町尾張屋の改良料理など，会席料理屋の新しい試みが相次ぐ（『やまと』1887.10.11・12.15）． この年，東京衛生研究所の田原良純，日本人の常用食品の成分表を初めて作成（『近代日本食物史』）． この年，岸田伊之助，神戸にて，モダン建築の大井肉店開業．1902年には，牛肉の味噌漬も考案（『日本食文化人物事典』）． この頃，東京の洋食店にて，食後のコーヒーのサービス始まる（『明治文化史』）． この頃，オーストラリアからマーガリンが輸入される． この頃，大阪にて，タマネギがコレラに効くという噂で飛躍的に普及． この頃，静岡浜名湖にて，田中万吉，カキの養殖開始． この頃，宮崎にて，田村利親，文政年間に発見されたミカンの新種を，日向夏蜜柑と命名（後にニューサマーオレンジと改名，ひゅうがHP）．
1888	21	1.8 富山八尾町と石川金沢の酒造家，共同研究にて，ビール醸造に成功． 1.27 煎りナマコの輸出増をはかるため，製法を指導し上海に輸出．好評を博す（『官報』）． 1.31 大日本帝国水産会社，創立の祝宴を東京向島の八百松楼にて開催（『東京日日』）． 2.19 大日本水産会柳谷謙太郎の主唱で，水産伝習所設立を取り決める（『毎日』）． 2.- 日本橋の西洋料理店新吾妻，玉突場の営業広告を出す（『明治文化史』）． 3.7 東京日本橋南茅場町の養老組にて販売する日進麦酒，口中を爽快にし，うまいと評判になる（『東京日日』）． 3.9 日本麦酒醸造会社，東京荏原にて，新醸造所設置を決める（『毎日』）． 3.21 茨城県下の醤油醸造業者関口八兵衛，去年6月頃からビール醸造に着手，上菱ビールと名づけ，発売祝いの宴会行われる（『東京日日』1888.3.24）． 3.21 中塚昇，京都での衛生支会にて，菓子箱に製造月日を表示することを提言． 3.21 東京四谷荒木町の東商会にて醸成される東麦酒，淡泊な味わいが西洋人に人気となる（『めさまし』）． 3.27 アイルランドのジェイムス・トビット，爪哇薯種（ジャワいもだね）を宮内省へ献上．以後，種子や栽培方法書とともに，大日本農会に下付され，順調に収穫される（『毎日』1888.3.29・『時事』1890.8.10）．

1888（明治21）

西暦	和　暦	事　　　　　　　　　　　　　　項
1888	明治21	3.30 佐賀にて，真崎照郷，考案した麺類製造機の特許を取得．機械製麺に着手．
		3.- 石炭砂糖（人工甘味料サッカリン）が紹介される（『東洋学芸雑誌』）．
		4.3 輸出拡大のため，日本製茶輸出会社設立（『東京日日』）．
		4.4 東京柳橋の柳光亭にて，100畳の広座敷をかまえ，お開きを行う．当家の料理人ら，「鰭立鯉」「水切鯛（泳ぎ打ち）」の二手前を披露（『東京日日』1888.4.6）．
		4.15 東京下谷黒門町に西洋風コーヒーを飲ませる店可否茶館開業の記事あり（『郵便報知』）．
		4.19 北海道紋別製糖所，昨年民業化して以来，業績向上．良品を製造する（『東京日日』）．
		4.24 大阪にて，そうめんの製造高増える（『時事』）．
		4.25 市制・町村制公布．
		4.30 枢密院官制公布．
		5.1 品川硝子製造所が民間への払い下げにより，日本硝子会社と改名．ビール瓶から，コップ・食器などを製造（『日本食生活史』）．
		5.1 横浜山手にて，ジャパン・ブルワリー，ドイツ式ビール製法に基づく麒麟ビール発売．横浜の明治屋が総代理店（『明治屋百年史』）．
		5.7 大阪にて，天然凍氷会社設立を出願．
		5.13 東京京橋日本製薬会社にて，ラムネ，ソーダ水を製造し，8月より販売するためドイツ製機械を取りよせ建築中と報じる（『朝野』）．
		5.15 前田留吉・小野寺太三郎・福原有信ら，医師らと協議し，純良品供給を目指す東京乳牛倶楽部設立（『毎日』）．
		5.16 大阪府，飲食物や玩具の着色料に関する着色料取締規則布達．
		5.- 米津風月堂，アイスクリーム，ウォーターアイス（アイスキャンデー）製造発売（『明治文化史』）．
		5.- 北海道札幌にて，甜菜製糖所を札幌製糖会社と改称．しかし原料不足で

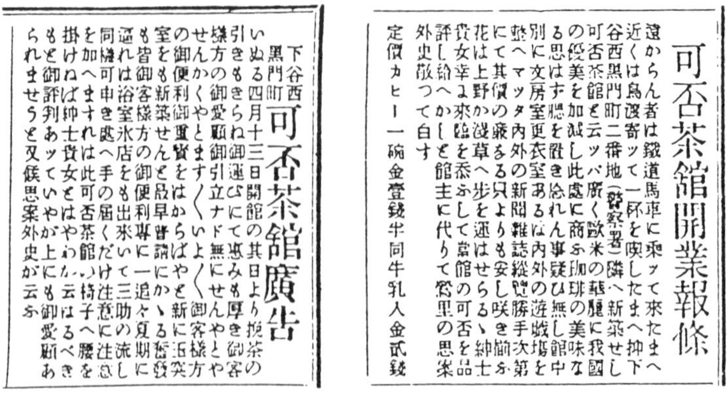

図140　「可否茶館開業報條」(1888)

1888(明治21)

西暦	和暦	事項
1888	明治21	休業になる． 6.10 水産品評会にて，閉場後，幻燈で水産物の映写の催しを行う(『郵便報知』)． 6.21 警視庁，飲料水営業取締規則公布． 6.22 農務省水産局，函館より鰊の卵をとり，佐渡近海に放流(『東京日日』)． 7.12 清へのマッチの輸出が増大(『東京日日』)． 7.15 品川硝子会社開業式開催．ビール瓶の製造開始(『朝野』1888.7.15)． 7.28 食用家禽の改良繁殖を奨励のため農務局員植木音太郎外20余名が発起人となり東京駒込に日本家禽倶楽部を設置(『朝野』)． 8.13 秦孝一郎，安価な孵卵器を考案(『東京日日』)． 8.- 酷暑のため，氷の売れ行き良好(8月13日の東京市内での販売量：19万1467斤 1914円)． 9.6 昨年は不作だった甲州のブドウの生産が豊作となる(『東京日日』)． 10.4 日光ホテル，盛大に開業式挙行．立食パーティでもてなす(『郵便報知』)． 10.20 東京の牛肉の価格．1斤：ヒレ30銭・ロース24銭・中等18銭・下等15銭． 10.20 鹿鳴館の会員の園遊会開催(『東京日日』)． 10.- 内閣鉄道長官の許可の下，東華軒が駅弁の車窓販売を始める．東華軒は国府津駅の鯛めし弁当で有名(『食生活世相史』)． 11.17 伊豆地方の種なしミカン，和歌山をしのぐ．東京市場をにぎわす(『東京日日』)． 11.- 大日本水産会水産伝習所(現在の東京海洋大学)創立(東京海洋大学HP)． 11.- ブドウ酒やブランデーにアルコールや着色剤，劇薬などを混入した洋酒の偽物が横行． 12.19 渡仏した土屋龍憲などの尽力などで，山梨県の葡萄酒生産が軌道にのる(『東京日日』)． 12.19 無税輸出を認められた食料品．「柿渋，䬺(もち)，糠，熟艾(もぐさ)，槙肌，蕨粉，穀荵，蔬菜，果実，植木，苗，種子，根幹等を以って製したる植

図141 明治屋の麒麟ビール宣伝(1888)

1888(明治21)

西暦	和　暦	事　　　　　　　　　　項
1888	明治21	毛，缶詰及び瓶詰食物，菌類(椎茸を除く)，菓子，酒類，酢，醤油，油類，製造煙草，搾粕類，禽獣虫類，卵類，獣肉，獣脂，乾酪(チーズ)，乳油，蜂蜜，生魚，鰹節，海草(昆布，刻み昆布，石花菜(てんぐさ)及び寒天を除く(『官報』)． 12.－山陽本線の姫路までの開通に際し，姫路駅にて「カマボコ・ダテ巻・キントン・野菜煮物・奈良漬」などバラエティーに富んだ幕の内弁当発売．包装には，経木の折箱を使用(『食生活世相史』)． この年，東京師団にて，脚気(白米病)患者出る(『明治文化史』)． この年，京菓子組合，菓匠会結成．勅題菓子の展覧会御題菓展開催(『京都時代MAP』)． この年，大阪にて，ガラス玉入りの玉ラムネ流行． この年，岡山県にて，マスカット・オブ・アレキサンドリアの生産． この年，乳幼児の人工栄養の増加により，牛乳の宅配制度確立(1日4合以上の注文者は1合2銭5厘割引)．東京の牛乳搾乳業者165人にのぼる．新聞などに牛乳と母乳の関係記事なども増える． この年，和歌山の金原弥五兵衛，タケノコ水煮缶詰創製． この年，逸見勝誠，牛肉の大和煮缶詰製造． この年，北海道庁，千歳中央孵化場を開設し，サケの人工孵化放流事業に本格的に着手． この年，開拓使麦酒醸造所，熱処理ビール札幌ラガービール発売(『親から子に伝える「モノづくり」誕生物語』)． この年，打木彦太郎，横浜にて，ウィリアム・クラークの「ヨコハマベーカリー」を受け継ぐ．1899年に，「ヨコハマベーカリー宇千喜商店」(現在のウチキパン)と屋号変更(ウチキパンHP)． この年，生田秀，南ドイツのヴァイエンシュテファン中央農学校(現在のミュンヘン工科大学)にて醸造技術を学び，日本人初の「ブラウマイスター」取得(『日本食文化人物事典』)． この頃，千葉県にて，ゴミ置き場で発見されたナシの芽を新太白と命名．のち

図142　宇千喜ベーカリー(1888)

西暦	和暦	事項
1888	明治21	の二十世紀. この頃,宮城県松島にて,カキの養殖開始. この頃,千葉県や長野県の師範学校宿舎にて,女学生らによる家事実習を兼ねた自炊開始. この頃,コーヒーを取り上げる記事が増加(『時事』『朝野』『読売』など).
1889	22	1.5 東京にて,馬肉食の流行.馬の屠殺数2万1203頭と飛躍的に増加.牛肉に馬肉を交ぜて売る業者も増加.警視庁は,東京市中の牛肉店を検査し,厳しく取り締まる. 1.16 日本橋西河岸の栄太楼,府下菓子商で第一の売り上げになる(『読売』). 2.11 **大日本帝国憲法公布.** 2.19 料理屋が砂糖を用いること多くなり,大阪西成のみりんの需用者が減少と報道(『大阪毎日』). 2.- 米津風月堂にて,憲法おこし発売. 3.10 秋田県男鹿半島の南平沢沖にて,クジラ160頭捕獲. 3.- 東京吾妻橋にて,川北利助,エビの鬼殻焼とフナのすずめ焼販売.印旛沼のフナとエビを使用. 4.16 東海道線の開通で,鮮魚やなまり節などの水産物の出荷が盛んになる. 4.30 家禽の改良繁殖流行し,サンフランシスコより潰し鶏を輸入し,血統正しき鶏として高価に売りつけることありと報道(『時事』). 4.- 伊藤左千夫,東京本所にて,牛乳搾取業開始. 5.9 京橋南伝馬町の西洋料理店の老舗春陽楼,開店7周年を迎え,11日より3日間,独逸ビールを1瓶ずつ提供すると報道(『東京日日』). 5.9 横浜居留地92番地ブラウルド商館,燈台ビール発売.同港太田町の福原庄七郎が売り捌く.「その色合いは極めて美麗にして,風味は佳良なり」とあり(『東京日日』). 5.9 北海道にて,絶滅を危惧し,鶴の乱獲を禁じる(『読売』1889.5.23). 5.21 札幌の豊平館にて,昆布会議開催(『東京日日』1889.5.31). 5.- 中埜酢店4代目中埜又左衛門,敷島製パン創業者盛田善平らとともに,愛知県半田にて,イギリスのビール醸造免許所持の中国人韓金海の指導で醸造した瓶詰ビール「丸三ビール」3000本を初出荷.後に,東京に特約店を設けて販路拡大にも乗り出す(赤煉瓦倶楽部半田HP). 6.16 米価高騰で,兵舎の残飯を売りさばく店が大繁盛(『明治文化史』). 6.- 氷砂糖屋の福田助次郎,東京銀座にて,湯または温かい牛乳に入れて飲むコーヒー入り角砂糖販売(『食生活世相史』). 7.5 売肉取締規則制定(『日本食品衛生史』). この夏,大阪にて,名代ウナギの品評会開催. 8.7 鰹節の製造が好況になる(『東京日日』). 8.20 東京京橋区南鍋町の風月堂主人の二男米津恒次郎,フランスにて調達したビスケット製造機にて最上ビスケットを製造.おって,フランス式の「珈琲店」も開くと伝える(『毎日』). 9.12 静岡県敷知郡三方原村百里園にて,製茶改良をめざし,紅茶伝習所開所

1889(明治22)

西暦	和　暦	事　　　　　項
1889	明治22	(『官報』1889.9.13). 9.21 東京浅草仁王門前のアウン堂松の家のおこし店，力おこしや三色おこし(赤・白・青)などのおこし販売(『東京日日』). 10.13 富山県魚津にて，米騒動勃発．窮民2000人が参加． 10.- 山形県鶴岡市の私立忠愛小学校にて仏教団体による学校給食開始(『学校給食の発展』). 11.1 明治屋，平野水の権利を借り受け，天然鉱泉三ツ矢平野水として販売(『明治屋百年史』). 11.8 関口八兵衛，ハトソワース発売． 11.9 鹿児島県種子島にて，農商務省，前年ハワイからとりよせたレモン苗木，80余個の実を結ぶ．国産レモンのはじめ(『郵便報知』). 11.20 料理屋にて，飲食切符賭博する者が増加(『郵便報知』). 11.23・24 上野公園の八百善内にて，桜雲台設置．開台式が行われる(『時事』1890.11.25). 11.- 大阪にて，大阪麦酒会社(現在のアサヒビール)設立．1891年，吹田村醸造所(現在のアサヒビール吹田工場)竣工(アサヒビールHP). 年末より，日本最初の経済恐慌が始まる． この年，岡本純(岡本綺堂の父)，『和洋菓子製法独案内　附菓子屋規則条例註釈』刊行．菓子作りを楽しむ女性たちが描かれる(『近代料理書の世界』). この年，東海道線静岡駅にてわさび漬販売．

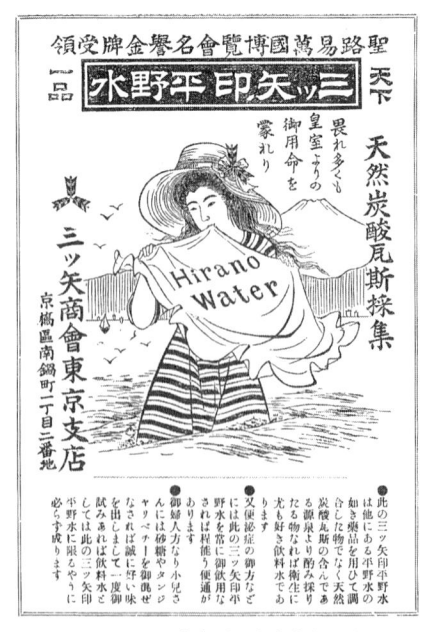

図**143**　三ツ矢印平野水広告(1889)

1889～1890(明治22～明治23)

西暦	和暦	事　項
1889	明治22	この年，田丸屋，水戸線の開通に伴い，駅前で少年たちによる水戸納豆の販売開始． この年，山形師範学校にて，パン食実施． この年，津田仙，巖本善吉，食物改良論発表．肉食も推奨(『女学雑誌』)． この年，紀州ミカンをアメリカへ初輸出． この年，フランス万国博覧会にて，上菱麦酒が賞牌を受ける(『明治文化史』)． この年，3年前に山口県で発見されたミカンの新種が，愛媛県松山市に移入され，イヨカンと呼ばれ有名になる． この年，東京にて，頭の上にのせたたらいに飴を入れ，「あーよかよか」と歌いながら売って回るよかよかあめ屋登場． この年，東京にて，たこ焼き流行． この年，東京湾内にて，のり生産盛況． この年，北海道寿都・久遠・室蘭・浦河の各郡内に民間のサケ孵化場開設． この年，東京日本橋にて，宮崎光太郎，国産の生ブドウ酒甲斐産葡萄酒販売． この年，日本麦酒会社(現在のサッポロビール)，現在の東京目黒区三田に醸造場が完成(サッポロビールHP)． この頃，アメリカサンフランシスコにて，日本酒が流行し，サンフランシスコ滞留の岡本祐三，京都の矢野勝次郎に清酒醸造熟練者の雇入れを依頼(『朝野』1889.1.19)． この頃，神奈川県大船駅前で旅館を経営していた富岡周蔵，駅構内での弁当販売を思いたち，販売許可を申請．販売許可願書にみえる相場：弁当12銭，茶3銭(差替1銭)，ラムネ3銭，鮨(並)7銭，玉子2銭，梨・りんご2～6銭(大船軒HP)．
1890	23	1.18 富山にて，困窮者300人が市役所に押しかけ，米価騰貴に不満を訴え，米騒動勃発．以後，各地で混乱続く(『朝野』1890.1.23)． 1.- 足尾銅山の鉱毒により，渡良瀬川の魚類が死滅(『知っ得』)． 1.- 川島常吉，久能山東照宮宮司松平健雄よりもらった西洋イチゴの植え付けに成功．石垣イチゴのはじめ(『日本食文化人物事典』)． 2.6 ウサギに劣らず，養鶏流行．ヨーロッパから山県有朋が持ち帰ってきたブラマという新種が高値になる(『東京日日』)． **2.12 水道条例公布．** 2.13 糧食条例公布．最上等の量額決定．「麺包　一貫二百六十匁　鳥獣魚肉類　九百二十匁　穀類　九百匁　乾物野菜類　一貫四百匁　茶焙麦類　四十二匁　砂糖　百四十匁　醬油酢油類　四匁　塩五十匁　胡椒芥子類　四匁　凝脂三十匁」(『官報』)． 2.25 日本麦酒会社(現在のサッポロビール)，東京府下荏原郡三田村にて，恵比寿ビール発売(サッポロビールHP)． 3.20 パンの需要増大．特に食パンに蜜をつけて焼きたるものが大流行とあり．小麦も値上がり(『中外商業』)． 4.1～ 第3回内国勧業博覧会にて，中尾久吉郎がコーヒー店を設置し人気を得る．同年5月には，浅草のパノラマ館構内にダイヤモンド珈琲店として，正

1890(明治23)

西暦	和暦	事　項
1890	明治23	式に開業．コーヒー3銭，コーヒー牛乳入り5銭，紅茶3銭，チョコレート5銭．これをうけて，東京市中に，コーヒー喫茶店が増加(『東京日日』)． 4.4 東京の渋沢商店などの米商，インド米の回送を始める．インド米とは，サイゴンやジャワなどで産出する米の総称．南京米に比べ安価とあり(『郵便報知』)． 4.15 東京日本橋の洋酒問屋近藤利兵衛が売捌元の香竄葡萄酒，前々年には西班牙万国大博覧会にて銅賞牌，前年にはパリ万国博覧会にて金賞牌を得たとあり(『中外商業』)． 4.18 大分県人姫野貞次郎，パリ万国博覧会にて，石首魚(いしそじ)，鱸・鱧・鯉などの魚標(気泡)出品．慶応3年(1867)以来，初の金牌受賞(『大阪毎日』)． 5.8 7800人の暴徒，鳥取にて，米屋襲撃(『東京日日』)． **5.17 府県制・郡制公布．** 5.10〜 横浜の明治屋，麒麟ビールの宣伝プロモーションを大々的に行う(『中外商業』1890.5.14)． 5.- 鹿児島にて，婦人向けに甘味清酒販売． 6.9 福島県にて，米価高騰に際し勃発した貧民騒動を伝える(『東京日日』)． 6.15 東京の日本製薬会社製造のラムネは蒸留水使用のため衛生上無害と発表(『時事』)． 6.- 長崎にて，コレラ発生．翌月，横浜にコレラ侵入．8月には，東京でも流行(全国の患者4万6019人のうち，3万5227人死亡)．8月，横浜では，コレラ流行に際し，下層階級の市民に対して，水道の3年間の無料使用許可を決議，即日決行． 7.3 新潟県佐渡にて米騒動勃発．2900人が米商や豪商を襲う(『東京日日』)． 7.14 東京本郷湯島の磯貝和助，アメリカ「カリホルニヤ」州のオオムギ(大麦)にて，ビールの醸造に成功．それをライオンビールとして発売するとあり(『時事』)． 7.23 大阪の日本固形ラムネ製造会社にて固形ラムネを販売(『大阪毎日』)． 8.2 衛生局試験所を東京衛生試験所と改称． 10.19 東京芝の弥生社が払い下げられ，新たに弥生館として開館式挙行(『時事』)． 10.21 大阪にて，水道設置．水売り業者が失業に追い込まれる(『大阪毎日』)． **10.30 「教育ニ関スル勅語」発布．** 11.3 東京にて，帝国ホテル開業．室料最下等50銭，2食付き2円50銭(帝国ホテルHP)． 11.- 東北本線一ノ関―盛岡間の開通により，一ノ関駅の駅弁に寿司がとり入れられる． この年，東京日本橋にて，しゃも鍋屋玉ひで，親子丼考案． この年，京都第一高等女学校の寄宿舎にて，昼食にパン提供． この年，前年の凶作の影響で，米価騰貴．東京・大阪・京都で窮民増加．東京・大阪で多数の餓死者発生． この年，鈴木藤三郎，鈴木製糖所(現在の大日本明治製糖)設立(大日本明治製

1890～1891(明治23～明治24)

西暦	和暦	事項
1890	明治23	糖HP)． この年，サケとマスの缶詰が海軍の軍用品に採用． この年，雨宮伝吉，長野県産のアンズ缶詰の製造に着手(『日本食文化人物事典』)． この年，輸入白砂糖の9割以上が，香港からの輸入(赤糖は中国・台湾やフィリピンから輸入)． この年，『東洋学芸雑誌』に家庭容器向けの新貴金属として，アルミニウムを紹介(『食の一〇〇年』)． この年，日本畜産協会設立(『食の一〇〇年』)． この年，コレラの流行により，氷水の売れ行きが不振(『明治文化史』)． この年，大久保善一郎，岡山県石関町にて，缶詰工場開設．1892年，陸軍参謀幹部の命で牛肉大和煮缶(40匁入)納入(『日本食文化人物事典』)． この年，酒井調良，鶴岡の鈴木重行が越後の行商人から購入した種のない柿に魅せられ，研究に着手．平核無柿を普及させる．1925年に庄内柿と命名(『日本食文化人物事典』)．
1891	24	1.11 紀州ミカンについで，静岡ミカンもアメリカへ輸出(『時事新報』)． 1.17 井上貞次郎，大阪で最初の黄燐マッチ工場「黄燐燐寸製造場」設置を許可される(『官報』)． 2.4 途絶えがちだった豆まき，東京芝日陰町にて，不景気退治に復活(『郵便報知』)． 2.- 東京深川の平清楼にて，日本料理改良会が故柳楢悦追善会開催．四條流庖丁式を行う． 2.- 洋酒の1杯売り開始(『知っ得』)． 3.1 恵比寿ビールを帝国ホテルの外国人も愛用し，ストックビールが影響を受けると報道(『国民』)． 3.3 函館五稜郭の氷，見込み通り3000トンはとれそうと予測(『新潟朝日』)．

図144　帝国ホテル食堂(1890)

1891(明治24)

西暦	和　暦	事　項
1891	明治24	3.6 徳川育英会，私立育英黌に農学科(現在の東京農業大学)設立．設立者は榎本武揚(東京農業大学HP)． 3.29 横浜のイギリス税関所にて，「乞食」たちが握り飯をかけて賭博する珍事を伝える(『郵便報知』)． 3.- 長崎にて，水道工事完成．横浜・函館に次いで3番目(『日本食生活史』)． 4.10 第1師団にて，脚気病防止のため，兵士の「食料」に麦飯採用(『東京日日』1891.4.26)． 4.18 東京にて，婦人禁酒会設立．徳富蘇峰が演説(『国民』)． 4.- 九州鉄道の門司駅に構内の待合室隅に駅食堂開設． 4.- 東京洲崎にて，潮干狩が人気を博す．海岸には水茶屋も多数林立． 5.29 帝国大学法科大学教授，穂積陳重の妻歌子(渋沢栄一の娘)，帝国ホテルにて，女性ばかりの昼食会に参加(『穂積歌子日記』)． 7.7 キュウリの値が下落．300本で5銭になる(『東京日日』)． 7.18 東京芝の弥生館，納涼に最適とあり(『東京日日』)． 7.- 杉田進，東京麻布にて，牛乳切手(商品券)を販売．暑中見舞いの進物用として人気を得る(『東京日日』)． 8.1 外国産砂糖，日本の糖業を圧迫(『朝野』)． 8.21 京浜・静岡の有志により，茶業貿易協会設立(『朝野』)． 8.- 「料理屋および飲食店取締規則」制定． 8.- 花島兵右衛門，三島にて，平鍋式練乳製造開始(『日本食文化人物事典』)． 9.1 盛岡―青森間の鉄道開通(現在の東北本線)に伴い，青森リンゴの東京出荷開始． 9.5 横浜グランドホテルの食堂にて，日本礼服着装の入店拒否． 9.8 五もく飯の露店が大流行(『郵便報知』)． 10.3 9月30日の暴風雨のため，ソバが損害を受け，ソバ粉高騰．市中のもり・かけ，8厘から1銭に値上がりする(『郵便報知』)． 10.11 警視庁，火災予防を目指し，麵包焼場及び甘藷焼場制定．石焼き芋釜

図145　恵比寿ビール(1891)

西暦	和暦	事項
1891	明治24	の改良を指示(『郵便報知』). 10.24 禁酒おこし・道徳おこしの販売者が増加. 禁酒おこしを子供が食べれば，一生酒を嗜まず，酒癖の悪い者も直ると宣伝(『読売』). 10.24 東京浅草茅町の有名牛肉店米久，神田の牛商会に7000円の負債があり，閉店する(『東京朝日』). 11.- 精米機や米搗き水車発達. この秋，東京にて，1椀1銭の牛飯屋が激増し，馬肉販売者が前年の3分の1，パンの売れ行きも前年の半分に減少. しかし，同年11月10日の濃尾大地震(M8.4)により，生牛の汽車輸送が止まり，輸入牛も減少したことで，100斤11円50銭にまで価格が暴騰. 12.24 長野県東穂高村にて，中村屋の創業者相馬愛蔵らが東穂高禁酒会設立. この年，大阪船場にて，すし常の中政吉がバッテラを考案. この年，東京四谷や赤坂にて，汁粉屋の露店(1杯5厘)増加. 五目飯の露店も人気. ゆで小豆に砂糖の煮汁をかけて商う露店も増加. この年，日本鉄道会社の小野義真，三菱財閥の岩崎弥太郎，子爵井上勝らによって，小岩井農場設立. 農場名は3者の名前の頭文字をとって，命名. この年，総漁獲高に対する水産加工品の比率(53パーセント)が生鮮魚の比率を上回る. この年，足が折りたためるちゃぶ台に特許認可. その後，大流行する(『生活学』23). この年，川上善兵衛，新潟県にて，清酒に代わるブドウ酒向けのブドウの栽培に着手(『国史大辞典』). この年，宇都宮仙太郎，アメリカ留学から持ち帰ったクリーム分離機を用い，バターの製造開始(『日本食文化人物事典』).
1892	25	1.- 恵比寿麦酒の偽物恵美須麦酒が現る.「宮内省御用」が「帝国第一等需要」と書き換えられる. 2.25 東大教授の隈川宗雄，自身で肉食論を批判し，低蛋白・低脂肪食を実施. 蛋白質40グラム以下で十分とするカロリー中心説を発表. 4.17 花王石鹸本舗長瀬富郎，東京向島長命寺の門前にて，無料の茶店営業(『国民』). 4.22 芝白金から大崎にかけての茶園にて，茶摘み始まる(『国民』). 4.28 高峰譲吉，アメリカシカゴにて，欧米人の口に合う日本酒を醸造することを目指した高峰日本酒醸造所新設の旨を伝える(『日本』). 5.1 軍隊の脚気予防に，麦飯の効果大と報道(『郵便報知』). 5.- 大阪麦酒会社(現在のアサヒビール)，旭ビール発売. 1893年10月，シカゴ世界博で最優等賞受賞(アサヒビールHP). この春，岩手県にて，佐藤谷次郎がリンゴ袋を古新聞紙から作成することを考案し，使用. 6.11 大阪麦酒会社，朝日ビールの販売を拡張させるために，東京に販路を求める(『日本』). 7.- 風月堂，ヨーロッパで流行の真珠磨(マシュマロ)製造販売.

1892(明治25)

西暦	和暦	事　項
1892	明治25	8.14 チャボ流行．売買が盛んになる(『寸鉄』)． 9.1 岡山県幡多郡にて倹約令制定．死者に対する仏事や神事での飲食物禁止．当日の親族世話係などは漬物茶漬けのみ．また出生婚礼，祭礼時には，すし・平芋・ゴボウ・肴・生酢・汁． 9.4 東京麹町区飯田町にて，夜店開店．賑わいをみせる(『東京日日』)． 9.- アメリカの世界禁酒会会頭ウエストが来日し，北海道・青森・宮城・福島・栃木・群馬・東京にて，演説会開催． 9.- 赤堀峯吉，二代峯吉，安西卯太郎，武田英一，野口保興の主唱により料理法の教授とその改良のため「治疱会」を創立． 10.1 大阪・神戸のマッチ製造業者，原料高騰のため10月1日より休業(『東京日日』)． 10.6 東京芝白金屠牛所にて，牛疫(リンドルペスト)発見．後に，東京・神奈川・関西・九州に蔓延． 11.3 アメリカ・ニューヨーク府商業会議所頭取のチャーレス・エス・スミス，八百善へ，1人18円の料理の仕出しを依頼する．日本料理最上の注文とあり(『都』)． 11.27 日本橋鰹節商にんべんの切手年間3万円に達すと報道(『都』)． 12.- 壺屋本店，東京新橋にて，クリスマスケーキ・ボンボン・フロンケーキなどを発売． この年，名古屋市にて，匙つきで1缶14銭の安価なコーヒーが登場．好評を博す． この年，芥川鉄三郎，ドロップス製造開始．木製手回し機械使用(『食生活世相史』)． この年，安井敬七郎，神戸にて阪神ソース発売． この年，イギリス人のクラーク夫人による割烹法練習学校開校(『食の一〇〇年』)． この年，栄太楼，有平糖梅ほ志飴用の保存に適した印刷缶考案(榮太楼総本舗

図146　アサヒビール吹田村醸造所(1892)

1892〜1893（明治25〜明治26）

西暦	和暦	事　項
1892	明治25	HP）． この年，安価な「支那卵」の輸入で，養鶏業に大打撃（『明治文化史』）． この年，東京神田の問屋にて，青森リンゴの取り扱い開始． この年，西川貞次郎，小樽にて，タラバガニの缶詰を製造．田村新吉，神戸にて，カナダ・バンクーバーから塩ザケ輸入． この年，木下作次郎，横浜にて，モツなどの内臓取扱業開始． この年，和歌山県日高郡・有田郡にて，梅の栽培普及． この年，大黒葡萄酒株式会社，高品質大黒天印甲斐産葡萄酒発売（『親から子に伝える「モノづくり」誕生物語』）． この年，富岡周蔵，輸入ハムを使用した駅弁サンドウィッチ販売（鎌倉ハム富岡商会 HP）．
1893	26	1.12 シカゴ万国博覧会に生花，茶湯の心得ある少女3名を派遣して喫茶店を開店する予定と報道（『郵便報知』）． 1.22 東京京橋区滝山町（旧東洋軒跡地）にて，西洋料理店三槐楼開業．「料理，野菜，コック，食堂等仏蘭西風」とあり（『国民』）． 4.1 帝国ホテル，新工夫の鴨料理を1羽2円50銭で提供．調理法は，「鴨一羽の肉と骨とをことごとく抜き取りて皮のみを巧みに存し，外に鴨八羽ほどの肉を細末にして味を着け，それを皮の中に詰め込み，今戸焼の小鍋に入れて，素焼きにしたるなり」とあり（『郵便報知』）． 4.- ジャパン・ブルワリー・カンパニー，麒麟ビールに国産の瓶を使用． 4.- 水産伝習所，サケの人工孵化試験に成功． 4.- 東京深川海岸で潮干狩りのハマグリが大豊漁． 5.1 シカゴ万国博覧会にて，日本風喫茶店が大好評（〜同年10月31日）．景品の茶碗1000個を追送（『東京日日』1893.7.2）． 5.1 兵庫県にて，ソーダ水・ラムネ製造販売取締規則制定（『日本食品衛生史』）． 5.1 イギリス・モルトン会社のドロップス輸入（『食生活世相史』）． 6.24 シカゴ万国博覧会にて，御殿作りの座敷，吾妻家にて，薄茶，玉露，煎茶に寒水という菓子，飴，押物，煎餅を供す（『時事』1893.6.11）． 6.24 ドイツに留学していた陸軍少佐東条英教や井口省吾ら10人，東京府下大崎村の恵比寿麦酒醸造会社にて，ビール会開催．ドイツ滞在中の思い出を語り合う（『時事』1893.6.28）． 7.- 東京日本橋の玉木屋の鮮魚佃煮と生のり佃煮が，旅行・温泉などの行楽で携帯に便利と人気を博す． 7.- 東京麻布凮月堂支店内に，婦人も利用できる喫茶室夏見世が設けられる．インテリアにも工夫がみられ，コーヒー，洋酒，アイスクリーム，果物入りシロップ，和洋菓子，ラムネ，オータ・アイスなどが提供される（『食生活世相史』）． 8.- 練木商店，東京日本橋にて，カツオ節削り器発売． 9.4 日本麦酒会社と大阪麦酒会社が箱根の関から以東をヱビス麦酒の販路に，以西をアサヒ麦酒の販路とする協定を結ぶ（『朝野』）． 9.27 帝国水産会社，函館より東京に本社を移転（『東京日日』）．

西暦	和暦	事　項
1893	明治26	9. －「時事新報」に連載料理記事「何にしようね」が始まる．家庭総菜料理3～4品を毎日掲載し，好評を得る． 10. 15 凰月堂，ギュウヒ餡の見本を，アメリカに送り，好評を得る（『国民』）． 11. 4 東京神田の食堂の衛生食料サンドイツ（サンドイッチ）の広告掲載．1食4銭5厘（『読売』）． この年，陸海軍，アメリカから味付けローストビーフ輸入． この年，当麻辰次郎（屋号　長十郎），神奈川県橘樹郡にて，ナシの新種長十郎育成．黒星病に強いとされ，普及（セレサ川崎農業協同組合営農経済本部果樹部HP）． この年，『蔬菜栽培法』に，安政年間に始まった結球キャベツ，東京辺にて普通の蔬菜店で販売されるとあり．栽培も奨励される（『日本の野菜』）． この年，九州や四国地方の名物ちり鍋が東京進出．比目魚やタイなどの魚肉と豆腐をこんろにかけ，煮えたら湯を切り，橙醤油で食べる鍋料理（『明治事物起原』）． この年，全国酒造組合連合会結成（『食の一〇〇年』）． この年，青森から東京日本橋魚市場に初の貨物輸送開始． この年，大阪にて，宇佐美要太郎（現在の松葉家），きつねうどんを創案． この年，金属食器の鉛の毒性が社会問題になる． この年，紅茶より緑茶の需要が急増．鹿児島に，緑茶製造の伝習所設置． この年，北海道の大工小野久次郎，1人で6台の臼を操作できる米搗き機械発明． この年，陸軍下士官兵卒の賄い：1日精米6合，副食5銭1厘から6銭（東京は5銭7厘）． この年，川上善兵衛，小沢善平や土屋龍憲らに学び，岩の原葡萄園・醸造所設置．菊水葡萄酒発売（『日本食文化人物事典』）．
1894	27	1. 10 東京の大森・品川にて，昨年の12月より晴天が続き，ノリが不作となる．年末年始の雨乞いで恵みの雨は降るとあり（『時事』）． 1. － 東京にて，牛乳業者が整腸剤としてのヨーグルトを製造し，販売． 2. 3 日本製のメリケン粉より，外国産（ゴール・スノー・ローヤル・エルド・クレセント・シュベリオー・ライオン・クラウン・スハンブランド・パコタ・モントダヤブロ・オリエント・オリンピヤ）が次第に増える（『東京日日』）． 2. 4 税務署，菓子税徴収のため，菓子屋検査実施（『日本』）． 2. － 山口八十八，横浜にて人造バターの試作に成功． 2. － 越後屋本舗（布川康次），ウスターソース「三ツ矢ソース」製造（ハグルマHP）． 3. 28 丸三ビール，尾州半田港の丸三醋醸造元にて製造．東京にも販路を求める（『時事』）． 4. －8月にかけて，凰月堂のかちどきビスケット，銀座木村屋の御旗ビスケット，君が代饅頭などの戦勝菓子ブーム． 5. 3 東京深川の倉庫に，米110万石が貯蔵されているとあり（『国民』）． 5. 12 小笠原島のレモンが初めて本土に出荷．1個1銭5厘～2銭と安価

西暦	和暦	事　項
1894	明治27	(『都』).
5.- 愛知県にて, 地方初の水産試験場設置.
7.17 東京南鍋町の凮月堂, ビスケット10万斤製造. 箱詰で上納(『時事』).
7.- コレラが流行. 患者5万6000人, うち死者3万9000人. アイスクリームが敬遠され, 玉瓶詰めラムネが安全性を認められ普及.
8.1 日清戦争勃発.
8.10 日清戦争で大豆の輸入が途絶え, 豆腐が値上がりする(『国民』).
8.17 三味線引き大阪芸人坂東小猪三, 毎晩の茄で豆の売り上げを, 日清戦争に奔走する兵士の為に献金.「茹鞘豆, 日本豆の大鉄砲」と売り歩く(『読売』).
8.- 烏骨鶏, 肺病に効くとの理由から飼育流行.
9.8 牛肉缶詰, 値上がり.「缶詰の牛肉は, 征清軍隊食料品中最も多額を要するもの」とあり(『国民』).
10.1 東京根津の磯部温泉神泉亭にて, 日清戦争の開戦を祝し, 凱旋煮と乗っ取り汁考案.
10.5 ヤマサ醤油, 創業250年を祝し, 景物付の醤油を発売. また, 3日には, 東京府下各新聞社員を招き, 祝宴を開催したとあり(『時事』).
11.9 凮月堂, 軍事用ビスケット(乾蒸餅)を計107万斤納入を命じられる.
この年, 東京芝の清新堂にて甘食パン考案.
この年, 日清戦争開戦の高まりの中で, 梅干し・味噌漬・粕漬・たくあん・ラッキョウ漬・紫蘇漬などの漬物類や佃煮類が高騰. 梅干し1升：1銭から2銭7厘5毛へ. 牛乳400グラム4銭から10銭, たくあん100樽57円から100円以上になる(戦前の2〜3倍, 『時事』1894.8.15).
この年, 牛肉缶詰の需要増大. 東京府下の各缶詰屋が大繁忙. 東京の缶詰屋は24時間操業体制で, 1日に150頭の牛を屠殺. 職工に1日に3日分の賃金を支払う. 特に, 東洋舎の牛肉の大和煮が特に評判を博す. 価格が上昇し, 品不足(『時事』1894.10.17).
この年, 福羽逸人, マスクメロンの種子を取り寄せ, 植物御苑(現在の新宿御苑)の温室で試作を始める(『国史大辞典』).
この年, 和歌山県有田郡広村の名古屋伝八, ミカンのしぼり汁を蜜柑水として販売(『食生活世相史』).
この年, 川野仲次, 大分県にて, 早生の温州ミカン発見.
この年, 菓子屋新杵の東京分店にて, アメリカ製のドロップ製造機によるドロップ製造開始.
この年, 北海道阿寒湖の紅マスを支笏湖に移殖し成功. 湖水養魚の基礎が確立(『日本食生活史』).
この年, 東京市中にて, 焼鳥(焼豚)流行. 1串3厘, 上等8厘.
この年, 長野県北佐久地方にて, イチゴ栽培開始.
この年, 大阪砲兵工廠にて, アルミニウム冶金より飯盒, 水筒などが製作される.
この年, 高峰譲吉, アメリカで麹菌からデンプンを分解する消化酵素タカジアスターゼ発見. 高峰は, 1913年に設立された三共の初代社長に就任(第一三共ヘルスケアHP).
この頃, 静岡県由比にて, 桜エビ漁開始.

1895（明治28）

西暦	和　暦	事　　　　　項
1895	明治28	1. 5　日本麦酒会社，恵比寿ビールの商号を改正し，新たに黒ビールも発売（『報知』）． 1. 13　在米国日本茶業会中央本部支部詰の古谷竹之助・駒田彦之丞，アメリカでの日本茶の盛況を伝える（『東京朝日』）． 2. －　木田吉太郎，東京銀座にて，洋食屋煉瓦亭開業（『日本食肉文化史』）． 3. 5　ギリシャ在住ジョージ・ゼー・コロナルより，横浜の日本製茶会社に日本茶の見本の送付を申請する申し込みがありと伝える（『毎日』）． 3. 15　陸軍参謀本部に，ネギやゴボウ・ニンジンの3種2ポンド入りの缶詰2万余個が納付される（『国民』1895. 3. 16）． 3. 19　御用船名古屋丸，大連湾にて輸送の糧食缶詰に石が混入しているのを発見．缶詰製造者ともめごとに進展する（『時事』）． 3. 27　狩猟法公布．農商務大臣が猟具猟法を監督することになる（『官報』）． 3. －　京都府にて，販売用飲食物に蓋をするよう指示． 3. －　愛知県にて，牛乳営業取締規則が制定． 4. 1　京都で開催された第4回内国勧業博覧会（4月1日〜7月31日）にて，ビスケットが大好評． 4. 7　旧琉球藩主尚泰，沖縄諸島でコーヒーの栽培を計画（『国民』）． 4. 13　昨年より編纂を開始した『古事類苑』，本年より神宮司庁に委託し，編纂開始．5年間で5万円の予算とあり（『日本』）． 4. 17　日清講和条約の調印式にて，フグ料理が公式に採用される． 4. 26　小瓶詰（1合5勺）の日本酒桜正宗発売．そのまま燗できることが好評で，進物や宴会でもてはやされる（『都』）． 5. 8　日清戦争の影響で，祝い酒の売れ行き良好．灘の酒造業者は新酒の売り出しを1月早め，5月に出荷（『国民』）． 5. 15　讃岐・伊予・土佐などの四国産の砂糖の売り上げが悪いとあり（『国民』）． 6. 15　横浜ガス局が昼間にガス供給開始． 6. 末　横浜のマッチ会社が香港にマッチを輸出．

図**147**　高峰譲吉（1894）

西暦	和暦	事　項
1895	明治28	7.25 東京にて，甘酒屋の露店が増加．銘酒屋や麦湯店などの許可が煩雑とされたため(『都』1895.7.25)． 7.28 朝日・キリン・恵比寿の3社の売れ行きが盛んになる．キリンは横浜，朝日は大阪で盛況とあり(『国民』)． 8.- 東京や横浜にて，氷店が激増(5歩に1店，10歩に1舗)．氷水1銭．氷イチゴ・氷レモン・氷しるこなども販売． この夏，大阪中之島の翠柳館にて，朝日麦酒会社がビール会を3日間にわたって主催．ビヤホールの前身(『日本食物史概説』)． 9.25 浦塩斯徳(ウラジオストック)駐屯軍，長崎に電報を打ち，ビスケット5万ポンドを注文するとあり(『毎日』)． 9.27 東京上野公園東園にて，休憩所鶯亭設置(『都』)． 10.3 埼玉県大宮の氷川公園にて，初茸狩行われる(『時事』)． 10.15 東京大丸呉服店にて，20円以上の買い物をした客2000名を対象に朝食を提供し話題になる． 11.5 宇治・狭山の製茶師として有名な滝酒園主人，東京湯島天神にて，茶・茶器を扱う茶器舗開業．廉価な販売に乗り出し，さらに「古代製茶器」の鑑定にも着手(『都』)． 12.22 鈴木藤三郎・渋沢栄一ら，東京小名木川にて，大規模機械生産の日本精製糖株式会社設立(『日本食生活史』)． 12.29 恵比寿麦酒，中国やインドのみならず，香港・上海・シンガポール・マニラなどで人気を博すと報道(『報知』)． 12.- ハンパクビフテーキの調理法掲載(『女鑑』)． この年，博文館の大橋又太郎，日用百科全書第3編として『実用料理法』編纂．中国料理店偕楽園の詳細が記される． この年，広島県大崎下島にて，国産レモンが栽培される． この年，醤油の群小メーカーが激減．亀甲万・ヤマサ・ヒゲタの企業化が進む． この年，東京にて，亀楽開業．落雁や亀楽煎餅を創製し，評判となる(『日本食

図148　『実用料理法』(1895)

1895～1896(明治28～明治29)

西暦	和　暦	事　　　　項
1895	明治28	生活史』). この年，台湾の甘蔗振興策により，北海道の甜菜糖が打撃を受ける．札幌製糖，紋鼈製糖が操業中止． この年，凮月堂，もち米に豆粉，食塩を加えてついた餅を凍結乾燥させた軍用餅を試作(『たべもの日本史総覧』). この年，満洲大豆の輸入が増大し，納豆や豆腐・煮豆などの行商，凍り豆腐の製造が盛んになる(『日本食物史』). この年，丸三麦酒，京都博覧会へ出品され，好評となる(ミツカンHP). この年，碓氷勝三郎，北海道根室にて，缶詰工場設置．製造過程の肉の黒変防止に挑み，好成績をおさめる．1909年には，アメリカへカニ缶詰を輸出(『日本食文化人物年表』). この年，安部幸兵衛，横浜砂糖舶来砂糖貿易取引組合を組織し，組合長に就任(『日本食文化人物事典』). この頃，パパイヤが，日本に輸入される．
1896	29	1.29 酒税法の改正により濁酒にも清酒と同一の税率をかけることに抗議し，同盟休業(『国民』). 2.20 木村幸次郎，大阪阿波座にて，山城屋開店．錨印ソース発売．本格的ソースとしては国産第1号(イカリソースHP). 2.25 神奈川県にて，料理屋・飲食店・待合茶屋取締規則制定. 2.- 東京上野にて，酒悦が旅行用・進物用に缶詰の福神漬販売. 3.3 台湾紅茶初輸入．40匁入り1袋30銭位(『時事』). 3.24 菓子税廃止運動後，ようやく廃止となる(『日本洋菓子史』). 3.28 酒造税法公布．酒類は，清酒・濁酒・白酒・味琳・焼酎・酒精の6種となる(『官報』). 4.28 東京根岸の菓子店岡野にて，割烹店開業祝いに園遊会開催(『国民』1896.4.30). 4.- 横浜にて，高級料亭富貴楼廃業． この夏，大阪中の島にて，アサヒ麦酒，能の舞台前にテントを張り，ビールを提供． 5.- 4代目中埜又左衛門未亡人ナミを中心に，東京のエビス・横浜のキリン・大阪のアサヒに対抗した「丸三麦酒」設立(赤煉瓦倶楽部半田HP). 6.12 帝国麦酒会社創業総会，銀行集会所にて開催(『日本』). 8.6 野菜類が不作となり，白瓜の種が1合5円に騰貴(『読売』). 9.16 天皇のバナナへの嗜好により，東京内藤新宿の植物御苑にて栽培．昨年も結実し，今年も結実し供膳されると報道(『読売』). 10.3 東京浅草広小路松田楼主石川直次郎ら3名，日本料理株式会社発起・出願(『報知』1897.12.22). 10.26 北海道上磯村当別のトラピスト修道院にて，オランダ産乳牛の飼育開始. 11.28 月島にて，東京精米株式会社開業． この秋，赤痢が流行．死者約2万人． この年，博文館の大橋又太郎，日用百科全書第13編として『西洋料理法　附長

西暦	和暦	事　項
1896	明治29	崎料理法』編纂．調理や盛り付けの様子など，多くの料理人の挿絵が描かれる（『近代料理書の世界』）． この年，花島兵右衛門，練乳用真空釜製造．金鶏印として，練乳販売（『20世紀乳加工技術史』）． この年，愛知県一宮市にて，瓶詰日本酒が出回る．瓶が壊れやすく，不人気で流行せず． この年，秋田県男鹿半島沖にて，数年来ハタハタの大漁続く． この年，汽船の運航や埋め立てにより，東京湾の白魚が激減． この年，京都府久美浜にて，カキの養殖開始． この年，耐冷耐病性品種坊主の出現により，北海道でも稲作普及． この年，台湾から鹿児島県にポンカンの苗木が移入される． この年，千葉県野田にて，醬油業者たち，イギリスの塩1万5000俵を共同購入．外国塩輸入の始め． この年，清国から輸入鶏卵が激増（33万5525円）． この年，博多に鉄道開通．駅前の茶屋東雲堂の高木喜七，博多名物二〇加煎餅（にわかせんべい）販売． この頃，東京市中にて，果物屋増加．リンゴなどが普及．行商の八百屋も果物を持参するようになる．
1897	30	3.25 水産講習所官制が公布．農商務省が水産講習所（現在の東京海洋大学）開設（東京海洋大学HP）． **3.29 貨幣法公布．** 4.2 遠洋漁業奨励法公布（『官報』1897.4.2）． 5.1 陸軍，軍用食糧の調達や補給のための中央糧秣廠開設． 5.23 東京駒込富士前の岩崎家の別邸にて，園遊会開催（『東京日日』）． 5.- 横浜硝子製造会社，ビール瓶の製造開始． 6.1〜3 東京白木屋で3日間早朝売り出し．午前5時より開店．昼食の10円以上の膳部は3日間で4390人前となる（『報知』）． 6.16 東京市内に，牛乳搾取業400余軒あり．市外に移転し，一大牛乳株式会社を設立し，大牧場を設置するとの計画あり（『読売』）． 7.9 駿遠地方にて，新茶の相場が高騰し，利益が上がる（『報知』）． 7.- 大阪麦酒会社，大阪中之島にて，本格的なビアホールアサヒ軒開業（アサヒビールHP）． 8.12 岡山市内にて，油揚の販売が禁じられる．盂蘭盆に同地方では，油揚げを仏壇に供えてから食べる風習があるが，これが伝染病のもとになるという理由から．だんご類も禁止に． 8.- 石川県宇出津にて，婦女500人が米商へ示威．北陸や東北を中心に米騒動勃発．11月下旬まで続く． 9.1 神戸にて，第2回水産博覧会の開会式挙行（『東京日日』1897.9.2）． 9.2 前年の凶作の影響で，米価騰貴．長野・福島・山形・新潟・富山にて米騒動．たとえば，長野県飯田町では，2000人が精米所を襲い警察署にせまる（『信濃毎日』）．

1897（明治30）

西暦	和　　暦	事　　　　　　　　　　　項
1897	明治30	9.10　大阪にて，1年365日のおかずをまとめた主婦向けの「おかず番付」発売． 9.-　神戸市の外国人商館にて，冷凍機利用の小型冷蔵庫が作られる． 10.-　川野伸次の甥宮崎勝蔵，カラタチに接木を行い，温州ミカンを結実させる． 10.-　秋田県横手町にて，米価高騰に際し，低所得者(733人)に700俵の白米廉売(1升相場18銭を10銭に引き下げる)． 11.-　東京砲兵工廠にて，水筒の製作開始． 12.8　いろは牛肉店主人木村荘平，不景気のさなかに，従業員150名が華美ないでたちで，浅草の大鷲神社参拝をしたことをとがめられたため，18の支店を休業(『東京朝日』1897.12.12)． 12.22　日本料理株式会社(1896年10月3日設立)，東京の浅草・上野の松田楼を譲り受け，営業開始をめざす(『報知』)． 12.25　志賀潔，赤痢の病原体発見(『台所の一〇〇年』)． 12.28　新橋花月楼，増築落成(『時事』)． 12.-　人力車夫の生活費(4人家族)：米代28銭6厘，朝の汁2銭，副食代5銭，石油代8厘，薪代2銭5厘，炭代3銭，家賃4銭(計45銭9厘)． この年，C.エイクマン，ニワトリの白米病改善に糠が有効との研究を日本に紹介(『東京医事新誌』)． この年，水産物の料理書『魚貝調味法集　全』刊行．かまぼこやちくわなどの加工品製造法などが記される(『近代料理書の世界』)． この年，東京神田を中心にミルク・ホール開店(『食生活世相史』)． この年，女給がいないバー銀座函館屋開業(『食生活世相史』)． この年，東京市中にて，果物屋増加．サクランボが東京に初入荷され，リンゴなどが普及(『食生活世相史』)． この年，宮城県気仙沼にて，越後の某があぶら鮫の焼竹輪の製造開始．三陸竹輪の始まり． この年，日清戦争の影響で，缶詰の需要が伸び，日本人の嗜好を吟味した大和煮・時雨煮・蒲焼などが現われる． この年，尾崎紅葉著『金色夜叉』に，半月形のハム缶詰登場(『日本食肉文化史』)． この年，アメリカから樽バター・ロールバター輸入． この年，警視庁，着色料取締規則発令．有害着色料の禁止． この年，沖縄，小笠原，奄美大島のバナナが市場に出始める． この年，ガラスの哺乳瓶が製作される． この年，東京浅草にて，鮨清が内装に椅子式と食卓を用いる． この年，広島県呉の高須缶詰所にて，コンビーフの製造開始． この年，御園白粉製造元の伊藤胡蝶園の長谷部，ヨーロッパより製法を取得し帰国し，ウスターソース「矢車ソース」発売(『親から子に伝える「モノづくり」誕生物語』)． この年，酒田にて，鳥海あられ創製(『たべもの日本史総覧』)． この年，全国の屠殺数，牛15万8504，馬4万1049頭，豚10万7034頭． この年，四方家5代目卯之助，「寶」の商標をみりんにおいて登録(宝ホールデ

1897～1898（明治30～明治31）

西暦	和暦	事　　　　　項
1897	明治30	ィングスHP）． この年，凮月堂，宮内省御用達となる（東京凮月堂HP）． この年，三ツ矢印平野水，東宮殿下（大正天皇）の御料品として採用（アサヒ飲料HP）． この頃，松岡軒，福井にて，羽二重餅創製（羽二重餅綜本舗松岡軒HP）． この頃，なべや弁当箱，軍隊用箸などの食器へのアルミニウム使用が始まる（『日本人のひるめし』）．
1898	31	1.5 台湾県庁殖産課，200本ほどの珈琲樹を買い上げ，県庁や各弁務署に分配，播種をすすめる（『台湾日報』）． 2.19 紅生姜培養会社，三河八名郡にて，紅生姜を培養し，フランスや清へ輸出（『報知』）． 3.- 東京にて，不正牛乳が横行．警視庁による検査が始まる． 4.2 アメリカ産の干しアワビ，初めて輸入される（『読売』）． 4.4 ニシンの大漁により，秋田県脇本尋常小学校で，児童の欠席者が多数にのぼり，臨時休校となる． 4.- 醤油業者，全国大会でウスターソース作りを議題に話し合う．それがきっかけとなり，各地でウスターソース作り開始． 5.8 日本麦酒会社，創立10周年の園遊会開催．ビール瓶・瓶籠などで恵比寿の飾り物も設置（『国民』1898.5.10）． 5.16 京都にて，市内の地下水の水質調査が始まる． 5.- 家庭用アイスクリーム製造器発売（1台3～5円）． 5.- 東京新橋にて，宇都宮商店，石油七輪を売り出す． 6.- 全国で物価が騰貴し，低所得者の生活が困窮する．白米が1升17銭となり，雑穀や野菜の常食者が増加． 8.20 アンモニア液製氷法による人造氷製造始まる（『明治事物起原』）． 9.14～16 神田青物市場の開市二百年祭がおこなわれる（『読売』1898.9.16）．

図**149**　アイスクリーム製造器（1898）

1898（明治31）

西暦	和　暦	事　　　　　　項
1898	明治31	10.31　丸三麦酒，ドイツから機械技師A．F．フォーゲルと醸造技師ジョセフ・ボンゴルを招聘し，愛知県半田にて，赤レンガ造りのビール工場建設．本格的なドイツビール加武登麦酒発売．1900年には，出展したパリ万国博覧会にて，金牌受賞（赤煉瓦倶楽部半田HP）． 11.-　横浜にて，和菓子屋の寿松堂（柴田石松），横浜初のフランス菓子店開店． この秋，石井治兵衛，割烹学校開校．男子にも調理法を教授．週1回で授業料は50銭．また，同年に，1500ページにもおよぶ日本料理の大著『日本料理法大全』を刊行．料理人の系譜がまとめられる（『近代料理書の世界』）． この年，実践女子大学の創始者下田歌子，『料理手引草』著す．イギリスとフランスの朝食の違いについて言及する（『近代料理書の世界』）． この年，豊太閤三百年祭における豊国廟献茶開催．北野神社・平安神宮・金閣寺・大徳寺など会場は40ヵ所におよび，20日間続いた（『よくわかる茶道史』）． この年，各地に牛乳・ラムネ・氷の不良品横行． この年，米価高騰にて，都市の中等以上の家庭から農家にまで安い外米の食用が普及． この年，陸軍中央糧秣廠，軍用パン研究のため，福岡技師をヨーロッパへ派遣． この年，関西鉄道に，車内飲食店設置．駅売り同様，弁当などを販売開始． この年，北原多作が岡山県下でマダイ，藤田経信が千葉県下でヒラメ，服部他助が多摩川でアユの人工孵化を試みる． この年，山田いち，埼玉県にて，サツマイモの新種紅赤発見． この年，暑中の進物用として，「鶴とすっぽん」「あゆ」「干し海苔」「味付け海苔」などのユニークな缶詰が増加． この年，地方にて，1斗入りのブリキ缶に入れた牛乳を馬車で運ぶ牛乳配達が普及（柄杓で量り売り）． この年，東京にて，鳥肉のコロッケをソバの上に置くコロッケソバが人気になる． この年，富貴竈（かまど），銅製五徳竈など改良竈の新製品が増加．

図150　『日本料理法大全』(1898)

1898～1899(明治31～明治32)

西暦	和暦	事項
1898	明治31	この年，種苗商渡瀬寅次郎，千葉県東葛飾郡八柱村大橋の松戸覚之助の作った梨の新太白を二十世紀と命名． この年，川上善兵衛，新潟県中頸城郡高士村にて，菊水ブドウ酒・菊水ブランデーを大量生産し，販売． この年，宮崎にて，河野平五郎，田植機の特許第1号取得(『親から子に伝える「モノづくり」誕生物語』)． この年，大阪野村屋，ウスターソース「白玉ソース」販売(『食生活世相史』)． この年，富岡周蔵，東海道線大船駅にて，大船軒開業(大船軒HP)．
1899	32	1.1 東京市内で密造酒横行．取り締りの必要を訴える(『東京日日』)． 1.- 濁酒など自家用酒の製造禁止． 1.- 東京にて，全市への水道給水開始(『明治文化史』)． 2.1 鳥井信治郎，大阪にて，鳥井商店(現在のサントリー)開業．ブドウ酒製造開始(サントリーHP)． 2.11 台湾総督府，塩業を総督府の専売事業とすることを決定(『人民』)． 2.17 禁酒の国アメリカへ，酒糟を輸出(『報知』)． 2.27 醤油税則の改正公布． 2.- 村岡安吉，羊羹づくりに着手．後に，小城羊羹と命名(村岡総本舗HP)． 3.23 アイヌ人食糧分のシカ猟が禁猟対象になり，アイヌ人の生活が困窮する． 3.- 中野孝太，日本冷蔵商会設立．鳥取県米子にて，冷蔵庫を建設し，魚類の凍結，冷蔵保管，製氷などを行う． 4.- 横山商会，大阪にて，米1升が20分で炊ける石油コンロ発売．8升炊きまであり． 5.4 東海道汐留川にかかった新橋開通式に洋酒店大野屋3000本のビールを通行人に振舞う(『ビールと日本人』)． 5.25 私鉄山陽鉄道の急行列車(京都―三田尻間)に食堂車開設．一等・二等の客のみ対象(『食堂車の明治・大正・昭和』)． 6.27 兵庫県の川久保久之考案の天然瓦斯入り平野鉱水，夏季に適した飲物と評価される(『時事』)． 7.4 東京京橋区南金6番5番にて，恵比寿ビールビヤホール開店．レンガ造りの2階建て35坪．日本麦酒株式会社が宣伝と売り上げの向上を目指して始める．半リットル10銭，4半リットル5銭．1日平均800人の来客(『明治事物起原』)． 7.20 山口県仙崎にて，日本遠洋漁業株式会社設立．ノルウェー式捕鯨業が始まる．鋼船の捕鯨船第一長周丸(122トン)も建造される(『食生活世相史』)． 7.- 黒砂糖に石炭を混ぜたものや，水に溶かしたコンデンスミルクを牛乳と称するなど，不良飲食物の横行． 7.- 盆の進物に，砂糖の流行．なかでも，箱入り角砂糖が人気になる．砂糖の値段：三盆白11銭，三盆白(上)11銭5厘，並(上)10銭5厘，花見10銭，天光9銭．角砂糖箱入3斤48銭，4斤60銭，5斤75銭． 8.4 日本麦酒醸造会社，東京新橋にて恵比寿ビールBeer Hall開業．樽ビールを氷室で貯蔵し提供(『ビールと日本人』)．

1899(明治32)

西暦	和暦	事項
1899	明治32	8.4 丸三麦酒会社,「兜ビール」発売(『東京日日』). 8.12 東京府下ラムネ製造組合,組合総会にて,不良品ラムネの取り締まりの強化を開始するとあり(『東京日日』). 8.15 森永太一郎,東京赤坂に森永西洋菓子製造所(森永製菓の前身)開業.キャンデーやケーキの製造に着手(『日本洋菓子史』). 8.26 恵比須麦酒のビーアオールが大繁盛とあり(『報知』). 9.8 陸軍省医務局長に就任した小池正直,それまでの資料を整理し,反論していた麦飯と脚気の関係を認め,陸軍大臣に公文書で連絡.後に軍医森林太郎と対立(『模倣の時代』). 10.- 東京銀座の煉瓦亭,カツレツ考案. 11.- 横山源之助『日本之下層社会』刊行. 12.17 東京にて,水道工事の落成式挙行(『時事』1899.12.18). 12.- 札幌農学校の生徒川上滝弥,イモチ病の発生を正式に報告. 12.- 東京日本橋の魚市場にて,北海道の生ザケ,塩釜・宮古のブリやマグロ,福島のヒラメ,直江津のタイなどの入荷開始. この年,蟹江一太郎,愛知県にて,トマトの栽培開始.トマトソースの製造開始(カゴメHP). この年,東京の愛光舎の角倉賀道,アメリカから帰国し,細口色付き瓶に打栓し,蒸気殺菌した滅菌牛乳販売(『近代料理書の世界』). この年,シカゴ在住の加藤サトリ,コーヒー液を真空蒸発缶にいれ水分を除去したソリュブル・コーヒー考案(『食生活世相史』). この年,東京本所の業平橋にて,東京機械製氷会社設立.1日当たり氷50トンを生産(『日本食生活史』). この年,白砂糖の関税改正.従来の価格の2割となる.主要輸出国イギリス・ドイツとの協定税率締結により,従価1割を適用. この年,岡山県赤磐郡にて,大久保重五郎,新種のモモ発見(1901年に白桃と命名).

図151 森永太一郎(1899)

西暦	和暦	事項
1899	明治32	この年,米の消費増加に伴い,精米機発達.精白に石粉を使うことが有害とされ,無砂白米の販売も開始される.
この年,長野県軽井沢にて,外国人に雇われていた日本人料理人が日本人会という料理人組合結成(『日本食物史』).
この年,内地雑居令施行により,居留地での外国人の営業が許可される.行商の支那そば屋・理髪店が職業業態になる(『横浜もののはじめ考』).
この年,酒粕がアメリカに大量に輸出される.アメリカの出稼ぎ労働者の間で,禁酒統制によって,労働者の飲酒が許されない状況に応じ,酒粕を水に溶かして飲用する習慣が一般化(『食生活世相史』).
この年,東京深川の鈴木藤三郎(日本精製糖株式会社の技術長),糖蜜を原料とした壜詰ラム酒発売(『食生活世相史』).
この年,松田栄吉,日本橋魚河岸にて,牛鍋屋を始める.吉野家の元祖.1926年には,魚河岸の移転に伴い,築地へ移転.1952年には,24時間営業開始(吉野家HP).
この年,三菱合資会社社長岩崎久彌,小岩井農場を継承し,農場主となる(小岩井乳業HP).
この年,「三ツ矢」印を商標として登録(アサヒ飲料HP).
1900	33	2.7 日本精製糖会社の技術長鈴木藤三郎,海外でラム酒製造を視察し,帰朝後,国内で初めてのラム酒製造に着手(『中外商業』).
2.12 農会令公布(『官報』).
2.- 「飲食物その他の物品取締に関する法律」(現在の食品衛生法の前身)公布.
3.10 自家用醬油税法公布(『官報』).
4.7 牛乳営業取締規則公布(『官報』).
5.- シカゴにて,日本茶喫茶店が開店し,人気を博す.
6.3 渋沢栄一の授爵祝賀会,帝国ホテルにて開催.穂積歌子(渋沢の長女),子ども6人を同伴し参加(『穂積歌子日記』).

図**152** トマトソースの製造開始(1898)

1900(明治33)

西暦	和　暦	事　　　　　　　　　項
1900	明治33	6. 5　清涼飲料水取締規則公布．清涼飲料水の範疇が，「販売用に供するラムネ，リモナーデ(果実水，薄荷水及び桂皮水の類を含む)，曹達水及びその他炭酸含有の飲料水」と決まる(『官報』)． 6. 7　東京京橋区八重洲橋にて，恵比寿ビールのビヤホール開業(『時事』)． 7. 23　獣肉・山羊乳販売業取締規則公布． 7. 29　新築中の上野停車場の待合室にて，西洋料理・弁当・西洋小間物・菓子・雑品・新聞などの食堂や売店のサービスを始めるとあり(『日本』)． 10. -　正田貞一郎，群馬県館林市にて，館林製粉(現在の日清製粉)設立(日清製粉HP)． 12. 8　農事試験場，肉食の普及に伴い，蔬菜や果樹の培養・改良の必要性を訴える(『報知』)． 12. 10　台湾総督の保護，三井・毛利家の出資などを受け，台湾製糖株式会社設立．近代製糖開始(『日本食生活史』)． 12. 17　飲食物用器具取締規則公布．飲食物用器具の範疇が，「飲食器，割烹具，その他飲食物の調製器，容器，貯蔵器または量器」と決められる(『官報』)． この年，大阪麦酒会社(現在のアサヒビール)，日本で最初の瓶入り生ビールアサヒ生ビール発売(アサヒビールHP)． この年，北海道のトラピスト修道院にて，バターやチーズの製造(『牛乳・乳製品の知識』)． この年，農商務省，七塚原種畜牧場設置．乳製品の製造開始(『20世紀乳加工技術史』)． この年，松本清八，野田の醸造家から醬油を買い集め，ビール瓶に詰めて，野田土産として壜詰醬油を旅行者に販売(『明治文化史』)． この年，欧米帰りの風月堂米津恒次郎，イギリスより最新式ウェーファース機械を土産に持ち帰る(『日本洋菓子史』)． この年，木村儀四郎，ビスケット会社東洋製菓株式会社設立．また，ジャムパンを新発売(『食の一〇〇年』)．

図153　正田貞一郎(1900)

1900～1901（明治33～明治34）

西暦	和暦	事　項
1900	明治33	この年，阪川牛乳店，消毒牛乳販売（『近代料理書の世界』）． この年，静岡駅にて，加藤弁当店（東洋軒），西洋弁当販売． この年，神戸にて，安井敬七郎，輸入ソースと自家製ソースをブレンドしたウスターソース「日の出ソース」製造（『親から子に伝える「モノづくり」』）． この年，藤島鉄工所，大阪にて，初の国産冷凍機製造． この年，外米の輸入（100万石）が前年の2.5倍に伸びる． この年，米価は年平均11円90銭に上昇． この年，四国にて，讃岐鉄道，弁当・ジュースなどの車内販売開始． この年，豆乳（1合約1銭5厘）大流行． この年，中川安五郎，長崎市にてカステラ製法を学び，文明堂開業（『文明堂総本店百年史』）． この年，富岡周蔵，ハム製造部門を独立させ，鎌倉ハム富岡商会として，本格製造開始（鎌倉ハム富岡商会HP）． この頃，東京府下の焼き芋屋1406軒．大都市に焼き芋屋が増加． この頃，宣教師ガーネー・ビンフォルドの妻エリザベス，茨城県水戸で伝道活動の傍ら主婦たちに食パン・ビフテキ・オムレツ・スポンジケーキなど西洋料理を教え，1904年に『常盤西洋料理』として発行される（『近代料理書の世界』）．
1901	34	1.4 北海道にて，乱獲を防止するニシン保護規則公布（『食の一〇〇年』）． 1.9 「瓦斯応用のへっつい」についての紹介記事が載る．ガスを管から出し，マッチを擦りさえすれば使え，時間と労力の大倹約になるとして評価．飯は14分ほどで炊けるとあり（『報知』）． 1.11 東京酒造組合，増税反対運動開始（『中外商業』）． 2.7 長崎にて，前月の牛痘流行のため，227頭を撲殺． 2.23 江戸時代以来の旧水道を全廃すると決定（『東京日日』）． 3.24 東京中野にて，農事試験場開設（『東京日日』1901.3.21）． 3.30 砂糖消費税法・麦酒税法公布（『官報』）． 4.- 愛知県三河地方にて，野菜類の温室栽培開始． 5.14 東京京橋築地料理店新喜楽に，隕石が落下する（『時事』1901.5.18）． 5.21 東京にて，水道の蛇口からヒルが多出．帝国大学に委託され，水源地の実地調査も行われる（『東京日日』）． 5.31 東京各地にて，水道管の大掃除が行われる（『時事』）． 6.- 京橋区宗十郎町の細中商店，殺菌消毒機械設置．安全な牛乳の1杯売りと簡単な洋食を出す（『時事』）． 7.- 尾崎紅葉，日記に小笠原産のバナナをたくさん購入したと記す． 8.29 横浜吉田橋にて，水上ビヤホール酔来亭開業． 10.16 内務省，人工甘味質取締規則公布．サッカリンなどの食品への使用を禁止（『官報』）． 11.10 横浜にて，巴屋支店，瓶詰の日本酒発売． 12.1 官営鉄道にも食堂車連結．新橋―神戸間の急行列車が初め．料理は，新橋停車場の西洋料理店壺屋から調達された洋食（『明治文化史』）． 12.15 東海道線の急行内にて，一等・二等客用の食堂車設置．料理は精養軒

1901（明治34）

西暦	和暦	事　項
1901	明治34	の洋食．肉類1品15銭，野菜類1品12銭．食堂車の女給仕の日給は17銭（『日録20世紀』）． 12.30 相馬愛蔵・黒光夫妻，東京本郷の帝大正門前にてパンの製造販売所中村屋開業（『日録20世紀』）． この年，西山竜之助，東京入谷にて困窮者に軍隊の残飯を販売する残飯屋開業（『食生活世相史』）． この年，饗庭篁村，「汽車弁にはサンドウキツチ胃の受第一なり．殊に日本弁当は飯の温かみに蒸されてか煮物の臭ひの付くもの多し」と記す（『旅硯』）． この年，中国鶏卵の輸入額が史上最高に達する（輸入量は11～1月が多く，7～8月は少ない）． この年，静岡県久能山にて，川島常吉，石垣イチゴを栽培． この年，瀬戸引きなべのホウロウに混入した砒素や鉛が問題化． この年，徳島県下の塩田面積が399町4反に達する．製塩燃料に薪材を使用したため，薪用の樹木が伐採された付近の山々が禿山となる． この年，長野県三岡村にて，塩川伊一郎，モモの缶詰の製造開始． この年，中原孝太，人工凍り豆腐の特許を取得したことで，均質な凍り豆腐の通年生産が可能になる． この年，福井県敦賀にて，大和田製油所，本格的な大豆油と大豆粕の製造開始． この年，日の出白味淋の製造販売開始．後のキング醸造（キング醸造HP）． この年，小岩井農場，オランダ原産のホルスタイン種牛など外来種の輸入開始（小岩井乳業HP）． この年，岸田捨次郎，岸田地球堂開店．ドロップを製造販売し，好評を得る（『日本食文化人物事典』）． この頃，海軍の舞鶴鎮守府の初代長官東郷平八郎，イギリス留学中に食べたジャガイモと肉のシチューを懐かしんで，部下に肉とジャガイモの料理を命じる． この頃，東京瓦斯，調理用瓦斯の新聞広告を出す．瓦斯が調理に使われるきっかけになる（『報知』ほか）．

図**154**　相馬愛蔵・黒光（1901）

1901～1902(明治34～明治35)

西暦	和暦	事　項
1901	明治34	この頃，牛乳の1合瓶が地方へ普及．関東では，煮物などに砂糖を入れることが流行(『東京風俗誌』)．
1902	35	1.15 台湾製糖会社，正式な製糖業開始．甘蔗から砂糖製造を行う(『中外商業』1902.8.23)． 1.30 ロンドンにて日英同盟の締結． 1.30 スコッチウィスキーの大量輸入． 1.- 守備分遣隊一小隊に守られ，台湾製糖の橋仔頭工場が本格的な製糖開始(『明治文化史』)． 2.25 東京瓦斯会社，ガス炊飯かまどの専売特許取得．販売開始(『日録20世紀』)． 3.19・20 高峰譲吉，「高峰麹」「タカジアスターゼ」について語る(『時事』)． 3.23 東京佃島の白魚漁が盛んになる(『時事』)． 3.23 東京日暮里の養豚場主，治庖会と協力し，28日に，牛込横寺町の治庖会にて，豚料理の講習会を行うと決める．「第一会」は西洋料理，「第二会」は日本料理とし，豚肉を嫌う婦人の口にも合うよう詳しく説明するとあり(『日本』)． 3.- 宣教師夫人ヨセフ・スチーブンス，秋田県庁職員の妻らを対象に週1回西洋料理教授． 3.- 岡村庄太郎，シンガポールでのパイナップルの栽培や缶詰事業の視察をふまえ，台湾にて，パイナップル缶詰工場設立(『日本食文化人物事典』)． 4.19 キリンビール本店明治屋，新式のビール樽として，独逸銅製ビール樽製造所と特約を結び，銅製樽での販売開始(『読売』)． 5.- 東京にて，ヱビスビールなどの偽物横行． 6.14 台湾総督府，糖業奨励規則公布(『時事』1902.6.22)． 7.7 資生堂の福原有信，東京銀座にて，アイスクリームとソーダ水を販売するソーダファウンテン開設．

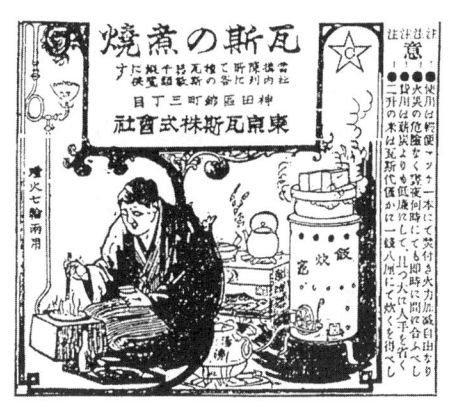

図155　東京瓦斯の広告(1902)

1902～1903（明治35～明治36）

西暦	和　暦	事　　　　　　　　　項
1902	明治35	7.10 東海道線の寝台車・食堂車（急行）に扇風機設置． 7.18 ガスが灯火のほか，炊事用に使用され始めたとあり．東京神田錦町の牛肉店今文では，増築の新座敷にて，火鉢ではなく，「瓦斯七輪」を使用し始めると伝える（『時事』）． 7.31 丸三麦酒会社の「兜ビール」，もっとも市場で売れているとあり（『報知』）． 10.- 東京築地にて聖路加病院設立．直営病院給食実施． 10.- 夏の長雨の影響で，マツタケが各地で大豊作． 11.- 明治天皇，熊本陸軍特別大演習で，西下の途次，広島辺の汽車中で牛肉缶詰を試食（『日本食肉文化史』）． 12.- 小岩井農場にて，製乳所完成．バターの量産開始．はっ酵バターの市販も開始（小岩井乳業HP）． この年，東京の強国舎の田村貞馬，蒸気殺菌牛乳販売． **この年，長雨・暴風雨・凶作などで，不景気が深刻化．** この年，農商務省，大阪と神戸の低所得者居住地の食物調査実施． この年，鈴木藤三郎，氷砂糖の製造法発明． この年，東京の牛乳消費量：100人当たり1日5.23合． この年，奈良を中心に，アメリカから導入したスイカの優良品種の栽培・改良開始． この年，岡山にて，スルメ・小魚・大豆・レンコン・エビ・昆布の6品を材料とした佃煮六宝煮創製．岡山名物となる． この年，台湾高雄にて，台湾総督府の嘱託職員，岡村庄太郎，鳳梨（パインアップル）缶詰工場設立（『明治文化史』）． この年，東北地方にて凶作．青森・岩手・宮城・福島にて，平年作の50パーセント前後の収穫．翌春にかけて飢饉となる．翌年2月，青森県四和村にて，凶作による餓死者20～30人と報道される（『東奥日報』）． この年，食料品卸商三澤屋商店（現在のブルドックソース）開業（ブルドックソースHP）． この年，宇都宮仙太郎，札幌郊外にて，宇都宮牧場開設．デンマーク農業に力を入れる（『日本食文化人物事典』）．
1903	36	1.2 村井弦齋，報知新聞に料理小説『食道楽』の連載開始．後に春～冬の号に分け刊行（『近代料理書の世界』）． 1.29 歌舞伎座の茶屋10軒（越前屋・猿屋・上総屋・武田屋・三州屋・菊岡など）の評判を伝える記事あり（『都』）． 3.1 大阪にて，第5回内国勧業博覧会開催．初の冷蔵庫の展示と鮮魚貯蔵の実演が行われる．連日見学者が長蛇の列．後に，東京魚河岸にて，これを使用．会場にて親子丼が販売され，大阪名物となる（『日本食生活史』『大阪毎日』1903.3.1・4.23）． 3.6 青森県下の飢饉の実況として，農民は皆ワラビの根を掘り，木の葉を食べ生命をつなぐとあり．餓死者数千人とあり（『時事』）． 3.28 東京隅田川の吾妻橋にある札幌麦酒会社構内の旧佐竹庭園にて，欧米風

218

1903(明治36)

西暦	和暦	事 項
1903	明治36	のビヤガーデン開設．生ビールのほか西洋料理，茶菓も販売する(『都』)． 3.31 農商務省，『職工事情』編纂． 4.5 向島須崎町にて，大阪麦酒会社のビヤホール朝日軒開業(『中外商業』)． 4.- 基隆(キールン)の商人，台湾のバナナを神戸に初出荷(『食生活世相史』)． 6.1 小坂梅吉，日比谷松本楼を創業． 7.25 東京目黒の恵比寿ビール醸造所の会社構内に，ビヤホール開設．玉突台やローンテニス場なども設置(『日本』)． 7.- 蟹江一太郎(後のカゴメ創業者)，名古屋の洋食店勝利亭の主人平野仲三郎からトマトソースの存在を聞かされ，自分の納屋にて日本製トマトソース(現在のトマトピューレ)を入手して製法を研究し，製造(『カゴメ八十年史』)． 7.- 東京魚河岸にて，生魚保存のため，冷蔵庫の使用開始． 9.22 浅草花屋敷裏手の花井梅の汁粉屋が大繁盛．梅は，後に洋食屋を出し，女優にも転身する(『大阪毎日』・『時事』1905.7.18) 9.28 飲食物防腐剤取締規則公布(『官報』)． 9.- 茨城県牛久にて，フランスのシャトーにならった神谷伝兵衛の牛久醸造場(現在のシャトーカミヤ)完成．生ブドウ酒牛久葡萄酒の製造開始(シャトーカミヤHP)． 10.12 農商務大臣，副業に養鶏推奨．岡山県川上郡農会は農家1軒ごと雄鶏1羽，雌鶏2羽ずつ飼育させる． 11.- 日比谷公園内にて，和風喫茶店三橋亭開店． 12.- 陸軍糧秣廠，主要都市のパン工場に軍用重焼パンを大量発注．1905年2月まで続く． この年，東京日本橋の白木屋改装．玩具を用いた遊戯室設置．翌年，その一部に梅園の汁粉，東橋庵のそばなどの出張店設置(『百貨店の誕生』)． この年，農商務省七塚原種畜牧場にて，フランス製の練乳機械輸入(『20世紀乳加工技術史』)． この年，三井物産，台湾の台南に店舗を出し，砂糖の買い付けに従事．

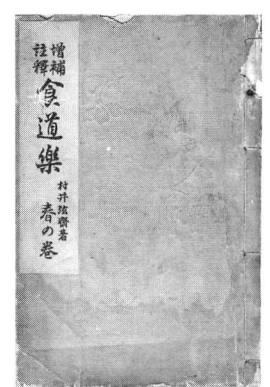

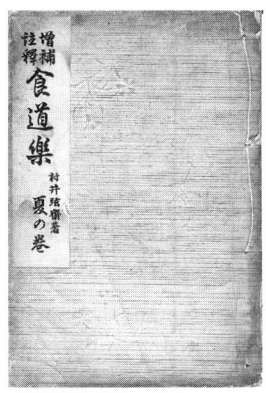

図156 『食道楽』(1903)

1903～1904(明治36～明治37)

西暦	和暦	事項
1903	明治36	この年，吉原にて，お座敷天麩羅店が開業(『食の一〇〇年』). この年，前年秋の凶作に続き，東北地方の春小麦が大打撃．ワラビの根・木の葉・わら・野草・木の実・ウマ・イヌ・ネズミまで食料とする． この年，日本的簡易西洋料理店の流行．和洋あいのこ料理(和洋折衷料理)というものが出回る． この年，アルミニウムを鍋や湯沸かし・牛乳沸かし・弁当箱などに使用し，実用化を勧める(『食生活世相史』). この年，明治屋，神戸布引きの滝の下流に湧く炭酸水を使用した布引炭酸(後のダイヤモンドレモン)発売．また横浜の山本染之助，コルク栓の軍艦印サイダー発売(『食生活世相史』). この年，和泉庄蔵，缶詰製造に着手．中身が黒くなる黒変に悩まされる(『日本食文化人物事典』). この年，今井佐兵治，タマネギの泉州黄を作り出し，新聞などで「玉葱王」と評される(『日本食文化人物事典』). この頃，鴨南蛮などの大阪うどんが岡山で販売開始． この頃，京都や大阪で，魚すき(魚のすき焼)，東京にて，はま鍋(ハマグリ鍋)が流行る． この頃，東京浅草にて，舟和の創業者小林和助，みつ豆ホール開設(舟和HP). この頃，東京浅草にて，寄席えびす亭の地階に，7銭(1品)均一の西洋料理店開店(『日本食物史』).
1904	37	1.- 軍用ビスケット製造が大繁忙．過剰生産に悩んでいたビスケット業界が，日露戦争により活況を呈する． 2.10 日露戦争勃発． 2.16 粉味噌が軍の糧食に採用． 2.23 日韓議定書調印． 3.- ヨーロッパへのトウガラシの輸出が好調．年間10万円を超える．

図157　ビヤホール普及(1903-09)

1904（明治37）

西暦	和暦	事　項
1904	明治37	3.- 陸軍の注文で，魚類缶詰第1号「イワシの缶詰」が製造される．7月に，陸軍は輸入品の中から「サケの缶詰」の輸入決定． 4.1 東京上野公園にて，軍国花見茶屋開業． 4.5 松本楼，日比谷公園内の洋風喫茶店を継承し，5月中に落成と報道（『国民』）． 4.7 軍医鶴田禎次郎，「従軍日誌」に，森林太郎軍医部長に麦飯支給を勧めたが返事がなかったと記述．陸軍は脚気病者25万人，戦傷病死者3万7200人のうち脚気による死者2万7800人におよぶ（『日露戦役従軍日誌』『医海時報』）． 5.17 三重県にて，模範養鶏場設置．養鶏業の育成をはかる（『時事』）． 6.1 京都駅にて，駅弁の立ち売り開始． 6.- マリー・ゼアン・ボアン，北海道・函館湯の川村天使園にて，ソフトチーズ・ゴーダチーズの民間チーズ製造開始（『20世紀乳加工技術史』）． 7.- 中元の贈物に，かご入り果物が人気となる．西洋モモ1籠（15個）40銭，リンゴ1箱（20個）70〜80銭，ブドウ（2斤入り）45銭，夏ミカン1個3〜7銭． 8.11 芝の土橋際にて，2階新築の榛原サッポロビヤホール開業（『東京故事物語』）． 11.1 東京京橋の三橋亭，和風喫茶店開業．菓子1人前5銭，日本料理1品15銭，汁粉やすしも出すとあり．洋食室や玉突き場も完備（『東京朝日』1904.11.5）． 11.9 日本水産会社の片桐寅吉・田代三吉・浅井惣十郎，アラスカにて漁業開始．サケ約20万尾，マス3万尾などを満載し，帰港．アメリカへの漁業の始め（『国民』）． 12.15 東京京橋のキリンビール総代理店明治屋，クリスマス飾りのイルミネーションを始める（『日本』1904.12.17）． この頃，寿命統計が完備され，全国の長寿者の食事が紹介される．東京の最高齢者（男：102歳）：1日牛乳3合，牛肉主食，飯1食1椀．長崎の最高齢者（女：109歳）：3度の食事は飯を必ず茶碗4杯． この年，相馬愛蔵（中村屋），東京にてクリームパン・クリームワッフル考案．評判になる（『新宿中村屋相馬黒光』）． この年，ラムネと区別するため，また沈殿を防ぐためにサイダーに王冠栓が用いられる（『明治文化史』）． この年，水産物缶詰を日露戦争の軍用缶詰に採用．缶詰の需要は増加，製造も盛況． この年，軍用食器にアルミニウムを全面使用（『食の一〇〇年』）． この年，愛知県清洲町にて，温床栽培開始． この年，陸軍，東洋製菓に軍用の重焼麺麭（乾パン）の生産を指示（『日本たべもの百科』）． この年，日清・日露戦争にて，軍需用に大量注文を受けたことがきっかけとなり，和歌山県の梅干しを商品化（『食生活世相史』）． この年，鳥取県の苗木商北脇永治が千葉県からナシの新品種二十世紀導入（1908年に初出荷，『日録20世紀』）． この年，森村市左衛門，大倉孫兵衛・和親，飛鳥井孝太郎ら，日本陶器合名会

1904〜1905(明治37〜明治38)

西暦	和暦	事 項
1904	明治37	社(現在のノリタケ)設立(『日本食文化人物事典』). この年,ジョン・クリフォード・ウィルキンソン,ザ・クリフォード・ウヰルキンソン・タンサン・ミネラル ウォーター有限会社(本社は香港,日本支店は神戸市)設立.現在の兵庫県西宮にて,宝塚工場を設置し,操業開始.炭酸鉱泉「ウヰルキンソンタンサン」発売(アサヒ飲料HP). この年,安部熊之輔,全国のミカン栽培地を巡察し,日本で最初のミカンの専門書『日本の蜜柑』刊行(『日本食文化人物事典』).
1905	38	2.5 宮城県松島湾のカキが,東京に初出荷される. 3.- 陸軍,脚気予防のため,出征部隊に精米4合,挽き割り麦2合,内地部隊に対し,精米7に麦3の麦飯喫食の訓令を発す(『日録20世紀』). 4.29 千葉県九十九里浜にて,季節はずれのサンマの大漁.慶応2年(1866)以来,40年ぶり. 5.5 政府,未曾有の豊作と報じる(米収は5143万石.前年より495万6923石増). 5.9 東京市内にて,不良牛乳屋が急増. 5.- 森永西洋菓子製造所(現在の森永製菓),新聞広告にエンゼルマークの使用開始(森永製菓HP). 5.- 『月刊食道楽』創刊. 6.24 札幌・日本・朝日の3社が合併し,麦酒トラストの結成を決定(『東京朝日』).

図**158** 森永エンゼルマーク(1905)

西暦	和暦	事　　　　　　　　　　項
1905	明治38	7. - 東京上野広小路にて，李人稙，朝鮮料理店韓山楼開業． 8.12 第二回日英同盟協約調印． 9.5 ポーツマス条約受諾． 9.5 日露講和条約調印(日本の韓国保護承認，南樺太・遼東租借権，満鉄など)． 9. - 東京にて，女子学院が週1回のおやつ給食(サツマイモ)開始．生徒の間で，「号外」と呼ばれる． 10.15 鉄道院，神戸から新橋へマツタケの輸送列車の運転開始．後に京都からも運行． 10. - 岩手・宮城・福島の3県が，冷夏と台風により，米作激減，未曾有の凶作となる(『報知』)． 11.17 第二次日韓協約調印． 11.22 神奈川県，凶作の東北地方へ乾燥サツマイモの供出決定．岩手・宮城・福島でも収量が平年1〜3割． 11. - 岩谷松平，高位高官を招待し，養豚場を披露．養豚の必要性を強調(『日本食文化人物事典』)． この年，京都田中村にて，野菜の温床促成栽培が盛んになる． この年，屋中定吉，江戸期の料理書『甘藷百珍』をベースに『さつま芋お料理全』を著す(『近代料理書の世界』)． この年，藤村棟太郎，『日用便利弁当料理案内』を著す．弁当を扱う初期の料理書(『近代料理書の世界』)． この年，梅田竹次郎，『実験和洋菓子製造法』を著す．440種の和洋菓子製法が記される(『近代料理書の世界』)． この年，村井弦齋の妻多嘉子，加藤病院の手術服の仕立て方を応用して作った台所上衣(割烹着)考案(『月刊食道楽』2巻1号)． この年，あんパン(1銭)，全国の駅で販売．中国大連にて，木村屋の直営店開設(『明治文化史』)． この年，野菜の洗浄が不十分であることから，都会にて十二指腸虫蔓延． この年，肉挽器を輸入(『食の一〇〇年』)． この年，東北地方にて，大凶作． この年，東京の庶民の食べ物屋：駒形どじょう汁屋越後屋，日本橋の茶飯屋近江屋(通称，赤行灯)が人気．越後屋のメニュー：どじょう汁1銭，飯半鉢(半人前)2銭5厘．近江屋のメニュー：三代前から続く茶飯とあんかけ豆腐で2銭，芋だこ・いり鳥・野菜の煮しめなどが各3銭． この年，日露戦争用に乾燥牛肉が製造される． この年，古川梅次郎，中国地方の園の露(焼菓子)をヒントに衛生ボール考案(『食生活世相史』)． この年，三澤屋商店の小島仲三郎，ウスターソース(現在のブルドックソース)の製造開始(ブルドックソースHP)． この年，小川鉄五郎，汐留にて，木造2階建て洋風レストラン小川軒開店．1階はレストラン，2階は家族と従業員の住居(御茶ノ水小川軒HP)． この年，今村弥兵衛，大阪にて，大和屋(現在のハチ食品)にて，日本で最初の

1905～1906(明治38～明治39)

西暦	和暦	事　項
1905	明治38	即席カレー粉蜂カレー発売(ハチ食品HP). この年,銘酒月桂冠,乃木希典の「真の勝者に与えられるものは月桂冠である」との凱旋講演をきっかけに,爆発的に売れる(『日本食文化人物事典』). この頃,京阪地方にて,グリーンピース缶詰(当初フランスより輸入)の研究が本格化. この頃,中流以上の婦人が台所に入ることが一般化し,台所改良運動が広がる.流し台を高くする,コンロを台所の中央に設置する,柱時計をかけるなど(『家庭生活の一〇〇年』).
1906	39	1.30 福島で,寒風と降雪で凶作.小学生の弁当の盗み食い,窃盗,追剥なども横行.餓死者や凍死者多数(『東京朝日』). 2.3 もち米が高値となり,もち米に粳米(ウルチ)を混ぜて搗く賃餅屋が増加.不評となる.その代わりに,焼き芋が「寒中唯一の馳走」となると伝える(『東京朝日』). 2.- 靖国神社境内にて,茶店50余戸撤去. 3.14 森永商店,輸入防止の目的で,缶入りチョコレート,スターレット製造販売.また,角缶入りマシマローも改良(『時事』). 3.26 大阪麦酒(アサヒ)・日本麦酒(エビス)・札幌麦酒(サッポロ)の3社が合併して,大日本麦酒株式会社設立(アサヒビールHP). 3.27 銀行集会所にて,大日本麦酒会社創立総会開催(『国民』1906.3.27). **3.31 鉄道国有法公布.** 3.- 明治屋,戦勝記念にキリン・ピルスナー発売. 4.1 東海道線の三等急行に和食の食堂車設置.瀬田名産の蜆(しじみ)汁が人気.食事は飯・汁・煮しめ・香の物で20銭.窓側1列に食卓が並び,窓の外を眺めながら利用できる点が人気になる. 4.- 牛肉の値上がりのため,豚の飼育頭数急増(28万5000頭).しかし,東京市民の豚肉消費量1日当たりわずか1匁(3.75グラム). 5.- 愛知県名和村にて,蟹江一太郎(後のカゴメ創業者)が,トマトソースの本格的生産開始(カゴメHP). 7.29 東海道の名物,あべ川餅の由来が紹介される.「今このあべ川餅の起りを聞くに,昔徳川家康が武田勢と戦うべき軍用金を調達せんとて,今の安倍郡井川の金鉱を採掘したるに,非常の多額の金塊を得たるより,同地の鉱民はその祝いのためとて,餅をつき黄粉を付けて家康にすすめたるが,金塊を得たる祝いなればとてきん粉と称し,当時諸侯が参勤交代の際は必ず食したるものなりと言う」(『日本』). 8.18 横浜にて,ドットウェル商会,オーストラリアから羊肉1100頭輸入. 8.24 宮中御用の食麺麭,築地精養軒の調製によるものとあり.調製の場所は,「注連縄を張りて清浄を旨とし,主任化田と云へる者,沐浴斎戒,謹みて製造し奉る」とあり.御上の御料は「四個を以って一斤とせし鰹麺麭」,皇后の宮の御料は「角麺麭」,東宮の御料は「角麺麭,丸麺麭,捻り麺麭,鰹麺麭」を納付するとあり(『読売』).

1906（明治39）

西暦	和暦	事　　　　　　　項
1906	明治39	8. 31　東京深川の名店平清（丸山清吉）廃業． 8. -　東京隅田川にて，ウナギなどの川魚料理の水上料理船開業． 9. 5　岡山市にて，本格的な西洋料理店浩養軒開業．女給のスタイル（当時流行の海老茶袴に長い袖，紫紺のリボン，白靴下，黒い靴）が話題になる． 10. 17　19日からの大伝馬町のベッタラ市開催を報道（『都』）． 10. 30　日本冷蔵庫会社創立．大倉喜八郎・富田鉄之助・渡辺福三郎らの実業家が主唱．冷蔵船・冷蔵貨車などを整備し，魚類・肉類・卵類・野菜・果実・乳類・菓子類などの倉庫預かりや運送，氷寒天や氷豆腐などの製造を行う計画中とあり（『時事』）． 10. -　駅弁の美味しい駅に，東は静岡駅，西は大阪駅が挙げられる（「新聞」）． 11. 1　東海道三等急行列車に連結された食堂車，茶わん蒸しなどのあたたかな料理の提供を準備中とあり（『都』）． 11. 20　台湾総督府，明治製糖株式会社の製糖工場設立を認可（『大阪毎日』）． **11. 26　南満洲鉄道株式会社設立．** 11. -　日本精製糖株式会社と大阪の日本精糖株式会社が合併．大日本製糖株式会社設立． 12. 27　新橋と神戸間の急行三等列車，汁，にしめ，香の物をわずか20銭で提供．元旦には，頭付の鮮魚，にしめ，白味噌の餅汁を添え，20銭で提供することを決める（『国民』）． 12. 29　大日本製糖株式会社，台湾糖業に進出．台南に本社事務所を設置し，日本で4番目の製糖会社として，明治製糖株式会社設立（大日本明治製糖HP）． この年，木村屋主人，『食パンの製法及び衛生菓子の拵へ方』著す（『近代料理書の世界』）． この年，東京銀座にて台湾喫茶店開業．ウーロン茶が人気（『明治文化史』）． この年，農商務省，月寒種畜牧場設置．バター・チーズ・練乳の製造開始（『20世紀乳加工技術史』）． この年，大阪で開催された内国勧業博覧会にて会場から逃げ出した台湾ドジョウが全国に繁殖． この年，幸徳秋水，アメリカで流行の菜食主義を日本に紹介． この年，新宿植物御苑（現在の新宿御苑）にて，90種以上の西洋野菜栽培． この年，日露戦争の勝利にちなんだ凱旋料理・凱旋菓子・将軍ビスケット・東郷マシュマロなどが流行． この年，東京神田にて，一貫堂，乾燥固形状の「カレーライスのたね」「ハヤシライスのたね」発売．即席カレー・即席ハヤシライスの初め（『たべもの日本史総覧』）． この年，明治屋，イギリスのロンドンからリプトン紅茶輸入． この年，丸三麦酒，甲州財閥の根津嘉一郎に譲渡され，日本第一麦酒株式会社と改名．1908年には，加富登麦酒へと社名変更（赤煉瓦倶楽部半田HP）． この年，作曲家奥山朝恭，岡山県にて，料理を教えていた妻とともに，西洋料理店浩養軒開店．エビ茶の袴に紫紺のリボン，白靴下に紺の靴という女学生スタイルの女性ボーイが話題を呼ぶ（『日本食文化人物事典』）．

1907(明治40)

西暦	和 暦	事　　　　　　　　　　　　　　　　項
1907	明治40	1.2 鎌倉のハム製造業者が合同で，益田直蔵を主任とし，日本ハム製造会社設立(『国民』). 1.29 遠洋漁業冷蔵汽船会社発足(『時事』). 2.23 米井源治郎(明治屋社長)，岩崎久彌(三菱合資社長)の支援でジャパン・ブルワリーを引きつぎ，麒麟麦酒設立(キリンホールディングスHP). 2.27 秋穂益実，私立東京割烹女学校申請，許可される．授業料が年間約20円(『近代料理書の世界』). 2.- 東京築地にて，高橋虎太，帝国冷蔵株式会社設立．倉庫内の冷却が可能になる．氷の販路を拡大するため，業務用・家庭用のアイスボックスの販売，氷券(アイスクーポン)の発行などに務める． 3.2 日本女子大学出身者，及び生徒たちによる桜風会，4月20日頃から3日間のバザーの開催を決める．和洋弁当や菓子の販売も行うとあり(『万朝報』). 3.20 東京勧業博覧会開催．森永西洋菓子製造所，キッスキャンデーの製造実演． 4.3 三越呉服店，店内をデパート方式に一新．50人ほど収容の食堂を開設し，「宝来鮓」「藤村の菓子」「珈琲」「紅茶」などを提供(『国民』). 4.10 種牡牛検査法公布． 4.29 農商務省，窮民対策の一環として，農家での養鶏奨励(『日本食肉文化史』). 4.- 寿屋(現在のサントリー)の創業者鳥井信治郎，大阪にて甘味葡萄酒赤玉ポートワイン発売．1本(550ミリリットル)38〜39銭で米4升分に相当した(サントリーHP). 6.20 日本ハム製造会社に不参加の業者，鎌倉ハム製造会社設立．2社の競争が始まる． 7.24 第三次日韓協約調印． 7.28 日露漁業協約締結．9月9日批准，9月11日公布(『時事』). 7.- 岡山市にて，温かい牛乳を出す広瀬ミルクホール開業．店内にはイスと

図159　東京割烹女学校設立．(1907)

1907(明治40)

西暦	和暦	事 項
1907	明治40	テーブル，新聞や雑誌を読ませた．3ヵ月ほどで閉店． 7.- ラムネに代わって，サイダーが流行(『中外商業』1907.7.14)． この年，帝国鉱泉(現在のアサヒ飲料)，三ツ矢印の平野シャンペンサイダー発売(アサヒ飲料HP)． この年，ポーツマス条約締結に伴い，第一次日ソ漁業条約締結(1919年9月に失効)． この年，ビクトリア時代の家庭料理研究家イザベラ・ビートンの料理書の翻訳書『家庭実用西洋料理之栞』刊行(『近代料理書の世界』)． この年，村井多嘉子，『手軽実用弦斎夫人の料理談』第1篇を口述．対話形式の料理書(『近代料理書の世界』)． この年，石井治兵衛の子石井泰次郎，『四季料理』著す(『近代料理書の世界』)． この年，石塚左玄，食養会創設．『食養雑誌』刊行．マクロビオティックの源流ともいわれている． この年，男爵川田龍吉，北海道にて，アメリカのジャガイモアイリッシュ・コブラーを輸入し，移植．男爵いもの初め． この年，丸山寅吉，東京八丁堀にてパン粉製造開始(『食生活世相史』)． この年，大日本製糖株式会社，角砂糖の製造販売開始(『大日本明治製糖HP』)． この年，東北本線の宮城・小牛田駅にて，ウナギの駅弁が販売される． この年，肉屋にて肉挽器設備．メンチボール・メンチビーフ販売．病人食としても，新聞に掲載される． この年，東京早稲田にて，そば屋三朝庵，カレー南蛮を売り出す． この年，堂本栄之進・星野佐紀，カニ缶詰を海外へ輸出． この年，長野県東筑摩地方にて，西洋野菜の栽培開始． この年，陸軍，乾パンを携帯口糧に採用． この年，佐久間惣治郎，神田八名川町に三港堂を開業し，ドロップ発売．後に，気候温度に変質しないサクマ式ドロップスを完成させる(『食生活世相史』)． この年，全国の屠殺数，牛15万5710，馬6万5655頭，豚17万7351頭(農商務省

図160 村井弦斎・多嘉子夫妻(1907)

1907〜1908(明治40〜明治41)

西暦	和暦	事　　　　　　　　　　　項
1907	明治40	統計表). この年，大日本製糖(現在の大日本明治製糖)，わが国初の角砂糖の製造及び発売開始(大日本明治製糖HP).
1908	41	2.24 砂糖の増税実施(『国民』). 4.9 嘉悦孝子の女子商業学校，普通教育のみならず，経済割烹の素養ある使用人の養成をめざし，ガスや薪を使用する割烹場を開設(『読売』). 4.- 4代目横浜駅(現在の桜木町)駅長久保久行(後の崎陽軒創業者)，退職後，知人高橋善一(後の東京駅長)の働きによって，横浜駅構内での営業許可を得る．当時はまだ，牛乳・サイダー・ミルク・餅を扱うのみで，弁当は扱っていなかった(崎陽軒HP). 5.30 陸軍省，臨時脚気病調査会設置．会長は森林太郎医務局長．栄養学関係者は委員から除外された(『模倣の時代』). 5.- 帝国社の山口八十八，横浜にて，国産人造バター人口牛酪(マーガリン)製造．在留オランダ人から技術を学ぶ(『知っ得』). 6.17 上野―青森間にて冷蔵貨車の運転開始(『時事』). 6.19 岩谷商会の二十世紀冷蔵器の性能が評価される．家庭用・営業用・携帯用・装飾用・氷冷却器・運搬用の6種あり(『東京日日』). 6.- 皇国植民合資会社社長の水野龍，コーヒー輸入をブラジル政府と契約(『カフェーパウリスタ物語』). 6.- 東宮御所(赤坂離宮)完成．厨房は鋳鋼板の料理台，上部に臭気抜きフード，炭火の熱気で煮焼きをし，温皿戸棚・温皿卓・陶製洗浄器設置． 7.1 森永西洋菓子製造所(現在の森永製菓)，ポケットキャラメルブリキ印刷小缶(10粒10銭)発売(森永製菓HP). 7.25 池田菊苗，昆布のうまみ成分グルタミン酸塩を，主要成分とする調味料製造法の特許取得．鈴木三郎助，同年12月に味の素と称し，製造開始(『味の素沿革史』).

図161　三越百貨店の食堂(1907)

西暦	和暦	事　項
1908	明治41	7. - 獣肉営業取締規則制定. 7. - 蟹江一太郎, トマトケチャップとウスターソースの製造に成功(『カゴメ八十年史』). 8.16 神奈川県橘樹郡大師河原村の当麻長十郎のナシ長十郎の由来が伝えられる(『東京二六』). 11. - 田村市郎(現在のニッスイ創業者), 国産初の鋼製トロール船第一丸建造. 1911年5月, 下関にて, 田村汽船漁業部を創立し, トロール漁業に着手(ニッスイHP). 12.1 高等演芸場有楽座の開店. 全館洋風の椅子席, 食堂や休憩室も設置(『知っ得』). 12.12 美術と文学の融合を目指したパンの会第1回が, 両国の西洋料理屋第一やまとで開催. 以後, 定例は月1回第2土曜の夜に行う. この年, 明治屋, ダイヤモンド印のシャンパン・オレンジ・レモネード・ジンジャエールの4種の清涼飲料水販売. この年, 秋田県にて, シイタケの人工栽培奨励. 10ヵ村にて, 伝習会が開催され, 以後毎年継続. この年, 梅印ガス竈発売. 以後50年間販売される. この年, 朝家万太郎, 愛媛県にて, かまぼこの缶詰製造に成功し, アメリカやハワイに移り住んだ日本人向けに販売開始(『日本食文化人物事典』). この年, 明治屋, PR誌『嗜好』刊行開始(明治屋HP). この頃, 江戸時代から続く料理屋：根岸の笹の雪(豆腐)・日本橋の花村(アンコウ)・浅草の重箱(なまずのすっぽん煮).
1909	42	1. - 東京にて, 馬肉鍋(2銭)の安売り店繁盛. 2.18 東京深川区越中島水産講習所, 世界一の水産実習船進水. 21日に進水式を行うとあり(『万朝報』). 3.1 森永西洋菓子製造所(現在の森永製菓), 板チョコ販売. (1枚4分の1ポンド)1ポンド70銭(森永製菓HP). 3.13 鉄道庁, 不評の食堂車を競わせ, 改善を目指す(『東京日日』). 4.2 東洋漁業・長崎捕鯨・大日本捕鯨・帝国水産が合併し, 東洋捕鯨(5月2日に明治水産に改名)設立(『時事』1909.4.2・4.5.2). 4.6 汽船トロール漁業取締規則公布. 禁止区域を決定. 5.3 上野公園常盤華壇にて, 味の素特約店披露会開催(『東京日日』1909.5.6). 5.8 ブラジル政府によるコーヒー普及を目指した日本への進出. 今後3年間, 年に70キロ入りのコーヒーを無料供給する由, 伝える(『国民新聞』). 5.20 鈴木製薬所(現在の味の素), 味の素の市販開始. 瓶入り3種の一般販売開始(『味の素沿革史』). 6.25 度量衡法施行令公布(『官報』). 6.26 田原良純, フグ毒を抽出し, テトロドトキシンと命名(『知っ得』). 6.26 北陸・東京間の新造冷蔵貨車配置. 中央市場での日本海産のタイやサバの供給が盛んになる(『東京日日』). 6. - 大日本麦酒会社, シトロン発売. 1915年にリボンシトロンと改名(アサヒ

1909(明治42)

西暦	和暦	事項
1909	明治42	ビールHP). 7.22 池田菊苗によるグルタミン酸塩の調味料「味の素」開発に成功と報道(『中外商業』). 7.26 文部当局者, 欧米諸国に倣い, 学校に菜園設置を奨励(『大阪毎日』). 8.8 大日本麦酒株式会社, 吾妻橋のサッポロビール遊園内に, ビールだけを売るアサヒビヤホール開店. 朝9時〜午後8時の間営業(『万朝報』『食生活世相史』). 8.24 豆腐屋の草分け, 東京牛込の尾張屋の由来が伝えられる(『万朝報』). 8.- 中国, 韓国よりの条件つき畜牛輸入の禁止. 9.- 大日本麦酒会社, ミュンヘン式生ビールを発売. 東京の新橋・京橋・吾妻橋のビヤホールや目黒庭園で試飲開始. 10.17 日本女子大学曙寮のメニュー例(『二六新聞』). 朝：パン・スープ・オートミル・タマネギのホワイトソース煮・トースト・スイートポテト・ココアなど. 夜：パン・オムレツ・サラダ・ボイルドポーク・卵・青汁など. 10.21 農商務省, クジラの乱獲防止のため, 鯨漁取締規則公布(『時事』). 10.26 伊藤博文, 暗殺される. この年, 家庭向け中国料理書『日本の家庭に応用したる支那料理法』刊行(『近代料理書の世界』). この年, 陸軍にて, 米飯を大量炊爨する際, 蒸気炊き二重釜使用開始(『日本人

図162 味の素販売開始(1909)

1909～1910(明治42～明治43)

西暦	和暦	事項
1909	明治42	のひるめし』). この年,大阪のそば屋東京そばの主人角田西之助,そばに見向きもしない浪花っ子に向け,初のカレー南蛮を発売. この年,塩川伊一郎,天皇・皇后にイチゴジャムの缶詰献上. この年,山形県にて,農商務省指定でサクランボの栽培開始. この年,改良かまどや石油コンロの広告が新聞・雑誌に盛んに掲載される(『家庭生活の一〇〇年』). この年,ホウロウ引きの弁当箱が出回る(『明治文化史』). この年,明治屋,キリンビールの宣伝と配達を兼ねた宣伝用自動車をイギリスから購入.ビール瓶形のボディとし,東京市内を巡回. この年,青木惣太郎(万惣),果物商として宮内省御用達に選ばれる.村井弦齋の指導で製造の腎臓病薬西瓜糖などを納める(『日本食生活史』). この年,相馬愛蔵,店舗拡張をめざし,新宿の現在地に移転.和菓子の製造・販売開始.賃餅の予約販売も開始(新宿中村屋HP). この年,秋山徳蔵,西洋料理の修業のため,パリへ旅立つ.1914年に帰国(『味』).
1910	43	3.10 大阪北浜にて,ステーキ店弘得社開業.ステーキ2円. 3.18 家畜市場法制定.また施行規則は,同年12月1日に公布. 4.27 平野水とサイダー,昨年より宮内省御用達となったことが報道される(『国民』). 4.- 米穀検査が全国で統一される. 5.14 ロンドンにて,日英博覧会開幕.台湾総督府,台湾茶の普及を目指し,喫茶店開設(『時事』). 5.25 大逆事件. 7.27 警視庁,伝染病の拡大を防ぐため,会社内や飲食店の手ぬぐいの使用を

図163 中村屋新宿本店(1909)

1910(明治43)

西暦	和暦	事項
1910	明治43	禁じる(『東京朝日』). 8.22 日韓併合に関する日韓条約に調印. 11.3 東京浅草にて,李金章と九鬼国次郎,天長節に甘栗屋金升屋開業.山東・大連・天津から輸入した栗を使用(『中国伝来物語』). 11.14 東京赤坂区溜池三会堂にて,帝国農会開会.会則を決定(『東京日日』). 11.16 神奈川県横浜中区元町2丁目にて,藤井林右衛門,不二家洋菓子舖(現在の不二家)開業.藤井は9尺2間の店内を仕切り,店内では珈琲(モカ・コロンビア)や紅茶(リプトン),店頭ではデコレーションケーキ・シュークリームなどをすべて3銭均一で販売(不二家HP). 11.- 山口県牟礼村にて,福永章一,足踏み式回転脱穀機発明(大正半ば～昭和初期に使用され千歯稲扱きを駆逐). 12.1 牛馬商取締規則公布. 12.13 鈴木梅太郎,糠の成分より脚気に有効そうな成分をアベリ酸と称し発表.後,オリザニンの名称で特許をとる.翌年フンク,米ぬかより白米病に有効な成分を発表,ビタミンと名づける(『模倣の時代』). この年,『四季の台所』に,三田在住の華族柳澤保恵家の1年間の献立記録が収載される(『近代料理書の世界』). この年,林末子,『食物界大革新馬鈴薯米製造及調理法 全』刊行.代用食としての馬鈴薯の調理法について説く(『近代料理書の世界』). この年,家庭でできる手軽なすしの料理書『家庭鮓のつけかた 全』刊行(『近代料理書の世界』). この年,東京浅草にて,ラーメン屋来々軒開業.1杯6銭.醬油味ラーメンとシューマイが人気になる(『ラーメンの誕生』). この年,東北・関東・関西・九州にて,天明期以来の大水害が起こる.米作699万5000トンとなり,米価高騰. この年,村井弦齋の妻多嘉子が,脚気に炒りぬか入り味噌が効果があるとして,

図164 大正12年ごろの来々軒(1910)

1910～1911（明治43～明治44）

西暦	和暦	事　項
1910	明治43	その常食を勧める。『婦人世界』の「弦斎夫人の料理談」に糠が脚気の妙薬とあり，糠を炒りみそ汁に加えるとよいとの記事が掲載される（『模倣の時代』）。 この年，神奈川県鎌倉郡にて，清水桃太郎，スライスハムの缶詰製造。 この年，京都の西洋料理店万養軒の値段：ビーフステーキ18銭，ビーフカツレツ（牛肉油揚げ）15銭，ハンバーグビーフステーキ（潰肉牛酪焼）15銭，カレーライス15銭（卵つきだと18銭）。 この年，東京上野公園にて，花見茶屋の飲食料：休憩料（菓子付）10銭，鶏卵4銭以下，ラムネ小玉瓶3銭，サイダー15銭，ビール（大）30銭，酒小瓶12銭，すし15銭，弁当20銭。 この年，東京日本橋にて，カフェメゾン鴻の巣開業。 この年，長野県にて，富有柿・サクランボの栽培開始。 この年，安部和助，日本で初めての花かつお製造。「かつお節王」といわれる（『日本食文化人物事典』）。 この年，赤澤仁兵衛，赤澤式甘藷栽培法に関する初講演を行い，全国県郡農会，各農事試験場などに1000部限定の『甘藷栽培法』配布。しかし，希望者が殺到し，1912年，『赤澤仁兵衛実験　甘藷栽培法』として，再版される（『日本食文化人物事典』）。 この年，大宮庫吉，愛媛県宇和島の日本酒精にて，一定のアルコール度数にした酒精と粕取焼酎を混和した新式焼酎「日の本焼酎」製造販売。同社の福井春水社長と「関東一手販売」の契約を結び，1912年，「寶」の商標で新式焼酎を東京市場に送り込み，好評を得る（宝ホールディングスHP）。 この年，朝家万太郎，朝家缶詰所開設（『日本食文化人物事典』）。 この年，大阪千日前にて，カレー屋「自由軒」開店。「どっちみちご飯とカレーを混ぜるのやったら，はじめから混ぜといて，熱々をたべていただくのがよろし」という店主の考えから，混ぜた熱々カレーの真ん中に生卵をポンと割りいれたスタイルで提供（キッコーマン国際食文化センターHP）。
1911	44	3.－ 東京のカフェ第1号カフェ・プランタン開業（『食生活世相史』）。 4.－ 鳥井商店（現在のサントリー），ヘルメスウィスキー発売（『食生活世相史』）。 この年，河合茂樹，札幌酪農園煉乳所開設。3種（「孔雀印」「旭印」「金章印」）の煉乳を販売（『日本食文化人物事典』）。 5.－ 本多次作（後に治作と改名），博多の新三浦にて水炊き料理を考案。 6. 25 水野龍，大阪箕面にて，ブラジルコーヒーのカフェ・パウリスタ開業。12月12日には東京銀座店を開業。菊池寛ら著名な作家が常連となる（『カフェーパウリスタ物語』）。 7.－ ラムネ・サイダー・ミカン水・リンゴ水などに腐敗や混濁がみられ，1割くらい廃棄。警視庁，食品の取締強化。前年の凶作で，米価が連日暴騰。買い占めが横行し，政府は取引中止命令，外米の緊急輸入，関税の一時引き下げ（40～60銭），鉄道運賃割引などに乗り出す。窮民救済に外米も販売。東京では，外米さえ買えず，残飯桶1杯（2～3合）を約2銭で購入する者多数。 8. 10 東京銀座4丁目にて，カフェ・ライオン開業。経営は精養軒。1階が酒場，2階が大食堂，3階が余興場。30余名の「女給」が，そろいの衣装でサー

1911（明治44）

西暦	和暦	事項
1911	明治44	ビスにあたる．ビールが50リットル売れると，階下のライオンがウオーとうなる仕組みもあり（『食生活世相史』）． 9.11 千葉県の特産品落花生の恩人浜野章吉の功績が伝えられる（『万朝報』）． 9.27 歌舞伎座の茶屋廃止を決定．従来の茶屋を付属案内所として定める（『東京日日』）． 9.- 帝国冷蔵株式会社，冷蔵保管中の鶏卵を市場に出荷し，好評を博す． 10.1 東京日本橋にて，白木屋，和洋折衷の3階建てに改築し，食料品部新設． 11.19 東京浅草にて，電話・喫茶室付の銭湯開業（入浴料1銭）． 11.- 神奈川県保土ヶ谷町にて，焼酎に木精（メチルアルコール）を混和し販売．車夫が木精中毒で失明し，翌年に調査実施．1912年5月内務省，取締規則を発令（『明治事物起原』）． この年，白木屋，100人収容の大食堂開設．白木屋ランチ（サンドイッチ），寿司などを提供． この年，婦人之友社，「理想の平民的台所」として，台所の設計案を懸賞募集（『台所の一〇〇年』）． この年，三井の益田孝，小田原にて養豚開始．自家製のハム製造．宮内省へも献上． この年，岡山県小田村にて，就学奨励を目指した学校給食開始．地方自治体補助による学校給食の始め． この年，肝油ドロップ発売． この年，東京瓦斯，イギリス製のガスコンロ発売． この年，東京日比谷にて，電気鍋を備えた牛肉店幸楽開業． この年，東京日本橋の鉄砲店にて，ドイツから輸入された魔法瓶販売．寒冷地で猟をするハンターの間で人気になる． この年，大阪新世界にて，カフェー・ミカド開業．この頃，カフェがいたるところにできる． この年，明治屋設立．MYジャムの発売開始（明治屋HP）．

図**165** カフェ・ライオンの女給（1911）

1912(大正元)

西暦	和暦	事　　項
1912	大正元 7·30	2.15 冷凍漁船旭丸竣工(『日録20世紀』). 2.22 未成年者飲酒取締規則制定. 3.- 門司にて創立された帝国麦酒，サクラビール製造販売. 3.- 東京麹町にて，阪川牛乳店が農科大学教授津野慶太郎博士の指導を受けて，乳酸飲料滋養食品ケフィール(馬乳酒)発売．価格は1合(180ミリリットル)6銭．保存の利く発酵飲料として歓迎される(『食生活世相史』). 4.10 神谷伝兵衛，「みかはや銘酒店」の内部を西洋風に改造．屋号を「神谷バー」と改名(神谷バーHP). 5.4 名古屋市にて，ガラス温室を使った観賞植物，ナス・キュウリなどの促成栽培開始. 5.7 東京築地の精養軒，大食堂の朝の食事が75銭，昼が1円30銭，夜が1円50銭とあり(『時事』). 5.28 メチールアルコホル(木精)取締規則公布. 5.- 米価高騰．米価の小売値が1石26～29円台(前年22円)．米輸入税率引下勅令を公布. 6.23 富山県にて，米価高騰に際し，外米の救助を仰ぎ，窮民100人が役場へ陳情(『富山日報』). 6.- 富山県東岩瀬町にて，隊をなして富豪をおそう．米騒動が県下に拡大(『富山日報』1912.6.26). 6.- 米価高騰につけこんだ白米商人の不正枡使用者が多数検挙される(『明治文化史』). 6.- 千葉県にて，牛乳営業取締規則公布．農家の余乳を市乳にすることを認可する. 7.1 米価が未曾有の高騰．堂島取引所が臨時休業になる(『大阪毎日』1912.7.2). 7.2 米価高騰により，小学児童の欠食者増加．各地の小学校にて，朝食の欠

図**166**　サクラビールの看板(1912)

1912(大正元)

西暦	和暦	事　項
1912	大正元	食児童，弁当不携帯児童が相次ぐ(『万朝報』). 7.2 日本女子商業学校の嘉悦孝子，深川外米問屋より良質の西貢(サイゴン)米100袋を購入し，1升19銭の原価で桝売り開始(『東京日日』). 7.4 東京銀座の明治屋，キリンビールの拡張を図り，東北地方へ自動車で巡回(『時事』). この年，豚屠殺数6万2000頭．5年前の倍数に(『日本食肉小売業発達史』). 7.30 明治天皇崩御．大正と改元. 8.20 堀内豊，トウモロコシから人造白米を製造し，特許取得．11月には，東京渋谷にて，人造白米社設立(『近代日本食物史』). 8.31 トロール漁業取締規則が全面改正(禁止区域の拡張など)される．トロール最盛期139隻. 9.13 明治天皇大喪. 10.9 東京市にて，各戸へ「コレラ予防の心得」配布(『朝日』). 10.21 東京本所の特殊小学校の調査で三食ともたくあんの児童が約3割，昼食をとらない者25パーセントと発表(『東京朝日』). 10.- 南関東各地域にコレラ蔓延，多数の死者が出る(『時事』). この年，森永西洋菓子製造所，森永製菓と改称(森永製菓HP). この年，富岡商会，鎌倉ハムを香港へ輸出(『日本食肉文化史』). この年，種畜牧場渋谷分場にて，スライスド・ハム，ロールド・スライスド・ハム，ベーコンなど，豚肉缶詰の製造試験実施(『日録20世紀』). この年，ネスレ・アングロ・スイス煉乳会社，英国ロンドンの極東輸出部の管轄により，横浜にて日本支店開設(ネスレHP). この年，大阪にて，八木亭二郎，国産初の魔法瓶開発(『まほうびん記念館解説』). この年，岡山県白石島にて，肉食後75日間の神詣禁止. この年，東京市内にて，馬肉専門の鍋屋が300軒超(『日本食肉文化史』).

図167　キリンビールの宣伝カー(1912)

西暦	和暦	事　　　　　項
1912	大正元	この年，栂野明二郎，自動製麺装置発明． この年，新潟県燕にて，金属業者，洋食器製作に着手． この年，北海道にて，和泉庄蔵がホタテ貝の缶詰製造開始． この年，かまぼこ・ちくわなどの煉製品が急激に伸長．小田原で蒲鉾にグチが使用され，身が白く粘りがあるとして人気を博す． この年，米価高騰により，東京市ヶ谷などで焼き芋屋繁盛． この年，牛肉不足により，朝鮮牛を輸入（『日本食肉文化史』）． この頃，中国からポンカンを初輸入．
1913	2	1.14 東京上野にて，内国家禽共進会開催．農科大学で農商務省主催第1回養鶏講習会実施（『日録20世紀』）． 3.15 『古事類苑』飲食部刊行． 年はじめより，鈴木製薬所（現在の味の素），逗子工場にて，硫酸法による味の素製造の研究はじめる（『味の素沿革史』）． 6.10 森永製菓，ミルクキャラメル発売．バラ売り1粒5厘（森永製菓HP）． 6.23 高峰譲吉，国民科学研究所（後の理化学研究所）の必要性を提唱し，築地精養軒にて，「国民科学研究所設立の必要性」について演説．渋沢栄一・桜井錠二らと，「国民科学研究所」構想を議論（理化学研究所HP）． 6.- 大阪の島の内高等女学校の生徒に副食物嗜好調査実施．生魚206人，牛肉鶏肉161人，野菜96人，鮓72人，鶏卵33人，豆類28人，漬物11人．実際の家庭での食物調査（2ヵ月）では，魚類肉類摂取は，生魚152人，肉類48人と少数．魚類肉類を一切いない生徒もあった． 7.22 外国米はぼそぼそして食味が悪いが，安価で，衛生上雑穀より優れているとあり（『北海タイムス』）． 7.- 志茂楽一，岡山県稲岡南村にて，養殖ウナギの出荷開始．神戸や姫路へ年間3000貫以上出荷． 9.- 岡山市内にて，カフェパリー開店．

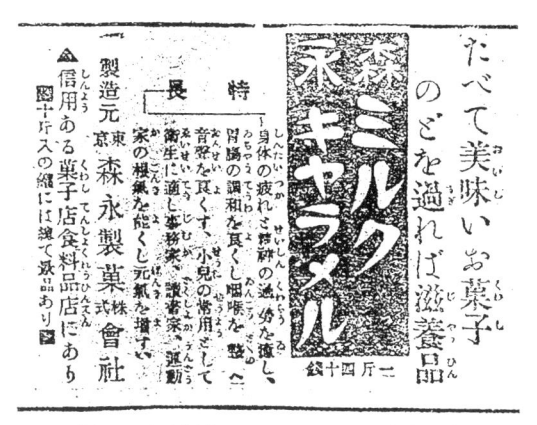

図**168**　森永製菓ミルクキャラメル発売（1913）

1913(大正2)

西暦	和　暦	事　　　　　　　　　項
1913	大正 2	9.- 各雑誌に知名人の副食費などの食費が紹介される．鳩山家(弁護士)副食費1日70銭，川崎家(銀行家)約80銭・牛乳代30銭(「吾家の家計簿」雑誌『生活』)．中等教員(月収70円)1日の副食費20銭，官吏(月収90円)1日の副食費30銭(『婦人之友』)． 10.- 東京日本橋にて，日本料理店クローバー，1品10銭均一実施．また，常連客に回数券を発行． 10.- 水町田鶴子考案の立式料理台が紹介される．調理器具の収納を兼ねた調理台の初め．大が7円50銭，小が6円で，通信販売を行う(『主婦之友』10月号)． 11.11 創業者浦上靖介，大阪市松屋町筋にて，薬種化学原料店「浦上商店」創業(ハウス食品HP)． 12.2 帝国ホテルでのクリスマス，立食の饗応のあと福引あり(『時事』)． 12.21 東北地方にて，台風と冷夏による凶作．米だけでなく，粟，稗もとれず，豚に食べさせる澱粉をとった三度目の絞り穀が常食となる(『時事』)． 12.- 東京上野の不忍池畔に東仙閣開店．1円回数券を発行し，料理付きで酒の飲み放題実施．また料亭で初めて結婚式場設置． この年，静岡県浜松にて，中村氷糖合資会社設立(『浜松産業史』)． この年，家庭向け料理雑誌『料理の友』(大日本料理研究会)創刊(『近代料理書の世界』)． この年，浅草海苔の養殖が盛んになる．全国の海苔の収穫金額の65パーセントにのぼる(『食の一〇〇年』)． この年，神田の菓子店にて，ウエハース発売(『食の一〇〇年』)． この年，明治27年12月に創業した銀座千疋屋が，日本で初めてフルーツパーラーを開業(千疋屋HP)． この年，東北・北海道にて，大凶作．救済人口が937万人にのぼる．米の収量は平年の10〜20パーセント．凶作前のある東北地方の自作農の食費(7人分)：米・麦・野菜を除き，年間120円，魚は月6回で1食約1銭5厘で年約7円． この年，増井慶太郎，改良精麦機を製造し，押麦販売．

図**169**　家庭用調理台(1913)

1913〜1914(大正2〜大正3)

西暦	和暦	事　項
1913	大正2	この年，櫛部国三郎，愛媛にて，愛宕柿の優良系統を選別(『日本食文化人物事典』). この年，池田菊苗の弟子小玉新太郎，鰹節のうま味がイノシン酸であることを発見(味の素HP).
1914	3	1.1 吉村清尚，デンプン，脂肪，タンパク質を消化する消化液中の酵素作用などについて詳説(『九州日日』). 1.23 シーメンス事件. 1.- 北海道・東北にて凶作．ドングリ粉の団子，菜根にくず豆類，ソバの葉，穀物の粉などを食する．また日本郵船が東北の凶作に際し，宮城県石巻港の荷揚米に限り，無償輸送決定. 2.- 玄米食の常食化奨励．それにより，年間1億から1億5000万円の余裕が生じるとされる．『生活』(4月まで)が栄養価・調理法，脚気との関連を説く. 3.20 東京の上野公園にて，東京大正博覧会開催．20粒入10銭の紙製サック入りキャラメルが大好評になる．箱入りキャラメル第1号(森永製菓HP). 4.1 一膳飯屋の相場．「汁一椀一銭，新香五厘，お菜一皿一銭，飯一椀二銭，馬肉鍋二銭，牛鍋五銭乃至六銭，酒一合六銭八厘等」(『生活』). 4.1 東京本郷にて，学生対象のミルクホール繁盛．牛乳，ココア，チョコレート，10種の料理などを提供(『時事』). 4.5 帝国麦酒，東京にて，サクラビールの販売開始. 6.- カムチャッカ沖にて，水産講習所練習船雲鷹丸がタラバガニの缶詰製造(『日録20世紀』). 6.- 日本陶器(現在のノリタケカンパニーリミテド)，ディナープレート製造に成功．1932年には，ボーンチャイナの研究・製造開始(ノリタケカンパニーリミテドHP). 7.1 朝鮮米と籾の移入税廃止(『史料明治百年』). 7.1 東京の松坂屋，鰹節部・銘茶部新設.

図170　『料理の友』(1913)

1914～1915(大正3～大正4)

西暦	和暦	事　項
1914	大正3	7.28 第一次世界大戦始まる. 8.- キッコーマン醤油, 1升瓶の醤油販売(『キッコーマン醤油史』). 10.1 農商務省, 人造バターの取り締まり実施. 10.8 東京医学会, 穀類などの消化時間を発表. 食物の消化への関心が高まる. 11.- パリのリッツホテルで修行中の秋山徳蔵, 宮内省から要請され, 宮内省大膳職主厨長に任命される(『味』). この年, 日系2世加藤サルトリの発明したインスタントコーヒー, 日本での特許を取得し, 販売開始. この年, 岡本商店, 東京日本橋にて, ロンドン土産即席カレー販売(15人前30銭, 25人前40銭. いずれも缶入, ハウス食品HP). この年, 小山田八兵衛, 秋田県横堀町にて, 空瓶洗浄器発明. この年, 朝家万太郎, サンフランシスコ万国博覧会に缶詰出品. 銀賞受賞(『日本食文化人物事典』). この年, 中国山東地方より, 青島牛肉福島に50斤輸入(『日本食肉文化史』). この年, 蟹江一太郎・成田源太郎・蟹江友太郎らの共同出資で, 愛知トマトソース製造合資会社設立(『カゴメ八十年史』). この年, 甲州葡萄酒醸造組合設立(『食の一〇〇年』). この年, サクランボの佐藤錦, 市場へ初出荷. この年, 東京芝白金にて, 栄養学者の佐伯矩, 私立栄養研究所設立(『日本栄養学史』). この年, 国産冷凍機開発. この年, 深見久七, 瓦斯兼用料理台考案. 米びつ収納もあり(『台所の一〇〇年』). この年, 鈴木忠治郎, 麦飯奨励をめざし, 食味をよくすることを目指した加熱麦圧搾機を発明(『日本食文化人物事典』). この年, 藤井林右衛門(不二家の創業者), 洋菓子店の隣に喫茶店を新設し,「ソーダ・ファウンテン」と名付ける(不二家HP). この年, いろいろなガスによる炊飯法が紹介される(『婦人之友』). この年, 甘栗太郎本舗(現在の甘栗太郎)創業. 柴源一郎(後の甘栗太郎の創業者), 産地での甘栗の買い上げや天津港への集荷・積み出しに従事する(甘栗太郎HP). この年, 岩谷松平, 養豚宣伝の文書を作成し, 養豚富国論を説く(『日本食文化人物事典』).
1915	4	1.13 森永製菓, 外国輸出用ビスケットの製造開始(森永製菓HP). 1.18 袁世凱に21ヵ条の要求提出. 1.25 米価調節令公布. 政府による直接米の買い入れ・交換・売り渡しができるようになる. 2.- 酒や醤油の1升瓶が出回る. 清酒白鶴1瓶12銭, 亀甲萬醤油1瓶10銭, 白酒瓶詰1本45銭. 2.- 静岡に紅茶研究所の建設を決定(『時事』). 7.- 内科医額田豊(医学博士), 『安価生活法』刊行. 美食を避け, 1日10銭で

1915(大正4)

西暦	和暦	事項
1915	大正4	十分な栄養を取る「10銭で買える食料のカロリー」を掲載し,「10銭生活」提唱(『安価生活法』). 9.29 警視庁,販売中の酒類のメチルアルコール混入検査実施. 9.- 三島海雲,モンゴルでの生活を生かし,酸乳・乳酸菌の製品化に着手(『20世紀乳加工技術史』).のちに醍醐味(のちのカルピス)創製. 9.- 家庭用仕事着「割烹着」を発表(『婦人之友』). 10.7 米価下落対策に際し,米価調査会官制公布.農商務省,米価調節案発表(『東京風俗志』). 10.- アメリカのリグレー社のチューインガム(別名 嚙み菓子)発売.「世界的煙草代用品」と宣伝. 11.10 大正天皇即位大礼後,京都ホテルにて,各国使節,随伴者を中心に晩餐会開催(『大阪毎日』). 11.16 即位礼・大嘗祭後の大饗.二条離宮にて開催.白酒・黒酒の後,飯,汁(巻鯉),紅鮭・塩鮭,焼鳥,巻昆布,漬物に鉢肴,刺身など数々の各地の酒肴が供される(『東京日日』). 11.- 御大典記念に際し,帝国発明協会,「炊事用カマド」の発明案の懸賞募

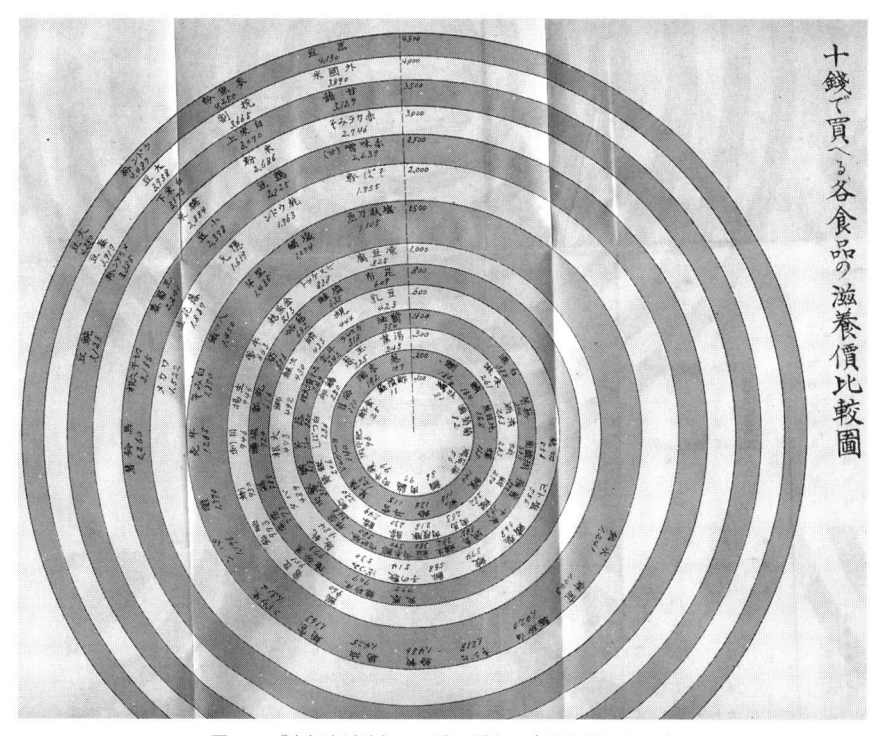

図171 『安価生活法』の10銭で買える食品比較図(1915)

1915～1916(大正4～大正5)

西暦	和暦	事項
1915	大正4	集開始. この年,丸十パン店の創始者田辺玄平,国産ドライイーストによる乾燥酵母(マジックイースト)に成功(オリエンタル酵母工業HP). この年,神戸の南京街にて,初めての豚まん専門店,老祥記が開店する(老祥記HP). この年,ベークライトの国産化に成功(『台所の一〇〇年』). この年,北海道渡島当別のトラピスト修道院にて,無糖煉乳の製造開始(『20世紀乳加工技術史』). この年,カール・ユーハイム,第一次世界大戦の捕虜として日本へ連行され,5年間の収容所生活を余儀なくされる(ユーハイムHP). この頃,カフェ女給,白エプロンを身につけるようになる.
1916	5	2.- 東京帝国大学教授田中宏,『田中式豚肉調理法』刊行.牛肉の代用食に代わる豚肉の効能を説く(『近代料理書の世界』). 3.30 米麦品種改良奨励規則公布(『東京風俗志』). 5.11 大阪割烹学校にて,初の電気料理実験実施.主婦60人が集まり,電熱器にかけた七輪や魚焼器・フライパン・珈琲煎器などを使って和洋料理7種ずつ,70人前を作る.時間は3時間.電気は12キロワットで48銭. 5.- 東京のある職工家族の家計.「収入28円51銭,実支出額26円43銭(飲食費11円53銭)(高野岩三郎『東京における二十職工家計調査』).この時期のサラリーマンの月給30～40円,学生の下宿代(3食付き)10円,4人家族の1ヵ月の米代約15～16円. 6.12 大日本製糖,大正製菓(現在の明治)設立(『明治製菓の歩み』). 7.4 鳥取境―東京汐留間にて,鮮魚輸送の試験開始. 8.13 チュウインガムの効用―胃弱,日射病予防によいと報じる(『時事』). 8～9.- 横浜入港のハワイ丸でコレラ発生と報道(『時事』).コレラは全国各地

図172 リグレー社のチューインガム広告(1915)

1916〜1917(大正5〜大正6)

西暦	和暦	事　項
1916	大正5	に流行．大阪では患者1000人になる(『時事』『大阪毎日』など)． 9.19　東京府にて，コレラの流行に際し，児童の弁当を廃止．授業時間も繰り上げられる(『時事』)． 9.30　1912年からたびたび発生したコレラの流行により，魚が嫌われ魚河岸の売り上げが例年の4割に落ち，逆に肉屋，特に豚肉の消費が急激に増加した(『東京朝日』)． 10.9　東京日本橋にて，東京菓子(現在の明治製菓)設立(『明治製菓の歩み』)． 10.-　大宮庫吉，新式焼酎「寶焼酎」の販売開始．また，この新式焼酎を原料に用いた新式みりん「寶味淋」の製造も開始(宝酒造HP)． 11.-　長野県諏訪湖産のワカサギが市場に出始める． この年，東京瓦斯，立働式センター調理台発売(『台所の一〇〇年』)． この年，母船式サケ・マス漁開始． この年，芥川龍之介，『芋粥』著す(『台所の一〇〇年』)． この年，大阪朝日新聞社，「家族4,5人　月収百円内外の家庭を標準とし出来得る限りの小面積にて便利，衛生，経済の3要点を具備する事」を条件に，台所設計図案の懸賞募集(『台所の一〇〇年』)． この頃，甲斐清一郎，福島にて屋号の丸美屋(現在の丸美屋食品工業)で商売開始．公設市場での産物や食品を販売する(『日本食文化人物事典』)． この頃，中島董一郎，ロンドンやアメリカにて，マーマレードやマヨネーズの製法学ぶ(『日本食文化人物事典』)．
1917	6	3.1　『主婦之友』創刊(『東京風俗志』)． 3.20　理化学研究所設立．初代所長に菊池大麓(理化学研究所HP)． 3.-　和光堂，東京神田小川町にて，育児用粉乳キノミール販売(和光堂HP)． 3.-　鐘紡の熊本工場にて，寄宿生150余人に玄米食給与． 4.6　ドイツ人捕虜206人が板東捕虜収容所(鳴門市)に移管．ドイツ式野菜栽培開始．

図**173**　田中宏(1915)

1917(大正6)

西暦	和暦	事　　　　項
1917	大正6	4.－ ビールが値上げされる．大日本麦酒(エビス・サッポロ・アサヒ)，明治屋(キリン)，加富登麦酒(カブト)の3社協定にて，大瓶4ダース入り1箱11円を13円に．ビヤホールにて，1杯5銭を6銭に改定． 5.1 飼料高騰のため東京にて牛乳値上げ(『時事』)． 5.24 米価低落から上昇に転じ，期米が高騰．大阪市場は休会． 5.－ 大阪にて，日本澱粉製造所(現在の日澱化學)設立．赤玉印(Red Ball Brand)の商標にて，日本で初めて加工でんぷん(焙焼デキストリン・ソルブルスターチ)の生産を開始(日澱化學HP)． 6.8 東京にて，煮豆類高騰．大福インゲン1円で5升が1升2合，エンドウ1円で8升が1升8合，大豆1円で8升5合が5升合，小豆1円で7升台が3升台． 6.25 高碕達之助，缶詰用空缶専門業東洋製缶創立．1919年3月には，日本で最初の自動製缶設備による製缶開始(東洋製缶HP)． 7.4 米価高騰．前年の暴落時は1石10円台であったが，24円台を記録． 7.13 東海道線各駅の弁当屋，駅弁の値上げ申請と報じる(『東京朝日』)． 7.18 米麦採種事業奨励規則公布． 7.20 東京市および府下にて，警視庁，不正升利用の米穀商を一斉調査．683人検挙．不正升1059個押収． 9.1 暴利取締令公布．大戦景気の投機の対象となる米穀・鉄・石炭・綿糸布・紙・染料・薬品類の買い占め，売り惜しみなどを厳しく戒告，処罰． 9.12 **大蔵省，金貨幣・金地金輸出取締令公布．金輸出禁止．** 10.4 東京で暴風雨以来食料品大暴騰と報じる．大根(5本)11〜12銭から25銭，葱1把17．5銭が40銭，小松菜1把3銭が8銭など(『東京朝日』)． 10.13 三島海雲，乳酸菌飲料の工業化に成功．東京恵比寿にて，ラクトー株式会社(現在のカルピス)設立．発酵クリーム醍醐味，脱脂乳に乳酸菌を加えた醍醐素，生きた乳酸菌の入ったラクトーキャラメルなどを発売． 10.23 佐々紅華，石井漠らの東京歌劇座結成．新築落成の日本館(浅草オペラ常設館)で紅華作「カフェーの夜」上演．劇中歌「コロッケの歌」(益田太郎作詞・作曲)が流行する． 11.2 **石井・ランシング協定．** 12.4 新設される清涼飲料税のため，サイダー・飴，それぞれの値上げを発表(『東京日日』)． 12.7 千葉県野田町にて，野田醬油(現在のキッコーマン)設立． 12.－ 大日本製糖，房総煉乳に資本参加し，乳業部門として，極東煉乳(現在の明治)を設立(明治HP)． 12.－ 東京築地にて，本多次作(後に治作と改名)の水炊き料理店治作開店．博多から東京へ進出． この年，私立栄養研究所にて，日本で初めて栄養講習会開催．受講生は医師10人，高等師範学校教師2人(『日本栄養学史』)． この年，旭電化と日本油脂，人造バター発売． この年，大阪にて，ブドウの温室栽培開始． この年，海軍，ハムを兵食に採用(『日録20世紀』)．

1917～1918(大正6～大正7)

西暦	和暦	事項
1917	大正6	この年，牛乳切手，卵切手などの商品券流行． この年，石川島重工業，給食開始． この年，蟹江一太郎，カゴメ印の商標を登録(カゴメHP)．
1918	7	1．- 加藤時次郎が主宰する社会政策実行団，東京芝区烏森町(新橋辺)にて平民食堂(簡易食堂)開業．1食10銭(『日本食文化人物事典』)． 1．- 農商務省，キュウリ・ナス・トマトなどの野菜や果物の温室栽培実験に乗り出す． 2．- 東京府農商課，府下の家禽調査実施．小石川に一番多く，鶏が6000羽，アヒル・カモが46羽で，計6046羽．産卵数は1676個．ついで，浅草では鶏が5470羽，アヒル・カモが221羽で，計5691羽．産卵数は1414個． 3．3 日本女子商業学校校長嘉悦孝子，東京市ヶ谷の同校にて，白米の安売り(1人2円以内1升25銭)を実施(『時事』)． 3．- 物価騰貴により，東京府庁の野菜市大盛況で混乱．また，千葉県の農村にて，栄養失調で体操時間に倒れる児童が多数．県が貧困児童の救済に着手(『大正文化　帝国のユートピア』)． 4．25 米価暴騰により，外米管理令公布．政府，外米を買い入れ，5月20日より販売(『東京朝日』)． 5．6 農商務大臣，不当利益の取り締まりを開始．米穀の買い占めや売り惜しみに戒告． 6．5 大阪にて，簡易食堂開堂式．白飯，雑煮，鯖油揚，大根なます，香の物の献立で1人分10銭(『大阪毎日』)． 7．23 漁師の妻女40人余により，富山県下新川郡魚津町の海岸にて米価高騰に対する暴動勃発．県外の持ち出し米の船積を拒否し，町役場や米穀商に米価高騰防止を要求．大正時代の米騒動の始め(『富山日報』)． 7．31 米価暴騰に際し，期米市場大混乱．東京米穀取引所立会停止．各地の米

図**174**　簡易食堂(1918)

1918(大正7)

西暦	和　暦	事　　　　　　項
1918	大正7	穀取引所も立会停止になる． 8.2 シベリア出兵宣言． 8.3 富山県中新川郡西水橋町にて，漁師の妻女約170～180人が米騒動を起こす(『高岡新報』)．後に米騒動は1道3府32県に波及．参加者70万人以上．以後，同月に，大阪・京都・名古屋・東京・横浜・別府・門司などでも勃発．14日，内務大臣，米騒動に関する新聞記事差し止めを命令(『大正文化　帝国のユートピア』)． 8.5 農商務省，指定商鈴木商店に命じ買入れた朝鮮米廉売(『官報』)． 8.15 救世軍，東京にて外米の廉売．京都では貧困者に施米券割引券配布(『万朝報』『大阪毎日』)． 8.16 政府，穀類収用令公布・施行．生活上，緊要なる場合は補償金額を定め，米，雑穀を収用し，価格を定め売却(『官報』)． 8.23 東京府では，外米が不評のため，府立第一高等女学校で外米の炊き方を研究させ，各方面にその炊き方を伝える．もち米を加える方法，ゆかり・食塩を加える方法などあり(『東京朝日』)． 9.2 東京にて，1日5銭の安価栄養料理講習会開催． 9.5 東京市，米の廉売を廃止し，公設市場設置を発表(『中外商業』)． 10.1 森永製菓，日本初のチョコレート一貫製造による国産ミルクチョコレート発売(森永製菓HP)． 10.30 米穀輸入税減免令公布(『東京風俗志』)． 11.9 10月20日頃開店した神田慈善協会の昌平橋簡易食堂では10銭の献立は，米飯に豚汁，煮しめ，香の物で学生，勤め人が多いと報じる(『時事』)． 11.- 東京の玉川上水，入新井町・大森町にて，給水開始． 12.6 大学令公布． 12.17 警視庁，東京の賃餅の標準相場を発表(『東京朝日』)． この年，「豆粕御飯」「甘藷飯」などの節米飯の記事が掲載される(『読売』)．

図**175**　米騒動(1918)

西暦	和暦	事　項
1918	大正 7	この年,『海軍主計厨房業教科書』出版(『食の一〇〇年』). この年,大阪市にて,公設市場開設(『家庭生活の一〇〇年』). この年,大阪にて,市川兄弟商会(現在の象印マホービン)創立(象印マホービンHP). この年,米騒動に際し,米飯の代用食品として,ジャガイモパンなどの代用食パン誕生.原敬内閣も高価な米の代用食として,パンの代用食運動を推奨. この年,東京のそば屋三朝庵がカツどん(異説あり),屋台洋食河金がカツカレー発売(『日録20世紀』). この年,下田喜久三,北海道岩内町にて,アスパラガスの缶詰製造. この年,住宅改良会,台所設計図案を懸賞募集.当選図案は『住宅』(4・5月号)に掲載(『台所の一〇〇年』). この年,東京製菓(現在の明治),チョコレートの発売開始(明治HP). この年,虎屋,菓子見本帳の作成開始(とらやHP).
1919	8	1. - 白米節食運動として,医師たちによる日本主食改良会発足. 2. 1 鉄道院,食堂車・寝台車に「禁喫煙」の掲示を出す. 2. 8 女学校同窓連合会,パン食普及の社会改善運動実施を決定. 2. - 佐伯矩,米の研ぎ洗いによる成分損失説を官報に発表(『日本栄養学史』). 3. 4～3. 12 カール・ユーハイム,広島県物産陳列館にて,バウムクーヘンを出品.即売する(ユーハイムHP). 3. 17 市民の肉食激増,豚の増加約5割(『大正文化　帝国のユートピア』). 4. 1 静岡にて,茶業試験場設置. 4. 3 横浜市本町にて,市営簡易食堂開業. 4. 11 農商務省による全国製糸工場調査における工場寄宿舎での食事.魚・肉類月1～4回が5割,平均8回. 4. 17 農商務省,主要食糧農産物の改良増殖奨励規則公布. 5. 29 米価の暴騰に際し,内地米不足.値が張る外米輸入も困難となる(『東京

図176　佐伯矩(1919)

西暦	和暦	事　　　　　　　項
1919	大正8	日日』）． 6.25 神奈川県，節米奨励を告諭．代用食奨励を通達． 7.1 東京品川にて，公設市場設置． 7.7 ラクトーの三島海雲，世界で初めての乳酸菌飲料の大量生産に成功．七夕に，天の川や銀河をかたどったデザインの包装紙を使用したカルピス発売． 7.13 米価が1円につき1升7合へ値上がり（『東京朝日』）． 7.24 節米が訓示され，「混食」「代用食」が勧奨される．また，馬鈴薯，饂飩，蕎麦などの奨励，米の無賃運送の実行などが決定される（『時事』）． 7.－ 農商務省，肉の値上がり抑制策として，鯨肉の安価供給を開始．牛肉や鶏肉の5分の1以下の価格に設定．また，22日には全国に節米を勧告（『日録20世紀』）． 8.14 政府，農商務省の米価調節策として，今月末からの東京での外米売出しを発表（『東京朝日』）． 8.－ アメリカから帰国した葛原猪平，魚類の冷気急速凍結と凍結魚の長期冷蔵実験に成功．実験はこの年12月まで続く． 8.－ 明治屋，コカコーラ輸入，販売．しかし，売り上げが伸びず，まもなく中止． 8.－ 杉本隆治，フライシュマン・イーストによる製パン法の講習会行う（『日本食文化人物事典』）． この夏，白米の小売価格1升59銭に高騰． 9.－ 森永製菓，国産ミルクココア（1缶45銭）発売（森永製菓HP）． 11.－ 石川県金沢市にて，県下初のカフェ（カフェーブラジル）開店．西洋料理も提供される． 11.－ 東京中野区小滝町にて，食品工業（現在のキューピー）設立（キューピーHP）． 12.1 東京にて，生活改善展覧会開催．日本女子大学が内臓料理を展示． この年，大阪市にて，前年の米騒動を機に，自治体の社会事業が本格化．九条職業紹介所にて，公設の簡易食堂併設．朝食10銭（『日録20世紀』）． この年，凶作による米価高騰と食料不足に際し，『経済生活代用食調理法全』などの代用食料理書の刊行が相次ぐ（『近代料理書の世界』）． この年，銀座にて，明治屋社長磯野長蔵，カール・ユーハイムやウォルシュケらを招き，カフェ・ユーロップ（現在のジャーマンベーカリー）開店． この年，谷崎潤一郎，『美食倶楽部』を著す（『台所の一〇〇年』）． この年，東京浅草駒形にて，加藤時次郎，パン軽便食堂「平民パン食堂」創業．パン・バター・野菜スープ・紅茶で15銭． この年，東京銀座にて，カフェー・パウリスタ，夏季の朝食を始める．トーストパン15銭，フレンチトースト10銭，カレーライス15銭． この年，東京月島の労働者の年間家計費の平均．収入総額72円49銭．実支出額66円73銭，うち飲食費37円10銭（高野岩三郎『月島労働者家計調査』）． この年，糖尿病に対する関心が高まり，ドイツ式の含水炭素食餌療法とアメリ

1919～1920(大正8～大正9)

西暦	和暦	事項
1919	大正 8	カ式の断食療法流行. この年,徳島市にて,初のカフェー(中央亭・朝日亭)開店. この年,名古屋にて,敷島製パン(現在のパスコ)創立.ドイツ人捕虜だったフロインドリーブが主任技師として招かれる(パスコHP). この年,米価暴騰・パン食の普及により,小麦粉の生産量2315万袋.明治以来最大になる. この年,江崎利一,牡蠣の煮汁にグリコーゲンが含まれることを確認(江崎グリコHP). この頃,玄米パンが販売され,流行. この頃,原敬首相,国民に米麦の混食推奨. この頃,捕虜として収容されていたドイツ人ヘルマン・ウォルシケ,解放後,帰国せず,ヴァン・ホーテンとともに,明治屋傘下の明治食料にて,ハム・ソーセージの製造指導に関わる(『日本食文化人物事典』).
1920	9	1. - 生活改善同盟会設立(『生活改善の栞』). 1. - 愛知県立第一高等女学校にて,嗜好調査実施.生徒数400人中肉嫌いは,牛肉が8.3%・約33人,豚肉23.8%・約95人,馬肉22%・約88人. 2. - 鈴木商店(現在の味の素),アルミニウム製食卓容器入り味の素発売(『味の素沿革史』). 3.17 岡山県味野町女学校で開催された代用食混食実地講習会に150人参加. 3.20 農商務省,羊肉普及のため,新聞記者などを集め,羊肉試食会開催(『日本食肉文化史』). 4.16 東京の神楽坂にて,簡易公設食堂開設.婦人席も設置される.朝食定食10銭,夕食定食15銭. 4.24 大阪にて,生活改造博覧会開催. 4. - 小出孝男,桃屋商店(現在の桃屋)創業.びん・缶詰製造販売開始.翌年には,花ラッキョウ発売(桃屋HP・『日本食文化人物事典』). 5.2 東京上野にて,第1回メーデー. 6.20 シベリア出兵に際し,陸軍にて1日1食のパン食実施(『読売』). 7. - 東洋醸造,ワイン・ウイスキー・ブランデーの生産開始. 8. - 柴田文次,横浜にて,コーヒー商木村商店(現在のキーコーヒー)創業.1928年にキー(鍵)マークを採用(キーコーヒーHP). 9.17 国立栄養研究所官制公布(開所式は,翌年12月17日).初代所長は佐伯矩(『日本栄養学史』). 9. - 台湾総督府の農業技師島田弥市,マレー半島から台湾へバンペイユ(晩白柚)を台湾の農業試験場に導入.日本へは,1930年に伝わる(『日本食文化人物事典』). 11.1 白木屋,阪急電鉄梅田駅の一部にて,食料品や日用雑貨販売.ターミナルデパートの始まり. 11.6 慶応義塾大学医学部付属病院開設.直営給食開始. 11.17 森永製菓,錦田練乳工場にて,全脂粉乳(ドライミルク)の製造開始(森永製菓HP).

1920～1921(大正9～大正10)

西暦	和 暦	事　　　　　　　　　　項
1920	大正 9	11. 18 明治製糖，砂糖販売所として，明治商店新設を発表(『時事』). 12. - 守山商会(現在の守山乳業)，日本で初めて瓶入りコーヒー牛乳発売(守山乳業 HP). この年，葛原猪平，北海道森町にて冷凍工場設置．凍結魚の本格的な生産開始. この年，**賀川豊彦，神戸購買組合(後のコープ神戸)発足**(神戸コープ HP). この年，「支那料理」ブーム．一戸伊勢子ら料理研究家が中華民国に渡る(『食の一〇〇年』). この年，焼酎の需要が急伸．この年の製造高は53万石と，清酒の1割，ビールにほぼ匹敵. この年，朝鮮総督府，第1期朝鮮産米増殖計画開始(『東京風俗志』). この年，原敬首相の「愛国者は麦を食え」の語が流行語になる. この年，佐伯矩，3種の食パンを考案し，東京の公設市場で発売．また，佐伯はこの年栄養食パンも考案(『日本栄養学史』). この年，瀧井治三郎(二代目)，家業を継承し，京都にて，瀧井治三郎商店(現在のタキイ種苗)設立．京野菜の品種改良などに乗り出す(『日本食文化人物事典』). この年，秋山徳蔵，料理の研究に再欧．さらに，1922年には中国料理の研究のため渡中(『日本食文化人物事典』).
1921	10	1. - 森永製菓，前年に製造開始した粉乳(ドライミルク)発売(森永製菓 HP). 1. - 葛原猪平，東京の魚河岸にて，冷凍魚発売(『冷凍食品事典』). 2. 1 米価下落により，全国の農家で米不売デー実施. 2. - 早稲田高等学院文学部の学生中西敬二郎の思いつきで，カツレツを丼に盛ったカツ丼が考案される(異説あり). 2. - 三浦二郎，仙台にて，納豆菌利用による衛生納豆「衛生宮城野納豆」の製造開始．パッケージに，ワラではなく，経木を使用する(『日本食文化人物事

図177　国立栄養研究所(1920)

西暦	和暦	事項
1921	大正10	典』). 4.4 米価を安定させるため,米穀法・米穀需給調整特別会計法公布(『東京朝日』1921.4.3). 4.- 農商務省農事試験場園芸部,農林省園芸試験場(現在の果樹研究所)として独立.園芸学者恩田鉄弥が初代試験場長(果樹研究所HP). 4.- 藤原玉夫,長野県農事試験場技手として赴任.信州リンゴの栽培技術向上に取り組む(『日本食文化人物事典』). 5.7 政府,臨時外米管理部を廃止し,農商務省に食糧局設置(『国史大辞典』). 5.8 銀座地下室にて,グランドレストランヤマト開店(『東京朝日』1921.5.7). 7.- 中田寅次郎,東京神田須田町にて,ウサギ肉専門料理店開業. 8.9 理化学研究所の鈴木梅太郎,米を使用しない合成酒理研酒(糖化澱粉とアミノ酸から製造)製造.特許取得.値段は清酒の半分.翌年市販(理化学研究所HP). 8.- 陸軍,週に1回,1食のパン食開始(『日録20世紀』). 9.2 鈴木商行(1920年創業)の鈴木仙治,父源次郎の名で実用新案「鈴木式高等炊事台」出願.翌年2月7日に登録される.システムキッチンの先がけ(『台所の一〇〇年』). 10.6 ベルヌ条約の加盟で,黄燐マッチ製造が禁止になる(『中外商業』1921.10.6). 10.- 佐伯矩,栄養学会創設(『日本栄養学史』). 11.22 米穀輸入税免除令公布(1922年10月31日まで免除,『東京風俗志』). 12.1 鳥井信治郎,寿屋(現在のサントリー)設立(サントリーHP). 12.18 東京小石川にて,栄養研究所の落成式開催.カエルの心臓をはじめ,「秘密料理」を展示.また栄養室でも,模型の米代用主食物,甘藷や馬鈴薯,黍餅,アワ,ムギなどを応用した料理を陳列(『時事』). この年,鎌倉ハムの富岡商会,ハムとベーコンの本格的生産に乗り出す.自家用冷凍機使用(『日本食肉文化史』).

図**178** 鈴木梅太郎(1921)

1921～1922(大正10～大正11)

西暦	和暦	事　項
1921	大正10	この年，極東煉乳の沖本佐一，アメリカより，アイスクリーム製造機を購入し，アイスクリームの工業的製造に着手． この年，駒崎朝治郎，流し・蝿防止の戸棚・冷蔵庫を含めた合理的な調理台駒崎式流し考案(『台所の一〇〇年』)． この年，佐藤春夫，『秋刀魚の歌』を発表(『台所の一〇〇年』)． この年，高野吉太郎(新宿高野の創業者)，東京新宿にて，果実・缶詰等を扱う．フルーツパーラーの前身縁台サービスも開始．1926年には，洋風建築に改装し，フルーツパーラー設立(新宿高野HP)． この年，門倉国輝，菓子製造視察研究のために渡仏．パリの一流菓子店コロンバンに日本人で初めて入社．その技術力を認められ，社長ジョゼフ・オドーヌ氏から日本での「コロンバン」の使用許可を得る(コロンバンHP)． この年，東京製菓(現在の明治)，錠菓「カルミン」発売(明治HP)． この年，極東煉乳(現在の明治)，「極東アイスクリーム」「明治メリーミルク(練乳)」発売(明治HP)． この年，江崎利一，栄養菓子「グリコ」を創製し，試験発売．合名会社江崎商店設立(江崎グリコHP)． この年，ドイツ人ユーハイム夫妻，日本を永住の地と定め，横浜に会社設立．翌年3月，日本における1号店開設(ユーハイムHP)． この頃，二木謙三の玄米食と菜食主義，人気を博す．
1922	11	2.6 海軍軍備制限条約に調印． 2.11 江崎商店(現在の江崎グリコ)の江崎利一，栄養菓子グリコ(10粒で5銭)発売．新聞紙上に「1粒300メートル」という広告を始め，マラソンランナーのゴールシーンがシンボルマークになる(『日本洋菓子史』)． 3.10 東京平和記念博覧会にて，鈴木式高等炊事台が出品され，注目を集める(『台所の一〇〇年』)． 3.30 未成年者飲酒禁止法公布．保護者や雇用者に罰則規定．婚礼時のみ除外(『日録20世紀』)． 4.- カルピスのキャッチフレーズに「初恋の味」を使用． 4.- 東京府立第三高等女学校の割烹室に，電熱使用の台所新設．電気かまど・電気七輪・電気天火・電気パン焼器・電気コーヒー沸かしなど． 5.1 舟橋甚重，名古屋市中区長岡町にて，パン和洋菓子製造販売の「金城軒」(現在のフジパン)創業(フジパンHP)． 5.29 国立栄養研究所の「経済栄養献立」発表開始．全国各紙にてほぼ毎日掲載．模型を，同研究所前にて，毎日展示(1923年まで，『日本栄養学史』)． 5.- 加富登麦酒・帝国鉱泉・日本製壜の3社が合併し，日本麦酒鉱泉会社となり，カブトビール・三ツ矢サイダー・ユニオンビール発売． この春，北海道帝国大学前の竹家食堂の王文彩と大久昌治，札幌にて，ラーメン発売．札幌ラーメンの始め． 6.3 栄養研究所が発表した毎日の献立が好評に．献立の実物展示をする玄関は「子供を連れた御内儀(おかみ)さん」「学校帰りの女学生」「会社員風の者」などが殺到し，鉄道省や公設市場，公益食堂の賄いなどからの問い合わせも多

1922(大正11)

西暦	和暦	事　項
1922	大正11	数とあり(『時事』).
7. - 仙台市にて，市営の簡易宿泊所に同簡易食堂開設.
7. - ライト設計の帝国ホテル完成．開館式は翌年9月1日．
8. 2 鈴木商店(現在の味の素)，新聞紙上にて，味の素は「断じて蛇を原料とせず」と社長声明の広告を出す(『東京日日』).
8. 9 駅構内立ち売りの弁当類・すしや煎茶の売り値・容器・販売駅などが詳細に指定される．上等弁当40銭，並弁当20銭，すし20銭．
8. 19 政府，物価調節策19項目発表．冷蔵車，公設市場など食に関する項目が含まれる(『東京朝日』).
8. - 明治屋，政府の勧めをうけて，ドイツ人捕虜バン・ホーテンとウォルシュケらから豚肉加工技術を習得し，明治食料株式会社設立．MS印のハム・ベーコン・ソーセージ発売(『大正文化　帝国のユートピア』).
9. 6 福岡市に上海からコレラが侵入．
9. 13 高橋克己，日本化学会例会にて，タラの肝油からビタミンAの分離抽出に成功したと発表(理化学研究所HP).
9. 18 農商務省，物価調査委員会開催(『東京日日』1922. 9. 19).
9. 26 節約を目指したニコニコうどん食堂(神田須田町の報知新聞社代理部)の開業を伝える．「僅か十銭で腹一パイ」がキャッチフレーズ(『東京朝日』).
9. - 「新発明の重宝な家庭用具」として，鈴木式高等炊事台が紹介される．値段120〜130円(大卒の初任給が50円，『主婦之友』9月号).
10. 1 銚子のコレラ発生を伝える(『東京朝日』).
10. 2 東京にて，コレラ患者続発．千葉県では，漁業禁止令，東京府では，三越，帝劇の食堂をはじめ，劇場，会社，旅館などでの魚類の使用を禁じる厳禁命令発令(『時事』).
10. 3 東京の魚河岸，5日間の休業決定(『時事』1922. 10. 4).
10. 4 東京にて，コレラ予防法に関する注意書き50万枚の配布，電車内での掲示を決定．水道水以外の井戸水などは煮沸すること，食料は煮焼きすること，

図179　カルピス「初恋の味」ポスター(1922)

1922(大正11)

西暦	和暦	事項
1922	大正11	清潔な料理を心がけること，ハエを駆除すること，嘔吐や下痢に注意することなどを決める(『中外商業』). 10.5〜7 東京，神奈川，茨城，静岡にて，漁業禁止(『東京日日』『時事』『東京朝日』). 10.7 関東・東北5県への鮮魚と青果の発送を禁じる(『時事』). 10.13 うどんと食パンの値段公表(『時事』). 11.1 東京会館開館．1・2・4階に，200人収容の食堂7つ，地下室に簡単なグリルルーム開設．宴会も初日からうけつけるとあり(『東京日日』). 11.11 名古屋駅にて，みかど食堂営業開始. 11.- 駅売りの茶の容器が土瓶からガラス製に替わる. 11.- 実業家や知識人の中の食通たちの集まり美食倶楽部流行. 12.11 大阪ホテル大食堂にて，アインシュタインの歓迎宴を催す(『大阪毎日』1922.12.12). 12.12 大日本・明治・塩水港・大正・新高・東洋などの精製糖会社・耕地白糖会社において，内地消費精製糖，耕地白糖製造協定契約締結(『東京日日』1922.12.13). 12.17 新築帝国ホテルの地下室に，商店街開業．50店舗ほど並ぶ(『時事』). 12.21 東京会館にて，正式な披露会開催．著名人を集め，饗宴場にて，御馳走を披露する(『中外商業』). 12.29 アインシュタイン夫妻，遭遇した正月の餅搗きに心を惹かれながら，門司港より帰国の途につく(『東京朝日』). 12.- 大阪にて，日本で最後のペストの流行．患者数118人，死者数67人. この年，不景気により増加した失業者向けに，各都市に公設食堂開設(『食の一〇〇年』). この年，北海道極東煉乳，アメリカから低温殺菌設備輸入．札幌にて，パストライズド・ミルク発売(『20世紀乳加工技術史』). この年，片岡敏郎，寿屋(現在のサントリー)の赤玉ポートワインのポスターに

図180 赤玉ポートワインの美人ヌードポスター(1922)

1922〜1923（大正11〜大正12）

西暦	和暦	事　項
1922	大正11	初めてヌードモデル採用．後，世界のポスター展（ドイツ）にて，1位となる（サントリー HP）． この年，在東京歩兵連隊で嗜好調査実施．「フライ，カツレツ，コロッケイ（ママ），焼肉焼肴，オムレツ，口取」の順で人気を得る．「和式ヨリモ洋食ヲ嗜好スル」傾向を示す（『大正文化　帝国のユートピア』）． この年，前年に特許を得た東京帝大教授鈴木梅太郎の理研酒を，利久・新進・祖国などの名で市販． この年，天皇の料理人秋山徳蔵，中華民国にて，中国料理を学ぶ（『味』）． この年，原田与三郎，長野県玉川村にて，セロリの栽培開始．1926年に東京へ出荷． この年，陸軍糧秣本廠，食生活調査実施．国民1人1日当たりの動物性たんぱく質摂取量が少ないことを確認する（『大正文化　帝国のユートピア』）． この年，祭原商会，台湾にて，パイナップルの缶詰工場設置．後に，原料の栽培開始． この年，スイス製電気冷蔵庫オートフリゴールを販売（『冷たいおいしさの誕生』）． この年，里見弴，『多情仏心』に，ドイツ風のサンドウィッチを提供する東京銀座のカフェ・ユーロップの繁昌ぶりに関して記す． この年，藤井林右衛門（不二家の創業者），ショートケーキ（1個8銭）発売．また，不二家は横浜伊勢佐木町に，レストラン1号店開店．翌年東京銀座に進出（不二家 HP）． この年，松江春治，南洋興発設立．サイパン島での砂糖プランテーションなど，南洋開発事業に着手（『日本食文化人物事典』）． この年，宮崎甚左衛門，下谷東黒門町にて，東京文明堂開業（『日本食文化人物事典』）． この年，日清製油（現在の日清オイリオ），大豆特製油を，「美人印のフライ油，天ぷら油」という名称で発売（日清オイリオ HP）． この年，下田喜久三，北海道岩内町にて，ドイツ種とアメリカ種を交配し，アスパラガスの優良種創成．後に，アスパラガス缶詰の製造にも着手（『日本食文化人物事典』）． この頃，ライスカレー・コロッケ・トンカツが大正の3大洋食になる．
1923	12	1.13 東京日本橋にて，市営公衆食堂開業．定食10銭，肉うどん15銭，コーヒー5銭． 1.- 小学生の弁当や給食にパンが積極的に採用されるようになる．北海道では，バター付きパンと牛乳を2合5勺を3ヵ月間実施したところ，体重増加と病気に対する抵抗力の増強が顕著な結果を示す． 1.- 婦人禁酒会結成． 2.9 保健衛生調査会，農民の健康状態の調査実施．栄養不良から来る病気が多いと伝える（『東京日日』）． 3.30 中央卸売市場法公布．同年11月1日より施行． 3.- 東京芝区の漁民と東京瓦斯芝浦工場の紛争勃発．工場から流出したター

1923(大正12)

西暦	和　暦	事　　　　　　　　　項
1923	大正12	ル含有排水による川の汚染および魚類の死滅が原因． 4.12　杉本隆治ら，東京商工奨励館にて，フライシュマンイースト社の技師オットマティを招聘し，圧搾生イーストによる製パンの公開実験実施．アメリカの電気釜も登場．市販の国産パンを圧倒し，パンの量産が可能になる(『日本食文化人物事典』)． 4.－　山崎峯次郎，東京浅草七軒町にて，日賀志屋(現在のエスビー食品)創業．国産の孔雀印カレー粉(1缶1円10銭)製造開始．精養軒の北川敬三料理長などが品質を評価(エスビーHP)． 4.－　丸の内ビルディング(同年2月完成．通称丸ビル)の花月食堂の値段．日本食三重弁当80銭，普通弁当35銭，鯛めしお椀つき60銭，天丼60銭，親子丼50銭，おでん30銭． 5.20　露領出漁本契約に調印(『食物史』)． 5.－　佐伯矩指導の下，東京の市立小学校8校にて保健や体位向上を目標に給食開始． 6.－　長野県中川村にて，天竜館設立．1602年から村で作っていた薬酒を有志が出資しあって発売．後の養命酒． 6.－　山形県，サクランボの冷蔵輸送開始．山形駅から大阪や神戸に向け，冷蔵車2両運行． 6.－　三島海雲，ラクトーをカルピスに商号変更．震災時には無料でカルピスを配布． **9.1　関東大震災が起こる．** 9.2　大阪，京都にて，白米・梅干し・沢庵・氷などが調達され，横浜行のシカゴ丸に搭載される(『大阪毎日』)． 9.5　震災で店舗も工場も大破した榮太楼の従業員，饅頭を箱車で販売．また，全国各地から東京へ発送された救援米を，市内10ヵ所の公設市場にて，一般人に1人1日2升5合を販売(白米1升45銭，玄米1升40銭)．また震災被害者に

図**181**　震災後の食べ物屋(1923)

1923(大正12)

西暦	和暦	事項
1923	大正12	は1日2合の玄米配給開始(11日～15日まで，榮太楼総本店HP)． 9.6 陸軍，震災に際し，6ヵ所で5000人分の炊き出しを行う(『大阪毎日』)． 9.11 米穀輸入税免除令公布．ほか，生牛肉・鶏卵の輸入税も免除する(1924年3月末まで，『東京風俗志』)． 9.13 被災地の米の販売を食糧局の管轄にすると発表．14日には，白米・半白米・玄米の値段を引き下げる(『中外商業』1923.9.15)． 9.13 東本願寺，上野公園内にて，託児所開設．オモユ・ムスビ・ミルクを与えて保護することを決める(『中外商業』)． 9.16 救世軍，日比谷公園にて，乳児らに牛乳配布．また救世義勇団員，四ツ谷区内の小学校にて牛乳配布(『時事』)． 9.17 公設市場(玄米・半搗米・白米・味噌・醬油亀甲万・卵(三州物)・そうめん・牛肉(青島ロース)・馬鈴薯・薩摩芋・里芋・梨・しょうが)の物価(『東京日日』)． 9.19 政府米の販売価格決定(『東京朝日』)． 9.- 東京の物価が騰貴せず．野菜や果物の価格は低落傾向となる．また震災直後，あんみつ・やきとり・釜めしなどが出現． 9.- 東京日本橋室町にて，初の焼鳥専門店鴬の平野開業． 10.18 伝染病(チフス・赤痢)の患者数3686人．うち624名が死亡． 10.27 中央卸売市場法施行細則発表(『東京朝日』)． 10.- 震災後，東京にて，飲み湯屋(1杯1銭)，味噌汁屋(2杯5銭)，スイカ屋(1切れ10銭)，ナシ屋(1個5～8銭)，コップ酒屋(1杯20銭)，牛飯・牛丼屋(大盛10銭)などの新商売が開始． 11.1 京都山崎にて，寿屋(現在のサントリー)の鳥井信治郎，モルトウイスキー蒸留所山崎工場設置．イギリスでスコッチウイスキー造りを習得した竹鶴政孝(ニッカウヰスキーの創業者)，鳥井の命により，ウイスキーづくりに取り組む(『日本食文化人物事典』・サントリーHP)．

図182　国立栄養研究所関東大震災後の救援活動(1923)

1923(大正12)

西暦	和　暦	事　　　　　　項
1923	大正12	11.17 三越呉服店，日本橋にて，新装開店．食堂，食料品部は階下に開設(『東京日日』)． 12.1 築地海軍技術研究所跡にて，魚河岸開場．すし・さしみ・てんぷらなどの魚河岸名物，甘味料理を「腹いっぱい」頬張って，賑やかに魚河岸の将来を祝福したとあり(『時事』1923.12.2)． 12.- 東京の日比谷，九段などの5ヵ所にてミルクステーション開設．学生ら，罹災した乳児に牛乳配布． この年，震災後，すし職人が東京から上方へ流れる．鯖ずし・箱ずしなどが中心の関西に握りずしが進出し流行．また，東京の高級すし店にても，下魚扱いされていたマグロをすし種として握るようになる．また江戸にて握りずしを始めた与兵衛ずしが姿を消す． この年，勝美芳晴，『実用経済営養料理法　附健康増進営養料理』刊行．病人別に料理法や献立をまとめる(『近代料理書の世界』)． この年，菊池製作所(現在のタイガー)，虎のマークで魔法瓶の製造販売開始(タイガー魔法瓶HP)． この年，貴族院議員木下謙次郎，『美味求真』に，東京市内の日本料理店約2万軒，西洋料理店約5000軒，兼業1500軒，支那料理店1000軒と記述(『日本食肉文化史』)． この年，銀座千疋屋にて，フルーツポンチ考案(『食の一〇〇年』)． この年，全国の汽車弁(上弁・並弁・寿司・サンドウィッチ・その他変わり弁当)の年間販売数が約1億個となる． この年，デパートにて，ホットケーキが売り出される． この年，豊田正利，東京浅草にて，米正1合と好みの具で炊く釜飯屋開業． この年，東京新宿にて，生醤油ベースのスープに中華麺を加えたラーメンが売り出される． この年，フランス帰りの田尾多三郎，横浜にて，パリのカフェ・ド・パリにあこがれて，バー「パリ」開店．またチェリーブロッサムというカクテル考案． この年，沼倉吉兵衛，結球に成功した白菜を清から持ち帰り，東京と横浜へ初出荷．仙台白菜として知られる(『日本食文化人物事典』)． この年，アウグスト・ローマイヤー，東京大崎にて，ハム・ソーセージの製造開始．帝国ホテル・精養軒・三越などへ売り出す．また東京銀座にて，ドイツレストランおよび売店開店(ローマイヤーHP)． この年，カール・ユーハイム，関東大震災で被災後，神戸の元生田署前にて，「ユーハイム」開設(ユーハイムHP)． この年，森永製菓，「マリービスケット」発売(森永製菓HP)． この年，東京製菓(現在の明治)，季刊PR誌『スキート』刊行(明治HP)． この年，今井與三郎，浪花屋製菓創業．金型をうっかり踏み潰し，歪んだ金型で焼いた小判型のあられを「柿の種」として販売．大阪のあられ作りを取り入れ，モチ米を使ったあられを創製したことが，社名の由来(浪花屋製菓HP)． この年，相馬愛蔵，商号を中村屋とする．また震災直後，地震パン・地震饅頭・奉仕食パンの3品を夜通し製造．被災民に特価で提供(新宿中村屋HP)．

1924(大正13)

西暦	和　暦	事　　　　　項
1924	大正13	1.10 第2次憲政擁護運動発足. 1.15 丹沢山塊で起こったマグニチュード7.2の地震により，横浜で原油が流出し，魚介類や海苔に大被害. 1.24 三越デパートにて，葛原冷蔵株式会社の冷凍魚が初めて販売され，好評を博す(『東京朝日』). 1.27 大型貸しビル丸ビル完成を伝える．森永製菓売店・明治屋・日本茶精販売・千疋屋・東京製菓パン・清月堂などが軒を並べる．また，洋食中央亭・和食花月・吉野すし・汁粉利岡・そばほてい屋・喫茶店宮坂・栄養研究所などが食堂を開設(『東京日日』). 1.-〜9.末 東京市社会局，市内の特殊小学校，託児所25ヵ所にて，延べ73万2118人に栄養食を支給(『児童栄養食供給事業概況』). 2.- 警視庁，シュークリーム中毒の発生に際し，菓子製造所の一斉検査実施．老舗の塩瀬・岡埜・藤村・榮太楼などの銅鍋が不合格を受け，取り替えを命じられる． 3.10 東京神田にて須田町食堂開業．10月20日に，京橋支店開店．翌年，2月28日，日本橋支店が開店．のちに，銀座・上野・浅草に店舗拡大．カツレツ(5銭)，野菜サラダ(5銭)，ライスカレー(8銭)，ハヤシライス(8銭)，合の子皿(8銭)などの簡易洋食を提供．相場は3〜8銭と安価(『日録20世紀』). 3.30 日本澱粉製造所(現在の日澱化學)の「赤玉パン粉」の広告あり(『大阪毎

図**183**　葛原式冷凍魚(1924)

1924(大正13)

西暦	和暦	事　項
1924	大正13	日』）． 4. 8 臨時脚気病調査会，16年の活動に幕を閉じる．ついに脚気の病原を確定できず，「脚気はビタミンB欠乏症に類似する疾病」とするのみであった．最後まで脚気とビタミンBの関係を認めなかった森林太郎（鷗外）は1922年没（『模倣の時代』）． 4. - 門倉国輝，東京銀座にて，フランスケーキ店コロンバン開店． 5. 10 中央畜産会による牛乳博覧会開催．牛乳の健康上の効用について説く（『日録20世紀』）． 5. 11 東京お茶の水の教育博物館にて，文部省主催乳の博覧会開催．牛乳料理の実習，常盤松御料牧場（渋谷）の牛乳の実費試飲などが行われる． 5. 12 東京市にて給食の続行決定．数寄屋橋公園に共同調理室児童栄養食加工所を建設し，学校11校，託児所13ヵ所の給食の下ごしらえに当たる． 6. 4 ヴィタミンとカルシウムを含んだ「ゼリーの素」（神戸：ゼリー社）の広告あり．味は，イチゴ・レモン・バナナ・チェリー・パイナップル・オレンヂ，キャッチフレーズは，「美味，滋養，衛生，経済，簡易の五大要素を完備せる日本で初めてできた文化的食料品」（『東京朝日』）． 7. 1 白木屋の食堂にて，女店員の制服を洋装化． 7. 10 東京市商工課，市内各商店の商品の計量検査実施．三越呉服店銀座売店にて，味噌，中元贈答用の砂糖の目方不足が判明（『東京朝日』）． 9. - 日本栄養協会設立（会長　佐伯矩）．児童の保健，国民の体力の向上を目指し，貧困児童のみならず，虚弱児童に対する学校給食を積極的に推奨（『日本栄養学史』）． 10. 29 東京駅前にて，丸の内ホテル完成．茶代50銭，食事も安価とあり（『東京日日』1924. 10. 28）． 12. 1 宮沢賢治，童話『注文の多い料理店』を出版． 12. - 三井財閥創業の大番頭益田孝，長寿栄養の研究から病人栄養を重視し，慶應大学医学部に食養研究所設置（『近現代の食文化』）．

図184　須田町食堂（1924）

図185　各種引き札　チラシ等

1924〜1925(大正13〜大正14)

西暦	和暦	事　項
1924	大正13	この年，服部弥太郎，冷凍魚の取扱いと料理法をまとめた『冷凍魚取扱並料理法』刊行(『近代料理書の世界』). この年，大日本製乳，メーレル・スール(Merrell-Soule)式噴霧乾燥装置を輸入し，噴霧式にて全脂粉乳製造(『20世紀乳加工技術史』). この年，コーンビーフの輸入が増加し，安売り合戦始まる(『日本食肉文化史』). この年，関東大震災後，再建した銀座三越にて，電気コンロや電気湯沸かし器などを展示した家庭電化展覧会開催．文化生活を紹介(『日録20世紀』). この年，白木屋百貨店の食堂にて，陳列ケース設置(『食の一〇〇年』). この年，即席カレー・ゼリーの素・アイスクリームの素・レモン紅茶の素(レチラップ)などの即席食品が急増. この年，北海道函館市畜産組合にて，ロシアから買い入れた機械を用い，日本人向きの味に改良したソーセージを売り出す(『日本食肉文化史』). この年，日清製油(現在の日清オイリオ)，国産の日清サラダ油発売．また姉妹品の日清フライ油も発売．ナイフとフォークのマークはこの時作られる(日清オイリオHP). この年，長野県の更級ジャム(現在の津軽果工)の水井寿穂，不足分のリンゴを賄うために，青森県にて，リンゴの加工業に着手(津軽果工HP). この年，中部幾次郎，林兼商店(現在のマルハニチロホールディングス)設立．1905年には，日本で最初の石油発動機付鮮魚運搬船「新生丸」も建造(『日本食文化人物事典』). この年，中山小一郎，キャラクターを象った「袋入り菓子自動販売機」製作. この年，東京菓子，明治製菓と改称(明治HP). この年，極東煉乳(のちの明治乳業)，アイスクリームの製造を開始する(明治HP). この頃，豊年製油の大豆白絞油やゴマ油，菜種油に代わって，食用油の中心となる.
1925	14	2. - 大阪市今宮にて，市営食堂開設. 3. 1 東京放送局，試験放送開始. 3. 2 普通選挙法. 3. 7 治安維持法. 3. 16 東京電力設立(『東京電力30年史』). 3. - 中島商店(現在のキューピー)の中島董一郎，マヨネーズ(1瓶50銭)製造開始．しかし，ポマードと間違えられ，売り上げは伸び悩む. 3. - 大阪市議会にて，日本で最初の中央卸売市場(現在の大阪市中央卸売市場)の開設が，大阪野田に決定．1931年11月11日開業(大阪市中央卸売市場HP). 4. - 佐伯矩，東京芝金杉川口町にて，栄養学校開校．初代校長には斎藤寿雄(『日本栄養学史』). 5. 1 産業組合中央会(現在の家の光協会)，農業向け雑誌『家の光』創刊(家の光協会HP). 5. 23 「ダイヤモンド印サビナイ刃物」の広告あり(『東京日日』).

1925（大正14）

西暦	和暦	事　項
1925	大正14	5.－ 北海道にて，有限責任北海道製酪販売組合(現在の雪印乳業)創立．7月にバターの製造開始．なお翌年，雪印を商標登録(雪印乳業HP)． 7.10 細井和喜蔵，『女工哀史』刊行． 7.12 東京放送局，本放送開始．聴取料1円(聴取者数5455人)．15日に，名古屋放送局が本放送開始．12月1日には，大阪放送局が本放送開始． 8.15 名古屋中区にて，共同宿泊所(建坪573坪)が設置され，その隣に公衆食堂も開設． 9.1 大阪放送局にて，「季節料理献立」の放送開始(『目録20世紀』)． 9.6 四方合名会社を寳酒造(TaKaRa)に改称(宝酒造HP)． 9.14 下関―汐留(東京)間で，塩水使用による冷凍魚の試験輸送実施(9月18日まで)． 10.14 御茶の水にて，文化アパート完成．2～4時にはお茶が運ばれ，1階には，随意に居住者が利用できる食堂設置．専門のコックも常住(『時事』)． 10.－ 東京市社会局，子どもの嗜好調査実施．好きな食べ物に，五色飯・牛肉野菜煮・さつま汁・オムレツなどがあがる．嫌いなものは大根おろし(『目録20世紀』)． 12.－ 三浦政太郎，緑茶にビタミンC含量が多いことを解明． この年，大阪衛生試験所，寄生虫に関する研究発表．ハクサイ，ホウレンソウ，ネギ，ミツバなど葉菜類に回虫卵が多いと判明． この年，大阪大正区の「パンヤの食堂」(現在の北極星)の北橋茂男，オムライス創案(北極星産業HP)． この年，神奈川県三浦地方特産のダイコンを三浦ダイコンと正式に命名(三浦市農業協同組合HP)． この年，東京・神戸・長崎にて，コレラ流行．魚類の売れ行きが停滞し，缶詰が安全食として人気になる． この年，島本万吉・きぬ夫妻，名古屋大須にて，山本屋(現在の山本屋総本家)

図186　発売当時のキューピーマヨネーズ(1925)

1925～1926（大正14～昭和元）

西暦	和暦	事　項
1925	大正14	の屋号を買い取り，味噌煮込みうどん創案(山本屋総本家HP). この年，日本冷凍協会設立認可(日本冷凍空調学会HP). この年，北海道製酪販売組合連合会(現在の雪印乳業)創立．カートン(紙箱)入りバター発売. この年，北大路魯山人，東京赤坂の日枝神社境内にて，高級料亭星岡茶寮設立(『日本食文化人物事典』). この年，木下謙次郎，食通論『美味求真』著す．翌年，『続美味求真』『続続美味求真』も刊行. この年，老舗料亭「耳卯楼」の四男薩摩平太郎，道頓堀にて，麵類専門店として「美々卯」開店．うずらそばなど考案(『日本食文化人物事典』・美々卯HP). この年，佐藤栄助，サクランボの品種改良に成功．1928年に，佐藤錦と命名(『日本食文化人物事典』). この年，果樹園芸学者田中長三郎，福岡県の宮川謙吉医師宅にて発見した枝変わりの温州みかんの早生品種「宮川早生」と命名(『日本食文化人物事典』). この年，広田盛正，岡山にて，欧州産マスカット・オブ・アレクサンドリアと東洋系欧州種甲州三尺を交配したネオ・マスカット作出(『日本食文化人物事典』). この年，千疋屋，銀座松屋にフルーツパーラー出店．1928年には浅草松屋，1930年には海上ビル，伊東屋ビルにも出店. この年，明治製菓，日本で最初の近代的菓子工場「川崎工場」開設(明治HP). この年，野田醬油醸造，万上味醂と日本醬油を合併．また，醬油の2Lびん発売(キッコーマンHP). この年，燃料用ガスの需要が全体の8～9割を占める(『東京瓦斯七十年史』). この頃，カール・ブッティングハウス，東京目黒にて，ソーセージ工場創設(『日本食文化人物事典』).
1926	昭和元 12・25	1. - 東京放送局，ラジオ料理番組開始．『読売新聞』には，「けさ放送のお献立」という見出しで，放送内容を紹介(『食の一〇〇年』). 1. - 『主婦の友』1月号にハムライスとチキンライスの素の広告. 2. 4 公設食堂の人気メニューは，ライスカレー(『北海タイムス』). 2. 6 鉄道省，横浜・上野・両国駅に，手軽に食べられる直営の簡易食堂ランチホール開設．利用者の急増で拡充へ(『東京朝日』). 4. 1 石川県河合谷村，「禁酒村」宣言. 4. 1 朝鮮総督府，産米増殖計画更新(『東京風俗志』). 4. 24 農林省，サケとマスの増殖に着手(『食の一〇〇年』). 4. - 住田多次郎ら，サイパン島でコーヒーの栽培開始. 4. - 東京で，有害色素が使用された飴や飴による食中毒発生．市販の70パーセント近くに有害色素が使用されていたことが判明．以後，警視庁令で飲食物取締法の制定が決まり，菓子の手づかみ禁止，製品の製造年月日の捺印が義務付けられる. 5. 7 乳肉卵共同処理奨励規則・畜産物販売斡旋及受託販売奨励規則公布. 8. 20 社団法人日本放送協会(NHK)設立.

1926（昭和元）

西暦	和暦	事 項
1926	昭和元	8.- 井関邦三郎，愛媛県松山市にて，井関農具紹介設立(井関農機HP)． 10.- パンがこげそうになると電気が消えるこげない自動電気パン焼器誕生（『台所の一〇〇年』）． 10.- 明治製菓，ドイツから輸入した画期的な一環作業設備を使って，大々的なチョコレートの生産開始(明治HP)． **12.25 大正天皇崩御．昭和と改元．** 12.- 警視庁，肉屋と魚屋に衛生施設強化を命じる．店の床はコンクリート，食品置き場はガラスや金網張り，冷蔵庫を備えるなどを義務付ける（『日録20世紀』）． この年，浦上商店(現在のハウス食品)，大阪にて，ホームカレーを製造販売(ハウス食品HP)． この年，矢谷彦七，アメリカンスタイルの中国料理店銀座アスター開店．店名のアスターは，上海の超一流ホテルアスター・ハウスから命名(銀座アスターHP)． この年，山田政平，『素人に出来る支那料理』刊行．水餃子(ゆで餃子)，炒飯(やきめし)などの素人にできる中国料理を紹介(『近代料理書の世界』)． この年，全国家計調査実施． この頃，お汁粉屋やフルーツパーラーにて，みつ豆が人気となる．あんみつやフルーツみつ豆なども生まれる．

図187 チキンライスとハムライスの広告(1926)

1927(昭和2)

西暦	和暦	事　　　　　　　　　項
1927	昭和2	1.31 千葉県館山市沿岸にて，イワシの大群到来．鴨川方面から漁船が押し寄せ，沿岸漁民と不穏な形勢を呈すると新聞に掲載される． 2.16 森永製菓鶴見工場内にて，ビスケット製造釜爆発．女子従業員4人重軽傷． 2.19 明治製菓，ソフトビスケット発売製造開始(『明治製菓の歩み』)． 2.28 警視庁，赤痢疫痢誘引調査実施．前年の全罹病者の戸別訪問をし，原因となった食物を調査． 3.9 3月7日に発生した北丹後地震により全町倒壊した網野・峰山両町では死者行方不明が多く，米など食料がないと報じられる(『大阪毎日』)． 3.15 **金融恐慌始まる**． 5.12 鎌倉市大船の養殖業者，食用および食用蛙の餌として，アメリカのニューオーリンズからザリガニ数十匹を輸入． 5.26 警視庁衛生部，東京府内の牧場で搾乳された牛乳を一斉調査．調査件数36件中3件が不良と判明．以後，山本悌二郎農相が中心となり，不正牛乳取り締まりが強化される． この春，神奈川県・東京府にて，腸チフス患者が増加．6月18日に，警視庁防疫課が予防を開始． 6.18 海軍，きな粉パンを兵食として用いることを決定(『昭和日常生活史1』)． 7.7 内閣にて，人口食糧問題調査会設置．会長は総理大臣，副会長は内務・農林大臣． 7.27 農林省，この年の高温による急激な稲の病害虫発生に対し，対策を地方長官に通牒． 7.- 東京にて，赤痢患者が60人．これまでにない流行となる．防疫課長は「バナナは子ども殺しの王様」と言明． 8.2 警視庁衛生試験所にて，配達中の牛乳を路上調査．脂肪分不足のため，慶應大学病院に納入予定の59本を廃棄． 9.7 内地・朝鮮ともに，米の大豊作．米価崩落により，清算米市場は30円99銭の新安値記録． 9.13 千葉県にて，野田醬油総同盟組合員がストライキ(翌年4月20日まで)．第二次世界大戦以前の最長ストライキとなる． 10.1 警視庁獣医課，53条よりなる牛乳取締規則施行細則を施行(『東京日日』)． 10.15 松坂屋の食堂の女店員の制服が洋装に変わる． 10.- **金融恐慌，銀行休業**． 10.- 明治製菓，サイコロ・キャラメル発売．赤箱と白箱の2種で，中に大きなキャラメルが2個入って，1箱2銭．愉快なパッケージが人気を呼ぶ． 12.11 京都にて，中央卸売市場開業(京都市中央卸売市場第1市場HP)． 12.15 下関―東京間にて無停車の鮮魚専用急行列車が運転開始(午前8時49分下関発)． この年，丸美屋食料品研究所(現在の丸美屋)，ふりかけの元祖「是はうまい」発売(丸美屋HP)． この年，『主婦の友』にて，「台所設計懸賞」を行う．審査員に，鈴木仙治，前田松韻，大江スミ子．

1927～1928(昭和2～昭和3)

西暦	和暦	事項
1927	昭和2	この年，栄養技手誕生．各府県の栄養改善事業開始．
この年，大阪市内にて，アメリカ帰りの水谷清重が経営するマルキパンが，「パンとチチを召し上がれ」と広告を掲げ，朝食を提供するミルクホール24軒開設(パン屋併設)．提供したパンはあんパン．
この年，外国で暮らす日本人のための缶詰カタログが発行される．醬油で茹でたサトイモ・カマボコ・正月用餅なども缶詰あり．
この年，家事教科書『家事新編』に，鈴木式高等炊事台が取り上げられる．
この年，東京深川の名花堂(現在のカトレア洋菓子店)，カレーパンの元祖洋食パン考案(森下商店街HP)．
この年，全国に先がけて京都で中央卸売市場開設．以後，昭和5年に高知，昭和6年に大阪・横浜，昭和7年に神戸，昭和10年に東京開設．
この年，野田醬油(現在のキッコーマン)，商標をキッコーマンに統一(東京のみ)．1940年には，全国にて統一(キッコーマンHP)．
この年，三菱電機，「電気釜」発売．また，この頃，各社が電気釜の発売に乗り出す(三菱電機HP)．
この年，南鍋町米津凮月堂，ゴーフル考案．販売を開始する(東京凮月堂HP)．
この年，江崎商店(現在の江崎グリコ)，グリコのおもちゃ(通称オマケ)創案．カラーカードを発展させ，豆玩具封入(江崎グリコHP)．
この年，関東大震災で壊滅したホテルニューグランドが再興．スイス人サリー・ワイルが料理長に招聘される(ホテルニューグランドHP)．
この年，新宿中村屋，喫茶部開設．日本ではじめてラス・ビハリ・ボース直伝の純インド式カリーを売り出す．カレーとライスを別の容器に入れて提供(他店8～10銭：中村屋80銭)．また同年には，にくまん・あんまん・月餅・ボルシチも販売(新宿中村屋HP)．
1928	3	1.13 東京の料理店：西洋料理店1619店，そば屋1568店，お汁粉・餅屋1504店，おでん屋945店，すし屋895店，喫茶店881店，天麩羅屋459店，ラーメン屋444店，川魚料理店11店，ドジョウ屋10店，ウナギ料理店・貝料理店4店，朝鮮料理店・台湾料理店3店，豆腐料理屋2店，スッポン料理屋1店(『国民』)．
1.23 モスクワにて，日ソ漁業条約に調印．5月23日に批准書交換(1945年8月9日の日ソ開戦に以後失効)．
1.— 島根県松江市にて，圧力釜一種煮沸調節器発売．
1.— 中島商店(現在のキューピー)，イギリスへミカン缶詰の見本を送る．以後，アメリカやオーストラリア，大連へも輸出．加島正人のアルカリ剝皮法を採用した製造法が貢献．
2.4 東京日本橋の白木屋にて，豆まき開催．出羽ヶ嶽が登場．
3.3 警視庁衛生検査所，浅草などで販売している雛菓子・雛道具から有害なタール色素などを検出し，一部販売を禁止する．
3.— 麒麟麦酒(現在のキリンホールディングス)，炭酸飲料キリンレモン発売(キリンホールディングスHP)．
3.— 花王石鹼(現在の花王)，業務用食用油脂エコナ発売．"Edible Coconut Oil of Nagase"の頭文字から命名(花王HP)．

1928(昭和3)

西暦	和暦	事項
1928	昭和3	3.- 豊作により，米価下落．7日に外米の輸入制限の勅令を公布(『食の昭和文化史』). 3.- 崎陽軒，横浜にて，折箱入「シュウマイ」(1箱50銭)販売．駅の名物にと，南京街の点心職人「呉遇孫」を招聘し，冷めてもおいしいシウマイを完成させる(崎陽軒HP). 4.1 『月刊食道楽』第2期創刊． 4.5 八丈島近海にて，初ガツオ300尾漁獲． 5.2 警視庁衛生部，企業など615ヵ所の台所検査実施．大部分が不衛生と判明．他の料理店検査を各署へ発令． 5.29 相模湾にて，マグロの大群到来．大漁で相場下落．小田原では，刺身1人前8銭でも売れ残る． 7.1 国鉄，列車食堂内の禁煙解禁． 7.22 東京芝愛宕署，飲食店の清涼飲料水の一斉検査終了．ガラス入り・あり入り・腐敗したものなど発見． 7.- 東京銀座にて，資生堂アイスクリームパーラー(現在の資生堂パーラー)開店(資生堂パーラーHP). 7.- 北海道製酪販売組合連合会(現在の雪印メグミルク)，チーズの試作開始．翌年には，ブリックチーズを製造し，ピメントを加えたびん入りスプレッドタイプを発売(雪印メグミルクHP). 9.4 東京にて，冷夏による米価の暴騰で，米の買占めが起こり，東京米穀商品取引所が混乱し，立会休止(6日に再開). 9.5 市設市場の白米，抜き打ち値上げ．8日から東京市内の小売りは15キロにつき1等16銭，2～4等15銭値上げとなる(『東京日日』). 9.22 警視庁，防腐剤ナフトールを多量に含む醤油1500樽を発売禁止． 9.30 東京府下千駄ヶ谷にて，秋祭りの露店の食物が原因の子どものチフスや疫痢が発生．3人死亡． 10.10 鳥取県面影村にて，婦人会による農家の台所改善運動開始． 10.- 福島県郡山市の造り酒屋山口酒造店にて，皇室に献上する酒「山桜」の樽詰． 10.- 浦上商店(現在のハウス食品)の浦上靖介，家のマークの新商標「ハウスカレー」を誕生させる．国産粉末即席カレー「ハウスカレー」(10銭)発売(ハウス食品HP). 10.- 御大典記念用に，国産イーストを使用したパンを製造． 11.15 東京の中央軒・精養軒・中央亭にて，大饗の料理(4000余人分)を調理．警視庁の監督下，氷詰で京都へ発送． 11.16 昭和天皇即位の大礼で大饗．白木折敷の土器盛りで，焼鳥・刺身・巻昆布・御汁・御飯・白酒・黒酒．さらに饗膳は，姿焼鯛など何種か供された．大饗2日目には，17日夕暮より洋式の料理が供される(『大阪毎日』). 12.13 奉祝会にて，東京市内の公衆食堂にて無料食券配布(『昭和日常生活史1』). 12.15 神田青果市場誕生．ドイツのミュンヘンの市場を模したモダンな東京市場．最新の機器が設置された．

1928～1929(昭和3～昭和4)

西暦	和暦	事　項
1928	昭和3	12.24 銚子港付近にて，ゴンドウクジラの大群到来．120～130頭を捕獲． この年，日本冷凍協会，東京府立高等女学校家事科担当の研究機関家庭料理普及会において冷凍食品試食会開催(『冷たいおいしさの誕生』)． この年，上野や九段など11ヵ所にて，東京市営公衆食堂開設．1年間の利用者が約550万人． この年，うどん屋美々卯の主人薩摩平太郎，大阪市東区にて，うどんすきを考案，1円50銭(『日本食文化人物事典』)． この年，静岡県水産試験場，小型飛行機を使用したカツオ漁業の魚群発見開始． この年，純喫茶名曲喫茶開店．1杯10銭前後． この年，信越本線の新潟県新津駅にて，鰻の駅弁の販売開始． この年，アイスキャンデー(1本1銭)流行．この頃のおやつ代は1日2銭ほど． この年，東京日日新聞社・家庭生活改善会主催の「実用的お台所」の懸賞募集．1等案が『東京日日新聞』(9月4日)に掲載される(『台所の一〇〇年』)． この年，北海道製酪販売組合連合会(現在の雪印メグミルク)，工場規模でのアイスクリーム製造開始(『20世紀乳加工技術史』)． この年，資生堂パーラー，本格的なレストラン展開開始(資生堂パーラーHP)． この年，伊藤傳三，大阪市北区にて，伊藤食品加工業(現在の伊藤ハム)創業(伊藤ハムHP)． この年，極東練乳(現在の明治)，「明治牛乳」「明治コナミルク」発売(明治HP)． この年，小松原要助，広島にて，ふりかけ「露営の友」創製．軍部に納入(『日本食文化人物事典』)．
1929	4	1.1 寿屋(現在のサントリー)，新カスケードビール(1本29銭)発売．翌年には，オラガービールと改称(ビール酒造組合HP)． 1.- 北海道製酪販売組合連合会(現在の雪印)，農林省・内務省に対し，人造バターと天然バターを区別する表記の義務付けを請願． 3.26 東京上野松坂屋が落成し，4月1日より開店(『東京日日』)． 4.1 寿屋(現在のサントリー)，国産ウィスキー第1号白札発売(サントリーHP)． 4.15 大阪市梅田にて，ターミナルデパート阪急百貨店開店．カレーライスが食堂の目玉メニューになる． 4.- 福島市の某製糸工場の女子工員の食生活の実態．1日1人当たりの栄養摂取量熱量1887キロカロリー，蛋白質47グラム，動物性蛋白質1.7グラム，糖質399グラムと低水準． 5.- 高知県の前田洋望園にて，マスクメロン大豊作．高級贈答品としての地位を得る『日録20世紀』)． 6.29 青森県にて，リンゴの検査規則を農林省が認可．8月1日より実施．色沢・玉揃・形状・重量などにより等級分けを行う(『東奥日報』1929.7.2)． 6.- オリエンタル酵母工業，パン用のイースト菌の生産開始． 7.24 味の素の特許期限が消え，各地でグルタミン酸ソーダの生産開始(『味の

1929(昭和4)

西暦	和　暦	事　　　　　　　　　　　項
1929	昭和 4	素沿革史』）． 8.1 東京日本橋の白木屋，十徳品発売．内容は，既製服・靴・帽子・洋装品・化粧品・児童用品・家具と台所用品・食料品と菓子． 8.13 大阪にて，コレラ流行．患者1000人に達する． 8.19 ドイツの飛行船ツェッペリン号，霞ヶ浦に来着．乗客の食べ物の肉や野菜を保存するために，ドライアイスを使用している様子が知られる．また近江牛のすき焼きを搭乗員に馳走する． 9.1 全国にて，酒なしデー実施． 9.2 鉄道省，夏の魚類や青果物の輸送に氷からドライアイスの使用へ切り替える． 9.5 一銭水道，ジャワ島から伝わる．1銭入れると1斗6升5合（30リットル）の水が出る仕組み． 10.1 浅草にて地下鉄食堂開店．「御飯・パン・コオヒ各5銭，レモンテイ・ソオダ水各7銭，アイスクリム・ケエキ・パインナップル・果物各10銭，エビフライ・ライスカレエ・お子様料理各25銭，ビフテキ・カツレツ・コロッケ・ハムサラダ・ロオルキャベツ・ビイフシチュウ各30銭，ランチ35銭」． 11.23 大阪の寿屋の鳥井信次郎，国産のサントリーウィスキーを発売と報じる（『東京日日』）． 11.- 東京駅の待合室にて，簡易食堂開店． 12.8 静岡にて清水食品設立．翌年，日本で初めて鮪油漬缶詰を本格的に製造

図188　白札サントリーウイスキー（1929）

1929～1930(昭和4～昭和5)

西暦	和暦	事　　　　　　　項
1929	昭和4	し，アメリカへ輸出開始(清水食品HP)． この年，小林元次，名古屋にて，青果商小林商店(現在の金印わさび)開業．翌年，生わさび業へ転業．1933年には，粉わさび発売(金印わさびHP)． この年，台所改善協会が設立される．会長伊藤博邦，副会長井上秀子，理事には，鈴木仙治・大熊喜邦・佐藤功一・棚橋源太郎・大江スミ子が就任する(『台所の一〇〇年』)． この年，東京市衛生試験場にて，栄養調査部設置． この年，東京銀座千疋屋の主人斎藤義政，リンゴの品種，スターキング・デリシャスの苗木2本を輸入．弘前の対馬竹五郎に育成を託す．対馬の苦心が実を結び，その後各地に普及． この年，警察部長衛生会議にて，「国民栄養改善ニ関スル件」が取り上げられ，各都道府県に栄養士が配置される． この頃，島田信二郎(元宮内省大膳職)，ポークカツをトンカツと呼ぶ(『日本食文化人物事典』)．
1930	5	1.28 百貨店，東京各地で建設．大合戦の時代と報道．食料品本位の二幸商社の百貨店なども開店(『東京朝日』)． 2.- 大阪市水道局，上水道の塩素滅菌開始． 3.3 東京の松坂屋にて，お好み食堂開設． 3.- 不二家設立．5月には，新宿店開店(地下：工場，1階：売場・喫茶，2階：食堂，不二家HP)． 6.6 東京大塚に日本初の独身女性専用のアパート開館式．1階は店舗で菓子屋，フルーツパーラー，食料品店が入る(『東京日日』)． 6.- 陸軍糧友会，東京市内の小学校の欠食児童のためにパン給食開始． 7.- 大阪キタの食堂で飯と福神漬だけのお菜抜き食事(5銭)が売り出される．阪急食堂では，1日200人が利用． 7.- 大阪にて，プロレタリア食堂開業．交換手，運転手，警官に人気．プロ

図189　オラガビールの看板(1929)

1930～1931(昭和5～昭和6)

西暦	和暦	事　　項
1930	昭和5	小鉢(刺身・焼魚・漬物)に朝食(飯・味噌汁・漬物)付き15銭．コーヒー5銭，ケーキ5銭，ビール10銭，酒15銭． 7.11 東京にて，警視総監がうどん・そばの値下げを勧告．その結果，うどん，そば(もり・かけ)の価格が，10銭から8銭程度に値下げ相場となる(『中外商業』『東京日日』)． 10.1 第2回国勢調査．人口6444万人． 10.3 米価が大暴落．東京と大阪の米穀取引所で立会休止． 10.4 米，大豊作となり，「豊作ききん」と呼ばれる． 11.- 料理雑誌『料理の友』に，「料理屋の半額で済む家庭料理」の特集あり．定食80銭を40銭，洋食1円50銭を85銭，そのほか親子丼・にぎり鮨・天丼・チキンライス・ライスカレーなどあり． 12.1 東京日本橋三越の食堂にて，お子様洋食(30銭)登場．考案者は，食堂主任の安藤太郎(『日録20世紀』)． この年，キンケイ食品，カレー粉ギンザカレー発売(『台所の一〇〇年』)． この年，野菜・果実・畜肉の冷凍食品の発売開始．例えば，戸畑冷蔵(後の日本食料工業)が家庭用冷凍食品として，イチゴを用いた冷凍食品を発売． この年，三共イースト，パン用ドライイースト発売． この年，東京芝浦電気(現在の東芝)，GE(ゼネラル・エレクトリック)社の技術指導を受けて，国産初の電気冷蔵庫発売(『台所の一〇〇年』)． この年，日賀志屋(現在のエスビー食品)，家庭用に壜入り「ヒドリ印のカレー粉」発売(『親から子に伝える「モノづくり」誕生物語その壱』)． **この年，森本厚吉が『生活問題』，今和次郎・吉田謙吉が『モデルノロヂオ』刊行(『家庭生活の一〇〇年』)．** この年，代田稔，乳酸桿菌(ラクトパチルスカゼイシロタ株，略称ヤクルト菌)発見．ヤクルトブランドにて，福岡市の代田保護菌研究所で乳酸飲料の製造開始(『日本食文化研究事典』)． この年，銀座若松の2代目森半次郎，あんみつ考案(あんみつちぃのHP)． この年，糧友会より『日本米食史』刊行． この年，湯木貞一，大阪新町にて，「御鯛茶處　吉兆」開業．1948年に，「京都嵐山吉兆」開業(吉兆HP)． この頃，イギリス留学から帰国した相馬正胤，イギリス風マーマレード創製(アヲハタHP)．
1931	6	1.- 秋田県にて，県下の小学児童17万4000人の昼食調査実施．16.5パーセント(2万8790人)が欠食児童と判明． 1.- 銀相場下落．銀食器・銀カップなどの銀器贈答が流行． 3.31 米穀法改正公布．米穀の輸出入の許可制と政府の買い入れ，売り渡しの最高・最低価格を決定(7月1日より施行)． 3.- 並河成資，新潟県農事試験場にて，寒冷地用水稲種の品種改良に成功．「農林1号」と命名． 4.- 森永製菓，パラマウント・チョコレート発売．おまけのパラマウント・スターカードが人気になる(『森永製菓100年史』)．

西暦	和暦	事　　項
1931	昭和6	5.9 警視庁，職工の健康改善のための工場食指導に乗り出す． 6.- 雪印乳業，紙カップ入りアイスクリーム（10銭）発売（雪印乳業HP）． 8.11 東京にて，丸の内食堂開業．昼食時に洋楽のレコードをかける． 9.18 関東軍，満鉄の線路爆破．満洲事変勃発． 9.- 森永製菓，1包5枚5銭のチューインガム発売． 9.- 日賀志屋（現在のエスビー食品），ヒドリ印に「太陽＝SUN」と「鳥＝BIRD」の頭文字をとった「S&B」表記で商標登録（エスビー食品HP）． 10.5 川上善兵衛，マスカットとブドウのベリーAの交配に成功． 10.- 東北・北海道の冷害・凶作が深刻化．栄養不良児も後を絶たず． 10.- 東京上野駅前の料理店楽天の主人，「とんかつ」の看板を出す． 11.14 凶作．飢饉に悩む北海道農家4万戸，わらびの根，ふき等の野生植物により飢えを凌ぐ．小学校児童の弁当にそば団子をもってくる子，いり豆を持参する者あり（『東京日日』）． 11.- 警視庁衛生部が東京の銀座や新宿を中心に飲食店検査．約8割を非衛生的として処分． 12.5 埼玉県議会にて，保健衛生の立場より混砂米の販売禁止． 12.- 東京にて，岩崎滝三，ろうに着色する食品模型オムレツ試作に成功．翌年，模型店創業（『日録20世紀』）． この年，C & B（Crosse & Blackwell's）カレー事件発覚．イギリスから輸入されたC & Bカレーの中身が国産品とすりかえられたが，国産品に遜色がないことが知られるきっかけになる． この年，東京目黒の雅叙園の創業者細川力造ら，中国料理の回転テーブルを採用（『日録20世紀』）． この年，国産はるさめの製造開始．白糸・白ふじという名で販売される． この年，千葉県にて，マクワウリの栽培開始． この年，新潟県新津町にて，種なしカキの原木が発見される． この年，森永製菓，無糖の「ホットケーキの素」発売．人気を得られず（森永製菓HP）． この年，柳田國男，『明治大正史』世相篇刊行．温かいものと柔らかいものを好むようになった食の変化に触れる． この年，『日本食品成分総攬』完成． この頃，納豆がブームになる．秋田県横手地方にて，1村70軒がひき割納豆作り開始．国鉄水戸駅にて，ホームで水戸納豆が発売され，好評．
1932	7	1.20 東北の凶作に際し，内務省の栄養技師2人を派遣．ジャガイモのバター和えなどの実地指導実施． 1.28 海軍陸戦隊が八路軍と衝突し，上海事変勃発．前年の満洲事変の影響もあり，軍事用ビスケットの製造がより盛んになる． 3.1 満洲国建国宣言．溥儀が執政に就任． 3.- 大阪高島屋の食堂にて，肉弾三勇士料理発売．ささがき大根を鉄条網に，フキを爆弾に見立てたもの．上海戦で爆死した三勇士の出身地である福岡県久留米市では三勇士饅頭，銘酒三勇士も登場．

1932（昭和7）

西暦	和暦	事　項
1932	昭和7	4. - 日本アルミニウム製造所，アルマイト製品の量産開始．こげつかないアルマイト製の炊飯釜も発売（『日録20世紀』）． 5.15 **海軍将校ら，犬養毅首相を暗殺（5.15事件）．** 5. - 世界の喜劇王チャップリン，すき焼き・天ぷら・おでんなどを堪能．帰りの船中にて，天ぷらを揚げさせる（5月14日に来日し，6月2日に帰国，『日録20世紀』）． 6.17 日本国民禁酒同盟，議会で非常時五ヵ年禁酒案提出．首相斎藤実を訪問し，5年間，禁酒するよう進言． 7.1 森永製菓，チューブ入りソフト・チョコレート（1本10銭）発売（『森永製菓100年史』）． 7.27 文部省，農漁村の欠食児童が20万人を超えると発表． 7.27 農林省，小麦増殖奨励規則公布．5ヵ年間で300万石の増産を計画． 8. - 東京府立川町にて，米よこせ会．窮民暴動計画発覚．その後，東京にて米よこせ闘争激化． 9.7 学校給食臨時施設方法制定．国庫補助による貧困児童救済のための学校給食開始． 10.1 森永製菓，キャラメルの空箱で作ったおもちゃのコンクールキャラメル芸術展開催．全国の児童から，約11万7000点の応募あり（『森永製菓100年史』）． 11.1 大阪の光徳寺善隣館の境内にて，お寺カフェー登場． 11. - 東京市社会局，乳幼児と欠食児童救済を目的として，質流れ品，授産場の新製品を販売．約700人の客が集まる． 12. - 商工省，清涼飲料水を重要工産品に指定． この年，鎌倉の富岡商会，ソーセージ缶詰製造． この年，寄生虫予防施行規則公布（強制検便，『台所の一〇〇年』）． この年，静岡駅にて，東海軒がウナギの駅弁を発売． この年，島薗順次郎，香川昇三ら，ビタミンB_1欠乏人体実験において脚気と同一症状と発表（『日本栄養学史』）．

図**190**　天婦羅をたしなむチャップリン（1932）

西暦	和暦	事　項
1932	昭和7	この年，千葉にて，電熱温床利用によるトマトやイチゴの促成栽培が開始される．
この年，東京の理化学研究所，無塩醬油発売．
この年，ネオマスカット・白鳳(モモ)が市場に出る．
この年，パン用イーストの製造を開始(第一三共HP)．
この年，小岩井農牧(現在の小岩井乳業)，ナチュラルチーズの市販開始(小岩井乳業HP)．
この年，食品工業(現在のキユーピー)，アヲハタブランドのイチゴジャムとママレード発売．1950年には，アヲハタスイートコーン(クリームスタイル)，1957年には，アヲハタスイートコーン(ホール)発売開始(キユーピーHP)．
この年，京都河道屋晦庵創業者植田貢三，満洲から持ち帰った火鍋にヒントを得て，名物芳香炉考案(そばの豆事典HP)．
1933	8	1.2　特殊飲食店営業取締規則公布．
1.12　帝国ホテル，上高地にホテル建設を計画．宿泊費1泊5～7円，食事料，朝70銭，昼1円，夜1円50銭．東京より出張のコックによる洋食．7月中旬頃開業(『中外商外』)．
3.3　東北・関東に地震．津波が釜石を襲う．内務省，衣類食糧を岩手県に急送．米1000石，たくあん500樽，ミルク5000個など(『東京日日』)．
3.15　大阪市水道局，料金の単位を石から立方メートルに改定．
3.27　**日本，国際連盟を脱退．**
3.29　米穀統制法公布．公定価格による無制限買い入れ・売渡制を採用(11月1日施行)．
3.-　香川綾，栄養学の普及と実践，病気の予防を目的に家庭食養研究会(のちの女子栄養大学)設立(『香川栄養学園創立60周年記念誌』)．
5.-　森永煉乳，牛乳販売部門を独立させ，森永牛乳設立．
9.14　東京市内にて，白米10キロに対し，7銭の値上げ．
10.13　米穀輸入許可制公布．
10.30　アメリカのネッスル社，藤井煉乳を買収して日本に進出．淡路島広田村にて，煉乳工場も設置．
12.-　東京築地にて，中央卸売市場完成．1935年2月には，築地本場青果部，鳥卵部，魚類部(淡水魚のみ)が，東京市中央卸売市場として業務開始．さらに，6月には魚類部が新設され，6月には塩干魚，11月には鮮魚の取扱が始まる(東京都中央卸売市場HP)．
この年，上島忠雄，コーヒー豆などを扱う上島忠雄商店(現在のUCC上島珈琲)開業(UCC上島珈琲HP)．
この年，江崎商店(現在の江崎グリコ)，大阪工業大学の中村静博士に依頼し，酵母入りビスケット「ビスコ」(10銭)開発・発売．名称は，酵母入りビスケットを縮めた「コービス」に由来する．キャッチフレーズは，「慈母の味，酵母菓子」(江崎グリコHP)．
この年，愛知トマト製造株式会社(現在のカゴメ)，トマトジュースの販売開始(カゴメHP)．

1933〜1934（昭和8〜昭和9）

西暦	和暦	事　項
1933	昭和8	この年，ブラジル政府，日本国内にブラジル・コーヒーを大々的に宣伝．ブラジル・サルバドル・コロンビアなどの南米コーヒーの輸入急増（『日録20世紀』）． この年，石川県金沢にて，竹岸政則（プリマハムの創設者）が畜産加工会社創業． この年，大久保（白桃）・マスカットベリーAが市場に出る． この年，神奈川県横浜市にて，ジャズ喫茶ちぐさ開店． この年，結核治療法に無塩食餌療法登場． この年，パンと珈琲を売る屋台が流行．それを真似て，銀座の木村屋，菓子パンに珈琲をセットに10銭の喫茶店を開業させ，成功をおさめる． この年，広島県，広島菜を発売する．安芸郡で栽培されたことから安芸菜ともいう． この年，藤永元作がクルマエビの人工種苗の研究開始． この年，北海道帯広にて，ばんちょうの創業者阿部秀司，ウナギの蒲焼をヒントに，地元十勝産のブタを使ってご当地丼の豚丼考案． この年，北海道製酪販売組合連合会（現在の雪印乳業），プロセスチーズ（225グラム55銭）考案．また，カール・レーモンのソーセージ工場買収．畜肉加工業に着手（『牛乳・乳製品の知識』）． この年，米大豊作．1930年に次ぐ水陸稲収穫量（1062万4000トン）を記録．
1934	9	1.1 松竹系各劇場食堂が値下げ．東京歌舞伎座では，ランチが80銭から50銭，コーヒーが15銭から10銭になる． 1.16 昨年10月から岡山県で行っていたヤマメの人口採卵・孵化に成功．明春より放流を決定（『山陽新報』）． 3.29 臨時米穀移入調節法公布（5月20日施行）．政府所有米穀特別処理法公布． 3.- 『栄養士会誌』創刊（『日本栄養学史』）． 4.1 農林省，米穀局設置． 4.12 北海道にてニシン大漁（『小樽』）． 5.10 家庭生活の科学化を目指した家庭科学研究所設立（所長井上秀子）．

図191　不況と凶作の二重の打撃を受けた東北の農村（1933）

1934(昭和9)

西暦	和暦	事　項	
1934	昭和9	7.29 東京牛込に同潤会，江戸川アパートを一般公開する．6階建，4階建などで中流家庭向洋風．和風の結婚披露に使える社交室，エレベーターつきで評判となる(『中外商業』『東京日日』)． 7.- 東京小石川にて，大塚市民館長大迫繁が完全咀嚼同盟結成．1口の食物を35回以上噛んで食べることを提唱． 9.- 名古屋にて，洋酒グラス1杯を10銭で販売する10銭スタンドバーが流行．震災後，横浜から始まる． 10.4 東北6県知事，東北凶作について協議．首相，蔵相などに政府の米払い下げなど陳情を決定(『東京朝日』)． 10.14 東北凶作地を報道．飯米不足のため，麦飯・馬鈴薯・野草をたべ，欠食児増加(『東京朝日』)． 10.21 青森県，初のリンゴ列車運行． 10.23 国立栄養研究所原徹一，東北凶作状況を調査．とくに妊婦・幼児に蛋白質が必要と説く(『大阪毎日』)． 11.1 渋谷にて，**東急百貨店東横店(のちの東急東横店)開店．日本初のターミナルデパート．** 11.2 東北の欠食児童凶作により増加し，10万人に達すると報じる(『東京日日』)． 11.15 秋田県，欠食児童の救済のため，家事の指導者4人を東京市衛生試験所栄養試験部に派遣．イナゴ・ドングリ・ワラビの根・ゴボウの葉などの調理を研究． 12.1 森永製菓，ゆであずき(35銭)の缶詰発売(『森永製菓100年史』)． 12.1 丹下梅子(日本女子大学教授)，文部省主催最初の家庭科学研究大会にて，天然バターに劣らない人造バターの栄養を評価(『読売』)． 12.1 国鉄，駅弁の列車内販売許可．幕の内30銭・20銭，すし弁当20銭(『日録20世紀』)． この年，母船式捕鯨船図南丸が南氷洋へ出漁．日本の南氷洋捕鯨の始め．		

図**192**　女子栄養大学駕籠町校舎(1933)

1934〜1935(昭和9〜昭和10)

西暦	和　暦	事　　　　　　　　　項
1934	昭和 9	この年，衆議院，甚大な全国的な凶作にともない，農林省提出の「凶作地に対する政府所有米穀の臨時交付に関する法律案」を可決． この年，柴田文次(キーコーヒーの創業者)，台湾にて，コーヒー栽培事業開始(『日本食文化人物事典』)． この年，中村屋(現在の新宿中村屋)，日本で初めて「水羊羹」の缶詰化に成功(新宿中村屋HP)． この年，小麦の300万石増産5ヵ年計画が達成される． この年，新宿駅前にて，初の食堂デパート新宿聚楽開店．850席，定員12人のエレベーター付き．喫茶ランチ室(地下1階)から和洋宴会場(5階)，屋上の展望台まで完備(『日録20世紀』)． この年，北海道にて，民間の50ヵ所のサケ・マス孵化場がすべて道立孵化場になる． この年，鈴木山陽堂(現在のカネヨ石鹸)，磨き粉カネヨクレンザー発売(カネヨ石鹸HP)．
1935	10	2. 11 東京築地にて，中央卸売市場開設(『中外商業』)．20日から神田と江東内分場の業務を開く(『東京日日』)． 2. - 和光堂，ベビー用に和光コナミルク・脱脂粉乳発売． 3. 28 飯米3ヵ月分差押禁止令公布(5月1日施行)． 4. 21 大日本麦酒(現在のアサヒビール)，アサヒスタウト発売(アサヒビールHP)． 4. - キンパ(金波)印の人造バターの広告あり．以後，リス印純良人造バター(1937年2月〜)・ライオン印人造バター(1939年1月〜)」などの広告も掲載(『読売』)． 6. 21 三井・三菱・古河・安田・大倉の共同出資で，日本アルミニウム株式会社設立．台湾にて工場開設． 6. - 花王石鹸(現在の花王)，磨き粉クレンザーホームを発売．

図**193**　『栄養と料理』(1935)

1935〜1936(昭和10〜昭和11)

西暦	和暦	事　項
1935	昭和10	6. － 陸軍糧秣本廠にて，瞬間的に粉末化する機械を完成．肝油や醬油などの粉末化を開始． 9. 10 明治製菓，チーズクラッカーを発売(明治HP)． 9. － 大阪にて，フグ料理の営業許可(『日録20世紀』)． 11. － 鹿児島・宮崎にて，陸軍特別大演習が実施されるに伴い，宮崎県都城市が天皇陛下に日向ハム献上を決定し，豚舎新築．ブタ3頭を厳選のうえ，修祓式実施． 12. 12 東京芝浦にて，肉畜博覧会開催．三重県松阪の松阪牛が名誉賞を受賞し，人気となる(『日録20世紀』)． 12. 12 農林大臣官邸にて，ジンギスカン鍋の試食会開催． この年，稲塚権次郎，小麦農林10号の育成に成功．この成功が，後の緑の革命のきっかけとなる(富士通HP)． この年，代田稔，ヤクルトの製造・販売開始．1938年に商標登録(ヤクルトHP)． この年，『栄養と料理』創刊． この年，美男スター林長二郎(後の長谷川一夫)，大阪心斎橋にて，フルーツパーラー蝶屋(奥に飲食コーナーを設置)開店．女性ファンが詰め掛ける． この年，竹鶴政孝，日本果汁(のちのニッカウヰスキー)設立(ニッカウヰスキーHP)． この年，冷凍食品普及会が誕生し，日本冷凍協会の協力で普及に努める．また，家庭向冷凍食品発売(『冷凍食品事典』)． この年，芝浦製作所が発売した300円台の電気冷蔵庫，好評を博す．この後，少しずつ家庭にも受け入れられるようになる．
1936	11	1. － 帝国ホテルにて，シャリアピンステーキ(1円30銭)登場．来日したロシアの高名なオペラ歌手，シャリアピンのために，宿泊先の帝国ホテルのニューグリルの料理長筒井福夫が考案したもの． 1. 28 大阪中央市場に平日の10倍に上る鮪の一種，とんぼ鮪1000本水揚げされる(『大阪毎日』)． **2. 26　2.26事件勃発．** 4. 2 カフェー氾濫の反動を受け，喫茶店が各地に出現と報じる(『中外商業』)． 4. － 井関邦三郎，井関農具紹介設立．キセキ式籾すり機・自動選別機製造開始．1967年3月には，田植え機，コンバイン，バインダなどの製造も開始(井関農機HP)． 5. 28 米穀自治管理法公布(『食の昭和文化史』)． 7. 17 大阪市外布施町の氷菓子(アイス・キャンデー)による食中毒に128名がかかり，23名死亡(『大阪毎日』)． 8. 15 冷房流行の波に乗り，省線最初の冷房食堂車，大阪・米原間で試運転(『大阪毎日』)． 9. － 群馬県高崎駅構内にて，駅そば第1号店開業(『食の一〇〇年』)． この年，東京上野にて，京成聚楽開店(『日録20世紀』)． この年，東京芝浦にて，東京市営のと場(現在の芝浦と場)と家畜市場建設・業

279

1936～1937(昭和11～昭和12)

西暦	和暦	事項
1936	昭和11	務開始(芝浦と場HP). この年,藤川禎次,新品種「山田錦」の育成に成功(『日本食文化人物事典』). この年,札幌にて,レストラン横綱開店.ジンギスカン鍋の元祖. この年,内務省,東北6県に栄養士配置.栄養改善にあたらせる.
1937	12	1.18 東京商工会議所,物価高につき,生活必需品104種類の調査を発表.米・食パン・うどん・そばも値上がり,大根やたくあんも値上がりし,「たくあんでお茶漬」も困難と報じる(『東京日日』). 1.18 岐阜県にて,全国に先がけた飲食物用器具の取り締まり規則強化. 3.10 東京府・市農会・東京漬物協会共同主催第3回漬物共進会開催.たくあん・梅干し・福神漬など500種の漬物が自由に安く買えるようになる(『読売』). 3.31 アルコール専売法公布. 4.5 この年,保健所法の制定. 5.- 東京目黒の雅叙園の食事の値段:北京料理(特別料理)は1卓(10人まで)25円,定食(1人)2円50銭,昼定食1～2円,日本料理(テーブル式料理)1卓(5人まで)10円より各種,1人前2円50銭より各種. 7.20 森永製菓,軍用型乾パン(100グラム入り)発売.「水だ,マスクだ,乾パンだ!」を標語とする. 7.- 梅田の阪急百貨店の食堂が人気になる(最多で1日4万5000人).食堂を増築し,エビフライなどの洋食を提供(『日録20世紀』). 8.15 日中全面戦争開始. 9.15 森永製菓,戦地向け慰問袋用ブリキ缶入りキャラメルを特別販売(森永製菓HP). 9.- 和光堂,離乳食(おかゆの素)グリスメール(1缶1円)発売(和光堂HP). 10.1 ブリキの統制実施.飲料水などのメーカーでの王冠の配給制開始. 10.8 寿屋(現在のサントリー),特級ウィスキーサントリー角瓶(1瓶8円)発売(サントリーHP).

図**194** 日の丸弁当(1937)

西暦	和暦	事　項
1937	昭和12	10. 11 商工省，臨時輸出入許可規則公布．オレンジなどの果物・紅茶などのぜいたく品・軍需資材・綿花・化粧品などの輸出禁止(『食の昭和文化史』)． 11. − 西式健康法の創始者西勝造，東京有楽町蚕糸会館にて，「朝食の害毒について」(病気の原因は朝食に在り)という題目で講演． 12. 11 戦争遺族の家族を描く映画「チョコレートと兵隊」封切． 12. 20 日本婦人団体連盟，「白米食をやめましょう」をスローガンに白米食廃止運動実施委員会発足(『家庭生活の一〇〇年』)． この年，日東拓殖農林(現在の三井農林)，東京日比谷にて，紅茶のPRに努めるため，庭園式ティーハウス「日東コーナーハウス」開店(三井農林HP)． この年，群馬県高崎市，不況の養豚産業の打開策として群馬畜肉加工組合を設立し，高崎ハムを発表(『食の一〇〇年』)． この年，戦時用乾燥野菜として，つけ菜の栽培が急増． この年，第一工業製薬，家庭用合成洗剤モノゲン発売(『台所の一〇〇年』)． この年，広島県内の女学校にて，月曜日の弁当をご飯と梅干しのみにしたところ，国旗をイメージさせ，愛国的であることや質素であることなどが時代に相応すると評価される． この年，森永製菓，「チョイスビスケット」発売(森永製菓HP)． この年，東京文明堂(現在の文明堂東京)，「カステラ一番，電話は二番」をキャッチフレーズに売り出す(文明堂東京HP)．
1938	13	1. 11 厚生省(現在の厚生労働省)設置． 1. 28 非常時局下の国民栄養食と体位向上を目指して，日本婦人団体連盟主催による白米食廃止懇談会開催． 3. 13 東京の工場地帯より流出の汚水ため，最も高品質を誇る深川沖の海苔が全滅に瀕していると報じる(『東京日日』)． 3. 13 日本婦人団体連盟主催の時局婦人大会開催．買いだめ自戒・白米食廃止・生活合理化促進などを申し合わせ，皇軍に対する感謝を決議． 4. 1 国家総動員法公布．5月5日一部施行． 4. 22 物価委員会令公布． 4. − 警視庁，管下300軒の肉屋を一斉点検．牛肉に馬肉や兎肉，ひき肉に犬肉を混ぜ込むなどの不正を多数発見． 5. − 大阪高島屋南海店，東洋一の大食堂開設． 5. − 大阪のキリスト教信者の主婦の間から共同炊事始まる．町内30戸(150人)に，3回の食事を配給し，経費は1日1戸約23銭． 6. 27 国民精神総動員中央連盟が生活の簡素化を提唱．「主食は精白米を避ける」など． 7. 7 日中戦争1周年記念で，一菜主義・不買日(デー)・一戸一品献納などを実施． 7. 7 大阪の繁華街の大衆食堂に国策料理登場．献立は，豆腐汁にニシンとナスの炊き合わせと香の物，それに麦飯の一汁一菜で50銭． 7. 7 東京市産業局，ラジオや新聞を通じて，生鮮食料品(毎日)とその他の食料品(週の一定日)の小売価格を公表することを決定．

1938～1939(昭和13～昭和14)

西暦	和暦	事項
1938	昭和13	7.9 物品販売価格取締規則公布により，すべての生活必需品価格を国が決定．マル公時代スタート．公定価格制開始． 7.- 東京市産業局，東京府と神奈川県の食パン量目統一決定．9月1日より実施． 8.5 名古屋の松坂屋，代用品売り場開設． 8.- 国民精神総動員中央連盟を中心に，白米食廃止運動が全国展開される． 9.1 農林省，全国の農家の一斉調査実施． 9.15 国策代用品普及協会設立．醬油の大豆・小麦を廃し，カイコのサナギを採用するなど指示． 10.1 ガスの消費規制開始． 10.1 石炭切符制実施． 12.- 日本食堂，北海道の稚内港桟橋待合室にて，駅構内食堂設置． この年，東京銀座3丁目にて，ホットドッグの屋台誕生． この年，農林省令にて，牛乳・バターを重要物産に指定(『20世紀乳加工技術史』)． この年，水を8割入れた酒「金魚酒」が出回る．金魚を入れても死なないことから命名． この年，木製バケツや竹製スプーン，陶製鍋などの代用品が出回る(『昭和の食文化史』)．
1939	14	2.16 政府，鉄製不急品の回収開始． 2.23 静岡県の農山村の小学校にて，食料自給のため，ウサギの飼育奨励． 3.19 戦時生活婦人団体協議会，酒なし日などの実施決定． 3.30 商工省中央物価委員会が精製糖(1斤27銭)・清酒・ビール・清涼飲料水などの公定価格決定(『東京朝日』『日録20世紀』)． 3.25 牛乳生産や乳製品製造の統制を決めた酪農業調整法公布．8月25日より施行． 4.10 東京中央卸売市場が鮮魚や青物の取引に対して，公定値段表示売買決定．仲買人対小売商の相対取引を解消． 4.12 米の統制を決めた米穀配給統制法公布．10月1日より施行(『食生活と文化　食のあゆみ』)． 4.20 糧友会，食糧学校設立(食糧学院HP)． 6.10 警視庁，待合・料理屋の営業時間を午前零時までと通牒．10月1日より施行(『たべもの日本史総覧』)． 7.5 大阪府にて，傷病兵士や病人以外の鶏卵の食用が禁じられる． 7.7 大阪鉄道局，駅弁の上弁廃止．15銭の事変弁当1種とする．食堂車も一汁一菜の白粛献立を実施と決定． 7.7 日中開戦2周年に際し，板垣征四郎陸相らが陸軍省食堂で前線激励の昼食．百貨店の食堂にも報国弁当・野戦丼などが並ぶ(『日録20世紀』)． 7.8 国民徴用令公布． 7.19 サイダー瓶を軍需用に供する目的で，空き瓶供給を8月15日まで停止． 8.- 鹿児島市立工業研究所，大豆の代用に，そてつの実を使用した味噌発売．

西暦	和暦	事　項
1939	昭和14	9.1　ドイツ軍，ポーランドに進攻．第二次世界大戦勃発． 9.1　初の興和奉公日．待合・バー・料理屋などで酒不売となり，ほとんどで休業．ネオンも消える．以後，毎月1日実施． 9.21　北海道製酪販売組合連合会(現在の雪印メグミルク)，雪印マーガリン発売．雪印バターの代用品とあり(『読売』)． 9.23　石油配給統制規則公布． 10.26　中央物価委員会，缶詰の国内消費の8割減を目指し，缶詰の使用禁止決定(『台所の一〇〇年』)． 10.-　栄養価の高い理想的な食品として，イナゴの佃煮やコロッケ推奨運動が起こる(『台所の一〇〇年』)． 11.1　京都駅にて代用駅弁として焼きイモ登場(『食の一〇〇年』)． 11.2　外米の輸入方針決定(『昭和日常生活史1』)． 11.6　農林省，米穀強制買上制実施．最高標準米価を1石38円から43円に値上げ． 11.9　国鉄，東京へ米の優先輸送を行う． 11.25　米穀搗精等制限令公布．白米が禁止され，7分搗きに切り替える(『東京日日』)． 12.1　白米禁止令実施(『東京日日』)． 12.20　デパートの食堂にて，節米に協力し，麦を混用(『東京日日』)． 12.25　木炭配給制実施(『東京日日』)． 12.26　百貨店の食堂のサンプル(料理見本)が本物から絵や写真に代わる． 12.-　政府・米・味噌・醤油・塩・マッチ・生鮮食料品などの生活食料品の価格抑制に全力傾倒策を決定． この年，栄養研究所，救荒食品発表．代用食として，アザミ，アカザ，ヤマゴボウをはじめ，草木の根皮にいたるまで，500種を選定する(『食の一〇〇年』)． この年，リンゴの国光とデリシャスを交雑．1962年4月に品種ふじ(東北7号)登録(農業・食品産業技術総合研究機構HP)．
1940	15	1.1　紀元2600年の正月を記念し，天皇の食卓に3食とも前線兵士と同じ内容の野戦料理提供． 1.18　大阪府保安課，カフェーやバーの色電気の使用禁止． 1.-　調理用電熱器，医療用以外の暖房電熱器・家庭用電気冷蔵庫・電気風呂などの電気器具使用が禁じられる． 1.-　東京市にて，蕎麦の出前に箸と薬味がつかなくなる．そば粉とうどん粉の値上がり，並びに物資不足が原因． 2.3　各地の節分の豆まきにて，まいた豆を慰問袋に入れるなど節約ムードが高まる． 2.5　商工省，マッチの製造と配給に関する省令公布．10日より施行． 2.13　米穀配給統制規則公布・施行． 2.14　東京府下にて，牛乳の公定価格1合9銭5厘に決まる． 2.-　オクラの代用コーヒー考案(『昭和日常生活史1』)． 3.13　東京市にて，飯米に外米を強制混入．

1940(昭和15)

西暦	和暦	事項
1940	昭和15	3.19 中央物価委員会,大豆油・浸出大豆油粕・満洲混保大豆・塩ザケ・塩マス・乾海苔・鶏卵の最高販売価格決定. 3.- 酒と砂糖の新公定価格決定.上等酒は1升2円70銭(40銭値上げ),砂糖は1斤28銭5厘. 3.- 待合・料理屋の営業時間を1時間短縮(午後11時まで)と決定. 4.1 名古屋にて,マッチの配給制実施を報じる. 4.1 森永製菓,乾パンに乾燥野菜と魚粉ペレットをセットにした「森永ベントウ・おかず入り」(10銭)発売(森永製菓HP). 4.7 全国で初の肉なしデー(毎月2回),始まる.肉屋や食堂などでの肉・肉料理の販売禁止. 4.22 価格形成中央委員会,米・味噌・醤油・塩・マッチ・木炭・砂糖など10品目に切符制の採用決定. 4.30 小学校児童の栄養改善・体位向上を図り,文部省訓令学校給食奨励規程制定.対象者は貧困児童のみならず,栄養失調児・身体虚弱児・偏食児も含む(『学校給食の発展』). 5.3 東京市にて,6割の外米を混入した米を配給(『朝日』). 5.10 週1回の節米デーを決定. 5.31 商工省,砂糖購入制限令施行. 5.- 国民精神総動員連盟による節米運動・代用食奨励運動展開.敬米思想の撤廃,白米食の廃止,7分搗米の常用,麦類その他雑穀・イモ類との混食・粥食の実行,麵類・蕎麦食の奨励,共同炊事の普及,官公庁・会社・工場・学校・列車の食堂・駅弁・一般食堂・飲食店でのムダ米廃止など. 5.- 愛知や群馬にて,肉なしデー実施.以後,各地で肉なしデーが実施されるようになる. 6.1 砂糖・マッチ配給統制規則(『昭和日常生活史1』). 6.10 麦類配給統制規則・農産缶詰販売制限規則公布. 6.11 水産物缶詰販売制限規則公布.

図**195** 「ぜいたくは敵だ」の看板(1940)

1940（昭和15）

西暦	和　暦	事　　　　　　　　　　　項
1940	昭和15	6.－ 大阪城の濠が野菜畑に変わる（『昭和日常生活史1』）． 6.－ カフェーや料理屋にて，無駄な皿類や高価な食器類をそろえないよう命じる（『昭和日常生活史1』）． 6.－ 厚生省の栄養生活展覧会（会場は東京日本橋白木屋）． 7.6 商工省，農林省による奢侈品等製造販売制限規則公布．翌日実施（『昭和日常生活史1』）． 7.9 農林省，食肉加工品卸売協定価格決定． 7.10 青果物配給統制規則を実施． 7.15 農林省，小麦配給統制規則公布（『昭和日常生活史1』）． 7.17 節米強化体制強化により食堂・料理店などの米の供給制限を前に関西のデパートが代用食献立を発表．うどんを使用したうどん寿司・うどんランチ・いものにぎりずし・馬鈴薯と麦のカレーなど（『大阪毎日』）． 7.26 菓子の公定価格制実施．800余種の規格を16種に統一（『東京日日』）． 7.31 東京肉商同業組合が豚肉の販売中止． 7.－ リンゴ袋にも切符配給制． 8.1 東京府にて食堂・料理店などで米の使用を全面禁止．代用食・パン・うどんを配給（『東京日日』）． 8.1 **国民精神総動員本部，東京市内にて，「贅沢は敵だ」の立て看板1500本配置** 8.8 小麦粉等配給統制規則公布．8月20日から施行（『大阪毎日』）． 8.8 7大都市で木炭の切符制の実施決定．実施は8月末〜9月上旬（『東京日日』）． 8.20 農林省，臨時米穀配給統制規則公布．米穀流通組織を一元化．9月10日より施行（『東京日日』）． 8.22 青果類の小売価格に最高価格制実施．八百屋も目方売りになる． 8.30 うどん・そば・洋酒の公定価格決定（『中外商業』）． 8.－ 食肉やパンの公定価格制実施． 8.－ 理化学研究所にて，どんぐり酒開発．11月頃から醸造． この夏，東京銀座や新宿のカフェーにビアカク（不足しがちなビールに洋酒を混ぜたカクテル）登場． 9.2 食生活対策・値上り抑制の一環として，料理屋などに1日3食の最高価格決定．朝食1円，昼食2円50銭，晩さん5円，1品料理1円，寿司1個10銭，てんぷら1個20銭，洋食類などの最高価格告示． 9.11 商工省，ハム・ベーコン・ソーセージの公定価格制実施． 9.27 **日独伊三国同盟**． 9.－ 東京府価格形成地方委員会，青果物や鮮魚に公定価格設定． 10.4 砂糖配給統制規則公布． 10.10 農林省，牛乳及乳製品配給統制規則公布． 10.12 **大政翼賛会発足** 10.16 東京銀座・浅草・日本橋にて，代用食展開催． 10.24 農林省，米穀管理規則公布．農家の保有米を除いて，政府の管理米とし，町村別割当供出制実施．11月1日施行． 10.25 鶏卵配給統制規則公布．

1940〜1941(昭和15〜昭和16)

西暦	和暦	事　項
1940	昭和15	10.28 富山県の石動高等女学校にて，各家庭への夕食配給実施．奈良県高市村にて，共同炊事(40戸150人分)開始． 10.- 大日本果汁(現在のニッカ)，ニッカウヰスキー・ニッカブランデー発売． 10.- 香川綾，東京市内30ヵ所に家庭献立材料配給所を設置(『香川栄養学園創立60周年記念誌』)． 11.1 赤ちゃん用乳製品・煉乳・粉乳・調整粉乳の切符制実施(『朝日』)． 11.1 砂糖切符制，全国にて実施． 11.8 1〜5割の麦を混入した家庭用米配給(『朝日』)． 11.10 紀元2600年祝賀行事にて，祝賀用としての赤飯用もち米特配． 11.20 食糧報国連盟，男女各年齢ごとに国民食栄養基準設定． 12.3 正月用もち米切符制が実施． 12.11 大阪の花柳界で使われていた真綿の鏡餅が人気になる．粘土製の鏡餅も現れる． この年，青島平十，静岡の自宅にて，尾張温州ミカンより良質の系統発見．青島(温州)ミカンの始め(『日本食文化人物事典』)．
1941	16	1.14 黒砂糖・白砂糖統制法公布．翌日より実施． 1.21 農林省，食糧管理官制公布．食糧管理局・食糧事務所設置(『食の昭和文化史』)． 1.27 食料増産を目的とし，国鉄線路脇でのトウモロコシ栽培が決定される． 1.- ホットケーキや焼リンゴが菓子扱いとなり，公定価格が決定される(『昭和日常生活史1』)． 2.3 各地の節分，大豆不足で豆が使用できなくなる(『日録20世紀』)． 2.- 清酒の配給制開始．応召・入隊・帰還・冠婚用には，清酒一升が優先的に配給される． 3.1 国民学校令公布．小学校を国民学校に改称(4月1日発足)． 3.5 東京日比谷の松本楼にて，食糧報国連盟による国民儀礼食の試食会開催．

図**196**　戦時国民食展覧会(1941)

西暦	和暦	事　　　　　　　　項
1941	昭和16	1食分が一汁三菜(御飯2合2勺(320グラム))で1円3銭. 3.9　標準国民食決定. 3.12　内務省,全国土木出張所会議にて,河川敷を利用しての麦・ジャガイモなどの食糧増産指示. 3.26　肉類の不足により,肉なし日を決定(『朝日』). 3.-　香川学園にて,国民食展覧会開催.3月3日まで. 4.1　生活必需物資統制令公布. 4.1　米穀配給通帳制・外食券制六大都市にて実施.主食の配給基準は,1人1日当たり2合3勺(330グラム,『日録20世紀』). 4.1　鮮魚介配給統制規則公布(『食の昭和文化史』). 4.8　肉屋で犬やタツノオトシゴ・オットセイ・アザラシ・カエルなどの肉の販売開始. 4.11　家庭用小麦粉の切符制,4月分より実施と報じる(『朝日』). 4.14　従来の3分の1の量の小麦粉を使用し,肉や野菜を詰めた純日本食パン(国民食パン)の試食会開催. 4.17　厚生省,全国にダイズ・ジャガイモ・ニンジンなど栄養野菜21種の空閑地栽培通牒(『昭和日常生活史1』). 4.18　日本菓子工業組合,菓子の規格設定.長崎カステラは砂糖に対し,同量の卵,60パーセントの小麦粉,20パーセントの水飴を原料とし,厚さは5センチ,膨張剤は使用禁止とする. 4.27　日本赤十字社,戦時国民食展覧会を開催.5月31日まで(『赤十字博物館報』25号). 4.-　東京都にて,7000石の清酒が切符配給制となる(学生を除く25歳以上の男子対象). 4.-　東京にて,食パン販売統制株式会社設立. 4.-　東京にて,水上生活者が1万人にのぼる.また移動食堂船での汁粉や天ぷらうどんの価格が陸上の半額の15銭となる. 5.1　家庭用木炭配給を通帳制に切り換える(『朝日』). 5.1　そばの実をもみと同様脱穀し,米の代用または米を混用するそば飯,鹿児島の篤農家により発明,特許申請(『福岡日日』). 5.8　東京に第1回目の肉なしデー実施.その後,4回の肉なしデーを設置する. 5.19　東京市,夏の40日間に各家庭を対象にビールの配給決定(『東京日日』). 5.-　東京市内の各工場と国民学校に菓子代用の乾パン特別配給(『日録20世紀』). 5.-　東京麹町区4丁目町会,九段の外堀に水産の空地利用として,2年ものの鯉1万匹放流. 6.7　家庭用食用油の切符配給制開始(『朝日』). 6.-　備荒動植物の調査概要がまとまる.ゲンゴロウの天ぷら・トンボの佃煮など,雑草1000種,動物100種が食料になると公表される(『昭和日常生活史1』). 7.16　鉄道省,三等寝台車を廃止し,食堂車を削減. 7.17　東京・神奈川・千葉・埼玉・茨城五府県経済部長会議にて,蔬菜小売商の産地買出禁止決定. 7.-　東京市内にて,野菜不足が深刻化.行列買いが始まる(『日録20世紀』).

1941～1942(昭和16～昭和17)

西暦	和 暦	事　　　　　　　　　　項
1941	昭和16	7. - 東京市にて，低学年児童に，ビタミン剤や肝油剤・酵母剤などの服用奨励. 8.4 厚生省，飲食物への使用を禁止しているサッカリンをたくあん漬に限って許可(『昭和日常生活史1』). 8.20 農林省，諸類配給統制規則公布.9月11日より施行(『食の昭和文化史』). 8. - 東京市，市立栄養実践道場や市民栄養献立表作成決定. 9.1 大日本玄米食連盟，玄米食実行運動開始. 9.10 香辛料の配給制開始. 9.14 全国の料理に新公価設定.すしやどんぶりの価格を政府が統一. 9.20 食肉配給統制規則公布.10月20日より施行(『食の昭和文化史』). 9.26 戦時緊急食糧対策決定. 10.1 商工省，一般家庭のガス使用量を制限. 10.1 野菜の適正配給のため，東京青果物荷受組合開店. 10.16 農林省，農地作付統制規則公布.スイカ・マクワウリ・イチゴなどが不急作物とされ，栽培抑制の対象になり，やがて栽培が禁じられる. 10. - 肉類や内臓類などの最高販売価格公布. 10. - 隣組にて鶏卵配給.平均2人当たりに1個. 11.1 食糧国防団結成(『昭和日常生活史1』). 11.23 魚の配給登録制開始.公平分配案実施. 12.1 乳製品の配給は満1歳までと決定. **12.8 ハワイ真珠湾空襲，太平洋戦争開戦.** 12.27 農業生産統制令公布. 12. - 正月用の餅米の配給決定. この年，福本寿一郎，微生物からデンプン分解酵素アミラーゼの抽出に成功(『日本食文化人物事典』). この年，東京日本橋の三越にて，代用米として麺米が試作され，食堂で提供. この年，関東軍専用のビタミンB₁入りカルピス製造(『親から子に伝える「モノづくり」誕生物語』).
1942	17	1.1 商工省，ガス使用量の割当制実施(『昭和日常生活史1』). 1.7 水産物配給統制規則公布. 1.10 醤油・味噌等配給切符制実施. 1.18 東京にて，1人当たり20銭の菓子配給. 2.1 味噌，醤油，塩の切符配給開始.米麹の多い甘味噌は贅沢品として，出荷禁止(『日録20世紀』). 2.2 大日本婦人会発足. 2.3 横浜市にて，市内の神社仏閣に節分用黒豆3合を特別配給. 2.3 東京市にて，国民学校全児童に弁当用塩さけと塩マスの特配開始. 2.16・18 全国にて，シンガポール陥落の祝賀会が開催され，酒・菓子・小豆などを特別配給(『日録20世紀』). 2.21 食糧管理法公布(7月1日より施行).米・大麦など主要食糧の国家管理を目的とする(『日録20世紀』). 2. - 日本缶詰統制株式会社設立.サケ・マス・カニを除く全缶詰の統制と瓶

西暦	和暦	事　項
1942	昭和17	詰・集荷を行う． 3.1 大日本婦人会東京市支部，東京の日比谷公園音楽堂にて，大量炊き出し演習開始． 3.5 東京にて，初の空襲警報． 5.1 幼児と妊婦にパンの切符配給制実施． 5.20 水産統制令・同施行規則公布． この春，東京のそば屋にて，そばの代わりに春雨や海藻麺などが使用される． 6.5 ミッドウェー海戦． 6.10 農林省，農業生産奨励規則公布（『食の昭和文化史』）． 7.30 女子学徒動員決定． 7.31 京都製氷組合と飲食店組合，氷の浪費廃止を決議．カフェーや喫茶店などの飲食店における氷が使用禁止になる． 8.24 商工省，アルミニウムやアルマイト製品の製造禁止（『日録20世紀』）． 8.- 南方占領の戦果として届いたコーヒーと紅茶配給（『昭和日常生活史1』）． 9.1 中央食糧営団設立．営団の取り扱い物資は米穀・麦類・パン・甘蔗・馬鈴薯・雑穀のほか，缶詰類・乳製品・味噌・食用油・沢庵漬・梅干しなど（『大阪毎日』）． 9.- 全国ソース工業組合，トマトケチャップ・ウスターソース以外のマヨネーズなどの調味料製造中止． 9.- 東京府下にて，鮨やウナギ料理の公定価格決定．10月1日より実施． 10.1 食肉配給統制規則により，ハム・ソーセージの家庭配給開始．また食肉加工品出荷統制規則公布，即日施行（『日本食肉文化史』）． 10.1 明治製菓，時局緊迫のためミルクチョコレートの製造中止となる（『日録20世紀』）． 10.8 農林省，米飯にトウモロコシの引き割りを混ぜるよう全国に通蝶（『昭和日常生活史1』）． 10.- 自家製塩が条件付きで許可される． 10.- 代用洗濯剤に，米のとぎ汁・灰汁・ムクロジの実・うどんのゆで汁・卵の殻・ふのり・大豆の煮汁・ミカンの皮汁が使用される． 11.23 東京市板橋区にて，母乳不足の代役を務める「お乳の隣組」開設． 11.24 閣議にて，大政翼賛会による積極的な玄米食普及運動の展開を正式決定（『食の昭和文化史』）． 11.- 東京市にて，親切感謝運動の一環として，市内の八百屋・魚屋に「親切感謝店」の木札配布． 11.- 全国の学童に新穀感謝行事用キャラメル特別配給． 12.23 東京にて，ガスの割当使用量の超過家庭に，ガス穴閉鎖班が出動（『食の一〇〇年』）． 12.24 政府，米麦検査令公布．翌日より施行（『食の昭和文化史』）． この年，木原均，1939年以来続けてきた種なしスイカの開発に成功． この年，「欲しがりません勝つまでは」の語がスローガンとして流行． この年，乾燥卵・乾燥バナナ配給． この年，雑穀の配給とともに，家庭用製粉機，出回る．トウモロコシやそば粉

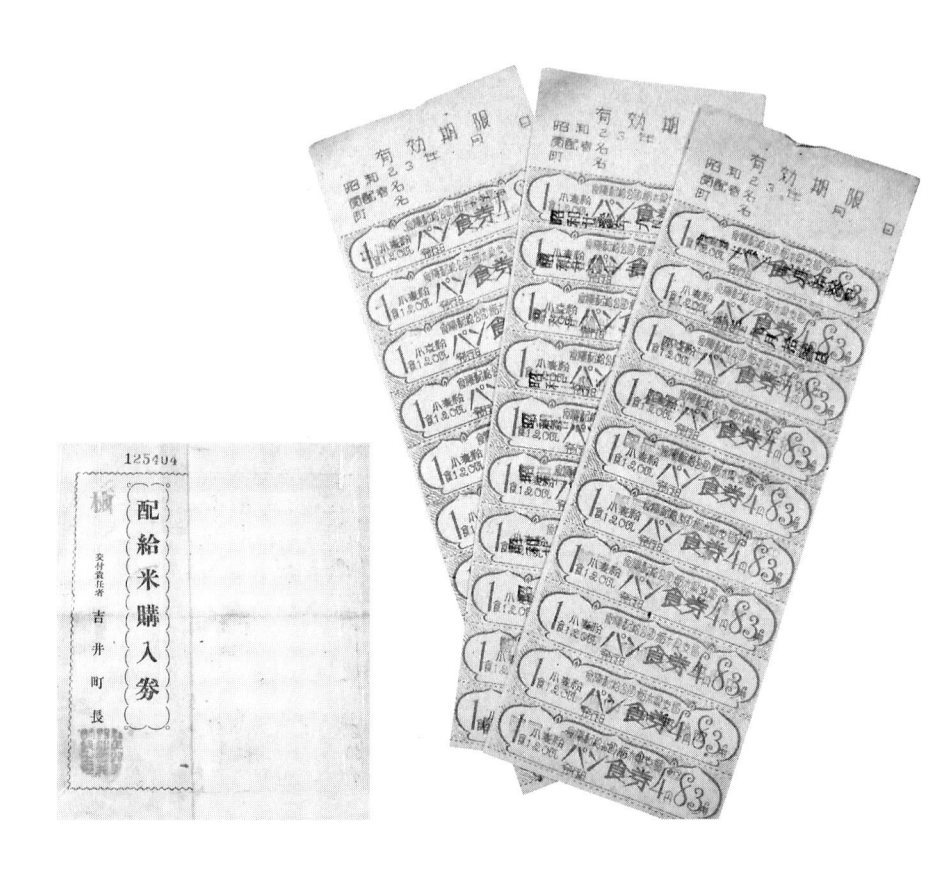

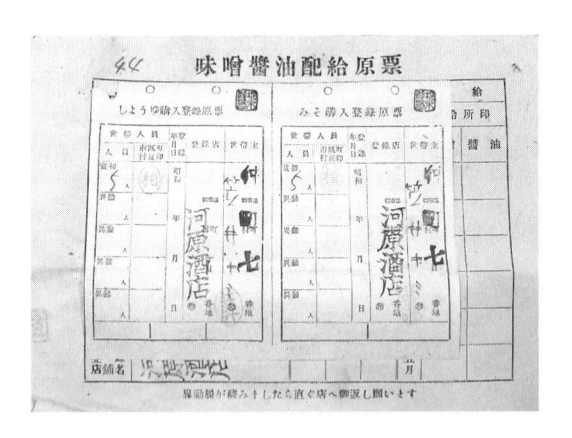

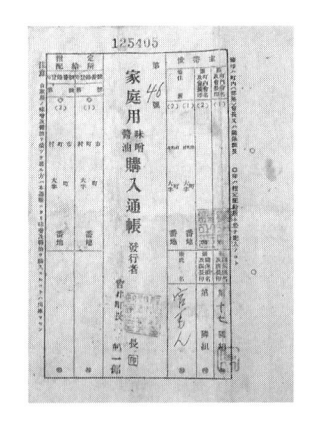

図197　配給米購入券，パン食切符など(1942-48)

1942〜1943(昭和17〜昭和18)

西暦	和暦	事　　　　項
1942	昭和17	にも使用(『日録20世紀』). この年,理化学研究所,栄養本位のパンとして,サツマイモで作る戦時用代用食芋パンの研究開始.供出後の残りのイモは自由販売許可(サツマイモを生のままで細かく切ったものを乾燥させて粉にし,約4割を小麦粉に混ぜ,イワシの粉を約5分,昆布・ヒジキ・アラメなどの海藻類2分,ビール酵母1分を混ぜ合わせる). この年,中央物価統制協力会議による生活必需物資実態調査で,食料品の総購入回数のうち,生魚介類49パーセント,乾物類48パーセント,蔬菜類45パーセント,穀類3パーセントが闇価格で購入されている. この年,森喜作,シイタケの純粋培養種駒法考案.
1943	18	1.1　ガスの消費規制強化. 1.15　二木謙三,首相東条英機に「今は非常時であり,しかも玄米は体によい」と進言し,希望者への玄米配給開始.しかし,下痢に苦しむ患者続出(『台所の一〇〇年』). 1.16　電力消費規制強化. 1.27　家庭用節電強化. 1.-　理研,戦時用代用食芋パン完成. 1.-　内務省,東北の凶作地に栄養技師2人を派遣して,ジャガイモをバターで和えるなどの栄養の実地指導を行う. 2.15　東京にて,食品ムダなし運動開始(『昭和日常生活史1』). 2.-　一般の大人(16〜59歳)への菓子配給停止.3歳以下の乳幼児はビスケットまたは焼菓子2袋60銭,児童と60歳以上は50銭分の配給となる. 3.1　ビールの配給制開始.銘柄,商標を廃止して,「麦酒」に統一(『台所の一〇〇年』). 3.1　全配給物の物資購入手帳配布. 3.25　日ソ漁業暫定協定.

図**198**　ジャガイモを配給する米屋(1943)

1943(昭和18)

西暦	和暦	事　項
1943	昭和18	4.1 国民徴用令改正公布. 4.1 料理屋の新築が禁じられる. 5.1 木炭・薪の配給制開始. 6.1 東京の昭和通りの緑地帯で，ダイコンやインゲンなどを栽培．戦時農園が校庭や河川敷などに拡大．神奈川県のゴルフ場なども農園にする．校庭農園・路傍農園が本格化(『日録20世紀』). 6.4 閣議にて，食糧増産応急対策要綱決定．雑穀増産を目指す. 6.11 魚の配給(干物中心)の省力化を図るために，東京の魚屋を個人登録制から隣組単位の登録制へ変更．自由品はアオヤギのみとなる．開店休業の店が目立つ(『日録20世紀』). 6.25 学徒戦時動員体制確立要綱決定. 6.28 東京にて，米穀の代用に馬鈴薯を配給．以後，大豆・麦粉・高粱(コーリャン)・トウモロコシが加わる(『日録20世紀』). 6.- 郷土食普及奨励. 6.- 大日本婦人会東京支部が各区会員9000人を結集させ，空襲下での共同炊事を訓練させる. 6.- 農林省，米代用のジャガイモ配給. **7.1 東京府，東京市を解消して東京都制を施行.** 7.1 東京目黒の碑国民学校の「母の会」にて，児童の栄養補給を目指した味噌汁の給食活動開始．12月14日には，横浜・横須賀・川崎にて開催. 7.6 さつま芋，じゃが芋増産の機構，価格に関する要綱決定．全国で大増産運動. 7.13 全国の大学の学生食堂閉鎖(『昭和日常生活史1』). 7.- 警察部員200人が家庭で3日間行って成功したことから，警視庁，「3割炊き増えする国策炊き」提唱. 8.27 うどん・そばなどの麺類に新公定価格決定．もり・かけ13銭. 8.29 上野動物園，東京都から猛獣処分の通達を受け，インドゾウのジョンを

図**199**　ゴルフ場を畑にする人々(1943)

1943～1944(昭和18～昭和19)

西暦	和暦	事項
1943	昭和18	餓死続． 8.- 駅弁に日の丸弁当登場． 9.1 政府買い上げ後の残りのイモの自由販売を許可(『昭和日常生活史1』)． 9.30 東京都内唯一の駒沢ゴルフ場が閉鎖され，防空用地と農場になる． 10.6 食糧管理法施行規則改正．米麦のヤミ買いには罰金(『食の昭和文化史』)． 11.1 農林省廃止．農商省となる． 11.18 農商省，食肉の軍需を優先的に天引きし，残りのうちの93.5パーセントを家庭配給および一般業務用に，残りの6.5パーセントを加工原料用に割り当てる． 11.24 九州の宮崎駅にて，ふかしたいもに佃煮昆布・福神漬を入れた，いも駅弁(1個20銭)発売． 11.29 寒天の値段を全国で統一．約2割程度の値下げ実施． **12.1 第1回学徒出陣．** 12.28 閣議，食糧自給体制強化対策要綱決定．自作農創設を促進(『朝日』)． 12.- 中央農業会，主要食糧の増産達成と供出完遂のために食糧増産供出本部設置． この年，大槻只之助，リンゴの品種改良に成功．1952年に，リンゴの王様という意味より，王林と命名される(『日本食文化人物事典』)． この年，作付統制令強化．エダマメ・ミツバ・食用ユリなどが栽培禁止になる． この年，タワシにトウモロコシの皮や杉・竹の皮を使用(『食の一〇〇年』)． この年，**都市疎開実施要綱発表．** この年，婦人団体，ガス使用量の多い天ぷらの自粛運動開始． この年，決戦料理の名で，野草の食用奨励．陸軍獣医学校研究部，『食べられる野草』刊行．
1944	19	1.24 スイカ・メロンなどの作付禁止．イチゴ・唐辛子・落花生など不急作物の作付抑制が一層強化される．

図200　上野不忍池にて田植え(1944)

1944(昭和19)

西暦	和暦	事　項
1944	昭和19	1. - 全国18都市にて，大政翼賛会と中央食糧協力会が中心となり，農村の児童へ絵本などを贈る供出米感謝袋運動開始(『昭和日常生活史1』). 2.16 東京都，戦地農園化運動を強化を徹底．各戸に南瓜一株，日陰にニラ栽培を奨励の記事(『朝日』). 2.22 内務省国土局，河川堤防に大豆やソラ豆の栽培許可(『昭和日常生活史1』). 2.24 小名浜にて，鮫の塩漬け頭部の食用に成功し，初出荷(『昭和日常生活史1』). 2.24 警視庁，1月18日から雑炊販売を行わせたところ好成績のため，その後引き続き上野松坂屋，浅草松屋など6軒を雑炊食堂とした(『朝日』). 2.25 文部省，食料増産に学童500万人の動員決定. 2.25 **決戦非常措置要綱閣議決定**. 3.3 閣議にて，国民学校の学童給食，食料増産の空地利用，疎開促進の3要綱発表. 3.5 決戦非常措置要綱により，大都市の高級料理店9800軒，向こう1年休業となる(『朝日』). 3.14 国鉄，食堂車廃止．4月1日に実施．東海道線では食堂車連結中止にさいし，鉄道パン・五目弁当・湯茶を販売する車内立売営業開始(現在の車内販売)．鉄道パンは小麦粉に野菜・果汁・魚粉などを混ぜたもので1個20銭，傷痍軍人・老人・幼児・長距離旅行者に優先的に販売された. 3.28 物価調整令による石炭配給調整規則公布. 3. - 東京都内にて，学校農園が本格化. 4.1 六大都市の国民学校の児童に学校給食開始．特別配給米1人1日100グラムとみそ15グラムが配給. 4.10 東京の1万2000余の飲食店を3種に分け，外食券はすべて外食者専門食堂が扱い，その他の食堂では扱うことができなくなる(『毎日』). 4.23 『週刊朝日』にゲンゴロウの幼虫やサナギなどの食用を勧める「食べら

図**201**　国民酒場(1944)

1944（昭和19）

西暦	和暦	事　項
1944	昭和19	れるものの色々」特集．「国内も前線と同じく虫けらどもを食べてがんばろう」がスローガンに（『日録20世紀』）． 4.29 天長節に際し，全児童に菓子パン2個を無料配布（『日録20世紀』）． 5.1 東京にて，戦時食料増産促進本部設置． 5.4 菊芋が決戦食に採用される（『家庭生活の一〇〇年』）． 5.5 東京にて国民酒場開設．1人当たりビール1本か清酒1合に制限．126ヵ所にのぼる．また，7月には，ウィスキー専門の国民酒場32軒開店（『日録20世紀』）． 5.20 塩専売法戦時特例公布． 5.- 休閑地利用の一環として，上野公園の不忍池で田植えを行う（『日録20世紀』）． 6.17 米穀管理要綱決定． 6.30 **閣議にて，帝都学童集団疎開実施要領制定．** 6.30 目玉抜きの魚が出回る．多量なビタミンBが含まれている魚眼をくり抜いて，あめ型やチョコレート型の強壮剤を作り，航空兵や潜水艦乗組員に供給（『朝日』）． 7.2 全国米穀加工組合が茶殻，もち草，カシワの葉などの粉末を決戦粉と名づけて，餅やパンを作る計画を立案． 7.31 大蔵省，銀食器などの買い上げ実施要領発表．化学兵器製造の銀の回収のため． 7.- カキやリンゴの皮，落花生などを用いた戦時代用パン登場． 7.- 寿屋（現在のサントリー），軍用赤玉ポートワインの醸造開始． 8.1 駅弁の割り箸廃止．旅行者は箸持参となる（『朝日』）． 8.11 砂糖の家庭用配給停止（『日録20世紀』）． 8.15 東京・大阪にて，防空備蓄米5日分の臨時配給決定． 8.23 **学徒勤労令公布．** 8.- 瀬戸内海宇高連絡船の船内弁当の販売禁止．代わりに米を使わないイモ弁当が登場（蒸しイモが2個，佃煮・たくあんが付いて，1個25銭）．翌年夏には姿を消す． 8.- 東京都にて，木炭の代わりに草炭配給． 8.- **本土爆撃深刻化，学童の集団疎開始まる．第1陣は，8月4日，富山県へ．** 9.1 六大都市の国民学校の給食が，握り飯の不足でパン食のみになる． 10.- 東京都，「炊事用燃料だけは確保するが，暖房用はあきらめてほしい」と表明． 10.- 国民生活科学協会，工場や事業場などで食生活の指導をする女子生活士の養成決定． 11.20 隣組を通じて，紫蘇糖を抽選で配給． 11.24 東京にて，B29 111機による最初の空襲． 11.25 東京にて，雑炊食堂を都民食堂と改称． 12.20 『本邦郷土食の研究』刊行．郷土料理の研究が本格化． 12.17 軍需省，全国の飼い犬を強制的に供出させる．毛皮を飛行服，肉を食

1944～1945（昭和19～昭和20）

西暦	和暦	事　　　　　項
1944	昭和19	用にするため（『食の一〇〇年』）． 12.- 特集「戦時の食生活秘訣便覧」に，「茶がら・みかんや夏みかんの皮・とうもろこしの芯・南瓜や西瓜のたね・豆類や牛蒡の葉・クローバー」などの食べ方が紹介される（『婦人倶楽部』）． 12.- 神奈川県食糧営団，『決戦食生活工夫集』刊行．ミカン皮の利用など節約料理紹介． この年，大阪にて，野菜の自由販売を全面禁止（『日録20世紀』）． この年，上野動物園にて，都民の食料用にアヒルやニワトリのヒナを飼育し，希望者に払い下げる． この年，粉乳用乾燥機にて，軍用粉末醤油製造（『20世紀乳加工技術史』）．
1945	20	1.30 閣議にて，イモ類増産対策要綱決定．サツマイモの2倍増産を目指す． 2.3 節分に際し，全国の神社にて，米英撃滅の豆まき実施． 2.- 政府が年間20万トンを目標に自給製塩運動開始． 3.9～10 東京大空襲（下町）． 3.14 閣議にて，決戦教育措置要綱決定．国民学校初等科を除き，食料増産，軍需生産などへの総動員が決まる． 4.- 防空要員食堂設置要綱の内示を受け，個人経営の一般外食券食堂と都営食堂を統合．6月16日に，財団法人東京都食堂協会設立．外食店の指導監督を行う（『外食券食堂事業の調査』）． 5.5 六大都市以外のガス供給停止． 5.24～26 東京大空襲（山の手）． 5.26 東京の罹災者救済のため，神奈川県が炊事挺身隊動員．握り飯をおくる． 5.- 京都にて，満洲大豆と精白コーリャン混合の代替食料を2日分ずつ配給（圧搾脱脂大豆が混合されることもあり）． 6.7 大阪にて，米軍の大空襲による罹災者に炊き出し．海軍警備府炊き出し部隊が軍用の握り飯を1人に1個配布（『日録20世紀』）． 6.- 京都にて，アルミの弁当箱（アルマイト含む）の献納運動実施． 7.7 戦時農業団令公布（中央農業会・全国農業経済会を統合，農業統制組織を一元化）． 7.7 東京にて，雑草の食べ方の講習会開催（『日録20世紀』）． 7.3 主食の配給の1割減を閣議決定（1日2合1勺（300グラム））．6大都市は8月11日から実施．労務特配の停止も決定（『日録20世紀』）． 7.29 新潟県食糧課が肥料用の海藻などで創製した海藻うどんの配給決定． 7.- 蛋白源として，ヘビ・カエル・ネズミも食用にする（『家庭生活の一〇〇年』）． 8.6 広島に原爆投下． 8.14 ポツダム宣言受諾決定． 8.16 東京都缶詰配給組合が貯蔵缶詰を都内に緊急配給．9月20日まで続く． 8.18 都内主要新聞に，企業化に向けた新宿マーケットの広告が掲載される．中小企業主が集まり，20日，露天商新宿マーケット開店．翌年7月，東京露天

西暦	和暦	事項
1945	昭和20	商同業組合総数は5万9655人にのぼる(『東京闇市興亡史』). 8.20 東京新宿にて,青空市場(闇市)が出現.闇値は公定価格の数十倍(『日録20世紀』). 8.26 農商省を廃止し,農林省復活. 8.- 主婦之友社による「戦ふ食生活展覧会」開催. 8.- 東京の西部,武蔵野・青梅沿線にて,坪当たり10円から開墾農園が販売される. 9.1 ゲンノショウコとドクダミを加工し,健康茶として販売(『昭和日常生活史1』). **9.2 戦争終結.** 9.18 閣議,食糧確保緊急措置決定. 9.20 東京湾にてイワシ90万貫(337万キロ)が水揚げされ,都民1人当たりに5尾ずつ配給(『台所の一〇〇年』). 9.26 農林省がGHQに食糧需給計画書提出.国民1人1日当たり1551キロカロリー(『日録20世紀』). 9.27 GHQ,「日本の漁業および捕鯨業の許可される区域に関する覚書」(遠洋漁業のマッカーサーライン)交付. 9.- 飛行機の余剰軽金属を用いたパン焼器・せんべい焼器流行. 9.- 東京大塚にて,鉄かぶとを鍋に替える町工場が大繁盛.1個11円.

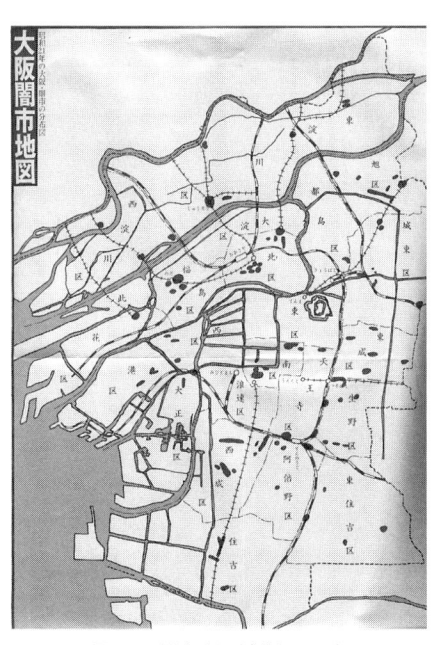

図**202** 闇市地図(大阪,1945)

1945（昭和20）

西暦	和暦	事　項
1945	昭和20	9.-　東京都区内各所にヤミ市（青空市場）開設． 9.-　大阪各地に闇市がみられる．10月には，府下で3000人ほどの集団になり，にぎりめし・肉入りうどん・ホルモン焼き・雑炊・酒・焼酎・茶わんなどの市場となる（『大阪焼跡闇市』）． 10.23　大阪府，GHQに食糧援助を要請．25日に，主要な闇市を取り締まる（『大阪焼跡闇市』）． 10.25　警視庁，料理屋・バーなどの営業再開を許可（『朝日』）． 10.27　水産統制令廃止の勅令公布． 10.-　石炭を固めた断熱盤にニクロム線を付けた電気コンロ開発．栃木県宇都宮市内にて，須田海山という露天商が発売（『台所の一〇〇年』）． 10.-　東京上野駅での餓死者数が1日平均2.5人． 10.-　都内からの買い出し部隊，1日に18万人．千葉・埼玉・神奈川にて買い出されるサツマイモが180万キロ． 11.1　日比谷公園にて米3合の配給を要求する餓死対策国民大会開催． 11.9　日本火薬が砂糖の代用品ズルチン完成． 11.14　東京日比谷公会堂にて，「どんぐりを応用した食糧子供会」開催． 11.18　終戦から同年11月中旬までに，東京・神戸・京都・大阪・横浜の5大都市で，733人の餓死者あり（『朝日』）． 11.20　野菜や魚類の公定価格を撤廃．食料品はさらに高騰．外米輸入は途絶したまま，国産米凶作により，深刻な食料難となる． 11.24　GHQ，食料の輸入を許可． 11.-　餓死者続出．上野駅では1日最高6人． 12.1　食料事情の悪化で，遅配が続く．東京都にて，食料配給緊急対策決定． 12.9　GHQ，「農地改革に関する覚書」交付．翌年3月15日までに改革計画の作成・提出を指令． 12.10　大阪でサツマイモ・ジャガイモ・いもづるなどを加工した人造米が作られる（『日録20世紀』）．

図203　全国戦災者同盟のデモ（1945）　　　図204　サツマイモの配給（1946）

1945〜1946(昭和20〜昭和21)

西暦	和暦	事項
1945	昭和20	12.16〜18 GHQ，都内全区にて初の国民栄養調査実施．1日1人当たり1970キロカロリー(『日本栄養学史』『読売』)． 12.29 農地調整法改正・公布(第一次農地改革)． この年，栄養士規則公布． **この年，GHQ，生活改善課の設立を命じる(『台所の一〇〇年』)．** この年，GHQ用還元牛乳製造に際し，全国5ヵ所にて工場設置．また，各地の牛乳工場は，米軍用アイスクリーム工場に接収される(『20世紀乳加工技術史』)． この年，政府，GHQに食料435万トン輸入を要請． この年，大井上康，静岡県にて，ブドウ「巨峰」の育成に成功．品種名は，壮大な富士山を遠望できることから命名(『日本食文化人物事典』)． この頃，手持ちの衣服を闇市で食料に替える生活を称して「タケノコ生活」という言葉が流行． この頃，「ギブ・ミー・チョコレート」が流行語になる．
1946	21	1.17 農林省，主食の強制買い上げ，生鮮食品の再統制を図る目的で，食料管理強化に関する緊急詔令案決定． 1.22 食料難のため，10万人以上の都市への転出が禁じられる． 1.26 マニラから小麦粉1000トンを積んだ輸入食料船第1号が東京湾に到着．2月に東京にて配給． 1.- 文部省，学校農園などによる給食の普及奨励． **1.- 東京の闇市の露店興隆．6万店に達す．** 2.11 関東食糧民主協議会結成．隠匿物資の摘発，配給の適正化などの活動を行う． 2.11 東京にて，第1回の輸入食料の配給開始．GHQ，小麦粉約1000トンの引渡許可の覚書を交付．食料放出開始．国民1人当たりコッペパン2個分． 2.14 学生食堂連合会設立．

図205 ギブ・ミー・チョコレート(1945)

1946(昭和21)

西暦	和暦	事項
1946	昭和21	2.17 食糧緊急措置令・隠匿物資等緊急措置令公布(『食の昭和文化史』). 2.- 味噌・醬油, 3〜4倍に値上げ. 3.3 物価統制令公布・施行. 農林省が生産者米価石当たり300円, 消費者米価は250円と決定(『食の昭和文化史』). 3.16 水産物統制令公布. 水産物の再統制開始. 翌日, 築地にて, 違反を承知の上で, イワシの廉売が実施される(『食の昭和文化史』). 3.30 アメリカから, 非常用小麦2万5000トンが到着. 4.30 青果物等配給統制令公布. 青果物の再統制開始. 全国農業会が統制団体になる. 4.- 東京都内にて, 主食配給所541ヵ所のうち504ヵ所にて平均3.7日分の遅配. 5.12 東京世田谷区区民による米よこせ区民大会. 宮城(皇居)へデモ行進. 赤旗が坂下門をくぐる. 5.19 食糧メーデー開催.「憲法より食糧を！」をスローガンに, 宮城前広場に25万人参集(『日録20世紀』). 5.24 天皇による食糧危機突破についての録音放送. 5.- 味の素, 戦後初めて味の素の生産出荷を開始. 5.- 食品に水溶性サッカリンの使用が許可される. 6.3 NHKの第1回の街頭録音実施. テーマは「あなたはどうして食べていますか」. 6.6 農林省, 1ヵ月に10日の食糧休暇決定. 警視庁でも許可を通達(『日録20世紀』). 6.13 政府, 社会秩序の保持・食糧危機突破に関する声明発表. 6.14 文部省が食糧危機突破を目的とし, 夏休みの繰り上げ, 操業短縮を通達. 6.22 GHQ, 日本の漁業・捕鯨業に操業区域を指定するマッカーサーライン設定. 6.- 各都道府県にて, 官民合同の隠匿食糧供出促進委員会設置.

図206　隠匿物資の自主配給(1946)

西暦	和暦	事　項
1946	昭和21	7. 4　人工甘味料ズルチンの製造販売，許可．人工甘味料資源取締規則改正（『食の昭和文化史』）． 7. 10　高級料理飲食店，自粛休業． 7. 30　この頃の平均的な夕食献立「芋の粉のだんご・ゆでたじゃが芋・まぐろ一切れずつ」「パンケーキ・たまねぎとキャベツの汁」．1人前は代替1食20円（『アサヒグラフ』所収「或る日の晩餐」）． 7. -　六大都市を中心に鮮魚輸送列車再開． 7. -　大阪府，食用名目のケシ栽培を厳禁． 8. -　酒不足の状況の中，露店などでメチルアルコールが飲用・販売され，メチルアルコール中毒による死者や失明者が続出（『日録20世紀』）． 9. -　全国の児童に，GHQ放出のメリケン粉（小麦粉）によるコッペパン1個配給． 9. -　東京都，都民1世帯当たりにズルチン5グラム（15円）を配給． 10. 11　東京都上野駅前にて，アメ横商店街開設． 11. 1　米の配給基準が成人1日1人当たり2合1勺から2合5勺へ増配．妊婦には5勺増配される． **11. 3　日本国憲法公布．** 11. 22　食肉加工用食塩が配給制になる（『日本食肉文化史』）． 12. 2　内務省，地方長官に特殊料理店（赤線）指定を指示． 12. 24　文部大臣田中耕太郎・GHQ公衆衛生福祉部長サムス，ララ委員会のローズら出席によるララ物資（アジア救済連盟）の贈呈式が行われる（『学校給食の発展』）． この年，田村平治，懐石料理つきぢ田村創業（『日本食文化人物事典』）． この年，闇市にて，内臓肉を焼く店が隆盛．朝鮮焼肉ブームの始め（『食の一〇〇年』）． この年，闇市の値段が高騰．平均価格が公定価格の12倍．リンゴ10円で1個（1945年12月は3個），しるこ1杯10円（同5円），スルメ1枚4円（同3円），ふ

図207　密造ドブロクの押収（1946）

1946～1947(昭和21～昭和22)

西暦	和　暦	事　　　　　　　　項
1946	昭和21	かし甘藷1円で1本(同3本)，ネギ10円で7本(同15本)，大根1本で8円(同4円)(『毎日年鑑』)． この年，GHQの指令にもとづき，第1回国民栄養調査実施． この頃，農村への食糧買出しが盛んになる(『日録20世紀』)．
1947	22	1.20 国民学校にて，ララ，全国約300万人を対象に学校給食開始する(『日録20世紀』)． 2.1 アメリカ食糧使節団来日． 2.28 政府，供米促進対策要綱発表． 2.- 東京築地の中央卸売市場に捕鯨船団の第1船が34万キロの鯨肉を降ろす．都民の各家庭へは4日間にわたり，1人110グラムで即配(『台所の一〇〇年』)． 2.- 輸出向けの緑茶1320箱を日本国内に配布． 3.5 GHQ，政府に米供出の強権発動を指令．それを受け，内務省が全国警察部長会議にて，各県に米の強権供出を訓示．警察力による取締強化． **4.1 義務教育の六三制発足．教育基本法・学校教育法公布．** 4.18 警視庁，取り締まりを強化する料理店規則公布・施行 4.- ロッテ，チューインガム(原料：松脂・ビニール・サッカリン)の製造開始・販売． 5.1 国立栄養研究所官制公布．公衆衛生院国民栄養部，独立して，国立栄養研究所再開される(『日本栄養学史』)． 5.3 食品衛生行政，警察行政から厚生省の所管へ移行．また全国に，食品衛生監視員設置． 6.1 東京都内にて，料理飲食店が一斉休業．5日には，喫茶店が復活．コーヒー1杯5円(『昭和日常生活史2』)． 6.9 経済危機突破緊急対策要綱(食料確保・傾斜生産の強化など)決定． 6.- 酒類配給公団，3級ウィスキー配給．7月には清酒配給(『日録20世紀』) 7.1 外食券食堂・旅館・喫茶店を除き，全国の料飲店が営業停止に．飲食営

図**208**　焼け跡のバラックで煮炊き(1946)

1947(昭和22)

西暦	和暦	事　項
1947	昭和22	業緊急措置令公布. 7.1 第一次食糧緊急対策(遅配の平均化,総合的栄養量の保持),第二次対策(救援米供出国民道中展開など)を決定. 7.5 米価が値上がり.精米の消費者標準価格10キロ当たり36円から99円になる. 7.20 主食の遅配が全国平均20日になる(東京で25.8日,北海道で90日). 7.- 経済安定本部,「暫定標準食品栄養価分析表」公表.食品数104種を掲載. 8.12 東京皇居前広場にて,食糧確保国民大会開催. 8.26 松坂屋デパートにて,トウモロコシの粉やマイロ(こうりゃん)などを使用したアメリカ式料理講習会開催. 9.1 パンの切符配給制実施. 10.1 果物など132品目の公定価格廃止.自由販売開始. 10.1 電力の割当制実施.ガスを使う家庭では,電熱器の使用が禁じられ,役所や会社の湯沸かしや手あぶりなども厳禁に. 10.11 東京地裁判事山口良忠,配給だけの生活を守り,栄養失調で死亡(『日録20世紀』). 11.1 野菜の出荷統制実施. 11.- 主食の配給統制要綱決定. 11.- 都民に1人当たりソース1合(5円30銭)配給. 11.- パン食普及を目的とし,7大都市の各家庭にベーキングパウダー200グラム(16円)を配給. 12.1 酒類の統制撤廃.自由販売開始. 12.7 GHQ,味噌業者に対し,味噌100匁(375グラム)につきサツマイモ25パーセントの混入を指令. 12.8 国民へ食糧難対策を呼びかける5分番組「明日の食糧」放送開始(1950年7月11日まで). 12.9 食糧配給公団法成立.

図209　買い出し列車の取り調べ(1947)

1947～1948(昭和22～昭和23)

西暦	和 暦	事　　　　　　　　　　項
1947	昭和22	12.24 食品衛生法公布．翌年1月1日に施行(『台所の一〇〇年』)． 12.29 栄養士法公布． 12.- 東京都経済局，妊産婦用にソーセージを切符制で配給． 12.- 森永製菓，GHQ放出のココアを原料としたココアキャラメル生産(『台所の一〇〇年』)． この年，伊藤食品加工業(現在の伊藤ハム)，寄せハム(現在のプレスハム)の開発・大量生産に成功(伊藤ハムHP)． この年，コロンバン，マロングラッセの製造開始． この年，昭和水産が，魚肉ハム，伊藤ハムがプレスハムを販売(『食の一〇〇年』)． この年，千葉東葛飾地域にて，夏取り・秋取りのサラダ菜，安房郡勝山町にて，冬取りのサラダ菜の栽培開始． この年，東京都内にて，副業として，アイスキャンデーの製造販売を営む蒟蒻屋急増． この年，梨の品種新世紀開発． この年，白米の闇値(1升)，1月60円だったものが，12月には180円に上昇．
1948	23	1.11 静岡県清水市久能の石垣イチゴ(1箱20粒300円)を販売開始． 2.4 GHQ，農地改革の促進に関する覚書を発表． 2.20 東京都内にて，なべとやかんを希望配給(『食の一〇〇年』)． 2.- 酒の計り売り開始． 3.31 1947年度のビールの配給が年間1人1.4本．年間生産量の4分の1がGHQへ回され，米軍では1人1日1本から週3本(『ビールと日本人』)． 3.- 主食代替の砂糖が月3日分になる． 3.- 都市ガスの供給再開(『家庭生活の一〇〇年』)． 4.- メチルアルコールを多量に含むヤミウィスキー横行． 5.5 政府，料飲店休業の1ヵ年延長決定． この春，香川綾，200ミリリットル計量カップ，5・15・30ミリリットル計量スプーンの製造を依頼する．実用新案特許をとり，以後，学校などの調理実習で使用される(『食は生命なり』)． 6.21 飯島藤十郎，千葉県市川市にて，山崎製パン所(現在の山崎製パン)設立(『日本食文化人物事典』)． 6.- 戦後初の輸入米として，エジプト米が横浜に到着(『目録20世紀』)． 7.1 商工省，サッカリンやズルチンの配給統制を撤廃． 7.20 食糧確保臨時措置法公布(『食の昭和文化史』)． 8.25 物価庁，食肉販売価格の統制価格実施．牛肉は5～6倍に値上がり(『日本食肉文化史』)． 8.- 京都大学の木原均，本格的な種無し西瓜の栽培に成功．1942年から続けてきた研究が実を結ぶ(『目録20世紀』)． 9.4 安藤百福，大阪にて，中交総社(現在の日清食品ホールディングス)設立．1958年日清食品に商品変更(日清食品ホールディングスHP)． 9.6 東京都葛飾区の主婦約5000人，米よこせ大会開催．

1948(昭和23)

西暦	和暦	事　項
1948	昭和23	9. 14　東京都内で新米3日分の配給始まる． 9. 16　マッチの統制撤廃．8年ぶりに自由販売となる(『家庭生活の一〇〇年』)． 9. 28　GHQ，食糧配給と経済安定に関する声明を発表． 10. 7　アイスキャンデー・サッカリンなど111品目の公定価格廃止(『昭和日常生活史2』)． 10. -　果物類の統制，青果市場の仲買人制度を撤廃． 10. -　砂糖の輸入激増(前年12月〜同年10月に54万トン)．菓子業界が活況を迎える(『日録20世紀』)． 11. 1　カレーやコショウの公定価格廃止． 11. 1　主食(米)の配給が，1人1日当たり2合7勺に増配．消費者価格も1升51円41銭に改定． 11. 1　調味料類の増配決定．砂糖の主食代替もなくなる． 11. 18　六大都市にて，ウィスキーの希望配給開始．1世帯2本．寿屋(現在のサントリー)の瓶付き1114円25銭． 11. -　精米の検査制度復活． 11. -　台湾バナナ26トン，福岡門司港に戦後初輸入．1本40〜50円(『日録20世紀』)． 12. 19　2〜6歳の子供に練乳ビタミルク(1人2瓶(2合入り))配給(『読売』)． 12. 26　漬物の統制撤廃(『読売』)． 12. -　大阪にて，焚き火のあたり屋繁昌．飯ごうで飯を炊くと2円，1晩中あたれば10円． 12. -　政府，コーヒーの高騰に対処するため，連合軍放出コーヒーの払い下げ開始． この年，協和製作所(現在の象印)設立．マホービンの完成品の製造販売開始(象印HP)． この年，アメリカのゲイロード・ハウザーの著書『若く見え長生きするには』が日本に紹介されてベストセラーになる．ハウザー食は，新鮮な果物・野菜の

図210　香川綾と，計量カップと計量スプーン(1948)

1948～1949(昭和23～昭和24)

西暦	和暦	事　項
1948	昭和23	ジュースと糖蜜や胚芽など5つの驚異食品をミキサーで混ぜたもの．ハウザー食の流行でミキサーが爆発的に売れ，一般家庭に普及する(『食の昭和文化史』)． この年，青木佐太郎，青木味噌醤油(現在のマルコメ味噌．1967年に改称)設立(『日本食文化人物事典』)． この年，日清食品設立． この年，味噌が配給切符制になる．1世帯1日当たり22.5グラム． この年，輸入ミルカーの使用開始(『20世紀乳加工技術史』)． この年，カルピスの生産再開．1958年には，フルーツタイプの濃縮オレンジ「カルピス」も発売．以後，ぶどうやみかんなどのフレーバーも登場．(カルピスHP)
1949	24	1.1 日本家政学会設立(産学プラザHP)． 1.- 1本1500円程のウィスキーサントリー角びんが出回る． 1.- 国産含蜜糖が生産量の把握が困難との理由で統制撤廃． 2.15 第1回栄養士試験実施(『日本栄養学史』)． 2.- ヤミのそば屋が増加．東京・大阪にて，自由クーポン制の公認そば屋再開． 3.- ピジョン，日本で初めての「キャップ式広口哺乳器」発売(ピジョンHP)． 4.1 野菜，9年ぶりに統制撤廃．自由販売開始．市場でのセリ売りが再度始まる(『日録20世紀』)． 4.5 東京都がふぐ取扱業等取締条例制定．7月4日には，フグ調理師試験実施(『食の一〇〇年』)． 4.30 外国人向けの食料品特配を打ち切る． 5.1 病院の給食，全国10床以上の病院で始まる． 5.7 飲食営業臨時規制法公布．全国料飲店で営業再開．東京では，3300台の屋台も出現(『食の昭和文化史』)． 5.24 京都中央卸売市場にて，8年ぶりに台湾バナナ入荷(『昭和日常生活史2』)． 5.- 月刊雑誌『少女』に，「あんみつ姫」連載開始．あんみつ姫，カステラ夫人，あんこ，きなこ，かのこ，しるこ，だんご，おはぎの局など，登場人物すべてに食べ物の名前がつく． 6.1 ビヤホール復活．東京で21軒．営業時間が午後2時から8時．値段は500ミリリットル156円． 8.6 国鉄，食い放題列車(参加料330円)を運行．参加者は900人．メニューは形くずれの小アジ3枚，芋4つ，スイカ1切れ，マクワウリ小1個など(『日録20世紀』)． 8.27 資源庁，ガス使用量の無制限許可を発表(『家庭生活の一〇〇年』)． 9.5 第1回米価審議会開催． 9.15 東海道線の列車に食堂車復活． 10.- ユニセフ給食開始．ユニセフから児童に脱脂粉乳がおくられる(『食の一〇〇年』)． 10.- 東京都民政局，531店の外食券食堂の事業調査発表(『外食券食堂事業の調査』)．

1949～1950(昭和24～昭和25)

西暦	和暦	事　項
1949	昭和24	10.－サツマイモの統制撤廃．自由販売開始． 11. 3　第1回全国栄養週間始まる(『食の一〇〇年』)． 11. 21　日本橋の白木屋(現在の東急日本橋店)に，外国人のための国産食料品販売部フードストア開設． 11.－　東京にて，民生食堂15店開設． 12. 1　農林省，本年度の芋類供出完了後の自由販売決定(『昭和日常生活史2』)． 12. 1　東京瓦斯(現在の東京ガス)，ガス使用制限解除．24時間の供給開始． 12. 15　漁業法公布(翌年3月14日施行)． 12. 27　八大都市の小学校で，完全給食実施決定(『学校給食の発展』)． この年，中国との甘栗貿易再開．この頃の柴源一郎の活躍が，後に梶山季之氏著「赤いダイヤ」に描かれる．また柴は，1956年に甘栗製造業甘栗太郎創立(甘栗太郎HP)． この年，大阪にて，くいだおれ開店． この年，アメリカの炭酸会社のバヤリース・オレンジジュース初輸入． この年，大阪淀川区にて，パン学校日本パン技術指導所設立． この年，日賀志屋，エスビー食品と改称(エスビー食品HP)． この年，安川市郎，福島県にてサンマのミリン干を創製．
1950	25	1.－　上野松坂屋にて，戦後初の菓子展覧会開催．1日の売り上げ70万円． 2. 22　牛乳の統制撤廃．自由販売開始(『台所の一〇〇年』)． 2.－　人口10万人以上の都市にて，凍り豆腐配給． 3. 1　寿屋(現在のサントリー)，「うまい・安い」のキャッチフレーズで，トリス・ウィスキー発売．大量販売開始(『日録20世紀』)． 3. 5　木炭の統制撤廃． 3. 14　政府輸入となっていた米・小麦・砂糖・大豆・油脂など17品目を民間輸入とし，米などは食糧庁，砂糖は食料品配給公団へ買い上げ(『朝日』)． 3. 26　政府，麦と雑穀の供出完了後，自由販売を認めることを決定(『朝日』)．

図211　ビタミン入りドライミルク(1950)　　　図212　ソフトカード粉ミルク(1951)

1950（昭和25）

西暦	和暦	事　　項
1950	昭和25	3.28 明星食品設立．食糧庁の委託により，乾麵製造開始（『食の一〇〇年』）． 3.31 イモ類の統制撤廃．自由販売開始．石焼イモ屋も再開（『食の昭和文化史』）． 3.31 食糧品配給公団・飼料配給公団・船舶公団の解散令公布（『食の昭和文化史』）． 3.- ロッテ，新宿にて，チューインガム工場設置．1952年には「カウボーイガム」，1954年には「スペアミントガム」発売（ロッテHP）． 4.1 水産物の統制撤廃．中央卸売市場にて，生鮮・加工水産部のセリ再開（『朝日』）． 4.- タイガー，ワンタッチで上蓋が開く卓上用魔法瓶（ポット）発売（『食の昭和文化史』）． 5.1 米以外の主食（パン・うどん）の原料の飲食店への統制撤廃．外食券なしでも利用可能となる（『朝日』）． 5.1 全国八大都市の学童と教員に特別配給を実施（『朝日』）． **6.25 朝鮮戦争勃発（～1953，7月以降，特需景気が起こる）．** 7.1 味噌・醬油の統制撤廃．自由販売開始． 7.1 コーヒーの輸入，8年ぶりに再開． 7.- 東京上野にて，京樽1号店開店． 7.- エスビー食品，カレー粉（通称「赤缶」）発売（エスビー食品HP）． 8.1 森永製菓，ミルクキャラメル（1箱20円）発売（『日録20世紀』）． 8.- 菓子類の価格統制撤廃（『昭和日常生活史2』）． 9.3 大日本果汁（現在のニッカウヰスキー），スペシャルブレンドウィスキーのポケット瓶発売． 9.4 沖縄から戦後初の泡盛の輸入開始． 9.7 菓子用砂糖の業務割当再開． 9.21 東京都，一般家庭用にソーセージ配給． 9.- 文部省，八大都市（東京・大阪・京都・名古屋・横浜・神戸・広島・福岡）の小学校にて，ガリオア資金によるパン・ミルク・おかずの完全給食実施（『読売』『学校給食の発展』）． 10.20 人造バター（マーガリン）の統制撤廃．以後，新聞各紙に広告（マルハ・花星印・ライス・ニッサン・ライオン・風車印・タマゴ・セーラー・ホーム印・雪印・明治コンパウンド・リス印など）が多数出る． 11.1～12 上野松坂屋地階にて，有名8社（リス印・ニッサン・イカリ印・明治化学・ホーム印・セーラー印・タマゴ印・花星印）の人造バター即売会開催． 12.4 厚生省，定時制高校生に給食実施決定． 12.7 蔵相池田勇人の参議院での「所得の多いものは米，少ないものは麦を食べるように」という発言が問題になる（『日録20世紀』）． 12.21 食糧庁，煮豆・豆腐・油揚げ・納豆・かまぼこなど，正月用品の特配発表． 12.25 大阪駅高架下にて，18店の立ち飲み屋が集まった「新梅田食堂街」誕生．立ち飲み屋のはじめ（『食の一〇〇年』）． 12.- 東京新橋でバナナのたたき売り再開（『昭和日常生活史2』）．

1950～1951（昭和25～昭和26）

西暦	和暦	事　項
1950	昭和25	この年，イタリアからサラミソーセージ，ソ連からキャビア輸入． この年，山本宇之，山口県岩国市にて，オリジナルの大根の木製スライサー考案．1955年には，社名および商品名を「ベンリナー」とする． この年，不二家のキャラクター「ペコちゃん」誕生（年齢6才）．翌年，ボーイフレンドのポコちゃん（年齢7才）も考案される（不二家HP）． この年，京都府にて，調理師（調理士）に関する条例公布（1957年までに38都道府県）． この年，国民食糧及栄養対策審議会（経済安定本部）で，『日本食品標準成分表』発表．対象食品数538品目． この年，東京銀座にて，クリーン・カウというホルモン料理焼き専門店開店． この年，森永乳業，育児用ビタミン入り森永ドライミルク発売（『20世紀乳加工技術史』）． この年，浜田音四郎，東京牛込納戸町にポテトチップスの小規模工場を作り，アメリカン・ポテトチップス設立．当時は1袋35グラム36円． この年，大宮倉吉，北海道札幌市ススキノにて，サッポロ味噌ラーメンの元祖味の三平開店（『日本食文化人物事典』）． この頃，カクテルの「スクリュードライバー」流行．
1951	26	1.－京都市教育委員会，夜間高校生向けにミルクの配給開始． 2.1 全国市制地域の小学校で完全給食開始．翌年4月にすべての小学校へ拡大（『学校給食の発展』）． 2.23 衣料・砂糖・醤油，油脂などの生活必需物資に物価統制令発効（『食の昭和文化史』）． 3.1 農林省，食糧管理法施行規則改正公布． 3.1 雑穀（大豆・とうもろこしなど）の統制撤廃． 4.1 食糧品配給公団廃止．民営での営業再開（『目録20世紀』『日本の食文化小史』）． 4.－政府，国際捕鯨取締条約に加入（『読売』）． 5.14 サンフランシスコ条約締結により，GHQが6月末にガリオア資金援助打ち切り声明．同月22日，政府，7月以降も給食の継続を公表．予算面などの陳情のため，PTAを中心に学校給食推進協議会が結成される（『学校給食の発展』）． 5.29 北海道岩内町の漁港主婦，自家製ニシンのいずしによるボツリヌス菌中毒で死亡．弔問客6名も発症．うち，3人死亡． 6.4 公営住宅法公布．東京大学吉武泰水研究室が設計した公営住宅「51C型」登場．台所と洋風の食堂は南面し，寝食分離を図るなどの工夫．台所兼食事室（現在のダイニングキッチン）は，以後，公営アパートの定番になる． 8.16 雪印乳業（現在の雪印メグミルク），ビタミン入り育児用粉乳ビタミルクを「母乳化されたビタミン入りコナミルク」として発売（『読売』8月16日）．同年，明治乳業も育児用粉乳ソフトカード発売（『20世紀乳加工技術史』）． 10.26 閣議にて，主食の統制撤廃に関する措置要綱決定． 10.－日本航空の木星号に機内食導入．メニューは箱入りサンドウィッチ・紅

1951～1952(昭和26～昭和27)

西暦	和暦	事項
1951	昭和26	茶・ジュース． 10．- 西南開発，愛媛県にて，日本で初めて魚肉ソーセージ「スモークミート」開発・発売．翌年，明治屋との契約成立後，明治屋ブランドで全国展開に乗り出す(西南開発HP)． 11．1 朝日麦酒(現在のアサヒ飲料)，アメリカ社と提携し，バヤリース・オレンジ・ジャパン設立．果汁入り飲料の草分けバヤリースオレンジ(55円)発売．また，ウキルキンソンタンサンも発売(アサヒ飲料HP)． 11．6 政府，米の統制撤廃延期声明を発表． 12．17 水産資源保護法公布．政府，翌年1月16日に発表． **この年，赤痢が大流行(1万4000人)**(『台所の一〇〇年』)． この年，米軍主催のカーニバルにて，ソフトクリーム初登場．翌年，不二家がソフトクリーム国産第1号を発売． この年，各地に，国民酒場トリス・バー開店(東京の1号店は銀座のブリック，大阪の1号店はバー・デラックス，『日録20世紀』)． この年，国連食糧農業機関(FAO)に加盟． この年，不二家，銀座にて，ぺこちゃんマークのミルキー発売．翌年，全国展開(不二家HP)．
1952	27	1．13 神戸にて，黄変米騒動．輸入されたビルマ米の中に黄変米が発見され，主婦らが騒動を起こす．以後，タイ米やトルコ米からも発見される． 1．- 農林省，食用油の消費促進を図る．ビタミン米や栄養パンの研究にも着手(『昭和日常生活史2』)． 3．3 主婦連合会や日本労働組合総評議会などが配給米の1人1日3合配給運動開始． 3．29 脱脂粉乳に対する国庫補助を中止，小麦粉について半額国庫補助としたため，家計負担が増加し給食中止校が増加．それに対し，文部省は学校給食実施方針を示し，現地物資を生かした学校給食を要請(『学校給食の発展』)． 3．- 明治屋，濃縮オレンジジュースの製造開始(広告景気年表HP)． 3．- 農林省，食料自給5ヵ年計画発表． 4．1 砂糖の統制撤廃．自由販売開始(『日録20世紀』)． 4．- サッポロビール，リボンジュース(以後，リボンオレンジと改名)発売(広告景気年表HP)． 5．9 日米加漁業条約に正式調印．翌年6月12日公布． 5．- 東京にて，スナック・モビル(自動車による軽食移動販売)営業開始． 5．- 松下電器(現在のパナソニック)，ミキサーとジューサー販売(パナソニックHP)． 6．1 内地産麦類の統制撤廃．配給は米だけとなり，それ以外の食料統制が全廃された． 6．26 東京都，調理師条例公布．調理師資格試験制度を導入． 6．- 森永乳業，ビタミンD添加ホモジナイズド牛乳森永ホモ牛乳発売．またこの年，明治乳業も鉄分を添加したネオ牛乳発売(『日録20世紀』)． 6．- 北洋漁場再開で，第1回母船式サケ・マス船団出航．

310

西暦	和暦	事項	
1952	昭和27	7.15 農地法・農地法施行法各公布．10月21日施行． 7.31 栄養改善法公布． 10.24 供出済みの残り米の自由販売開始． 11.- 「人造バター」「マーガリン」とよばれるようになる． 11.24 ニュートーキョー，大阪第一生命ビル店開店．脱ビヤホールをめざし，初の「ビヤレストラン」を称する．翌年，同ビル屋上にて，日本で最初の屋上ビアガーデン「アサヒビアガーデン」開設． 12.- 不二家，クリスマスセール開始(不二家HP)． この年，日本酒造組合中央会の主催で，第1回全国清酒鑑評会(きき酒会)開催(月桂冠HP)． この年，明治乳業，高温短時間殺菌(HTST)法を導入(『牛乳・乳製品の知識』)． この年，第2次ビタミンブームが起こる．米の炊飯用強化剤(パイリッチR1号・2号)発売． この年，栄養改善運動として，広島県庁の技師岡田正美，「三色食品群」提唱(厚生労働省HP)． この年，永谷嘉男(永谷園)，お茶づけ海苔発売(永谷園HP)． この年，増田屋の古道武二，東京都文京区本郷にて，皿盛りの冷やしたぬき・冷やしきつね考案． この年，愛媛県青果販売農業協同組合連合会(現在のえひめ飲料)，ポンジュース発売．1969年には，100％天然ジュースを発売して好評を得る(えひめ飲料HP)． この年，日本水産，日本で初めて魚肉ソーセージ発売． この年，森永製菓，チョイスビスケット(100円)販売(森永製菓HP)．	
1953	28	2.- 主婦連，「くさい米」拒否運動実施．8月には，10円豆腐運動開始． 4.- 日世，日本で初めてのソフトクリームコーンカップの国産化に乗り出す(日世HP)． 5.- 東京都の食品衛生検査第1回にさいし，魚屋の店舗施設基準，魚肉ねり製品の指導基準決定． 6.9 風水害・冷害地の欠食児童救済のためにユニセフより脱脂粉乳の寄贈を受けミルク無料給食開始．対象130万人(『学校給食の発展』)． 8.17 農産物価格安定法(米麦以外)公布(『食の昭和文化史』)． 8.29 東京都食肉加工業組合，ハムやソーセージの無着色運動開始(『食の一〇〇年』)． 9.1 森永製菓，6大都市にて，学校給食用ビタミン強化スープ発売． 9.14 農林省，米不作対策に際し，人造米奨励に着手． 10.- 国税庁による酒の密売防止週間を設ける． 11.- 新潟の堀川蒲鉾工業(現在の堀川)，スケトウダラを原料とした板付き無澱粉蒲鉾「越の銀嶺」創製(堀川HP)． 12.- 食糧庁，強化米の製造配給要領公布． この年，家庭電化元年宣言．停電時代が終わる(『台所の一〇〇年』)． この年，日本珈琲株式会社により，戦後初めて，ブルーマウンテンが輸入され	

1953〜1954（昭和28〜昭和29）

西暦	和暦	事項
1953	昭和28	る（『日本コーヒー史』）． この年，都一製麺（現在の都一），屈曲めん製法に成功（都一HP）． この年，東京新宿の伊勢丹にて，全国メラミン張りちゃぶ台販売（『台所の一〇〇年』）． この年，厚生省栄養課技官近藤とし子，栄養改善普及会設立．家庭での食生活改善運動提唱（『食の一〇〇年』）． この年，松下電器（現在のパナソニック），電気冷蔵庫（8万〜12万円）販売（パナソニックHP）． この年，森永製菓，マリービスケット発売（森永製菓HP）． この頃，神奈川県三浦市の三崎漁港で水揚げされるマグロの粕漬やみそ漬創製．山形県鶴岡市のタイの粕漬をヒントにする．
1954	29	1.- 厚生省，日本人の栄養基準量を策定し，栄養所要量と栄養基準値の定義を明確化（『日本人の食事摂取基準』）． 1.- 武田薬品工業，ビタミンB_1強化白米ビタライス発売． 2.26 明治乳業・明治製菓・東洋製缶が共同出資し，パン量産会社明治パン設立（『食の一〇〇年』）． 3.8 農林省，アメリカとのMSA協定に基づく余剰農産物購入協定・経済的措置協定に調印．アメリカから小麦50万トン，大麦10万トンの買い付け開始（『日録20世紀』）． 3.16 アメリカのビキニでの水爆実験により，第五福竜丸被爆．この後，放射線マグロが問題視される． 4.28 明治製菓，缶ジュースの明治オレンジジュース発売．以後，タカラポンジュース・キリンジュースなども発売される．名糖産業は粉末ジュース発売（『日録20世紀』）． 5.- 新鮮な果物や野菜とハチミツなどを混ぜ合わせたジュースを飲むハウザー式若返り法が大ブーム．ミキサーが売れる． 6.3 学校給食法公布（『学校給食の発展』）． 6.4 通産省・農林省，中国米の輸入方針決定．中国米5500トン輸入の公開入札．一方で，外米の配給辞退増加． 7.- 愛知工業（現在のサンウエーブ工業），ステンレス溶接流し台の製造に成功し，販売（サンウエーブHP）． 10.- 世論の強い反発を受け，黄変米の配給が停止にされる． 11.- 大阪の大丸にて，7階の戦災跡を復旧した客用大食堂設立． 11.- 米の配給日数が翌年から一律1ヵ月15日と決定．また，闇米が急激に値下がりする（『昭和日常生活史2』）． 12.29 主婦連，東京世田谷区にて，10円牛乳（市販は15円）発売． 12.- 農相河野一郎，食糧対策協議会廃止．食糧懇談会設置．食管法の再検討開始． この年，電気冷蔵庫・電気洗濯機・電気真空掃除機が「三種の神器」とされる．以後，脱水機付き洗濯機・渦巻き式洗濯機・ワイドスペース型冷蔵庫なども発売（『家庭生活の一〇〇年』）．

1954～1955(昭和29～昭和30)

西暦	和暦	事　項
1954	昭和29	この年，東京日本橋三越にて，食生活改善協会主催食生活改善展覧会開催． この年，小森敏之，大阪市にて，丸大食品工場(現在の丸大食品)創業．魚肉ハム・ソーセージの製造販売に乗り出す(丸大食品 HP)． この年，愛知トマトソース(現在のカゴメ)，とんかつソース発売(カゴメ HP)． この年，エスビー食品，固形の即席カレーエスビーカレーを販売(エスビー HP)． この年，東京にて，アメリカ人ニコラス・ザペティによるピザ屋ニコラス開店． この年，科学技術庁，『改訂日本食品標準成分表』刊行．資源調査会食糧部会，食品成分小委員会設置．
1955	30	1.1 奄美大島諸島にて，未就学児童対象にユニセフ寄贈のミルク給食実施． 1.- 農林省，食糧増産5ヵ年計画作成． 3.2 雪印乳業(現在の雪印メグミルク)の脱脂粉乳中毒事件が起こる(『20世紀乳加工技術史』)． 3.- 江崎グリコ，「アーモンドグリコ」(10円・20円)発売．「1粒で2度おいしい」がキャッチフレーズ(江崎グリコ HP)． 5.1 東京日本橋の高島屋にて，お好み食堂開設． 5.7 閣議にて，本年産米から米の予約買い付け制採用決定(『昭和日常生活史2』)． 5.31 日米余剰農産物買付協定に調印．アメリカから，小麦・カリフォルニア米・綿花・葉タバコなどを8500万ドルの受入決定． 5.- 京都大学カラコルム学術探検隊，小麦の野生種(原種)タルホコムギ発見． 6.- 岡山県を中心に，多数の乳児が原因不明の発熱・下痢・肝臓肥大を発症．うち4人死亡．後に全国で拡大．8月23日に，岡山大学医学部が原因を森永粉ミルクに含まれた砒素であると発表(森永砒素ミルク事件)．同月24日には，東京都，森永粉ミルクを一斉押収を指示． 7.25 日本住宅公団発足．DK 表示が使用される．「ステンレス輝くキッチンセット」の標語が評判となる(『台所の一〇〇年』)． 8.8 日本学校給食会法公布．10月1日，特殊法人日本学校給食会発足．給食

図213　自動式電気釜発売(1955)

1955～1956(昭和30～昭和31)

西暦	和暦	事　項
1955	昭和30	用物資の買い入れ等の業務を行う(『学校給食の発展』). 8.－ 関西主婦連,牛肉100匁(375グラム)120円を80円で販売するよう運動開始. この夏,協同乳業,アイスバーのホームランバー発売(協同乳業HP). 9.10 日本のガット(GATT)への正式加入発効. 9.－ 食堂での米飯の自由販売開始. 10.－ 東京新宿の二幸(現在の三越伊勢丹フードサービス),「あたためるだけで一流レストランの味」をうたい文句に,ビーフカレーなど3種の調理缶詰販売(『日録20世紀』). 11.24 奄美大島産の国産バナナ初入荷(『昭和日常生活史2』). 12.－ 米の収穫量が1239万トン(前年対比135.9パーセント)と大豊作.闇米の平均価格(1升106円)が配給米の値段を下回る.米不足時代終わる(『食の昭和文化史』). 12.－ 東京芝浦電気(現在の東芝),自動式電気釜(3200円)発売.考案者は家庭電気課所属の山田正吾.翌年には,月産10万台の大ヒット.翌年には,松下電器も鍋と釜の2層構造の電気炊飯器を製品化(東芝HP). この年,前田本店製菓所(現在の前田製菓),ランチクラッカー発売.1962年のテレビCM「あたり前田のクラッカー」で話題になる. この年,崎陽軒のシューマイに,小さなひょうたん型陶器のしょうゆ入れ「ひょうちゃん」がつくようになる.フクチャンの原作者横山隆一がキャラクター考案(崎陽軒HP). この頃,ビニール袋入り綿あめ発売.1960年代には,ビニール袋にアニメなどのキャラクターがプリントされるようになる. **この頃,農家の生活改善運動展開(『台所の一〇〇年』).** この頃,欧米式の飼育技術や設備を導入し,ブロイラーの大規模飼育開始. この頃,各製粉会社,マカロニの大量生産開始.1972年には,全日本マカロニ協会(現在の日本パスタ協会)発足(日本パスタ協会HP).
1956	31	2.－ 第2次余剰農産物協定に調印.アメリカから小麦45万トンを購入.しかし,4月10日にMSA米余剰農産物受入辞退決定. 4.1 インスタントコーヒー輸入開始(『台所の一〇〇年』). 4.29 モスクワにて,日ソ漁業交渉(第1回会談)開始.5月14日には,日ソ漁業条約に調印. 5.1 熊本県にて,水俣病公表.水俣湾の魚介類常食者が被害者になる.1968年9月26日に,厚生省がその原因を新日本窒素肥料排出のメチル水銀化合物と断定. 5.－ 厚生省,チクロ甘味料(サイクラミン酸ナトリウム)の使用を許可(『台所の一〇〇年』). 6.20 「夜間学校を置く高等学校における学校給食に関する法律」公布(『学校給食の発展』). 6.－ 東京にて,牛乳を1円値上げ(1合14円).主婦連は牛乳値上げ反対大会開催. 7.17 『国民生活白書』刊行開始.神武景気に見舞われる中,『経済白書』に

西暦	和暦	事　項
1956	昭和31	「もはや戦後ではない」の語が掲載される． 8.7 東京都にて，深夜喫茶取締条例公布・施行．都内の喫茶店(深夜営業含める)が約8000店となる． 8.- 東京都にて，清浄野菜販売1号店開店．寄生虫の感染予防を目指したもの． 8.- 東京都にて，豚挽肉への馬肉混入が発覚． 8.- ライオン油脂(現在のライオン石鹸)，食器や野菜を洗う合成洗剤ライポンF発売．翌月29日には，食品衛生の向上を目指して，厚生省による合成洗剤の使用が奨励される．日本食品衛生協会の推奨第1号品(ライオン石鹸HP)． 10.1 協和発酵工業(現在の協和発酵キリン)，発酵法に基づくL-グルタミン酸ソーダ製造開始．12月には，江崎グリコも着手(協和発酵キリンHP)． 10.1 米の新配給制度実施．東京都の希望配給10キロで845円． 10.10 キッチンカー，全国栄養改善推進のため全国を巡り始める(『混迷のなかの飽食』)． 10.15 秋田県，県産の品質向上のため，りんご検査条例公布． 10.- ロッテ，第一次南極探検隊のために，携帯チューインガムを開発し贈呈．1960年発売の「クールミントガム」の「南極ペンギン」のモチーフとなる(ロッテHP)． 11.- 西武ストア(現在の西友)設立．旧西武グループ・西武百貨店のスーパーマーケット部門として創業(西友HP)． 11.- 第3次余剰農産物受入決定．アメリカから小麦45万トンを購入．翌年1月18日，閣議にて，第3次余剰農産物の受入辞退決定． 12.- 神奈川県横浜市にて，和風居酒屋「養老乃瀧」第1号店開設(養老乃瀧HP)． 12.- 協同乳業，日本で最初のテトラパック入り牛乳発売．スウェーデンよりマシンを輸入し，日本初の生産開始．1963年には，雪印乳業(現在の雪印メグミルク)もテトラ牛乳・テトラコーヒー発売(協同乳業HP)． この年，女性の間で，洋酒ブーム．カクテルの人気が上昇する．女性の飲酒に関する全国調査実施．全国で50パーセントの女性が飲酒に賛成(都市部では70パーセント)． この年，全日本調理師連盟設立． この年，コカ・コーラの市販許可．1961年に輸入制限撤廃． この年，福井県農業試験場にて，「コシヒカリ」の育成に成功(『日録20世紀』)． この年，日本麦酒，発祥の地・北海道にて，サッポロビール復活．1964年1月には，会社名もサッポロビールに変更(サッポロビールHP)． この頃，団地の普及で，ステンレス流し台とDKスタイルが一般化．ダイニングキッチンやキッチンという呼称も一般的になる(『食の一〇〇年』)．
1957	32	1.17 明治製菓，オープナー付缶ジュースの天然オレンジジュース(200グラム缶)の全国一斉発売(スチール缶リサイクル協会HP)． 1.17 青森県にて，100パーセントりんごジュース発売． 2.1 通産省，量目不正に罰金を科す取締政令実施(肉・砂糖・菓子など，『昭和日常生活史2』)．

1957(昭和32)

西暦	和暦	事項
1957	昭和32	4.1 宝酒造，500ミリリットル入りの中瓶タカラビール(100円)発売(宝酒造HP)． 5.8 日本飲料工業(現在の日本コカ・コーラ)設立．「コカ・コーラ」の製造開始． 5.20「盲学校，ろう学校及び養護学校の幼稚部及び高等部における学校給食に関する法律」公布(『学校給食の発展』)． 5.- 具志堅宗精，沖縄にて，オリオンビール設立．翌年1月にビール名をオリオンビールに決定．1959年に製造・発売開始(オリオンビールHP) 6.15 食品添加物の規制強化．添加物194種(『台所の一〇〇年』)． 6.15 水道法公布．水道水の消毒の義務付け(『日録20世紀』)． 6.20 東京にて，消費者米価値上げ反対国民大会開催． 7.- 農林省，米粒の農業用水銀残留度調査開始(『昭和日常生活史2』)． 7.- 主婦連，不良ジュース追放運動開始． 7.- 国産ポップコーン(1袋30グラムで30円)販売開始．日本で最初のポップコーン会社マイクポップコーン(ジャパンフリトレー)設立(ジャパンフリトレーHP)． 8.1 東京都，デパートの食料品の計量をメートル法に切り替え(『昭和日常生活史2』)． 8.21 農林省，『農林白書』刊行． 8.- 星崎電機，ジュースの噴水がみえる自動販売機開発． 11.4 NHK，「きょうの料理」放映開始(『日録20世紀』)． この年，亀田製菓設立．柿の種の製造開始．1966年には，「ピーナッツ入り柿の種」発売(亀田製菓HP)． この年，松下電器産業(現在のパナソニック)，ドアの部分に，瓶棚，卵棚，牛乳棚を取り付けたドアポケット付冷蔵庫「ナショナル電気冷蔵庫NR-730」発売(パナソニックHP)． この年，森永製菓，「ホットケーキの素」発売(森永製菓HP)．

図214 学校給食に牛乳(1958)

1957〜1958(昭和32〜昭和33)

西暦	和 暦	事　　　　　　　　項
1957	昭和32	この年,電気冷蔵庫・白黒テレビ・洗濯機が「新三種の神器」とされる. この年,東京ガス,ガス自動炊飯器発売.1958年には,パロマがヒューズメタル採用ガス炊飯器,大阪瓦斯がバイメタル自動消火方式ガス自動炊飯器発売(東京ガスHP). この年,大阪千林駅前にて,スーパーマーケットダイエー第1号店開店(ダイエーHP).
1958	33	1.- 学校給食の脱脂粉乳還元乳に替わって牛乳になる(『学校給食要覧』). 2.1 群馬県横川駅にて,釜飯の駅弁の販売開始(峠の釜めし本舗おぎのやHP). 2.14 メリーチョコレート,東京新宿の伊勢丹にてバレンタイン用チョコ発売(メリーチョコレートHP). 2.- 江崎グリコ,ひと山に1粒ずつアーモンドをまるごと入れた「アーモンドチョコレート」(30円・50円)発売(江崎グリコHP). 3.11 厚生省,『国民栄養白書』にて,日本人の4人に1人が栄養不足のため,動物性蛋白質の摂取量増量を提言(『日録20世紀』). 5.10 調理師法公布,11月9日に施行. 6.30 牛乳などの販売用容器の完全な洗浄確保のため,ビンの口径が26ミリメートル以上に決定. 8.1 帝国ホテル,インペリアル・バイキング営業開始.北欧のスモーガスボードに範を求めたもの.犬丸徹三と村上信夫が尽力する(帝国ホテルHP). 8.25 サンシー殖産(現在の日清食品),インスタント食品即席チキンラーメン(35円)発売.生産量1300万食(日清食品HP). 7〜8.- サッポロビール,東京有楽町にて,生ビールの自動販売機設置.1杯80円.また同年に,朝日麦酒,日本で初めての缶ビール自動販売機設置(サッポロビールHP). 9.- 朝日麦酒,日本で最初の缶ビールアサヒゴールド発売(アサヒビールHP). 9.- 国栄機械製作所(現在のグローリー),チューイングガムの自動販売機開発.

図**215**　犬丸徹三(1958)

1958〜1959(昭和33〜昭和34)

西暦	和暦	事　項
1958	昭和33	10. - 東洋アルミニウム(現在の東洋アルミエコープロダクツ), 日本で初めて家庭用アルミはく「クッキングホイル」発売(東洋アルミエコープロダクツHP). 11.1 農林省主催第1回全国牛乳週間始まる. 11. - 後藤物産缶詰(現在のはごろもフーズ), シーチキン商標登録. 翌年発売. 日本で最初の素材缶詰(はごろもフーズHP). 11. - 佐藤勘作商店(現在のサトウ食品), 正月用のし餅の製造開始(サトウ食品HP). この秋, 陳建民, 東京田村町にて, 四川飯店開店(赤坂四川飯店HP). 12. - キユーピー食品, フレンチ・ドレッシング発売(キユーピーHP). この年, 香川綾, 「4つの食品群」を提唱したが, 1963年には改訂した「4つの食品群」を発表. 80キロカロリーを1点とした食事法を提案(『香川栄養学園創立60周年記念誌』). この年, 上島忠雄, 上島コーヒーショップ第1号店(博多大丸前店)開店(UCC上島珈琲HP). この年, 東京飲料(現在の東京コカコーラボトリング), ファンタオレンジとグレープ発売(日本コカコーラHP). この年, 2DK団地建設. 住宅公団, ダイニングキッチンにステンレス流し台採用(『食の昭和文化史』).
1959	34	2.6 農林省, 甘味資源の自給力強化に着手. 甜菜糖がブームになる. 2. - 深夜喫茶を取り締まる風俗営業等取締法改正公布(『食の昭和文化史』). 3. - 愛知トマト(現在のカゴメ), トマトペースト発売. 缶詰のトマトジュースも製造販売. 4. - ライオン油脂(現在のライオン)が液体ライポンF発売. 6月には, 日本油脂が台所用洗剤ニッサンセブンK発売. 液状台所用洗剤が出回るようになる(『台所の一〇〇年』).

図216　即席チキンラーメン(1958)

1959～1960(昭和34～昭和35)

西暦	和暦	事項
1959	昭和34	4. - 日本製粉株式会社，オーマイスパゲッティ発売(日本製粉HP). 6. 5 東京のオフィス街にて，おむすびブーム．おむすび定食(たくあんとかつおぶし入り2個)50円．ほかに，梅干し・タラコ・サケなど14種類(1個30円，『食の一〇〇年』). 7. 17 岸光夫，デラウェアの種なしブドウの成熟に成功(『日本食文化人物事典』). 8. - サッポロビール，缶ビール(350ミリリットル)発売．缶切りであけるスタイル．1965年に，プルタブの缶ビールに替わる(サッポロビールHP). 8. - 栄養審議会，日本人の食料について厚生大臣に答申．強化食品の必要を強調． 9. - 伊勢湾台風によって，愛知県などの食品工場の被害が甚大．農業関係損害300億円．加工食品の売れ行きを刺激． 11. - 泰明堂(現在のマルタイ)，福岡にて，即席マルタイラーメン(スープ別添，棒状，非油揚げ)発売(マルタイHP). この年，早川電気工業(現在のシャープ)，業界初の魚焼器「キッチンロースター〈KF-650〉」(2300円)発売(シャープHP). この年，雪印乳業(現在の雪印メグミルク)，インスタントスキムミルクパウダー発売(『20世紀乳加工技術史』). この年，スーパーの牛乳にアルミシール使用開始(『20世紀乳加工技術史』). この年，森永乳業，調整粉乳中毒事件を起こす(『20世紀乳加工技術史』). この年，ハクサイとキャベツをかけあわせたバイオ野菜第1号ハクラン開発． この年，ミカン列車紀文号初運行． この年，鈴木仙治，宮内庁嘱託として，東宮御所厨房設計を拝命．また，『台所文化史(前編)』を刊行．翌年には，後編も刊行(『台所の一〇〇年』). この年，エスビー食品，モナカカレー発売(エスビー食品HP). この年，松田産業(現在のおやつカンパニー)，ベビーラーメン(現在のベビースターラーメン)発売(おやつカンパニーHP).
1960	35	1. 24 養鶏振興法公布(『日本食肉文化史』). 1. - 井上工業，ステンレス流し台クリナップ発売(『食の昭和文化史』). 2. 1 香川県高松市にて，太平洋養魚，世界で初めて車エビの養殖開始(『日録20世紀』). 4. 1 大阪にて，辻静雄が副校長となり，辻調理師学校開設(『日録20世紀』). 4. - 松下電器産業(現在のパナソニック)，自動食器洗い機の生産開始．各都道府県にて，食品衛生指導員設置(パナソニックHP). 7. - 各社，ポリエステルフィルム製造開始．呉羽化学工業が「クレラップ」(80円)，8月には，旭化成が「サランラップ」発売(呉羽化学工業HP・旭化成HP). 8. 17 経済閣僚懇談会，大豆の輸入自由化方針決定． 8. - 牛肉大和煮缶の肉に鯨肉や馬肉を使用したニセ牛肉缶詰事件発生． 9. 11 全国にて，厚生省主催の栄養改善普及運動展開．白米偏重を正，油脂や蛋白質の増加などを図るもの(『台所の一〇〇年』).

1960〜1961(昭和35〜昭和36)

西暦	和　暦	事　　項
1960	昭和35	10.1 酒類の公定価格撤廃．自由販売開始．清酒の準1級が設定される．また，農林水産物121品目の自由化実施． 10.- 農林省，国内産麦によるパン奨励． 11.14 東京築地の大都魚類，ハマチの試食会開催．この年，ハマチの養殖が盛んになる（生産量が1000トン超）． 11.- 米の配給制度変更．徳用米が希望配給（1人1ヵ月8キロ）となる． この年，河合製薬，ゼリー状に加工した糖衣錠「肝油ドロップ」発売（河合製薬HP）． この年，武田薬品，強化栄養人造米コンビライス発売． この年，新潟県の加島屋，サケの身フレーク発売． この年，岡山県にて，ママカリの酢漬発売． この年，寿屋（現在のサントリー），創業60周年記念サントリーウイスキーローヤル発売．缶入りハイボール（180 cc 入りで60円）発売（サントリーHP）． この年，食料の総合自給率79パーセント．以降，逐年低下． この年，ハウス食品工業，板チョコの形をした固形カレールー「印度カレー」発売．ビタミンB_1・B_2を添加した栄養強化食品（ハウス食品HP）． この年，江崎グリコ，チョコレート型カレールウグリコワンタッチカレー発売（江崎グリコHP）． この年，丸美屋食品工業（現在の丸美屋）の阿部末吉，のりたま開発（丸美屋HP）． この年，アニメCM文明堂のカステラ一番放映（文明堂HP）． この年，北海道十勝町にて，町おこしブドウ愛好会発足．昭和42年には，十勝ワインの販売開始． この年，コーヒー豆輸入の全面自由化． この年，主婦の友社，『青汁の効用』発行．ジューサーが注目される（広告景気年表HP）． この年，森永製菓，国産初インスタントコーヒー（220円）製造・販売開始．また同年に，ゼネラルフーヅ（現在の味の素ゼネラルフーヅ）も，インスタントコーヒー発売（森永製菓HP）．
1961	36	2.1 長野のマルキチ味噌即席みそ汁発売．3月1日には同じ長野の山印信州みそでも販売．即席みそ汁の流行（『食品産業事典』）． 2.18 明治製菓，マーブルチョコ発売．着色料・防腐剤・保存料を使用しない純正食品が大人気となる（『明治製菓の歩み』）． 3.30 果樹農業振興特別措置法公布（『食の昭和文化史』）． 4.1 スパイスの原料の輸入自由化．大豆・ラード・インスタントコーヒー・コーラなどの輸入も自由化（『日録20世紀』）． 4.- 森永乳業，易溶性粉末クリーム「クリープ」発売（『日録20世紀』）． 6.2 東京にて，抗生物質使用の野菜が問題化． 6.12 農業基本法公布．農業生産の選択的拡大・生産性向上・構造改善・流通合理化などを勧める（『家庭生活の一〇〇年』）． 8.- 森永製菓，マシュマロをビスケットで挟み，チョコレートでコーティン

1961（昭和36）

西暦	和暦	事　　　　　　　　　項
1961	昭和36	グした「エンゼルパイ」(20円)発売(森永製菓HP). 9. - 春華堂，静岡浜松にて，「うなぎパイ」売り出す．「夜のお菓子」をキャッチフレーズに(春華堂HP). 9. - インスタントコーヒー協会設立(インスタントコーヒー協会HP). 10. 10 山川農協，鹿児島にて，生産者が自分たちの育てた豚肉を安く食べられるようにと食肉銀行開設. 10. - 東京水産大学の海鷹丸，南氷洋のオキアミ調査実施. 11. 1 すしの日(11月1日)定まる. 12. 7 畜産振興事業団設立. 12. 26 閣議にて，「農業の動向に関する年次報告」発表．農業基本法に基づく農業白書. 12. - カレー粉などの輸入自由化. この年，ジャージー乳牛の育成に力を入れるため，岡山県蒜山にて，県立酪農大学校開設. この年，早川電機工業(現在のシャープ)，電子レンジ〈R-20〉の開発開始(シャープHP). この年，武田薬品工業，新しいタイプのビタミンC錠剤「ハイシー」(15錠入り400円/50錠入り1100円)発売(武田薬品工業HP). この年，雪印乳業(現在の雪印メグミルク)，連続式バター製造機導入(『20世紀乳加工技術史』). この年，東芝，電子レンジ国産第1号発売．125万円．急行摂津の列車食堂など業務用として使用される. この年，坂田種苗(現在のサカタのタネ)の坂田武雄，露地メロン開発．後に，プリンスメロンと命名(サカタのタネHP). この年，「食品公害」という言葉が使用され始める. この年，ナスステンレスや井上工業などが家庭用流し台セット発売．JIS規格は幅550ミリメートル，高さ800ミリメートルに定められる.

図**217**　マーブルチョコ(1961)

1961～1962(昭和36～昭和37)

西暦	和暦	事　項
1961	昭和36	この年，板金や鉄板を磨く工業用ナイロンたわし開発．2年後に，住友スリーエムがこれをカットした家庭の食器用に販売． この年，北海道水産試験場，スケトウダラの冷凍すり身技術開発．ハムやソーセージへの利用も開始． この年，野田醬油(現在のキッコーマン)，卓上の醬油瓶発売． この年，日本飲料工業(日本コカ・コーラ)，テレビCM開始．また，びん自動販売機を市場へ導入．
1962	37	1.10 東京都衛生研究所の試験部長柳沢文正(東京医科歯科大学教授)ら，中性洗剤の有害性摘発．11月14日に食品衛生調査会が無害と答申． 1.－ リプトン・ジャパン(現在のユニリーバ・ジャパン)，熱湯を注ぐだけで味わえる「ティーバッグ」(25個入り250円)発売(ユニリーバ・ジャパンHP)． 2.8 コカ・コーラ専用自動販売機登場(日本コカ・コーラHP)． 3.7 閣議にて，生鮮食料品価格安定対策要綱決定． 3.－ 大正製薬，栄養剤リポビタンD(1本150円)発売．翌年，王貞治のCM「ファイトで行こう！ リポビタンD」により，売り上げが急増．また，この年，広田三枝子のテレビCM「アスパラで生き抜こう！」(田辺製薬)放映．以後，総合ビタミン剤や強肝剤・ホルモン剤のCM急増． 3.－ 東京池袋の西武百貨店，自動販売機だけによる「オートパーラー」開設．おにぎり・サンドウィッチ・ペストリー・キャンデイー・コーヒー・コーラなどが販売(西武百貨店HP)． 4.－ 学校給食の所要栄養量の基準改訂．小麦粉にビタミンB_1・B_2の強化に加え，新たにビタミンAを強化(『学校給食の発展』)． 5.1 東京にて，水不足．都内240校で学校給食中止． 5.20 東京虎の門にて，ホテルオークラ創業．初代総料理長に小野正吉が就任(ホテルオークラHP)． 7.1 東海漬物，キュウリの醬油漬「きゅうりのキューちゃん」発売(東海漬物HP)． 7.7 明治製菓，「明治チョコボールアーモンド」発売．「カリッ！歯ざわりもよろしいようで」がキャッチコピー(明治HP)． 7.31 厚生省，台湾でのコレラ騒動の影響で，台湾バナナの輸入禁止(『たべもの日本史総覧』)． 7.－ 福井県の鳥浜貝塚にて，発掘開始．植物の種子など発掘．1980年には，ヒョウタンの果皮発見． 11.－ 台湾バナナの輸入再開(『昭和日常生活史2』)． 11.－ 特選米制度開始．従来の1等米・2等米を混ぜ合わせたものを10キロ1015円で販売(普通米より60円高)． 12.1 厚生省，粉末ジュース・粉末コーヒーなどインスタント清涼飲料水の規格基準を告示(『昭和日常生活史2』)． 12.3 中部日本放送(CBC)，「3分クッキング」放映開始．また，日本テレビにて，翌年1月21日より放映開始． 12.－ 東京神田のすし店38軒(150人)，髪の毛落下防止のため，ねじり鉢巻を

西暦	和暦	事　項
1962	昭和37	やめ，一斉に白帽子とする． この年，新三菱重工，ホットカップ式コーヒー自動販売機を初めて国産化．後に大阪万国博覧会で注目される． この年，早川電機工業(現在のシャープ)，日本で初めての量産電子レンジ〈R-101〉(540,000円)発売(シャープ HP)． この年，飯島藤十郎，千葉県市川にて，山崎製パン所(現在の山崎製パン)開設(山崎製パン HP)． この年，雪印乳業(現在の雪印メグミルク)，日本で初めての「スライスチーズ」(8枚180円)製造・販売に乗り出す(雪印メグミルク HP)．
1963	38	3.17 シスコ製菓(現在の日清シスコ)，コーンフレーク「シスコーン」発売．"世界の朝食シスコーン"をキャッチフレーズに，手軽な朝食として人気となる．さらに1968年には，「チョコフレーク」発売(日清シスコ HP)． 3.- 文部省，学校給食にマカロニ・スパゲッティ・麺類の採用を通達． 4.1 高等学校での家庭科(4単位)が女子のみの必修になる(『家庭生活の一〇〇年』)． 4.1 ドブロク以外の梅酒などの果実酒の自家製造の自由化(12品種，『昭和日常生活史2』)． 4.1 文部省，脱脂粉乳の国庫補助が実現しミルク給食の全面実施推進(『学校給食の発展』)． 4.1 バナナなど25品目の輸入自由化実施．13日には，東京都築地の中央卸売市場にて，バナナの輸入自由化に伴い，22年ぶりにバナナのセリ売り再開． 4.27 日本タッパーウェア創業．アメリカで開発された「タッパーウエア」を紹介(日本タッパーウェア HP)． 4.- 富士製作所，レバーを押せば，1～3合まで必要量の米を出すことができる計量米びつ「ハイザー」発売(富士製作所 HP)． 4.- 麒麟麦酒，自動販売サービス(現在のキリンビバレッジ)設立．自動販売機によるキリンレモン，キリンオレンジ発売(キリンホールディングス HP)． 5.28 味の素，アメリカのケロッグ社と提携し，国産コーンフレーク(1箱100円)発売(味の素 HP)． 5.- 東京の帝国ホテルにて，集団赤痢発生． 5.- 朝日麦酒(現在のアサヒビール)，EP方式(瞬間殺菌方式)によるアサヒびん生・アサヒ特大びん生発売(アサヒビール HP)． 6.10 安全操業のため，日ソこんぶ漁協定に調印． 6.26 科学技術庁，『三訂日本食品標準成分表』発表．対象食品数878品． 7.5 イギリスのロンドンでの国際捕鯨会議にて，年間漁獲量1万頭と決定．シロナガスクジラ・ザトウクジラは全面禁止と決定． 7.- 日清食品，湯きりタイプのインスタント食品日清焼きそば発売(日清食品HP)． 8.13 池袋の西武デパートにて，赤ちゃん食堂がブームになる(『読売』)． 8.31 砂糖など35品目の輸入自由化決定． 9.11 キッコーマン，デルモンテ・トマトジュース，デルモンテ・トマトケチ

1963～1964(昭和38～昭和39)

西暦	和暦	事　項
1963	昭和38	ャップ発売(キッコーマンHP). 12.18 農林省,豚肉の高騰抑制に向け,アメリカから3000トンを緊急輸入することを発表. この年,家電普及率は白黒テレビ88.7パーセント,電気冷蔵庫39.1パーセント,電気洗濯機66.4パーセント. この年,コップ式熱燗酒自動販売機がブームに. この年,水産庁の初代調査研究部長藤永元作,山口県秋穂にて,瀬戸内海水産開発設立.旧塩田跡にて,世界で初めて車えびの養殖の事業化に乗り出す(瀬戸内海開発HP). この年,ベターホーム協会(任意団体)発足.1975年に財団法人となる(ベターホームHP). この年,養殖に関心が高まる.山口県では,アワビの養殖漁業,瀬戸内海では,モデル養殖漁業(栽培漁業)開始. この年,プロパンガスを利用する家庭が都市ガスを利用する家庭を上回る(『食の昭和文化史』). この年,ハウス食品工業(現在のハウス食品),バーモントカレー発売(ハウス食品HP). この年,サントリー,瓶詰生ビール発売(『読売』). この頃,「三ちゃん農業」の増加.父ちゃん出稼ぎ,残った母ちゃん,じいちゃん,ばあちゃんで農業をすることをいう(『家庭生活の一〇〇年』). この頃,「巨人・大鵬・卵焼き」が流行語になる.
1964	39	1.- 味の素,米国CP社との提携で,「クノールスープ」発売.1973年10月には,「クノールカップスープ」発売(味の素HP). 2.7 第1回全国ハムソーセージ品評会開催(『日本食肉文化史』). 2.19 東京四ツ谷の主婦会館にて,魚の虚偽表示を摘発する会開催(『昭和日常生活史2』). この頃,焼酎がホワイトリカーと呼ばれ始める(『昭和日常生活史2』). 3.31 甘味資源特別措置法公布.国内産糖やブドウ糖などの保護を育成(『食の昭和文化史』). 4.1 ココア・ケーキ・インスタントティー,自由価格になる. 5.27 アイスクリームの成分規格が「乳成分」から「乳脂肪」3パーセント以上に変わる.細菌数の規格も変わる(『牛乳・乳製品の知識』). 5.- 東京都内の浴場にて,牛乳販売が認可される. 5.- レモンの輸入自由化実施. 6.1 ビールと酒類が25年ぶりに全面的に自由価格になる. 9.- エスビー食品,特製エスビーカレー発売.「インド人もびっくり！」がCM流行語になる. 9.- 佐藤勘作商店(現在のサトウ食品),包装餅の製造販売開始(サトウ食品HP). 10.1 大関酒造(現在の大関)の長部文次郎,ワンカップ大関発売.1966年には,ワンカップ自動販売機導入.

西暦	和暦	事項
1964	昭和39	10.10 東京オリンピック開催．選手村料理長に，馬場久，村上信夫，入江茂忠，福原潔が就任． 11.10 7代目中埜又左エ門，関西にて，「ミツカンぽん酢（味つけ）」試験販売開始．中埜博多水炊きのぽん酢に魅せられたことがきっかけ．1967年秋には，「ミツカン味ぽん酢」と改名し，全国で発売開始（ミツカンHP）． 11.- ペプシコーラ，ファミリーサイズ発売．コーラのボトルが大型化．12月には，コカ・コーラがホームサイズ発売． この年，シマヤ，だしの素発売（『食品産業事典』）． この年，紀ノ国屋，日本で初めてフランスよりチーズを空輸． この年，象印マホービン，日本で初めて自動製瓶機開発．魔法瓶の量産に成功．タイガーは一重瓶に断熱材を詰めた保温水筒開発．割れたら取り替える中瓶保険制度や魔法瓶の修理業者も現れる（象印マホービンHP）． この年，大阪北新地のサントリー大阪クラブにて，ボトルキープ制が始まる（『食の一〇〇年』）． この年，永谷園本舗（現在の永谷園），「松茸の味お吸いもの」発売（永谷園HP）． この年，日本食品工業（現在の味の素），インスタントのクノールスープ発売（味の素HP）． この年，カルビー製菓（現在のカルビー），かっぱえびせん（50円）発売（カルビーHP）．
1965	40	1.23 高島屋8階大食堂にて，機内食（日本航空・ルフトハンザ航空）メニューが加わる．また，全日空，スカンジナビア航空，インド航空のサンプルもありと広告が掲載（『読売』）． 1.- 市販の砂糖の8割が量り売りから袋詰（500グラム，1キロ）になる． 3.29 麒麟麦酒，缶切りなしで開けられるプルトップキリン缶ビール発売（ニッポンスタイルHP）．

図218 選手村料理長たち（1964）

1965（昭和40）

西暦	和暦	事　項
1965	昭和40	3.- サッポロビール，ビンの王冠を指で押し上げるプルトップ式第1号，サッポロストライク発売．また，プルタブを用いた缶ビールも発売．現在のステイオンタブに移行したのは1990年． 3.- 東京上野にて，札幌ラーメンの1号店札幌や開店．また東京・大阪の高島屋にて，北海道物産展開催．札幌ラーメンが紹介される．札幌ラーメンが流行（『日録20世紀』）． 4.- 大塚製薬，炭酸入り滋養強壮ドリンクオロナミンC（120ミリリットル，100円）発売（大塚製薬HP）． 6.12 新潟大学教授植木幸明ら，新潟県の阿賀野川流域にて，水俣病に似た有機水銀中毒患者が発生したと発表． 7.5 八重洲地下街にて，オール自販機食堂開業（『昭和日常生活史2』）． 7.26 厚生省，低所得層の妊産婦と乳幼児に1日1本の牛乳無償支給決定． 8.- FAO（国連食糧農業機関），ビタミンDの食品への添加禁止（『食の一〇〇年』）． 11.- 冨士アルミニウム工業，テフロン加工フジマルフライパン発売．翌年，100万個販売（『日録20世紀』）． 12.- 東京コカ・コーラ，缶入りコーラ（1缶250ミリリットル，50円）発売． この年，キユーピー，「キユーピーオリエンタルドレッシング」発売．日本で最初の和風ドレッシング（キユーピーHP）． この年，農林省告示第1044号「即席めん類の日本農林企規格」制定．「即席1号めん（味付・スープ別添）」と「即席2号めん（棒状ラーメン）」に区分される（『雑穀』）． この年，藤沢薬品，グルコノデルタラクトンを酸味料・豆腐用凝固剤として発表（『食の一〇〇年』）． この年，キッコーマン，減塩醤油発売．翌年5月20日には，薄口醤油発売（『食の一〇〇年』）． この年，冷凍冷蔵庫発売．冷蔵庫の普及率50パーセント（『食の一〇〇年』）．

図219　オロナミンC（1965）

1965～1966(昭和40～昭和41)

西暦	和暦	事　項
1965	昭和40	この年，ナイロン不織布とスポンジをあわせた家庭用化学たわし発売(『食の一〇〇年』)． この年，明治乳業，ブリックパック牛乳を自動販売機で販売(明治HP)． この頃，理研ビタミン油(現在の理研ビタミン)，家庭用乾燥わかめ「わかめちゃん」発売．
1966	41	1. - 東京の高島屋にて，お国自慢全国うまいもの駅弁大会開催．駅弁ブームの先がけになる．2月20日には，東京の京王デパートにて，全国駅弁大会開催(『日録20世紀』)． 3. - 東京にて，野菜・魚・肉を毎月1回5～10パーセントの値引きをする安売りデー実施． 4.1 高度僻地校の全児童・生徒に対し，全額国庫補助によるパン・ミルク給食開始(『学校給食の発展』)． 4. - ネッスル日本，マギーの固形スープを国産化． 7.1 野菜生産出荷安定法公布(『食の昭和文化史』)． 7.2 日本アイスクリーム協会発足(日本アイスクリーム協会HP)． 7.25 奈良県知事奥田良三，食生活改善運動の一環で，県民に納豆食奨励． 7. - 飲酒運転を回避するため，東京にて運転代行社開業(『昭和日常生活史3』)． 9.12 低温輸送を可能にしたコールドチェーン制度の導入開始．東京都内にて，科学技術庁が福島県産低温輸送のキュウリ(5本30円)を実験販売．人気となる．また，科学技術庁の実験船が鹿児島から東京港へ運行(『日録20世紀』)． 9. - 豊年リーバ(現在の日本リーバ)，純植物性マーガリンラーマ(110円)発売． 10.3 ライオン油脂，レモンタイプの台所用液体洗剤ママレモン発売． 10.31 江崎グリコ，ポッキーチョコレート(60円)発売(江崎グリコHP)． 11. - 農林省，厚生省の協力の下，食料消費総合調査を国連食糧農業機関(FAO)の採択に基づき実施． 12. - 千葉県九十九里浜砂丘にて，エシャロットの栽培開始． 12. - 東京都世田谷区にて，そば屋が発泡ポリエチレンのどんぶり使用． 12. - 外米の自由販売開始． 12. - 早川電気工業(現在のシャープ)，家庭用電子レンジ(19万8000円)発売(シャープHP)． この年，カゴメ，世界で初めてプラスチックチューブ入りケチャップ発売(カゴメHP)． この年，小岩井農牧(現在の小岩井乳業)，プロセスチーズの市販開始(小岩井乳業HP)． この年，給食会社12社が集団給食協会発足(『食の一〇〇年』)． この年，エスビー食品，ゴールデンカレー発売．高級カレールーのはじめ(『食の一〇〇年』)． この年，江崎グリコ，ポッキーチョコレート発売． この年，高田ユリ，ユリア樹脂食器のホルマリン溶出を解明(『日本食文化人物事典』)．

西暦	和暦	事　項
1967	昭和42	1.15 厚生省，赤色4号など7種類の食用色素の使用禁止． 2.6 海苔の日（2月6日）定まる． 2.23 血清ブタ事件勃発．東京都品川区の食肉業者が，栃木県下の豚コレラワクチン製造所からワクチン製造に使用したブタを払い下げてもらい，食肉用に販売していたことが判明．以後，ハムなどの豚肉加工食品の売れ行きが大幅に下落． 2.23 食糧庁，パンの目方を統一し，品質に関する基準規格を設けることを決定．7月に実施（『昭和日常生活史3』）． 3.- 森永製菓，「チョコボール」発売．キョロちゃんデザインが話題を呼ぶ（森永製菓HP）． 3.- ナショナル魔法瓶，花柄付きの卓上ポット発売．以後，象印とタイガーも追随し，花柄ポットがブームになる． 4.20 サントリー，熱処理をしない瓶詰生ビール純生発売（サントリーHP）． 4.- 白石義明，東大阪市にて，廻る元禄寿司1号店開店．旋回式食事台は，ビール製造に使われるベルトコンベアにヒントを得て開発したという（廻る元禄寿司1号店開店HP）． 5.31 公正取引委員会，偽装表示をした食品メーカー6社（果汁なしレモン飲料，乳分の少ないコーヒー牛乳など）に排除命令（『日録20世紀』）． 5.- 幼児・小児用食品に対して，ズルチンの使用禁止．佃煮など9品目の使用基準が厳格になる．7月には，漬物の甘味料としてのズルチンの使用が禁じられる（『昭和日常生活史3』）． 6.1 ハムやソーセージに原料肉名の表示を義務化． 6.13 フルーツ牛乳やコーヒー牛乳の牛乳表示を禁じる． 9.- 森永製菓，「チョコフレーク」（50円）発売．ミニスカートのツイギーのCMが話題に（森永製菓HP）． 10.- 関東を中心に，漬物容器が木樽からポリ樽へと替わる． 10.- 佐藤製薬，高価格ドリンク剤ユンケル黄帝液（1200円）発売（佐藤製薬HP）． 10.- 北海道苫小牧にて，北海道サーモン（現在の王子サーモン）設立．スモークサーモンの試作は，1964年から行う（王子サーモンHP）． 12.- 公正取引委員会，72点のインスタント食品（ラーメン22点，スープ19点，味噌汁・吸物15点など）検査．落第品が30品目に上る． この年，大阪府西宮の戎さん祭の縁日にて，フレンチドック（50円）発売． この年，ハチミツの輸入自由化．中国などから輸入した低価格の海外品が市場をにぎわす． この年，麒麟麦酒，アルミニウム製のリングプルトップ式缶ビール発売（ニッポンスタイルHP）． この年，佐々木硝子（現在の東洋佐々木ガラス），日本で初めて口部強化グラス「HSハードストロング」発売．レストランなどで使用され始める．1969年には，グッドデザイン賞受賞（東洋佐々木ガラスHP）． この年，和光堂，国産脱塩粉乳レーベンスD発売． この年，立ち食い・ながら食い・ドライブ食いなど食べ方の多様化がみられる

1967～1968(昭和42～昭和43)

西暦	和暦	事　項
1967	昭和42	ようになる(『食の一〇〇年』). この頃，カゴメ，世界初チューブ容器入りケチャップ発売(カゴメHP). この頃，大豆たんぱくを用いた人造肉の本格的な量産開始．しかし，普及せず．
1968	43	2.11 大塚食品工業，レトルト食品ボンカレーとボンシチュー発売(『日録20世紀』). 2.- 福岡にて，カネミ倉庫の米ぬか油による中毒症(カネミ油症)が問題化．原因は脱臭工程で使用した熱媒体PCB．被害者は1万3000人余り．10月には，米ぬか油中毒事件として問題化． 3.9 富山県の神通川流域のイタイイタイ病患者ら28人，三井金属鉱業に損害賠償訴訟．3月28日には，厚生省委託研究班がイタイイタイ病の主因を三井金属神岡鉱業所排出のカドミウムと発表．5月8日に厚生省がイタイイタイ病を公害病と認定． 4.- 学校給食用小麦粉の漂白廃止し，無漂白粉として供給(『学校給食の発展』). 4.- 牛肉と豚肉の品質基準を明示化．ブタはヒレ・ロース・肩ロースなど体の部分を11種に分け，等級は極上・上・中・並の4分類．牛肉は25種に分け，等級は特選・極上・上・中・並の5分類となる． 6.20 食品衛生調査会，牛乳の製造日明記とズルチンの使用禁止を厚生省に答申(『読売』). 7.- にんべん，削り鰹節フレッシュパック発売． 7.- 文部省による小・中学生(2万5000人対象)の学校給食に関する食べ残し調査の結果，小学校では7.6パーセント，中学校では16.51パーセントの残食が判明． 7.- 厚生省，牛乳・乳製品の製造年月日表記を義務化(『食の一〇〇年』). 8.19 明治製菓，コーンを使用した明治カール発売． 10.25 衆議院物価対策特別委員会にて，大豆たんぱくを使用した人工肉試食会開催．ハンバーグやギョウザ・シュウマイなどにて提供される．

図**220**　ボンカレー(1968)

1968～1969(昭和43～昭和44)

西暦	和 暦	事　項
1968	昭和43	11.25 香川県高松市の丸十物産，冷凍ライス(チキンライス・焼きめし・釜めし・白飯など)を商品化(『台所の一〇〇年』). 11.- 「機内食」の連載始まる(アエロフロート・タイ航空など,『読売』). 12.- 東京新橋にて，牛丼の吉野家2号店開店．チェーン展開始まる(『食の一〇〇年』). この年，島田屋本店(現在のシマダヤ)，乳酸処理で保存向上させた包装茹麺「完全包装麺」発売(『雑穀』). この年，雪印乳業(現在の雪印メグミルク)，ケース入りマーガリン「ネオソフト」(120円)発売(『食の一〇〇年』). この年，住友ベークライト，ポチエチレン樹脂を採用した家庭用プラスチック製まないた「マイキッチン」発売．国産第1号(住友ベークライトHP).
1969	44	1.19 国立栄養研究所，「若い女性は栄養失調寸前，中年女性は食べすぎで成人病が激増」と警鐘． 1.- 象印マホービン，四大流派(池坊流，小原流，草月流，未生流)の家元がいけた花を写真にとって，家元のサイン入り図柄をつくってケースに印刷した花柄マホービン「エールポットいけばなシリーズ」発売(象印マホービンHP). 3.- 朝日麦酒(現在のアサヒビール)，賞味期限表示付「アサヒビール本生」発売(アサヒビールHP). 4.1 大阪府，食品を扱う店に対し，刺身・すし・生野菜・果物などの生食用の包丁やまな板は，魚介類用・野菜類用・生食用などと分類して使用するよう規制． 4.12 農林省，稲作転換対策実施要綱決定(『日本食肉文化史』). 4.- 外食券の廃止など配給制度改正． 5.9 日本航空，西武運輸と共同で養殖ダイの仮眠空輸に成功． 5.16 閣議にて，自主流通米制度導入を決定(食糧管理法施行令発足，『食の昭和文化史』).

図**221**　カネミ油症事件(1968)

1969（昭和44）

西暦	和暦	事　項
1969	昭和44	6.- サッポロビール，低アルコールビールサッポロライト発売（アサヒビールHP）． 6.- 朝日麦酒（現在のアサヒビール），日本で最初のビールギフト券発売． 8.7 森永製菓，「アポロ」発売．「アポロ」の名称は，人類初の月面着陸に成功したアポロ11号に由来（森永製菓HP）． 8.- 果物を加えたプラスチック容器入りフルーツヨーグルト（ソフトヨーグルト）が各社から発売される（ヨーグルトフォーラムHP）． 9.- 停滞したついたミカンの消費増のために100パーセントオレンジジュース発売（『台所の一〇〇年』）． 9.- 岩谷産業，ガス管の不要なカセット式ガスコンロ「イワタニホースノン」（3600円）発売．ガスボンベは200円（岩谷産業HP）． 10.23 全国食酢協会，食酢を醸造酢・醸造酢入り合成酢・合成酢の3種に表示を統一する． 10.- 鹿児島県にて，シラスウナギの乱獲防止．馬さし・鶏さし・牛さしなど肉の生食がブームになる（『食の一〇〇年』）． この秋，アサヒ玩具，レンジ・フライパン・メジャーカップなどをセットとした子供向けクッキングトイ「ママ・レンジ」発売．大人気となる． 12.10 牛乳のPCB（ポリ塩化ビフェニール）農薬残留問題が顕在化し，日本BHC工業会が農薬のBHC・DDTの製造中止を決定． 12.16 長野県議会，自然食運動推進を決議．自然食品ブームの先がけになる． 12.- にんべん，かつおぶしの削りぶしフレッシュパック発売．翌年，大好評となる（にんべんHP）． この年，亀田製菓，「亀田のあられ・おせんべい」を広告のキャッチフレーズとする（亀田製菓HP）． この年，新宿中村屋三階にて，インド料理・中国料理・フランス料理など，世界各国の料理をメニューに載せた「民族レストラン」開店（新宿中村屋HP）． この年，岐阜県にて，アユの養殖事業開始．

図**222**　自主流通米第1号（1969）

1969〜1971（昭和44〜昭和46）

西暦	和暦	事　項
1969	昭和44	この年，食品メーカーに家電メーカーが加わり日本冷凍食品協会結成．この頃から2ドア冷凍冷蔵庫製造． この年，人工甘味料チクロの発がん性問題が起こる． この年，上島忠雄，世界初の缶コーヒーの開発に成功．製造開始(UCC上島珈琲HP).
1970	45	1.19 学校給食に米食の採用をするため，1970，71年に炊飯にかかる実験研究，米加工品の利用実験が実施される(『日録20世紀』). 1.- 東京都，全国の冷凍食品などの細菌検査基準設定． 2.20 閣議にて，米の減産など総合農政の基本方針決定(休耕田など減反政策の始まり，『日録20世紀』). 2.- 横溝物産，蛇腹を付けて飲みやすくした「マガルストロー」(30本入り200円)発売(横溝物産HP). 3.14 大阪にて，万国博覧会開催．マクドナルド・ケンタッキーフライドチキンなどの外食企業が多数出展(『日録20世紀』). 4.27 名古屋にて，たい焼きの自動販売機登場(『食生活世相史』). 4.- 石井食品，調理済みチルド食品「チキンハンバーグ」発売．1974年7月には，「ミートボール」発売(石井食品HP). 7.4 名古屋にて，ケンタッキーフライドチキン開店(ケンタッキーフライドチキンHP). 7.7 厚生省，問題視された米のカドミウムによる汚染許容量の基準発表(玄米1ppm未満，白米は0.9ppm未満). 7.7 ことぶき食品(現在のすかいらーく)，東京国立にて，ドライブイン・すかいらーく開店(『日録20世紀』). 7.- 東京銀座にて，ダンキンドーナツ1号店開店． 9.5 ビン生ビールが一時衰退(『読売』). 10.16 日本農村医学会総会にて，母乳からBHC・DDT系農薬残量を検出と発表．20日には，農林省が，母乳汚染を防ぐため稲へのBHC・DDTの使用禁止を命じる． 11.- 味の素，インスタントだし，味の素KKのほんだし(かつお風味)発売(味の素HP). 12.11 静岡県水産試験所，マグロの人工養殖に成功． この年，大阪阿倍野の近鉄デパートが傷のある果物をジュースにして売るジューススタンド開設．1杯30円． この年，元橋卯太郎，千葉県館山市にて，サラダ菜の水耕栽培成功． この年，牛乳が180ミリリットル容器から200ミリリットル容器へ替わる(『牛乳・乳製品の知識』). この年，象印マホービン，電子ジャー発売(象印マホービンHP). この年，永谷園本舗(現在の永谷園)，さけ茶づけ発売．1972年に梅干し茶づけ，1976年にたらこ茶づけ発売(永谷園HP).
1971	46	1.4 お昼の料理ショー番組「ごちそうさま」の放映開始．料理番組のショー

図223　ファミリーレストラン（1970）

1971（昭和46）

西暦	和　暦	事　　　　　　　　　項
1971	昭和46	化開始． 3.30　農林省，稲作転換対策実施要綱を通達．本年度から5ヵ年間計画． 3.-　加工食品の発売隆盛．大洋漁業がシチュー，イカリソースとカゴメがミートソース，井村屋・渡辺両製菓がぜんざい発売（『食の一〇〇年』）． 4.17　農林省，DDT・BHCの販売禁止． 4.23　乳等の省令改正．「アイスクリーム類」が，「アイスクリーム」「アイスミルク」「ラクトアイス」に分類（『食の昭和文化史』）． 4.-　瓶ビールの自動販売機登場． 4.-　大阪府箕面市にて，ミスター・ドーナツ開店．前年には，ミスタードーナツ調査隊が渡米し，ミスタードーナツ・オブ・アメリカ（MDA）本社を訪問（ミスタードーナツHP）． 6.5　朝日麦酒，日本で最初のアルミ缶ビール（350ミリリットル，95円）発売． 6.17　ソーセージの輸入自由化．30日には，グレープフルーツなど26品目の輸入自由化．また，9月には，牛・豚肉など農林水産物17品目，菓子類の輸入自由化（『日本食肉文化史』）． 6.30　富山イタイイタイ病訴訟にて，患者側が全面勝訴． 7.20　東京銀座にて，マクドナルド1号店開店．ハンバーガー1個80円（日本マクドナルドHP）． 7.-　電子レンジ内蔵のハンバーガー自動販売機登場．翌月には，カップ麺自動販売機登場． 9.18　日清食品，カップヌードル（100円）発売（日清食品HP）． 10.-　明治乳業，アメリカのボーデン社と提携し，家庭用アイスクリームのレディーボーデン発売．高級アイスクリームのはじめ（『台所の一〇〇年』）． 11.1　明治製菓，伝統的なスコットランド製法で製造したスコッチキャンデー「チェルシー」発売． この年，魚卵を各県に移出し，増殖を図る「太平洋さけ・ます増殖センター」設立．

図**224**　マクドナルド第1号店開店（1971）

1971〜1972(昭和46〜昭和47)

西暦	和暦	事項
1971	昭和46	この年,福岡県北九州市にて,ロイヤルホスト1号店開店(ロイヤルホールディングスHP).
1972	47	2.3 グアムから帰還の元日本兵横井庄一,機内食で鯛の尾かしらつき・赤飯などを食す.特に,きしめんには30年ぶりと感激する(『読売』). 3.21 通産省,PCB(ポリ塩化ビフェニール)の使用禁止を通達. 3.28 米穀の物価統制令廃止. 26年ぶりに自由化(『食の昭和文化史』). 3.- 食品業界にて,クチナシ・サフラン・ウコンなどの天然色ブーム. 3.- 味の素,「味の素KKの冷凍食品」発売.「味の素KKのギョーザ」など.(味の素HP) 4.- エスビー食品,「エスビーねりわさび」発売(エスビー食品HP). 4.- PCBによる魚類の汚染が問題化. 5月には,PCBが母乳から検出される. 8月14日には,食品衛生調査会がPCB暫定規制値に答申. 5.15 沖縄祖国復帰実現.沖縄県発足. 6.20 サントリー,ロング缶ビール(500ミリリットル)発売.また,この年,金曜日はワインを買う日キャンペーン実施.家庭向けサントリーデリカワインも発売(サントリーHP). 6.- 第1次ワインブーム.サントリー,ニューファミリー向けデリカワイン

図225 カップヌードルの発売(1971)

1972～1973(昭和47～昭和48)

西暦	和　暦	事　　　　　　　　　　項
1972	昭和47	発売. 6. - 全国農協牛乳直販，成分無調整農協牛乳発売(雪印メグミルク HP). 7. - スギヨ，石川県七尾市にて「珍味かまぼこ・かにあし」発売．コピー食品のはじめ． 8. 16 森永乳業，砒素ミルク中毒事件の責任を17年目に認める．未確認児にも救済補償決定． 9. 29 ロッテ，東京上野の松坂屋にて，ロッテリア1号店開店． この年，井村屋，「あずきバー」(30円)発売．大ヒットする．ボックスタイプは，1979年より販売開始(井村屋 HP). この年，櫻田慧，モスフードサービス設立．モスバーガーの名でハンバーガーショップ展開．名前の由来は，Mountain(山)，Ocean(海)，Sun(太陽)の3つの頭文字からとったことから(『日本食文化人物事典』). この年，ガス記念日(10月31日)定まる．
1973	48	1. 27 閣議にて，大豆価格の高騰抑制のため，アメリカや中国から大豆の緊急輸入を決定． 2. 19 虎屋，虎屋文庫開設(虎屋 HP). 3. 19 熊本地裁，水俣病民事訴訟で被告チッソの「過失責任」を認める．患者側の全面勝訴．チッソは上訴せず確定． 3. - 象印マホービン，ふたを押すだけでお湯が出るエアポット発売(象印マホービン HP). 4. 28 厚生省，食品添加物等の規格基準を改正．サッカリンの使用禁止を命じる(11月1日施行). 6. 24 厚生省，魚介類のPCBや水銀暫定基準決定．「小アジなら1週間に12匹まで」など，魚の安全献立表発表．消費者の魚離れが顕著になる． 7. 4 鮮魚商らによる水産物公害一掃全国総決起大会開催． 8. 1 鉄道弘済会，駅売店をキヨスク(KIOSK)と改名．人気になる(『読売』1973年8月5日). 8. - 酒の防腐剤「サリチル酸」の使用が全面禁止になる． 9. 26 松本楼，第1回「10円カレーチャリティーセール」開催(松本楼 HP). 9. - 公正取引委員会，果汁ゼロの飲料に「無果汁」表示義務化． 9. - 埼玉県狭山にて，ファミリーマート第1号店開店(ファミリーマート HP). 10. 10 第1次オイルショック(『台所の一〇〇年』). この秋，岐阜県大垣市役所での空き瓶回収運動がきっかけとなり，全国でリサイクル運動開始． 11. 19 大日本水産会，魚離れを防ぐために「お魚普及協会」設立． 12. 18 厚生省，サッカリンの使用規制を緩和．国立衛生試験所が「少量使用なら問題なし」として許可． 12. - 明治乳業，プレーンタイプの明治ブルガリアヨーグルト発売(明治 HP). この年，堀内伊太郎商店(現在の浅田飴)，ダイエット用甘味料「シュガーカット」発売．「甘さは砂糖の二倍，カロリーは一〇分の一」をキャッチフレーズに(浅田飴 HP).

1973〜1974(昭和48〜昭和49)

西暦	和暦	事項
1973	昭和48	この年，カゴメ，「カゴメ野菜ジュース」発売(カゴメ HP)． この年，早川電機工業(現在のシャープ)，家庭用に，初めて野菜室を設けた3ドア冷蔵庫発売(シャープ HP)． この年，千葉ニッコー食用油事件起こる．
1974	49	2.- 永谷園本舗(現在の永谷園)，インスタント味噌汁あさげ発売．1975年にゆうげ，1976年にひるげ発売．1985年には，生味噌タイプを発売(永谷園 HP)． 2.- ロッテ，「小梅」発売．1982年より，キャラクター小梅ちゃんが登場．明治生まれの15歳(3姉妹の末っ子)で，東京の小石川出身の名門綾小路家の一人息子「真」に淡い想いを寄せているという設定(ロッテ HP)． 4.- 東京都食肉供給公社設立(東京都中央卸売市場 HP)． 4.- ビー・アールジャパン(現在のサーティワン・アイスクリーム)，東京目黒にて，1号店開店(サーティーワンアイスクリーム HP)． 5.7 農政研究センター，消費者の立場から分析した『食料経済白書』発表． 5.15 東京豊洲にて，コンビニエンスストアセブン-イレブン開店(セブン-イレブン HP)． 5.30 牛肉緊急対策開始，翌月牛肉輸入停止． 6.- 3割の母親の母乳がPCBの許容量を超えると判明．深刻な社会問題になる． 6.- 山口県長門市の仙崎漁業協同組合，トラフグ養殖開始． 8.22 食品衛生調査会，魚肉ハムやソーセージ・豆腐などに広く使われた合成殺菌剤AF2(フリルフラマイド)の使用禁止を具申，厚生省が禁止決定．10月1日には，AF2を使用した食品の販売禁止． 9.5 東海道新幹線ひかりに食堂車設置． 9.30 厚生省，レトルトパウチ詰め食肉缶詰の常温流通を許可．これにより，レトルト殺菌のロースハムや魚肉ソーセージが販売される． 10.14 有吉佐和子，『朝日新聞』に『複合汚染』の連載開始(翌年6月30日ま

図226　オイルショック後，砂糖を買う主婦たち(1974)

1974〜1975(昭和49〜昭和50)

西暦	和暦	事　項
1974	昭和49	で).1975年には,書籍で刊行.ベストセラーとなる(『日録20世紀』). 10.－ 地域流通食品の豆腐・納豆・こんにゃくなどに,日本農林規格(JAS)に準じた地域食品認証制度発足. 10.－ フジテレビにて,「くいしん坊万才!」放映開始(『食の一〇〇年』). 11.18 農林省,外食産業近代化の方向(食品工業対策懇談会報告書)を発表. 11.－ 東京にて,第1回合成洗剤追放全国集会開催. 12.－ サッカリンの使用が条件付きで再認可. 12.－ 中満須磨子,『紅茶キノコ健康法』を著す. この年,外食産業売り上げベスト10.1位日本食堂,2位ニュートーキョー,3位養老の瀧,4位どさん子(北国商事),5位魚国総本社(集団給食),6位西武セゾン外食部門,7位日本国民食,8位プリンスホテル,9位ホテルオークラグループ,10位聚楽グループ. この年,PCBや水銀などの公害問題が深刻化. この年,ハウス食品工業(現在のハウス食品),ねりわさび発売(ハウス食品HP). この年,農林水産省の認可を受け,外食産業の業界団体日本フードサービスチェーン協会(現在の日本フードサービス協会)設立. この年,イトーヨーカ堂上大岡店1階にて,デニーズ1号店開店.1977年には,千葉幸町店にて,日本で初めて24時間営業開始(『食の一〇〇年』).
1975	50	2.4 計量法施行令改正.パック入り食品や食肉の正味量の表示が義務化される. 3.1 国鉄(現在のJR)新幹線内にて,発泡スチロール容器入りのお茶(80円,しかし駅売りは30円)発売. 3.－ まるか食品(現在のペヤング),業界初の四角い容器のカップめん「ペヤングソースやきそば」発売(ペヤングHP). 4.15 大阪府豊中市にて,コンビニエンスストアローソン1号店開店(ローソ

図227　セブン-イレブン1号店開店(1974)

西暦	和暦	事　項
1975	昭和50	ンHP).

4.- 自動販売機による酒類の夜間販売(午後11時～午前5時)が禁じられる.
4.- 農林省,食生活研究会開催.
4.- アメリカのカリフォルニアからの輸入レモンに,日本で使用が禁じられている防カビ剤OPP(オルトフェニルフェノール)が検出される.以後,輸入中止.これにより,3個約100円のレモンが,1個500円に値上がり.
5.11 来日中のイギリス女王エリザベス,京都東山のつる家にて,箸を使用し,会席料理を味わう(『日録20世紀』).
6.- 三洋電機,電動式ハンドミキサー発売(三洋電機HP).
7.3 東京大学講師高橋晄正,「給食用パンに蛋白不足を補うために添加されていたリジンから発ガン物質が検出された」と発表.また,全国にて,事実上のリジンの添加廃止.
7.25 「ブドウ酒」の表示が「果実酒」に替わる.
8.1 麒麟麦酒(現在のキリンビール),大瓶に製造年月日の表示開始.1977年7月に,中瓶,小瓶も実施.
8.26 文部省,学校給食のリジン添加中止を各都道府県の判断にゆだねることを,各県教育委員会に通知(『学校給食の発展』).
9.9 国民食糧会議座長東畑精一,食料自給力の向上などの討議結果を首相三木に報告.
9.30 明治製菓,日本で初めてのパロディ菓子「きのこの山」発売.1979年には,「たけのこの里」発売(明治HP).
9.- 大手のデパートやスーパー,本年中にサッカリン入り食品の販売中止を実施すると言明.
9.- 東洋水産,カップうどんきつね・カップ天ぷらそば発売.また,1978年8月には赤いきつねうどん,1980年8月には,緑のたぬき天そばとして発売(東洋水産HP).
10.4 TBSにて,料理バラエティ番組「料理天国」の放映開始(『食の一〇〇年』).
10.20 内閣広報室,食糧・食生活世論調査内容発表.
10.27 「わたしつくる人,ぼく食べる人」というハウス食品のラーメンのテレビCMが,女性差別の抗議を受け,放映中止になる(『日録20世紀』).
10.- 福岡県春日市にて,独居老人や老人夫婦に対する毎日の給食(月1万3000円負担)開始.
11.21 学校給食に輸入牛肉が採用される(『日本食肉文化史』).
この年,カルビー,「ポテトチップス」発売(カルビーHP).
この年,東京都内にて,たい焼き屋が800店に上る.1個60円.どこも売れ行きは好調で,繁昌店では1日に3000個売れる.
この年,箸の日(8月4日)定まる.
この年,吉野家,アメリカ・デンバーにて,YOSHINOYA海外1号店開店.ビーフボウルとして売り込む(吉野家HP).
この年,日本蕎麦協会設立.国産蕎麦粉の増産を目指す.
この年,サントリー,山梨ワイナリー(現在の登美の丘ワイナリー)にて,日本

西暦	和暦	事項
		で初めて貴腐ブドウ栽培(サントリー HP).
1976	昭和51	1.- アメリカにて，タール系色素赤色2号の使用が禁じられ，日本国内でも物議をかもす．2月には，厚生省が「禁止する理由なし」と発表したが，同色素を使用した食品の製造販売中止が相次ぐ． 1.- レコード「およげ！　たいやきくん」が442万枚の大ヒット．たい焼きも大人気となる． 1.- ヤマザキナビスコが成形ポテトチップス「チップスター(塩味)」(200円)発売(ヤマザキナビスコ HP). 3.- 超高温瞬間殺菌で無菌化したロングライフミルク(LL 牛乳)発売．常温で6週間の保存が可能になる． 4.- 秋田県にて，日本で初めての減塩キャンペーン「しょっぱくない食生活運動」開始． 4.- 米飯給食，正式導入(『学校給食要覧』). 5.- 理研ビタミン(現在の理研ビタミン)，乾燥ワカメふえるわかめちゃん，わかめご飯の素など家庭用食品発売(理研ビタミン HP). 5.- 文部省，学校給食費の全国調査結果を報告．前年に比べ，小・中学校とも10パーセントの上昇．月額は小学校低学年2310円，高学年2330円，中学校2691円，夜間定時制高校2249円．給食の実施率が全国で94パーセント． 6.6 埼玉県草加市にてほっかほっか亭開店．持ち帰り弁当のはじめ(ほっかほっか亭 HP). 7.- 斎藤文次郎，宮内庁主厨長代行として，民間人初の天皇・皇后のコックに就任． 10.21 高梨乳業，日本で最初の低脂肪乳高梨ローファット発売．翌年には，よつ葉乳業・協同乳業・雪印乳業・明治乳業・森永乳業なども低脂肪乳発売(タカナシ乳業 HP). 10.- ホットとコールドに分けた保温が可能で，瓶・缶併売式の自動販売機登

図228　およげ！　たいやきくん(1976)

1976～1977(昭和51～昭和52)

西暦	和 暦	事　　　　　　項
1976	昭和51	場. 12.- 蝶プラ工業，電子レンジ用プラスチック容器「ジャレ・クイッカー」(大型2000円/小1200円)発売(蝶プラ工業HP). この年，亀田製菓，「ハッピーターン」発売．第1次オイルショックの影響で，暗い国内に対し，幸せ(ハッピー)がお客様に戻る(ターン)ように「ハッピーターン」と命名(亀田製菓HP). この年，森永乳業，一口アイスクリーム「森永pino」発売．以後，「富士PINO」「エスキモーpino」と改称するが，2010年に「森永pino」になる(森永製菓HP). この年，合成洗剤追放運動開始(『家庭生活の一〇〇年』). この年，ハウス食品工業(現在のハウス食品)，フルーチェ発売. この年，国産第1号の食用ホロホロ鳥誕生. この年，マルコメ味噌(現在のマルコメ)，キャラクターマークに「マルコメ君」考案(『日本食文化人物事典』).
1977	52	1.4 東京品川駅付近にて，青酸コーラ殺人事件. 2.10 日米漁業協定調印．漁獲量2割減．200海里に関する最初の協定．魚ころがし・魚かくしという言葉が流行．魚離れが進行. 2.- 厚生省，レトルト食品などに保存期間などの内容表示化を義務化. 3.15 宝酒造，低価格焼酎「純」(580円)発売．飲みやすさと低価格で焼酎がブームになる(『日録20世紀』). 4.1 サッポロビール，サッポロびん生(195円)発売．翌年には，びん生ジャイアンツ発売(『食の昭和文化史』). 4.30 柑橘類のカビ防止剤OPPの残存量を10 ppmまで使用許可. 4.- 合成洗剤研究会，合成洗剤の人体への悪影響の実験データ公開. 4.- 三菱電機，電子レンジにオーブン機能を加えた「三菱オーブンレンジ」(12万4800円)発売(三菱電機HP).

図**229**　斎藤文次郎(1976)

1977(昭和52)

西暦	和　暦	事　　　　　　　　　項
1977	昭和52	5.2　水産庁，ヒラメ・マダイ・カレイの養殖に着手． 5.11　朝日麦酒，アルミ容器のアサヒミニ樽（7リットル，3100円）発売．また，1979年春に発売した3リットル入りミニ樽（1350円）は大ヒット．また1978年には，サントリーが5リットル（3200円），10リットルの樽入りビール発売． 5.20　東京都墨田区の家庭センターにて，「200海里時代の魚料理」講習会開催．サバのカレーマリネ，サバの船場汁，イワシの白ワインむしなどを調理． 5.-　日本コカ・コーラ，1リットルサイズのコカ・コーラ（180円，うち瓶の保証金30円）発売．密閉式のスクリューキャップも導入． この春，信州味噌，塩分10パーセント以下の低塩分熟成味噌発売． 6.15　和歌山県有田市にて，集団コレラ発生． 6.-　長崎県漁協婦人部会，イワシやサバの料理法を紹介した『だれでもできる魚のクッキングカード』（40枚セット，150円）発売．1年間で7万セット売れる． 7.1　領海法・漁業水域暫定措置法施行（領海12海里・漁業専管水域200海里の実施）． 7.19　サントリー，阿波踊りのラベルを貼ったビール発売．ご当地ビールのはじめ（『食の一〇〇年』）． 8.28　瀬戸内海にて，赤潮の異常発生．養殖ハマチなどに被害がおよぶ． 8.-　森永製菓，「チュッパチャップスキャンデー」輸入販売開始．ロゴデザインはサルバドール・ダリ（森永製菓HP）． 10.5　東京三鷹の大沢台小学校の給食にて，先割れスプーンに代り，箸の使用開始． 10.6　日本マクドナルド，東京都杉並区にて，日本で初めての本格的なドライブスルー方式を採用した環八高井戸店開店（日本マクドナルドHP）． 10.-　雪印乳業（現在の雪印メグミルク），低脂肪・低カロリーのローファット牛乳（1リットル，190円）発売（『食の一〇〇年』）． 10.-　ロッテ，ビックリマンチョコ発売．おまけのシールが大人気になる（ロ

図230　箸を使う給食（1977）

1977〜1978（昭和52〜昭和53）

西暦	和暦	事項
1977	昭和52	ッテHP）． 11.5「男子厨房に入ろう会」発会．東京銀座にて，30〜50代の男性約20人が集まる．同年には，『週刊ポスト』に「男の料理」の連載開始（『日録20世紀』）． 12.- サッポロビールが賀春，朝日麦酒が迎春など，各社が正月用特製ラベルのビール（195円）発売． この年，永谷園本舗（現在の永谷園），五目ずしの素，「すし太郎」と高級ホットケーキミックス，「ホテルニューオータニホットケーキミックス」発売（永谷園HP）． この年，紀文食品，豆乳製造・販売開始（紀文食品HP）． この頃，台所で酒を飲む主婦キッチンドリンカー増加．女性のアルコール依存症問題が表面化．1980年には社会問題になる．
1978	53	3.14 バレンタインデーのお返しに，ホワイトデーが始まる．福岡市の菓子屋「鶴乃子」考案（『食の一〇〇年』）． 4.11 大阪朝日新聞社，「世界の民族　食物の文化」開講． 4.- 日世，ポーションパックタイプの「コーヒーフレッシュ」発売（日世HP）． 5.-「学校給食から先割れスプーンを追放する会」が，先割れスプーンの使用禁止と，箸・ナイフとフォークの使用を訴える． 5.- 健康食品として，胚芽精米が見直される．胚芽精米普及協議会（現在の21胚芽精米推進協議会）設立（福島第一食糧卸協同組合HP）． 6.- エバラ食品工業，焼き肉のたれ黄金の味発売．焼き肉が家庭料理になる（エバラ食品工業HP）． 6.- 近畿大学水産研究所にて，世界初のくろまぐろの人工孵化に成功． 7.5 農林省，農林水産省と改称（『昭和日常生活史3』）． 7.5 アメリカ産サクランボの輸入自由化．アメリカからの輸入は1876年以来102年ぶり（『日録20世紀』）． 7.12 水道水に発がん物質トリハロメタンが含まれていることが初めて報道さ

図**231**　六十余州名品名産大ふるさと博（1978）

西暦	和暦	事　　　　　　項
1978	昭和53	れる． 7. － 学校食事研究会調査にみる子どもの好きな学校給食の順位．1位カレーシチュウ，2位スパゲッティ，3位やきそば． 8.5 厚生省，アメリカのグレープフルーツやレモンなどの柑橘類に使用されたカビ防止剤 TBZ（チアベンダゾール）を食品添加物として告示．使用を許可する（『読売』）． 8. － 岐阜県大垣市にて，犬食いなどのマナー低下により，学校給食のランチ皿を廃止． この年，サントリー，日本で初めての貴腐ワインサントリーシャトーリオン（ノーブル・ドール／ノーブル・ダルジャン）発売（サントリー HP）． この年，日本酒の日（10月1日），にわとりの日（毎月28日）定まる． この年，雪印乳業（現在の雪印メグミルク），乳糖分解酵素処理のお腹を下しにくい牛乳アカディ発売（日本酪農乳業協会 HP）． この年，松下電器産業（現在のパナソニック），豆挽き（ミル）と湯沸かしが一体になった保温機能付きコーヒーメーカー登場．キャリオカ発売（パナソニック HP）． この年，電気冷蔵庫の普及率98～99パーセント．テレビを上回る（『日録20世紀』）．
1979	54	1.4 総理府，食生活・食糧問題に関する世論調査結果を発表．米飯を食べる人は，朝食71パーセント，昼食77パーセント，夕食95パーセント． 6.16 和菓子の日（6月16日）定まる．嘉祥元年（848）6月16日に，仁明天皇が16種の菓子を神棚に備え，厄払いをしたことにあやかる．翌日には，東京和生菓子商工業協同組合が，銀座数寄屋橋公園前にて，紅白饅頭1万組配布（『読売』）． 6.29 厚生省，弁当および惣菜の衛生基準制定． 7. － 九州とんこつラーメンのカップ麺がブームになる．7月に日清食品がめんコク，9月にハウス食品工業（現在のハウス食品）がうまかっちゃん発売（『食の一〇〇年』）． 8.30 公衆衛生審議会，日本人の1985年の推計体位をもとに栄養所要量（エネルギー2000カロリー，蛋白質65グラム，カルシウム0.7グラム，食塩の摂取量1日10グラム以下を推奨）を答申．減塩への関心が高まる（『昭和54年改定日本人の栄養所要量』）． 10.16 滋賀県議会，琵琶湖の富栄養化防止条例可決．リンを含む家庭合成洗剤が販売・使用禁止になる（『家庭生活の一〇〇年』）． この年，第2次オイルショック． この年，全国の喫茶店にて，28万台のインベーダーゲームが普及（『家庭生活の一〇〇年』）． この年，静岡県の伊藤園，中国土産畜産進出口総公司と日本で初めてウーロン茶の輸入代理店契約を締結．ウーロン茶（茶葉）の販売開始．1981年には，缶入りウーロン茶発売（伊藤園 HP）． この年，千葉県の日立ホームテック，電気ポットと魔法瓶の特徴を兼ねそなえたジャー式電気ポット発売（国立科学博物館 HP）．

西暦	和暦	事　項
1979	昭和54	この年，円地文子，『食卓のない家』を著す．
この年，健康食品として，胚芽精米が見直される．胚芽精米普及協議会(現在の21胚芽精米推進協議会)設立(『台所の一〇〇年』)．
この年，日本農産工業，ヨード卵発売．1個50円(普通卵の2倍)．
この年，透明のペットボトルを採用した台所用洗剤発売(『親から子に伝える「モノづくり」誕生物語　身近なモノの履歴書　その弐』)．
この年，やおきん，コーンパフスナック「うまい棒」発売．大ヒットする(やおきんHP)．
1980	55	1.11 厚生省，うどんやはんぺんなどの魚肉ねり製品の食品添加物過酸化水素に発ガン性があると発表．
2.1 東京都世田谷区にて，市民農園の貸し出し開始．1540区画に3531人の申し込み．3月には足立区でも申し込みが始まり盛況．市民農園がブームとなる．
2.16 味の素食の文化センター，食の文化シンポジウム開催．
2.20 厚生省，過酸化水素の使用基準を告示し，カズノコの漂白以外の使用禁止．製品が回収される．
2.- ピジョン，離乳食用ピジョン調理セット発売．ふた(皿)・ジュース搾り・おろし板・こし網・すりばち・すりこぎ・スプーンの7点．
3.21 麒麟麦酒，トロピカルドリンクス発売．グアバ，パッションフルーツ・マンゴーの3種．トロピカルブームのはじめ(大塚製薬HP)．
4.1 大塚製薬，ポカリスウェット(120円)発売．スポーツドリンクの始め．
4.- 東京原宿にて，ドトールコーヒー1号店開店(『食の一〇〇年』)．
5.- 文部省，全国の公立小中学校の給食費の調査実施．各都道府県で格差あり．
6.21 神奈川県教育委員会，日本で初めて給食用のパンにイースト・フードの使用を禁じる．
6.- 名古屋勤労市民生活協同組合，省資源を目指し，板なしかまぼこの普及運動開始．1割前後安くなるとも想定．
7.1 ジャスコ(現在のイオン)，横浜港北区にて，買い物と軽い食事ができるコンビニエンスストア，ミニストップ1号店開店(ミニストップHP)．
8.- 戦後最大の大冷害．東北地方にて，農作物大被害．今年度水陸稲収穫量975万1000トン(『昭和日常生活史2』)．
10.6 虎屋，パリのサンプランタン通りにて，「トラヤ・パリ店」開業(虎屋HP)．
10.31 農政審議会，米をベースとした低脂肪の伝統的食事に，乳製品などを補った当時のバランスの取れた食事を「日本型食生活」として答申(『日録20世紀』)．
10.- マイルドブームが起こる．酢・塩分を減らしたマヨネーズや減塩醬油などが好まれる(『食の昭和文化史』)．
12.- 西友の食品・日用雑貨売場にて，「無印良品」シリーズ販売開始．1983年6月に，直営1号店「無印良品青山」開店(『日本たべもの百科』)．
この年，東京銀座にて，ウェンディーズ1号店開店．
この年，うどんの日(半夏生，7月2日ころ)定まる(『衣・食・住の記念日事

1980〜1981(昭和55〜昭和56)

西暦	和暦	事　項
1980	昭和55	典』). この年,輸入農産物のポストハーベスト(収穫後農薬)問題が深刻化. この年,明治製菓,日本で最初のグミ「コーラアップ」発売(明治HP). この年,長野県の粉末寒天製造業伊那食品工業,家庭での寒天食品普及をめざし,かんてんぱぱシリーズ発売.
1981	56	1.13 東京日本橋の高島屋のレストランにて,低カロリーのシルバーランチ(750円)提供.分量が3分の2,420〜490カロリー. 1.- 中国製の嫌煙ドロップ「ギブアップ・スモーキングキャンディ」(18粒,300円)発売. 1.- 総理府,食生活・食糧問題に関する世論調査結果発表. 3.31 閣議にて,食糧管理法の改正案を正式決定.米穀通帳の廃止,贈答米の自由化など(翌年1月15日施行). 3.- 厚生省,水道水に含まれるTHM(トリハロメタン)の濃度の監視体制を強化するなどの通達を都道府県に出す. 4.- 海外生活研究所レッツゴーワールド,東京南青山にて,外国人対象にすしの専門学校開設. 5.1 秋田市にて,資源再利用のための空き缶・空きびん回収事業開始. 5.6 朝日麦酒(現在のアサヒ飲料),日本で初めてのつぶ入りジュース「バヤリースオレンジつぶつぶ」発売.8月3日には,麒麟麦酒が「キリンオレンジつぶつぶ」発売. 6.- 東京都板橋区にて,マンツーマン方式の老人給食サービス開始. 9.- 国立がんセンターの疫学部長平山雄ら,味噌汁は胃がんのほか,胃潰瘍・心筋梗塞などの虚血性心臓病・肝硬変などの死亡率を下げる働きがあると発表. 10.30 日本食生活文化財団,高島屋日本橋店にて,映画評論家荻昌弘,帝国ホテル料理長村上信夫を招き「食文化を考える夕べ」開催(『創立三十周年記念史』).

図232　虎屋,パリに出店(1980)

西暦	和暦	事 項
1981	昭和56	10. - 地中海のミバエの影響で,レモンの輸入が一時中止.替わりに,カボス(大分県産)やスダチ(徳島県産)の売れ行きが良好になる. 10. - ロッテ,牛肥とバニラアイスという異色の組み合わせの「雪見だいふく」発売.1984年6月には学校給食にも採用される(ロッテHP). 12. 10 サッポロビール,缶ビールに業界初の広口缶採用. 12. - サントリー,缶入りウーロン茶(100円)発売(サントリーHP). この年,お菓子の日(毎月15日),納豆の日(7月10日)定まる. この年,栃木県農業試験場にて,イチゴの新品種女峰の育成に成功.1987年には作付面積が全国1位に. この年,キッコーマン,電気釜専用のネオ玄米発売.健康ブームの中で,玄米流行.
1982	57	1. 21 食糧庁,ヤミ米の販売店は全国で1万4000軒,大口のヤミ卸売業者は200店以上あると発表. 1. 22 文部省の後援により,全国の小・中学生800万人にカレー給食一斉実施.学校給食の統一メニューのはじめ.給食の画一化・管理化と反対して見送った市町村は約300ヵ所(『日録20世紀』). 4. 1 京都市にて,全国で初めての自動販売機の届出制実施. 5. 17 生ハムの製造が許可される(『日本食肉文化史』). 5. 24 日米農産物協議,ワシントンで実施.パイナップル缶詰など3品目の輸入枠拡大,チョコレートなど17品目の関税率引き下げで合意. 5. - 学校食事研究会の機関誌『学校の食事』にて,牛乳炊き麦ご飯(後のタケちゃんマンライス)が紹介される.学校給食で流行(『食の一〇〇年』). 6. 16 厚生省,コーラの1リットル入り容器など清涼飲料容器にPET(ポリエチレン・テレフタレート)の使用許可. 10. 20〜21 日米農産物交渉でアメリカが完全自由化を要求. 10. 26 科学技術庁資源調査会,食品成分表を全面改定し,『日本食品標準成分表』4訂版を発表.定量法の改良,外国産食品の掲載増加,ビタミンAの表示をレチノール,カロチンに改める. 12. - NHK特集「こどもたちの食卓—なぜひとりで食べるの」放映.子どもの孤食の問題が表面化(『なぜひとりで食べるの』). この年,こんぶの日(11月15日),みその日(毎月30日)定まる. この年,かまぼこ原料のすり身を使用した「もどき食品」が300億円市場に出回る.カニ・ホタテ・カズノコ・キャビア風味など,種類も豊富になる. この年,キューサイ,ケールを原料とした青汁製造・販売開始.後に,「まずーい,もう一杯」のCMが話題に(キューサイHP).
1983	58	1. 10 厚生省,家庭でよく作られている料理ベスト10を発表.1位焼き魚,2位野菜炒め,3位天ぷら,4位野菜煮物,5位焼肉,6位卵焼き,7位煮魚,8位おひたし,9位さしみ,10位おでん(『台所の一〇〇年』). 1. 17 東京築地の中央卸売市場にて,本マグロ(大きさ2メートル,重さ256キログラム)が1本563万2000円の史上最高値記録(『日録20世紀』).

1983～1984(昭和58～昭和59)

西暦	和暦	事　　項
1983	昭和58	2.1 岐阜県美濃市の魚苗センターにて，全国最大規模のアユの人工孵化開始. 3.17 食生活懇談会，米を基本食料とするなど，望ましい食生活8ヵ条をまとめる. 3.- 雁屋哲，漫画『美味しんぼ』の連載開始(『日録20世紀』). 4.- 大塚製薬，カロリーメイト(固形状と液状)発売(大塚製薬HP). 4.- 東京新宿のセンチュリーハイアットのレストラン「カテリーナ」にて，ヘルシーメニュー(2300円)提供.豆腐や大豆・ひじきなどを使用した低カロリー，植物性蛋白質を中心とした内容. 5.- 郵政省，ふるさと小包便サービス開始.きっかけは1981年に始められた山形県のサクランボ小包(『日録20世紀』). 6.- 東京の玉川高島屋の地下1階にて，「ミニ野菜コーナー」開設. 8.- 大阪にて，缶詰だけのレストラン開店(『昭和日常生活史3』). この年，ハウス食品，六甲のおいしい水(200円)発売(ハウス食品HP). 10.21 広島県林業試験場，マツタケの人工発生に成功(『日録20世紀』). 10.27 日本橋高島屋，辻留・八百善などと契約し，高級料亭宅配サービス開始. 11.1 全国食糧事業協同組合連合会，全国共通おこめ券発売.1キログラム券570円. 12.2 厚生省，フグの調理・販売に関する統一基準制定.肝臓部分の調理・販売禁止(『食の一〇〇年』). 12.8 中国から栃木県宇都宮市に永住帰国した小学生和久井晶代(12歳)の作文が『日本の米』(PHP研究所)という絵本として刊行される. この年，パンの日(毎月12日)，野菜の日(8月31日)，コーヒーの日(10月1日)，かまぼこの日(11月15日)定まる. この年，福井県福井市の社中央保育園にて，物を大切にする心の育成のため，給食にプラスチックの食器の使用を禁止し，陶器の食器の使用を開始. この年，NHKの「きょうの料理」にて，男の料理が新設される(『食の一〇〇年』). この年，ハウス食品工業(現在のハウス食品)，高級レトルトカレーとしてカレーマルシェ」発売(ハウス食品HP). この年，エスビー食品，幼児向けのカレーの王子様発売(エスビー食品HP). この年，伊藤ハム栄養食品(現在の伊藤ハム)，無添加・栄養補強・成分調整など「ヘルシィモア」シリーズ発売(伊藤ハムHP).
1984	59	2.- 味の素，甘味料「Pal Sweet 1/60」発売(味の素HP). 3.18 江崎グリコ社長の江崎勝久，誘拐される.グリコ・森永事件の発端.以後，グリコの本社工務部試作室の放火，青酸ソーダの混入事件が続く. 4.12 農水省，バイオテクノロジー室設置(『日録20世紀』). 5.- ベターホーム協会，「わたしたちおひつ党」結成.おひつの見直しが高まる. この春，文部省が小学3年生と6年生を対象に日常生活調査実施.箸の正しい持ち方ができる児童が3年生44パーセント，6年生46パーセントと判明. 6.1 農水省，日本が過去に貸し付けた米の現物返済として，韓国より食用米

348

1984～1985（昭和59～昭和60）

西暦	和暦	事　項
1984	昭和59	の緊急輸入決定（8月8日に第1船到着）． 6.26 熊本特産土産品辛子レンコンのボツリヌス菌による食中毒発生．死者11人． 8.28 厚生省，水道水の利き水大会実施．「おいしい」のは，青森市・名古屋市，「まずい」のは，東京都・大阪府． 9.26 ボランティアグループのマザーランドアカデミー，アルジェリアに米12トン，乾パン40トンを送る． 9.- 湖池屋，チリ味ポテトチップスカラムーチョ発売．激辛ブームのはじめ（湖池屋HP）． 11.24 農水省岩手種畜牧場，受精卵分割による双子牛の出産に成功． 11.- 東京青山にて，高級アイスクリームメーカーのハーゲンダッツ・ジャパン，ハーゲンダッツ開店． 12.7 外務省，200海里水域内での漁獲量を定める日ソ地先沖合漁業協定調印． 12.15 水産庁，魚介類の消費量増加を目的とし，魚のおろし方や料理法をまとめた『ザ・サカナ』刊行． この年，外食の日（11月23日）定まる． この年，外食産業売り上げベスト10．1位マクドナルド，2位すかいらーくグループ，3位小僧寿し，4位ほっかほっか亭，5位ロイヤルホスト，6位ケンタッキーフライドチキン，7位ダイエー外食事業，8位プリンスホテル，9位西武セゾン外食部門，10位本家かまどや．チキンナゲットも流行． この年，日本で最初の大規模な外食産業フェスティバルジャパンフードサービスショー開催（日本フードサービス協会HP）． この頃，ミニパック食品（1人前パック食品）増加（『食の昭和文化史』）．
1985	60	1.4 環境庁，全国の名水百選の第1次選定が発表される． 2.1 日本化学調味料工業協会，日本うま味調味料協会と改称． 2.6 この年，東京の玉屋，いちご大福発売（玉屋HP）． 2.- 若い女性の間で，西欧の薬草ハーブが人気になる．ハーブキャンデーが大流行． 2.- 日本ハム，あらびきウィンナーシャウエッセン発売． 3.4 日本武道館にて，「アフリカの子供に水とミルクを！ 応援歌'85」開催．主催は，じゃがいもの会． 3.17 つくば科学万博開幕．ハイポニカ農法による超多収穫のお化けトマトに注目が集まる（『日録20世紀』）． 5.2 夕食を共にする家族は3分の1．東京都福祉局による「東京の子どもと家庭」調査の結果，「家族揃って夕食する」のは毎日との回答33パーセント，週1～2回が30パーセント（『家庭生活の一〇〇年』）． 5.23 経済企画庁，海外旅行のみやげ第1位は洋酒と発表． 6.- ダイエー，料理雑誌『オレンジページ』創刊（『食の一〇〇年』）． 7.2 静岡県富士市の農協，カドミウム汚染の米を販売していたことが判明． 7.24 毒入りワイン騒動．厚生省により，有毒物質ジエチレングリコールが混入された西ドイツ産とオーストリア産白ワインが日本に輸入販売されていること

1985～1986（昭和60～昭和61）

西暦	和暦	事　項
1985	昭和60	とが発覚し，店頭からの撤去が命ぜられる．8月2日には，厚生省が「国産ワインは安全」と発表． 9.- 味噌汁や吸物に1秒浸すだけで塩分濃度がわかる減塩テープ発表． 9.- キャメル珈琲，東京世田谷にて，輸入食材とコーヒーを扱うカルディコーヒーファーム開店（カルディコーヒーファームHP）． 10.1 国勢調査で農林漁業従事者が9.3パーセント，初めて1割を切る（『日録20世紀』）． 11.9 日米捕鯨協議，日本沿岸マッコウクジラの捕獲を1988年にやめることで合意． この年，イワシの日（10月4日），ピーナッツの日（11月11日），ウェルカム・ウィンターデー（あられ・せんべいの日）（立冬，11月7日ころ）定まる． この年，女性の社会進出や独り暮らしの増加により，少量パックの惣菜やカット野菜，100円商品などの販売が急増（『家庭生活の一〇〇年』）． この年，LL牛乳，常温流通となる（『牛乳・乳製品の知識』）． この年，給食センター方式開始（『台所の一〇〇年』）． この年，厚生省，「健康作りのための食生活指針」発表． この年，伊藤園，缶入り緑茶「煎茶」発売（現在の「おーいお茶」，伊藤園HP）． この年，江崎グリコ，「セブンティーンアイス」自動販売機の展開開始（江崎グリコHP）． この頃，東京青山のハーゲンダッツ，西麻布のホブソンズなど，アイスクリーム専門店が流行（『日録20世紀』）．
1986	61	1.- 富山市の開業医北川内科クリニック，病院食の向上を目指し，日本で初めて調理師免許を持つ板前を雇用． 1.- 神奈川歯科大・ロッテ共同研究「卑弥呼～現代までの復元食実験　噛まなくなった現代人を証明」の実験結果が大反響． 4.3 筑波大学の内宮博文，世界初の稲の遺伝子組み換えに成功（『日録20世紀』）． 4.3 タキイ種苗，赤キャベツと白菜の細胞融合に成功．バイオテクノロジーによる野菜作り開始． 4.17 神戸港にて，西洋キャベツコールラビが戦後初めて輸入される．以後，普及． 6.4 日本健康食品協会，健康食品の自主規制のための規格基準案作成．合格品に協会認定マークを表示． 6.- 日本水産，トロール漁のついでに，アルゼンチン南で採取した「南極の氷」（1キロ1000円）発売． 7.15 アメリカ政府，農産物12品目に対する日本の輸入制限措置をガット（GATT）に提訴． 8.- 北海道の水耕栽培メーカー，書店で販売するトマト・エンドウ・キュウリなどの水耕栽培セット「水耕栽培ブックシリーズ」発売（『食の一〇〇年』）． 9.1 シャープ，冷凍室と冷蔵庫の間に電子レンジを組み込んだクッキング冷蔵庫発売．

1986～1987(昭和61～昭和62)

西暦	和暦	事　項
1986	昭和61	10.- 日本航空のヨーロッパ線機内食にカレーライスを初めて提供(『食の一〇〇年』). 12.- 大阪の船井電機,家庭用自動パン焼器らくらくパンだ発売. この年,たけ・たけのこの日(7月7日),カイワレダイコンの日(9月18日),マグロの日(10月10日),冷凍食品の日(10月18日)定まる. この年,サントリー,麦100%生ビール「モルツ」発売(サントリーHP). この年,ウーロン茶・のど飴がブームになる. この年,味の素,ダイエット甘味料パルスウィート発売(『食の一〇〇年』). この年,森永乳業,世界で初めてラクトフェリンを配合した森永BF-Lドライミルク発売. この頃,流行語に,「激辛」が選ばれる.受賞者は,神田淡平店主鈴木昭.激辛ブームのさきがけ.
1987	62	1.3 政府,オレンジの輸入自由化,牛肉と米の輸入制限を維持する日米農産物摩擦打開方針決定. 1.17 秋田県羽後市にて,野菜の雪中貯蔵実験開始. 1.31 東京築地の都中央卸売市場で,市場開設以来生鮮食料品を輸送した国鉄貨物船が廃止. 3.17 朝日麦酒,辛口生ビールスーパードライ発売.苦味中心のビール(ドライビール)市場が大流行(『日録20世紀』). 3.- 子ども調査研究所,首都圏の小中学生600人に「好きな食べ物調査」実施.1位鶏のから揚げ,2位ハンバーグ,3位グラタン,4位スパゲッティ. 3.- カルピス,フランスのナチュラルミネラルウォーター「evian」発売.(カルピスHP) 5.10 日本相撲協会,土俵にまく塩を「伯方の塩」に切り替える. 5.- 東京五反田にて,「おじいちゃんの料理教室」開設.61～91歳まで16人が受講.

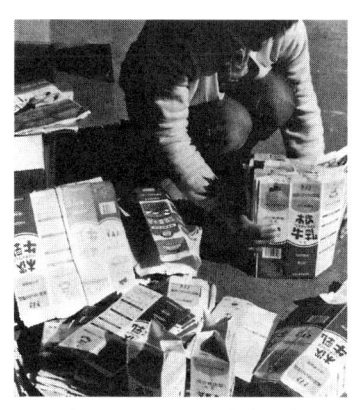

図233　紙パック回収(1986)

1987～1988(昭和62～昭和63)

西暦	和暦	事　項
1987	昭和62	6.24 前年12月の日米交渉で解禁が決まったカリフォルニア産チェリー，成田に到着．翌日解禁． 6.27 トーハン，ウィスキーのオン・ザ・ロック用にアラスカ産氷河の氷を初輸入． 10.- 明治乳業，レトルトパウチのベビーフード「赤ちゃんのレストラン」発売(『家庭生活の一〇〇年』)． 10.- 女子栄養大学において行われていた家庭料理検定，文部省認定となり第1回技術検定開始(香川学園創立60周年記念誌)． 11.- SSコミュニケーションズ，『レタスクラブ』創刊(『食の一〇〇年』)． 12.- モスバーガー，モス・ライス・バーガー発売．パンの替わりに，ご飯を焼き固めたライスプレート使用(『食の一〇〇年』)． この年，本格焼酎の日(11月1日)定まる． この年，日本の三大駅弁に，峠の釜めし(信越本線横川駅)，いかめし(函館本線森駅)，ますのすし(北陸本線富山駅)が選ばれる．釜めしは1年で10万個という日本一の売り上げになる． この年，緑茶の総生産量9万6300トン．1位静岡県，2位鹿児島県，3位三重県． この年，吉本ばなな，『キッチン』を著す(『台所の一〇〇年』)． この年，外食産業での栄養成分表示開始(『食の一〇〇年』)． この年，「B級グルメ」という言葉が流行．フランス料理や高級料亭の高級料理を「A級」とするのに対し，庶民のカレーライスやそばなどの手軽な料理を指し名づけたもの．後に，ご当地グルメを指すようになる． この年，カット野菜が人気になる． この年，テレビ浸けの若者をカウチポテトと称するようになる．アメリカのイラストレーターがカウチ(ソファー)にうずくまり，ポテトチップスなどを食べる若者を名づけたことに由来． この年，学校給食米飯導入促進事業において米飯成型機(おにぎり機械)への助成開始(『学校給食要覧』)．
1988	63	1.30 総理府，「酒類に関する世論調査」の結果公表．酒を飲む女性43.2パーセント． 2.2 ガット(GATT)理事会，日本の農産物輸入自由化を勧告． 2.9 農水省，自主流通米の規制緩和案を発表． 2.- エースコック，大型イカ焼そば発売．大型カップ麺のはじめ(エースコックHP)． 5.- 洋食一辺倒だったファミリーレストランに和食を提供する店増加．和食は健康食というアメリカでのブームを受けたもの． 5.- 横浜の中華街の菜香新館，初めて薬膳メニューを出す． 6.20 牛肉とオレンジの輸入自由化をめぐる日米貿易交渉が妥結される．1991年4月1日から輸入枠撤廃． 6.24 牛肉の自由化をめぐる日豪交渉妥結． 7.- 朝日麦酒(現在のアサヒビール)，アサヒビールワイナリー設立．国産ワインルヴァン発売(アサヒビールHP)．

1988～1989（昭和63～平成元）

西暦	和暦	事　項
1988	昭和63	9.－ ロッテ，「VIP 生クリーム」(200円)，「VIP 半生」(200円)，「VIP スーパー生クリームチョコ」(200円)発売．生クリームとチョコレートを融合することに世界で初めて成功(ロッテ HP)． 10.12 水産庁，鯨肉の輸入の完全停止発表．大手水産会社が鯨肉缶詰から撤退，商社も輸入断念(『食の一〇〇年』)． この年，第一三共，栄養ドリンクリゲイン発売．翌年，CM の「24時間戦えますか」が流行語になる(第一三共 HP)． この年，尼崎市のサンフード，初の人工トリュフサントリュフ発売(『日録20世紀』)． この年，電子レンジで調理したり，料理を温めることを意味する「チンする」という語が流行る．
1989	平成元 1・8	1.7 昭和天皇崩御．翌8日，平成と改元． 1.9 アメリカの最高裁，オットセイなどを間違えて捕獲する恐れのある日本の母船式サケ・マス漁船のアメリカの200海里内の操業を禁止． 1.20 1942年の食糧管理法公布以来，禁止されていた米屋以外のコンビニエンスストア・酒店などでの米の販売が許可される(小袋15キロ以下の精米，『日録20世紀』)． 1.－ 三重県にて，漁業後継者育成のため，日本で初めて海女を指導漁業士として認定． 1.－ 富山県のほくしょく，キャビアのコピー食品プチパール(50グラム入り，2000円)発売．福井では，加藤商事がバイオ技術を使用し，味はシイタケ，形と歯ざわりはマツタケという椎マツタケ開発． 1.－ 福岡県のエフコープ生活協同組合，日本で初めて食品ごとの放射能の暫定基準設定．取り扱い食品の検査を開始． 2.－ ヨーロッパで成長ホルモン剤を投与した牛肉を食べた結果，女子の初潮が早まるなどの例が報告されたことを受け，ホルモン牛肉が問題化． 3.10 厚生省，アメリカでチリから輸入されたブドウからシアン化合物が検出されたことを受け，チリ産ブドウの輸入停止． 3.15 小・中・高校学習指導要領改訂．技術・家庭の内容，男女共通になる． 3.－ 秋田県雄勝町のニチモウ，キングサーモンの人工授精に初めて成功． 3.－ 牛肉・オレンジの輸入自由化を受け，静岡県内にてミカン園の減反始まる． 3.－ 竹屋，チーズ製造過程でできる乳清ミネラルをベースとしたミネラル塩タケヤみそ(500グラム，525円)発売．従来のみそより塩分が43パーセント低減． 3.－ 日本冷凍食品協会の調査によると，家庭における冷凍食品の購入数は平均6.46個．冷凍庫に入っている食品は平均5.2個．ベスト5は，コロッケ，フライドポテト，豆類，米飯類，シューマイ． 4.1 消費税3パーセントで実施(『台所の一〇〇年』)． 4.－ 財団法人味の素食の文化センター設立(財団法人味の素食の文化センター HP)． 6.2 食糧庁，精米の品質表示の改正要綱通達．コシヒカリやササニシキなどの銘柄米は混米していない100パーセントのもののみ表示が認められる． この年，島田屋本店，完全包装麺と調味料を丼型プラスチック容器に入れた真

1989〜1991(平成元〜平成3)

西暦	和 暦	事　　　　　　項
1989	平成元	打ちうどん発売．生タイプLLめん(Long Life)のきっかけ(『雑穀II』)． 9. - 東京八重洲にて，天丼のファーストフード店てんや第1号店開店(『食の一〇〇年』)． 11. - サントリー，「鉄骨飲料」発売．ユニークな鉄骨娘のCMで大ヒット(サントリーHP)． この頃，エスニックブーム． この頃，はちみつレモンがヒットする(『食の一〇〇年』)．
1990	2	2.27 宮尾登美子，読売新聞にて，『菊亭八百善の人びと』の連載開始(翌年3月20日まで，『日本食文化人物事典』)． 4.17 農水省，前年度の漁業白書を提出・了承．漁業規制により魚介類の輸入が急増．とくにエビ，メヌケ，ハマグリ類は8割以上が輸入(『朝日年鑑』)． 6.18 水産庁，89年前に孵化し，90年春に放流したサケ幼魚，史上最高の20億8000万匹と発表(『朝日年鑑』)． 10.19 埼玉県浦和市のしらさぎ幼稚園にて，O-157型病原性大腸菌による食中毒発生．園児2人が死亡．24日に井戸水が感染源と判明(『朝日年鑑』)． 10. - 永谷園本舗(現在の永谷園)，大人のふりかけ発売．1袋120円．1991年には，おとなのお茶づけシリーズ販売開始(永谷園HP)． 11.12 天皇即位を祝福した饗宴の儀で，外国人を招いた祝宴としては初めて日本料理を提供(『日録20世紀』)． 11. - 日本型食生活新指針検討委員会，7項目からなる「新たな食文化の形成に向けて　90年代の食卓への提案」を打ち出す(近畿アグリハイテクHP)． 12. - プレジデント社，『danchu』創刊(プレジデント社HP)． この年，東レ，トレビーノ・スーパーミニ販売．浄水器に替わり，蛇口直結式が人気になる． この年，無糖コーヒー発売． この年，魚介類の輸入量急増(30.8パーセントが輸入)．エビが第1位． この年，割り箸を置かない社員食堂が急増．エコロジーブームの影響． この年，日本放送出版協会，『男の食彩』創刊(『食の一〇〇年』)． この年，日糧製パン，チーズ蒸しパンがヒットする発売．大ヒットする(『食の一〇〇年』)． この頃，アトピー性患者の増加により，ヒエ・アワ・キビなどの雑穀に健康食として人気が集まる(『食の一〇〇年』)． この頃，ミネラルウォーターの需要が伸びる．宅配も現れる(『食の一〇〇年』)． この頃，ティラミス大流行(『ケーキの世界』)．
1991	3	2. - 牛乳パックを再利用したトイレットペーパーやちり紙発売． 4.1 NHK，子ども向け料理番組「ひとりでできるもん」の放映開始(『日録20世紀』)． 4.1 牛肉とオレンジの輸入自由化開始(『日録20世紀』)． 4.3 アメリカ，日本の米市場開放を要求． 4. - 資生堂，低アレルゲン米ファインライス発売．1993年6月1日に特定保

西暦	和暦	事　項
1991	平成 3	健用食品第1号に認定. 7. - 食品添加物の表示制度改正. 表示の義務化. 11. 25 公海での大規模流し網漁についての日米交渉において，1992年12月31日までに一時停止の実施決定(『朝日年鑑』). この年，もんじゃ焼き・タイ料理がブームになる. この年，ダイエットブームから，女子高生の間で小さな弁当箱が流行. 乳脂肪分半減タイプのバターも発売(『親から子に伝える「モノづくり」誕生物語』). この年，厚生労働省，健康強調表示ができる特定保健用食品(トクホ)導入(日本薬学会HP). この年，クリーム・ブリュレが大流行(『ケーキの世界』). この年，ベターホーム，料理初心者の男性を対象にした料理教室を開始(ベターホームHP).
1992	4	1. - 血糖値・尿糖値が高くなるペットボトル症候群が問題化. 石川県穴水町の穴水総合病院にて，1日に2.8リットルの清涼飲料水を飲んでいた男性会社員(23歳)が昏睡状態で運び込まれる(『食の一〇〇年』). 2. - 群馬県の鶴田食品，こんにゃくゼリー蒟蒻畑発売. 大ヒットし，以後こんにゃく製品が出回る(『日録20世紀』). 3. 16 農水省，前年の農林水産物の輸入過去最高と発表. 牛肉以外の肉類増加や円高が要因(『朝日年鑑』). 3. - すかいらーく，低価格のガスト1号店小平店開店. 翌年より，720店のすかいらーくのうち，約420店をガストへと転換する(すかいらーくHP). 4. - 大阪府門真市などで，仕出し屋の給食弁当による食中毒発生. 4府県に被害がおよぶ. 約3500人発症(1人死亡). 原因は卵製品のサルモネラ菌エンテリティデス. この夏，ココヤシを使用したデザートナタデココブーム. デニーズが火付け役. 9. - 日清食品，生麺タイプのカップラーメン日清ラ王発売(日清食品HP). 10. 1 東京都稲城市にて，東京で初めてペットボトルの回収実施. 1995年3月末までに，16市町で実施. 10. - 女子大生の間でやせ志向が高まる. ダイエットやエステに励み，やせる薬の服用や意図的に嘔吐したりする食行動異常(全体の8.7パーセントが経験)がみられるようになる. 10. 28 アメリカ製冷凍にぎりずしの輸入，無期延期となる(『朝日年鑑』). 12. 12 首相宮沢喜一，コメ関税化受け入れの方向を表明. この年，千葉県松戸市の6学校での選択メニュー方式，大阪府豊中市の幼稚園でのバイキング方式，岡山県里庄町の里庄小学校での豪華なランチルームでの給食の実施など給食の形態が多様化. 特産品である木工食器を使用した給食も各地で実施(『食の一〇〇年』). この年，東京中心に，もつ鍋ブーム. 流行語に「もつ鍋元気」が選ばれる(もつ鍋元気HP). この年，焼きたてチーズケーキが大流行(『ケーキの世界』).

1993〜1994(平成5〜平成6)

西暦	和暦	事　　項
1993	平成5	2.3　厚生省，総コレステロール値が1980年の189ミリグラムから204ミリグラムと上昇したと発表(『朝日年鑑』). 3.-　アサヒ飲料，ブレンド茶のさきがけ「アサヒお茶どうぞ十六茶」発売(アサヒ飲料HP). 4.1　神戸にて，全国初のワイン関係の教育機関日本ソムリエスクール開校. 4〜5.-　名古屋市内の7校の中学校で，スクールランチ導入．民間委託で，複数のメニューから生徒たちが自由に選ぶスタイル．「ツナサンド・コーンシチュー・甘夏」の献立が一番人気. 6.-　子どもの好きな食べもの：1位ハム・ソーセージ，2位ラーメン，3位牛肉，4位鶏肉．魚はベスト10に入らず. 9.30　政府，冷夏による米の収穫量，93年産米の作況指数が74と，戦後最悪となり，米の緊急輸入，被災農家への支援策を決定．米不足騒ぎに発展(『朝日年鑑』). 10.10　フジテレビ，「料理の鉄人」放映開始(『日録20世紀』). 12.14　閣議にて，米の部分開放を含むウルグアイ・ラウンドの受け入れを決定(『朝日年鑑』). この年，不二精機，災害派遣車「走るおむすびカー」製作．1995年1月の阪神大震災で出動(不二精機HP). この年，明星食品，一平ちゃんシリーズ発売(明星食品HP). この年，都市部での家庭用浄水器の普及率約40パーセント(『食の一〇〇年』). この年，日本の食料自給率は37パーセントと過去最低(『食料需給表』(『日録20世紀』)). この年，レトルト食品の売り上げ：1位マカロニグラタン(クイックアップ)，2位とり釜めしの素，3位マーボー豆腐の素.
1994	6	4.-　小売業者社が発表した94年2月までの利益，セブン-イレブンが第1位となる(『朝日年鑑』).

図234　冷夏によるコメ不足で，国産米を買おうとする人たち(1993)

西暦	和暦	事項
1994	平成 6	4.- 大蔵省地ビールを解禁．7～8月猛暑によりビールの出荷量増加（『朝日年鑑』）． 8.1 横浜にて，新横浜ラーメン博物館開館（新横浜ラーメン博物館HP）． 8.12 農政審議会，食糧管理法廃止などを首相村山富市に提言（『朝日年鑑』）． 8.23 政府，アメリカ産リンゴの輸入決定．1995年に始まる（『朝日年鑑』）． 9.26 農水省，同省開発の遺伝子組み換えトマトの安全性を初めて確認（翌年，正式承認）． 11.8 昨年の凶作により輸入した米が大量に残り，品質劣化米を飼料用に売却すると決定（『朝日年鑑』）． 12.8 国会にてWTO協定承認案と食糧管理法にかわる食糧需給価格安定法（新食糧法）案など成立（『朝日年鑑』）． この年，チューインガムの日（6月1日）定まる． この年，パンナコッタが大流行（『食の一〇〇年』）． この年，エジプト原産のモロヘイヤ入りの食品ブーム（『食の一〇〇年』）． この年，ヨーグルトきのこがブームになる．健康雑誌『壮快』が，ケフィアに「ヨーグルトきのこ」の愛称をつけ紹介したことがきっかけ（ケフィア倶楽部HP）． この年，サントリー，缶コーヒーボスの「ボスジャン'94」プレゼントキャンペーン実施．応募総数が920万通を超え，大盛況に（サントリーHP）． この年，森永製菓，10秒チャージをうたう「ウイダーinゼリー」発売（森永製菓HP）． この年，サントリー，発泡酒HOP'S発売．発泡酒のはじめ（サントリーHP）．
1995	7	1.17 阪神・淡路大震災発生． 2.13 日清食品，生タイプの即席スパゲッティスパ王発売（『日録20世紀』）． 3.- 味の素，アミノバイタルプロ発売（味の素HP）． 5.16 田崎真也，第8回世界最優秀ソムリエコンテストで優勝．フランス・イタリア人以外で初（『日録20世紀』）． 5.26 北朝鮮，与党訪朝団座長の渡辺美智雄らにコメ支援を要請．6月22日，政府，北朝鮮へのコメ支援決定． 5.- 国民栄養調査で20，30代のカルシウム不足が多く，栄養補助食品が相次いで発表され，若い女性のダイエット志向高まる（『朝日年鑑』）． 11.1 新食糧法（食料需給価格安定法）施行．食糧管理法を廃止し，米の生産・流通・販売を原則的に自由化（『朝日年鑑』）． この年，新JAS制度開始（『食の一〇〇年』）． この年，電子レンジの普及率が約87パーセント（『食の一〇〇年』）． この年，カゴメ，野菜ジュース「野菜生活100」発売（カゴメHP）． この年，食品の「製造年月日表示」が「賞味期限表示」に移行． この年，ハウス食品，冷しゃぶドレッシング発売．翌年，モランボンも冷しゃぶドレッシング発売（ハウス食品HP／モランボンHP）． この頃，カヌレが大流行（『ケーキの世界』）．

1996～1997(平成8～平成9)

西暦	和 暦	事　　　　　　　　　　　項
1996	平成8	2.- ロッテ，シュガーレスチョコ「ゼロ」発売．世界で初めてミルクチョコレートのシュガーレス化に成功(ロッテHP)． 5.15 塩専売法の廃止を公布． 6.1 コメ販売の自由化． 7.13 大阪堺市の小学校にて病原性大腸菌O-157による集団食中毒発生．O-157の影響でカイワレダイコンに大打撃．また，O-157問題でHACCPに注目．導入相次ぐ．厚生省もO-157予防策として，調理時の注意事項を示した家庭用手引書を作成(『目録20世紀』)． 11.13～17 世界食糧サミット，ローマにて開催．栄養不良人口を2015年までに半減することを採択(『朝日年鑑』)． この年，シュガーレス食品大流行(『食の一〇〇年』)． この年，イギリスで狂牛病(BSE)問題化．日本にも波及(『食の一〇〇年』)． この年，キッコーマン，映画「日本の食文化」(全5巻)製作(キッコーマンHP)． この年，タカナシ乳業，フィンランド「バリオ」社と提携し，乳酸菌初の特定保健用食品タカナシドリンクヨーグルト「おなかへGG！」発売(タカナシ乳業HP)． この年，ブルボン，携帯スイーツ「プチシリーズ」発売(ブルボンHP)． この年，東京銀座にて，スターバックス1号店開店(『食の一〇〇年』)． この年，奈良県の近畿大学農学部の助教授稲葉和功，世界初のトリュフ栽培に成功(『食の一〇〇年』)． この年，地ビール，本格的なブームとなる．北海道オホーツクビール，新潟県エチゴビール，大分県ゆふいんビールなどが話題となる(『朝日年鑑』)． この頃，天然酵母パンへの関心が高まる(『親から子に伝える「モノづくり」誕生物語』)．
1997	9	1.- 遺伝子組み換え作物の大豆・ジャガイモなどが日本に輸入．5月には15品

図**235**　O-157による集団食中毒の後，給食室を消毒(1996)

1997〜1999(平成9〜平成11)

西暦	和　暦	事　項
1997	平成 9	目が飼料用・加工用として食用油，甘味料に利用(『朝日年鑑』). 5. 20 ロッテ，天然甘味料キシリトールを配合したガム発売(ロッテHP). 7. 7 カルピス，血圧が高めの方用の特定保健用食品(1997年6月23日に認可)として，「カルピス酸乳/アミールS」発売(カルピスHP). 8. - 東京銀座にて，タリーズ1号店開店(タリーズHP). 10. 8 政府，国連や国際赤十字の要請に応じて，北朝鮮に食料など総額34億円の援助を表明. 12. 1〜11 地球温暖化防止京都会議. この年，「生タイプ即席めんのJAS規格」決定(『雑穀II』). この年，オーガニック食品ブーム(『食の一〇〇年』). この年，ポリフェノール効果で赤ワインブーム(『食の一〇〇年』). この頃，ベルギー・ワッフルが大流行(『ケーキの世界』『朝日年鑑』). この頃，ポケットに入るバランス栄養食品流行(『食の一〇〇年』).
1998	10	5. 1 サントリー，ウィスキー膳(1200円)発売．酒税法改正により，低価格が実現．「和イスキー」とも呼ばれる(サントリーHP). 7. 5 近畿大学と石川県畜産総合センター研究グループにより，世界で初めてのクローン牛誕生と発表(『日録20世紀』). 7. 25 和歌山市にて，カレー砒素混入事件発生(『食の一〇〇年』). 7. - 日本マクドナルド，原材料の海外調達でハンバーガーなどを半額とする(65円など(『日録20世紀』)). 9. 25 日韓新漁業協定に合意. 11. - カップめんの容器から環境ホルモンと疑われる物質が溶け出すとの議論に対し，厚生省は，「健康に重大影響がある知見はない」と発表したが，売り上げは落ちこむ(『朝日年鑑』). 12. 18 閣議にて，コメの輸入関税化を決定．1999年4月から適用. この年，野菜のばら売り本格化．カット野菜や冷凍野菜にも人気が集まる(『食の一〇〇年』). この年，伊藤ハム，創業70周年を記念し，特定JAS熟成規格のウインナー「アルトバイエルン」発売(伊藤ハムHP). この年，明治製菓，高ポリフェノールチョコレート「チョコレート効果」発売(明治HP). この頃，クイニー・アマン・エッグタルトが大流行(『ケーキの世界』).
1999	11	3. 31 コメの関税化法成立．翌日，コメの輸入関税化実施. 7. 16 食料・農業・農村基本法公布・施行. この年，NHKの子ども番組から「だんご三兄弟」が大ブレーク(『台所の一〇〇年』). 8. 10 厚生省，遺伝子組み換え食品(GMO)の表示案をまとめ，2000年4月にJAS法にもとづく表示基準を示し，2001年より表示を義務化すると決定．これを受けキリンビール，8月にとうもろこしを非組み換え品種にする．その他のビールもこれに続き，即席めん業界，豆腐業界などもこれに続いた(『朝日年

1999〜2000（平成11〜平成12）

西暦	和暦	事　項
1999	平成11	鑑』）． 11．- 日清食品，インスタントラーメン発明記念館竣工（日清食品HP）． この年，キッコーマン国際食文化研究センター開設．また，ニューヨークにて，「日本の食文化フォーラム1999」開催（キッコーマンHP）． この年，エバラ食品工業，キムチ鍋の素発売．キムチがブームとなり，漬物生産量の中でキムチがトップになる（『食の一〇〇年』）． この年，NHKスペシャル「知っていますか子どもたちの食卓」放映．1982年放映の子どもたちの食卓に比べ1人で食べることが楽しいとする割合が増加，話題となる． この年，唐辛子ダイエットブーム（『食の一〇〇年』）．
2000	12	2.13 グリコ・森永事件時効． 3．- キリンビバレッジ，生茶発売（キリンビバレッジHP）． 4．- すかいらーく，低価格焼肉店展開．実験店として，横浜青葉区にて，ほたる苑藤が丘店開店．以後，低価格焼肉ブーム起こる（『食の一〇〇年』）． 6.29 雪印集団食中毒事件発覚（『食の一〇〇年』）． 8.16 農水省畜産試験場（現在の独立行政法人農業生物資源研究所）にて，日本で初めての体細胞クローン豚誕生． 10.22 BG無洗米の業者らが中心に，NPO法人全国無洗米協会設立． この年，食器洗い乾燥機・生ごみ処理機・電磁誘導加熱調理器が「新ご三家」とされる（『食の一〇〇年』）． この年，松下電器産業（現在のパナソニック），遠心力無水米とぎ器発売（『食の一〇〇年』）． この年，日本コカ・コーラ，吉本産業のタレントを起用し，ジョージアのCM明日があるさシリーズ開始． この年，キッコーマン，ニューヨークにて，「日本の食文化フォーラム2000」開催（キッコーマンHP）．

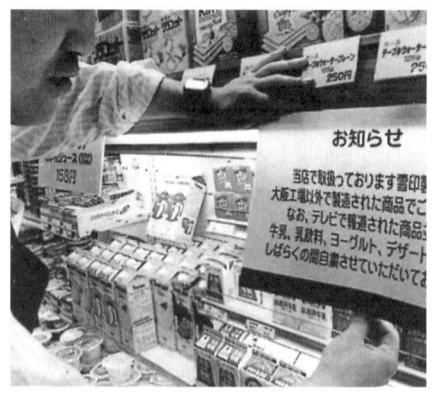

図236　雪印商品の販売自粛（2000）

本の豊かな世界と知の広がりを伝える

吉川弘文館のPR誌

本郷

定期購読のおすすめ

◆『本郷』(年6冊発行)は、定期購読を申し込んで頂いた方にのみ、直接郵送でお届けしております。この機会にぜひ定期のご購読をお願い申し上げます。ご希望の方は、**何号からか購読開始の号数**を明記のうえ、添付の振替用紙でお申し込み下さい。

◆お知り合い・ご友人にも本誌のご購読をおすすめ頂ければ幸いです。ご連絡を頂き次第、見本誌をお送り致します。

●購読料●　　　　　　　　　（送料共・税込）

1年（6冊分）	1,000円	2年（12冊分）	2,000円
3年（18冊分）	2,800円	4年（24冊分）	3,600円

ご送金は4年分までとさせて頂きます。
※お客様のご都合で解約される場合は、ご返金いたしかねます。ご了承下さい。

→キリトリ線

見本誌送呈　見本誌を無料でお送り致します。ご希望の方は、はがきで営業部宛ご請求下さい。

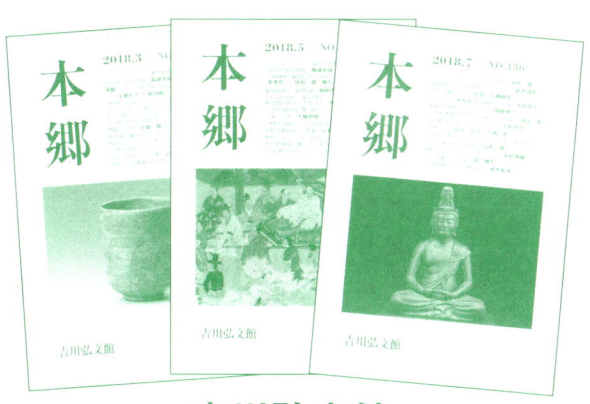

吉川弘文館

〒113-0033 東京都文京区本郷7-2-8／電話03-3813-9151

吉川弘文館のホームページ http://www.yoshikawa-k.co.jp/

振替払込請求書兼受領証

口座記号番号	加入者名	金額	ご依頼人	料金	備考
00100-5-244	株式会社 吉川弘文館				

通常払込料金加入者負担

※記載事項を訂正した場合は、その箇所に訂正印を押してください

払込取扱票

02 東京 00100-5-244 株式会社 吉川弘文館

通常払込料金加入者負担

加入者名・ご依頼人：フリガナ／お名前／郵便番号／電話／ご住所

通信欄：
◆「本郷」購読を希望します
購読開始　　号より

1年 1000円（6冊）　3年 2800円（18冊）
2年 2000円（12冊）　4年 3600円（24冊）
（ご希望の購読期間に○印をお付け下さい）

裏面の注意事項をお読みください。（ゆうちょ銀行）（承認番号東第53889号）
これより下部には何も記入しないでください。

各票の※印欄は、ご依頼人においてご記載してください。

西暦	和暦	事　項
2000	平成12	この年，ミツカン，「金のつぶ　においなっとう」発売．においを抑えるという今までにない納豆を開発（ミツカン HP）． この年，明治乳業，「明治プロビオヨーグルト LG21」発売．2002年にドリンクタイプも発売（明治 HP）．

あ と が き

　2009年の夏に刊行された『日本食物史』のなかで，私は巻末の年表を担当させていただいた．以前から，食の年表作成には強い関心があったため，ぜひこの機会にできるだけたくさんの事項を収集することで，資料的価値のあるものをめざしたいと，はやる気持ちで取り組んだことを今も覚えている．そんな折，吉川弘文館より，「食の年表を出版してみますか？」と，さらにありがたいお話を頂戴した．いよいよ本格的な食の年表に着手できるという喜びと，何より恩師の江原絢子先生と再びご一緒させていただけることがうれしくて，二つ返事で承諾させていただいたのが，本書刊行のそもそものはじまりとなった．

　時代を追って食生活を辿るおもしろさは，各時代を生きた日本人の営みの巧みさを再確認するところにあると思う．年表に向き合う毎日は，そんな驚きに出会える充実した作業の連続であったが，進行は予想通り，難航したのも事実である．ことのほか，手こずったのが，一次資料との照合確認作業だった．しかし，江原先生がいつも口にされる「既刊の年表の事項に惑わされず，原典を通して真実を見出す」という研究姿勢に学びながら，図書館の開館と同時に席を確保し，時間を忘れて出典探しに，共に奔走した日々は，今では貴い思い出である．本物の資料と向き合うことの大切さを，改めて確信する貴重な機会にもなった．

　年表を読む意義は，歴史をたどり，今の自分たちの生活のなかの「あたりまえ」にある事象に感謝することにも繋がるのではないだろうか．私は先頃起った東日本大震災がもたらした大きな社会への影響が，今後日本の伝統的な食品や食生活に変化を与えるようになることも危惧している．こんな時代だからこそ，本書の刊行が，日本の食生活の流れを振り返り，守るべき食の伝統遺産を次世代へ伝承することへの一助となればと切に願っている．

　最後になったが，今回の刊行に際し，何より吉川弘文館のみなさんには，一方ならぬお世話に与った．みなさんのご懇切なるご尽力には，ただただ感謝の気持ちでいっぱいである．本当にありがとうございました．

　　2011年5月

　　　　　　　　　　　　　　　　　　　　　　　　東 四 柳 祥 子

参 考 文 献

＊ 年表記事の出典の一部に文献末尾の（ ）に示す略称を用いたものがある．

「青森県三内丸山遺跡　大規模集落の成立と生業」（『季刊考古学』55号）　岡田康博　雄山閣　1996
『Asahu 100』　アサヒビール　1990
『朝日年鑑』　朝日新聞社　1990～2000
『味』　秋山徳三　東西文明社　1955
『味の素沿革史』　味の素　1951
『味の素グループの百年　新価値創造と開拓者精神』　味の素　2009
『飛鳥・藤原京展　古代律令国家の創造』　奈良文化財研究所編　朝日新聞社　2002　（『飛鳥・藤原京展』）
『吾妻鏡　現代語訳』1～9巻　五味文彦他編　吉川弘文館　2007-
『『イギリス商館長日記』訳文編之上・下（『日本関係海外史料』4上下）　東京大学史料編纂所編　1979-80　（『イギリス商館長日記』）
「石川県真脇遺跡」（『季刊考古学』55号）　加藤三千雄　雄山閣　1996
『衣・食・住の記念日事典　日常の暮らしが楽しくなる！』　加藤迪男編　日本地域社会研究所　2010　（『衣・食・住の記念日事典』）
『伊勢詣と江戸の旅』　金森敦子　文藝春秋　2004
『一外交官の見た明治維新』上・下　アーネスト・サトウ，坂田精一訳　岩波書店　1960
『一粒舎主人寫眞譜』　木原均　木原生物学研究所　1985
『〈癒す知〉の系譜　科学と宗教のはざま』　島薗進　吉川弘文館　2003
『石見年表』（複製本）　藤井常雄編　島根県立江津工業高等学校図書館　1971
『海を渡った陶磁器』　大橋康二　吉川弘文館　2004
『栄養学者佐伯矩伝』　佐伯芳子　玄同社　1986
『江戸買物独案内』飲食之部　中川芳山堂編　国立国会図書館蔵　1824
『翻刻江戸時代料理本集成』全10巻・別巻　吉井始子編　臨川書店　1980
『江戸上水道の歴史』　伊藤好一　吉川弘文館　1996
『再版増補　江戸惣鹿子名所大全』（寛政4年板）　花咲一男編　渡辺書店　1973
『江戸町人の研究』1～5巻　西山松之助編　吉川弘文館　1972-78
『江戸の食生活』　原田信男　岩波書店　2003
『江戸の旅文化』　神崎宣武　岩波書店　2004
『江戸の料理史　料理本と料理文化』　原田信男　中央公論社　1989　（『江戸の料理史』）
『江戸繁盛記』初編　寺門静軒，朝倉治彦・安藤菊二校注　平凡社　1974
『江戸町触集成』1～20巻　近世史料研究会　塙書房　1994-2006
『江戸名物　酒飯手引草』　加賀文庫蔵　1848　（『酒飯手引草』）
『校訂　延喜式』上・下　臨川書店　1931　（『延喜式』）
『大阪府写真帖』　大阪府　1914
『大阪焼跡闇市』　大阪・焼跡闇市を記録する会編　夏の書房　1975
『御献立帳』（慶応2年の写本）　木津三辰　1928
『お茶の水女子大学百年史』　お茶の水女子大学　1984

参考文献

『おばあちゃん伝授の大正モダンわが家の洋食』　岩崎藤子監修　日本ヴォーグ社　1996
『おばあちゃん伝授の大正ロマンハイカラおやつ』　岩崎藤子監修　日本ヴォーグ社　1996
『御触書寛保集成』　高柳眞三・石井良助編　岩波書店　1976
『親から子に伝える「モノづくり」誕生物語　身近なモノの履歴書　』その１～その３　日刊工業新聞社　1999（『親から子に伝える「モノづくり」』）
『海軍食グルメ物語』　高森直史　光人社　2003
『開港から震災まで　横浜中華街　落葉帰根から落地生根へ』　横浜開港資料館　1994（『開港から震災まで　横浜中華街』）
『開国日本と横浜中華街』　西川武臣・伊藤泉美　大修館書店　2002
『外食券食堂事業の調査』　東京都民政局　1949
『香川栄養学園創立60周年記念誌』　香川栄養学園　1993
『カゴメ八十年史　トマトと共に』　カゴメ　1978（『カゴメ八十年史』）
『果樹園芸大百科3　ブドウ』　農山漁村文化協会　2000
『学校給食の発展　学校給食30周年日本学校給食会20周年』　文部省　日本学校給食会　1976（『学校給食の発展』）
『学校給食要覧』　平成9年　日本体育・学校健康センター　学校給食部　第一法規出版　1997
『勝沼ワイン一〇〇年の歩み　山梨のワイン発達史』　上野晴郎　山梨県東山梨郡勝沼町役場　1977
『画報近代百年史』　日本近代史研究会編　日本図書センター　1989
『カレーライスの誕生』　小菅桂子　講談社　2002
『甘藷の歴史』　宮本常一　未来社　1962
『寛政紀聞』（『未刊随筆百種』4）　三田村鳶魚校訂　臨川書店　1969
『神田市場史』　神田市場協会　1968
『新訂魏志倭人伝　他3篇』　和田清・石原道博編訳　岩波書店　1985（『魏志倭人伝』）
『キッコーマン醬油史』　キッコーマン醬油　1968
『木村屋総本店百二十年史』　木村屋総本店　1989
『嬉遊笑覧』　喜多村信節　緑園書房　1958
『牛肉の歴史』　畜産振興事業団　1978
『牛乳・乳製品の知識』　野口洋介　幸書房　1998
『京都時代ＭＡＰ　伝統と老舗編』　新創社　光村推古書院　2007（『京都時代MAP』）
『近現代の食文化』　石川寛子・江原絢子　弘学出版　2002
『銀座木村屋あんパン物語』　大山真人　平凡社　2001
『近世茶道史』　谷端昭夫　淡交社　1988
『近世から近代における儀礼と供応食の構造　讃岐地域の庄屋文書の分析を通して』　秋山照子　美巧社　2011（『近世から近代における儀礼と供応食の構造』）
『近世風俗志』（守貞謾稿）全5巻　喜田川守貞，宇佐美英機校訂　岩波書店　1996-2002（『守貞謾稿』）
『近代日本食物史』　昭和女子大学食物学研究室編　近代文化研究所　1971
『近代文化の原点　築地居留地　Vol. 2』　築地居留地研究会　2002
『近代料理書の世界』　江原絢子・東四柳祥子　ドメス出版　2008
『蜘蛛の糸巻』（『日本随筆大成』2期7）　山東京山　吉川弘文館　1974
『群書類従』19輯　塙保己一編　群書類従刊行会　1951
『形影夜話』巻上　杉田玄白　東京誌料蔵　1802
『ケーキの世界』　村山なおこ　集英社　2001

『毛吹草』　松江重頼編，竹内若校訂　岩波書店　1976
『江漢西遊日記』　司馬江漢　平凡社　1986
『コーヒー学入門』　広瀬幸雄他　人間の科学新社　2007
『国史大辞典』全15巻　吉川弘文館　1979-97
「コゲとススからみた弥生時代の米の調理方法」(『日本考古学』13号)　小林正史・柳瀬昭彦　日本考古学協会　2002
『古事類苑』飲食部　吉川弘文館　1971
『御膳日記』　八田家文書　1800-01
『「粉もん」庶民の食文化』　熊谷真菜　朝日新聞社　2007
『コメを選んだ日本の歴史』　原田信男　文藝春秋　2006
『古老がつづる下谷・浅草の明治，大正，昭和』5　台東区立下町資料館　1990
『混迷のなかの飽食　食糧・栄養の変遷とこれから』　大磯敏雄　医師薬出版　1980
「婚礼献立にみる山間地域の食事形態の変遷―江戸期から大正期の家文書の分析を通して―」(日本調理科学会編『日本調理科学会誌』38(4))　増田真祐美・江原絢子　日本調理科学会　2005　(増田 2005)
『最暗黒の東京』　松原岩五郎　岩波書店　1988
「埼玉県赤山陣屋跡遺跡　トチの実加工場の語る生業形態」(『季刊考古学』55号)　金箱文夫　雄山閣　1996
『さくら日本切手カタログ2006』　日本郵趣協会　1996
『雑喉場魚市場史　大阪の生魚流通』　酒井亮介　成山堂書店　2008　(『雑喉場魚市場史』)
『雑穀Ⅱ　粉食文化論の可能性』　木村茂光編　青木書店　2006　(『雑穀』)
『サッポロビール120年史』　サッポロビール　1996
「シーボルトが記録した江戸の食材」(『季刊ヴェスタ』27号)　熊倉功夫・宮坂正英　味の素食の文化センター　1997　(『vesta』27)
「滋賀県粟津湖底遺跡第三貝塚」(『季刊考古学』55号)　伊庭功　雄山閣　1996
『知っ得　明治・大正・昭和　風俗文化誌』　学燈社　2007　(知っ得)
『自動販売機の文化史』　鷲巣力　集英社　2003
『指南包丁』　出雲明　赤堀学園出版局　1963
『正倉院文書データベース』　正倉院文書データベース作成委員会　2007
「縄文遺跡と生業の特性」(『季刊考古学』55号)　岡田康博　雄山閣　1996
「縄文時代の狩猟と儀礼」(『季刊考古学』55号)　西本豊弘　雄山閣　1996
「縄文人の植物利用」(『季刊考古学』100号)　松井章　雄山閣　2007
「縄文人の定住と定住を支えた文化」(『季刊考古学』64号)　岡村道雄　雄山閣　1998
「縄文農耕論の再検討」(『縄文人・弥生人は何を食べたか』)　宮坂光昭　雄山閣　2000
『縄文文化と日本人　日本基層文化の形成と継承』　佐々木弘明　小学館　1986
『昭和日常生活史』1～3巻　加藤秀俊他　角川書店　1985-87
『昭和二万日の全記録』全19巻　講談社　1989-91
『食生活と文化　食のあゆみ』　石川寛子編　弘学出版　1989
『食足世平　日本の味探訪』　安藤百福編　講談社　1985
『食足世平　日清食品社史』　日清食品　1992
『食通の絵画史　和食の形式から食いだおれ大阪まで』　大阪市立博物館　1989
『食堂車の明治・大正・昭和』　かわぐちつとむ　グランプリ出版　2002
『食と考古学』　福島県立博物館　2001
『続日本紀(上・中・下)全現代語訳』　宇治谷孟　講談社　1992-95

参考文献

『食に歴史あり　洋食・和食事始め』　産経新聞出版　2008
『食の考古学』　佐原真　東京大学出版会　1996
『食の昭和文化史』　田中宣一・松崎憲三　おうふう　1995
『食は生命なり　栄養学と香川綾の生涯』　香川栄養学園　2004　(『食は生命なり』)
『食品産業事典』　日本食糧新聞社　1997
『改稿食物史』　森末義彰・菊池勇次郎　第一出版　1965　(『食物史』)
『食物と日本人』　樋口清之　講談社　1979
「食料の獲得と貯蔵・加工」(『季刊考古学』64号)　大島直行　雄山閣　1998
『史料明治百年』　朝日新聞社　1966
『新宿中村屋　相馬黒光』　宇佐美承　集英社　1997
新聞:『明治ニュース事典』全8巻　毎日コミュニケーションズ　1983-86
新聞:『大正ニュース事典』全7巻　毎日コミュニケーションズ　1986-89
新聞:『昭和ニュース事典』全8巻　毎日コミュニケーションズ　1990-94
新聞類　名称のうち，大阪新聞＝大阪のように，「新聞」を省略
　　主な新聞略称　新聞雑誌，東京曙，東京日日，朝野，横浜毎日，読売，朝日，郵便報知，大阪日報，東京絵入，時事，国民，都，信濃毎日
『図説　日本庶民生活史』1巻　原始―奈良　奈良本辰也編　河出書房新社　1961
『図説　日本庶民生活史』2巻　平安―鎌倉　奈良本辰也編　河出書房新社　1961
『図説　日本庶民生活史』3巻　南北朝―室町　奈良本辰也編　河出書房新社　1961
『図説　日本庶民生活史』4巻　安土桃山―江戸前期　奈良本辰也編　河出書房新社　1962
『図説　日本文化の歴史』　大正・昭和　小学館　1981
『生活学第二十三冊　台所の一〇〇年』　日本生活学会編著　ドメス出版　1999　(『台所の一〇〇年』)
『生活学第二十五冊　食の一〇〇年』　日本生活学会編著　ドメス出版　2001　(『食の一〇〇年』)
『生活学第二十七冊　家庭生活の一〇〇年』　日本生活学会編著　ドメス出版　2003　(『家庭生活の一〇〇年』)
『生活史』1 (体系日本史叢書15)　鬼頭清明・今泉淑夫　山川出版社　1994
『生活史』2 (体系日本史叢書16)　森末義彰他　山川出版社　1965
『生活史』3 (体系日本史叢書17)　森末義彰他　山川出版社　1969
『西洋菓子彷徨始末』　吉田菊次郎　朝文社　1994
『西洋料理がやってきた』　富田仁　東京書籍株式会社　1983
『西洋料理人物語』　中村雄昂　築地書館　1985
『世事百談』(『日本随筆大成』1期18所収)　吉川弘文館　1976
『設立三十周年記念史』　日本食生活文化財団　2009
『戦国時代の宮廷生活』　奥野高廣　続群書類従完成会　2004
『全集日本の歴史　列島創世記』1巻　松木武彦　小学館　2007
『贈答と宴会の中世』　盛本昌弘　吉川弘文館　2008
『続徳川実紀』全5巻 (『新訂増補国史大系』)　吉川弘文館　2007
「蕎麦全書」伝　現代語訳　日新舎友蕎子，新島繁校注　ハート出版　2006　(『蕎麦全書』)
『大飢饉，室町社会を襲う！』　清水克行　吉川弘文館　2008
『大正文化　帝国のユートピア』　竹本郎　三元社　2004
『台所空間学事典　女性たちが手にしてきた台所とそのゆくえ』　北浦かほる・辻野増枝編著　彰国社　2002
『台所の考古学　食をめぐる知恵の歴史』　名古屋市博物館編　2003

367

『第二次世界大戦下における食生活実態に関する資料調査研究』　石川寛子他編　1989
『大日本古文書　編年文書（正倉院文書）』編年之1～25　東京大学出版会　1968　（『台所の考古学』）
『高木兼寛伝　脚気をなくした男』　松田誠　講談社　1990　（『高木兼寛伝』）
『たべもの日本史総覧（歴史読本特別増刊・事典シリーズ）』　吉成勇編　新人物往来社　1993　（『たべもの日本史総覧』）
『男爵薯の父　川田龍吉伝』　館和夫　北海新聞社　1992
『団地2DKの暮らし　再現・昭和30年代』　青木俊也　河出書房新社　2001
『乳一万年の足音』　鴇田文三郎　光琳　1992
『茶の湯の歴史　千利休まで』　熊倉功夫　朝日新聞社　1990　（『茶の湯の歴史』）
『中国伝来物語』　寺尾善雄　秋田書店　1967
「中世人の生活と信仰」（『モンゴルの襲来』）　藤原良章　吉川弘文館　2003
『中世の農業と気候　水田二毛作の展開』　磯貝富士男　吉川弘文館　2002
『中世民衆の生業と技術』　網野善彦　東京大学出版会　2001
『朝鮮通信使の饗応』　高正晴子　明石書店　2001
『朝鮮の料理書』（東洋文庫416）　鄭大聲編訳　平凡社　1982
『佃島と白魚漁業』（『都史紀要』26）　東京都公文書館編　1978
『冷たいおいしさの誕生　日本冷蔵庫100年』　村瀬敬子　論創社　2005　（『冷たいおいしさの誕生』）
「釣漁と銛猟　いわき海域を中心に」（『普及版・季刊考古学　縄文人・弥生人は何を食べたか』所収）　馬目順一　雄山閣　2000
『徒然草』　西尾実・安良岡康作校注　岩波書店　1993
『庭訓往来』（東洋文庫242）　石川松太郎校注　平凡社　1973
『手仕事にみる飛騨の暮らし　伝えたい，命を紡いだ母たちの愛』　高山女性史学習会編　ドメス出版　2003
『東京瓦斯七十年史　1885-1955』　東京瓦斯　1956　（『東京瓦斯七十年史』）
『東京故事物語』　高橋義孝編　河出書房　1968
『東京電力三十年史』　東京電力　東京電力　1983
『東京風俗志』　平出鏗二郎　八坂書房　1991
『東京闇市興亡史』　東京焼け跡ヤミ市を記録する会・猪野健治編　草風社　1978
『東遊雑記　奥羽松前巡見私記』　古川古松軒　平凡社　1964　（『東遊雑記』）
「土器製塩の工程と集団　製塩土器分布圏の成り立ち」（『季刊考古学』55号）　高橋満　雄山閣　1996
『言継卿記』　奥野高廣　高桐書院　1947
『言継卿記　公家社会と町衆文化の接点』（『日記・記録による日本歴史叢書』古代・中世編23）　今谷明　そしえて　1980
『徳川実紀』全10巻（『新訂増補国史大系』）　吉川弘文館　1964-66
『特別展　いただきます　食の文化史』　埼玉県立歴史と民俗の博物館　2009
『都市と職能民の活動』　網野善彦・横井清　中央公論新社　2003
『長崎案内』　宮崎岩太郎編　緑金堂　1897
『長崎オランダ商館の日記』　村上直次郎訳　岩波書店　1956-58
『長崎学・続々食の文化史　食文化をたずねて』（『長崎純心大学博物館研究』11）　越中哲也　長崎純心大学博物館　2002　（『長崎学・続々食の文化史』）
『長崎日記・下田日記』　藤井貞文・川田貞夫校注　平凡社　1968

「長野県諏訪地方における天然角寒天産業の存続状態」(『地域研究年報』27)　淡野寧彦　2005
　(『地域研究年報27』)
『中村屋一〇〇年史』　中村屋社史編纂室編　2003
『七十五日』　国立国会図書館蔵　1787
『浪華雑誌街能噂』(『浪速叢書』16)　平亭銀鶏　浪速叢書刊行会　1929
『浪華百事談』(『日本随筆大成』3期2)　吉川弘文館
『奈良朝食生活の研究』　関根真隆　吉川弘文館　1968
『南蛮から来た食文化』　江後迪子　弦書房　2004
『20世紀乳加工技術史』　林弘通　幸書房　2001
『日録20世紀　20世紀「食」事始め』　講談社　1999　(『日録20世紀』)
『日清製粉一〇〇年史』　日清製粉　2001
『にっぽん台所文化史』　小菅桂子　雄山閣　1998
『日本栄養学史』　国民栄養協会編　秀潤社　1981
『日本奥地紀行』　イザベラ・バード，高梨健吉訳　平凡社　2000
『日本海軍食生活史話』　瀬間喬　海援舎　1985
『日本鹿子』(元禄4年刊)　磯貝舟也・久富哲雄　クレス出版　1994
『日本凶荒史考』　西村眞琴・吉川一郎編　有明書房　1983
『日本近代の食事調査資料』　全国食糧振興会　1988-93
『日本コーヒー史』　上巻　全日本コーヒー商工組合連合会　1980
『日本国有鉄道百年史』　日本国有鉄道　交通協力会　1974
『日本古代穀物史の研究』　鋳方貞亮　吉川弘文館　1977
『日本山海名産図会』　蔀関月画　1979
『日本山海名物図会』　平瀬徹斎，長谷川光信画　名著刊行会　1979
『日本史』全5巻　ルイス・フロイス，柳谷武夫訳　平凡社　1963
『日本書紀(上・下)全現代語訳』　宇治谷孟　講談社　1988
『日本食生活史』　渡辺実　吉川弘文館　1964(2007)
『日本食肉小売業発達史』　日本食肉三水会(編)　全国食肉事業協同組合連合会　1971
『日本食肉文化史　財団法人伊藤記念財団創立十周年記念』　伊藤記念財団　1991　(『食肉文化
　史』)
『日本食品衛生史　昭和後期編』　山本俊一編　中央法規出版　1982
「日本食品分析小史」(『女子栄養大学紀要』14)　菅原龍幸　女子栄養大学　1983
『日本食文化人物事典　人物で読む日本食文化史』　西東秋男編　筑波書房　2005　(『日本食文化
　人物事典』)
『日本食物史　食生活の歴史』　樋口清之　柴田書店　1960
『日本食物史』　江原絢子・石川尚子・東四柳祥子　吉川弘文館　2009
『日本食物史』上　笹川臨風　足立勇　雄山閣　1973
『日本食物史』下　櫻井秀　足立勇　雄山閣　1973
『日本食物史概説』　足立勇　医歯薬出版　1962
『日本人と西洋食』　村岡実　春秋社　1984
「日本人と豚　文献と考古学から見た歴史」(『人環フォーラム』15)　松井章　京都大学大学院環
　境学研究科　2004
『日本人のひるめし』　酒井伸雄　中央公論新社　2001
『日本人はなにを食べてきたか』　原田信男　角川学芸出版　2010
『日本生活文化史』全10巻　河出書房新社　1980

『日本その日その日』　E・S・モース　平凡社　1970-71
『日本たべもの百科（歴史読本特別増刊）』　吉成勇編　新人物往来社　1974
『日本中世史事典』　阿部猛・佐藤和彦編　朝倉書店　2008
『日本で最初の喫茶店「ブラジル移民の父」がはじめたカフエーパウリスタ物語』　長谷川泰三　文園社　2008　（『カフエーパウリスタ物語』）
『日本糖業史』　樋口弘　内外経済社　1956
『日本渡航記』　ゴンチャロフ，井上満訳　岩波書店　1941
『日本の味　醬油の歴史』　林玲子・天野雅敏編　吉川弘文館　2005
『日本の酒の歴史　酒造りの歩みと研究』　坂口謹一郎（監）　研成社　1977　（『日本の酒の歴史』）
『日本の食と酒　中世末の発酵技術を中心に』　吉田元　人文書院　1991
『日本の食文化小史』　大河内由美　女子栄養大学出版部　1962
『日本の食糧資源　日本人と米の歴史』　永山久夫編著　中央通信社　1980
『日本の茶　歴史と文化』　吉村亨・若原英弌　淡交社　1984
『日本のパン四百年史』　柴田米作　日本のパン四百年史刊行会　1956
『日本の野菜』　青葉高　八坂書房　1983
『日本橋魚河岸物語』　尾村幸三郎　青蛙房　1984
『日本法令索引』旧法令編１～３　紀伊国屋書店　1984-85
『日本めん食文化の一三〇〇年』　奥村彪生　農山漁村文化協会　2009
『日本洋菓子史』　池田文痴菴編著　日本洋菓子協会　1960
『日本料理の歴史』　熊倉功夫　吉川弘文館　2007
『日本料理文化史　懐石を中心に』　熊倉功夫　人文書院　2002
『農業全書』（『日本農書全集』12・13）　宮崎安貞　農山漁村文化協会　1978
『農業・農産加工』（『講座・日本技術の社会史』１巻）　永原慶二・山口啓二他編　日本評論社　1983　（『農業・農産加工』）
『野田の醬油史』　市山盛雄　崙書房　1980
『信長のおもてなし　中世食べもの百科』　江後迪子　吉川弘文館　2007　（『信長のおもてなし』）
『梅園拾葉』巻の下　三浦安貞　内閣文庫蔵　1781
『花の下影　幕末浪花のくいだおれ』　朝日新聞阪神支局　清文堂　1986　（『花の下影』）
『原城紀事』（『史籍集覧』3）　川北温山・近藤瓶城編　1882
『ビールと日本人　明治・大正・昭和ビール普及史』　キリンビール編　三省堂　1984　（『ビールと日本人』）
「比較食文化史年表に関する諸問題」（『会誌　食文化研究』5）　五島淑子・大下市子・時枝久子・橋爪伸子・和仁皓明　（社）日本家政学会食文化研究部会　2009
『日次紀事』（『新修京都叢書』4巻）　新修京都叢書刊行会編　臨川書店　1994
『日々に新たに　サントリー百年史』　サントリー　1999
『百貨店の誕生』　初田亨　筑摩書房　1999
『平戸オランダ商館の日記』全4輯　永積洋子訳　岩波書店　1969-70
『東京風月堂社史』　東京風月堂社史編纂委員会　東京風月堂　2005
『復原　戦国の風景　戦国時代の衣食住』　西ヶ谷恭弘　PHP研究所　1996
『武江産物志』　岩崎常正　東京家政学院大学図書館蔵　1824
『定本　武江年表』全4巻　今井金吾監修　大空社　1998
『定本　武江年表』上・中・下　今井金吾校訂　筑摩書房　2003-2004　（『武江年表』）
『藤岡屋日記』5巻　鈴木棠三・小池章太郎　三一書房　1989

参考文献

『フランス料理二大巨匠物語　小野正吉と村上信夫』　宇田川悟　河出書房新社　2009
『文明堂総本店百年史』　文明堂総本店　2000
『ペリー提督日本遠征日記』　M・Cペリー，木原悦子訳　小学館　1996
『穂積歌子日記　明治一法学者の周辺 1890-1906』　穂積重行編　みすず書房　1989
「『本草綱目』の日本初渡来記録と金陵本の所在」(『漢方の臨床』45 巻 11 号)　真柳誠　東亜医学協会　1998　(真柳 1998)
『本草和名』下巻（与謝野寛等編『日本古典全集』1）　深根輔仁　日本古典全集刊行会　1926
『本朝食鑑』全 5 巻　人見必大，島田勇雄訳注　平凡社　1976-81
『本朝世事談綺』（『日本随筆大成』2 期 12）　吉川弘文館　1974
『枕草子』　松尾聡・永井和子　小学館　1974
『松屋会記』（『茶道古典全集』9 巻）　松屋久政・久好・久重　淡交社　1957
『漫談明治初年』　同好史談会編　批評社　2001
『万葉集』上・下　伊藤博校注　角川書店　1985
『万葉集にみる食の文化　五穀・菜・塩』　一島英治　裳華房　1993
『株式会社三越 85 年の記録』　三越　1990
『室町安土桃山時代医学史の研究』　服部敏良　吉川弘文館　1971
『明治大阪物売図彙』　菊池真一編　和泉書院　1998
『明治事物起原』8　石井研堂　筑摩書房　1997
『明治製菓の歩み　買う気でつくって 60 年』　明治製菓　1977
『明治西洋料理起源』　前坊洋　岩波書店　2000
『明治・大正・昭和　食生活世相史』　加藤秀俊　柴田書店　1977　(『食生活世相史』)
『明治百話』　篠田鉱造　岩波書店　1996
『明治文化史』全 14 巻　開国百年記念文化事業会編　洋々社　1953-57
『明治屋百年史』　明治屋　1987
『めし，むすび，もち，すしのルーツ　コメの食文化にさぐる「かたち」と「こころ」登呂遺跡発見 50 周年記念特別展』　静岡市立登呂博物館　1993
「麺類ではじまるわが国の粉食史」(『Food Culture』16 号)　伊藤汎　キッコーマン　2008
『模倣の時代』上・下　板倉聖宣　仮説社　1988
『森火山画集　日本橋魚河岸』　森火山画　東京都中央卸売市場築地市場　1977
『森永製菓 100 年史』　森永製菓　森永製菓　2000
『森永乳業 50 年史』　森永乳業　1967
『大和本草』全 2 巻　貝原益軒撰，白井光太郎考証　有明書房　1983
『訓読　雍州府志』　黒川道祐編　臨川書店　1997
『養生訓』　貝原益軒著，石川謙校訂　岩波書店　1961
『よくわかる茶道の歴史』　谷端昭夫　淡交社　2007
『横浜外国人居留地ホテル史』　沢　護　白桃書房　2001
『横浜市史稿』風俗編　横浜市　1985　(『横浜市史稿』)
『横浜もののはじめ考』　横浜開港資料館　1988
『ヨコハマ洋食文化事始め』　草間俊郎　雄山閣　1999
『ラーメンの誕生』　岡田哲　筑摩書房　2002
『洛陽勝覧』（『史料京都見聞記』1 巻）　駒敏郎・村井康彦・守屋毅久編　法蔵館　1991
『利休大事典』　熊倉功夫他　淡交社　1989
『料亭　東京芝紅葉館』　池野藤兵衛　砂書房　1994
『料理（別冊太陽）』　馬場一郎編　平凡社　1976

371

『冷凍食品事典』　朝倉書店　1975
『歴史のなかの米と肉　食物と天皇・差別』　原田信男　平凡社　1993　(『歴史のなかの米と肉』)
『和菓子ものがたり』　中山圭子　新人物往来社　1993
『和歌食物本草』寛永7年版　東京家政学院大学図書館蔵　1630
『和漢三才図会』全18巻　寺島良安，島田勇雄等訳注　平凡社　1987-2003
『私の履歴書　昭和の経営者群像　2』　日本経済新聞社編　日本経済新聞社　1992
『倭名類聚抄』　東京大学国語研究室　古書院　1987

歴史年表

『江戸東京年表　増補版』　大濱徹也・吉原健一郎編著　小学館　2002
『近世生活史年表』　遠藤元男　雄山閣出版　1982
『近代日本法律司法年表』　石井良助監修　第一法規出版　1982
『近代日本食文化年表』　小菅桂子　雄山閣　1997
『近代日本総合年表』　岩波書店編集部編　岩波書店　1991
『索引　政治経済大年表』上・下巻　東洋経済新報社　1971
『対外関係史総合年表』　吉川弘文館　2000
『誰でも読める　日本古代史年表』　吉川弘文館　2006
『誰でも読める　日本中世史年表』　吉川弘文館　2007
『誰でも読める　日本近世史年表』　吉川弘文館　2007
『誰でも読める　日本近代史年表』　吉川弘文館　2008
『誰でも読める　日本現代史年表』　吉川弘文館　2008
『日本史年表』　東京学芸大学日本史研究室　東京堂出版　2001
『机上版日本史年表』　歴史学研究会編　岩波書店　2001
『日本食生活年表』　西東秋男　楽游書房　1983
『日本食物史年表』　田中照男
『日本文化総合年表』　市古貞次他編　岩波書店　1990
『年表日本歴史』全5巻　筑摩書房　1980-93
『見る・読む・調べる　江戸時代年表』　山本博文監修　小学館　2007
『明治・大正家庭史年表1868-1925』　下川耿史・家庭総合研究会編　河出書房新社　2000
『昭和・平成家庭史年表1926-2000』　下川耿史・家庭総合研究会編　河出書房新社　2001

図 版 一 覧

〔口絵〕
平安貴族の大饗料理 『類聚雑要抄』より，東京国立博物館所蔵
僧侶の食事 『酒飯論』より，京都市・三時知恩院所蔵
南蛮貿易と食 「南蛮人慶長来朝上陸之図」，長崎歴史文化博物館所蔵
屋台による外食の楽しみ 「東都名所高輪廿六夜待遊興之図」，神奈川県立歴史博物館所蔵
居留地の食生活 「横浜異人屋敷の図」，東京家政学院大学図書館所蔵
家庭料理書の誕生 『四季料理』より
引き札にみる風月堂 「風月堂浮世絵」『日本洋菓子史』より

図1　ナウマン象（1万5000年前）　北海道幕別町教育委員会提供
図2　釣針（4000～）　福島県薄磯貝塚出土，いわき市教育委員会所蔵
図3　水さらし場（B.C.1500）　長野県栗林遺跡出土，長野県立歴史館提供
図4　石皿，叩き石（B.C.1500）　長野県栗林遺跡出土，長野県立歴史館提供
図5　栗の栽培管理（縄文時代前期）　青森県三内丸山遺跡ジオラマ，国立歴史民俗博物館制作
図6　縄文土器（縄文時代後期初頭）　福島県金屋敷遺跡出土，郡山市教育委員会所蔵
図7　弥生土器（弥生時代後期前半）　福島県天王山遺跡出土，白河市教育委員会所蔵
図8　水田造成（B.C.250）　青森県垂柳遺跡出土，青森県埋蔵文化財センター提供
図9　おむすびのルーツ（弥生時代中期後半）　千葉県常代遺跡出土，君津郡市文化財センター所蔵
図10　ちまきの状炭化米（弥生時代後期）　石川県チャノバタケ遺跡出土，石川県埋蔵文化財センター所蔵
図11　垂仁天皇陵と田道間守を祀る陪塚の小島（61）　奈良市
図12　まな板（250）　奈良市平城宮下層遺跡出土，奈良文化財研究所所蔵
図13　移動式かまど（500）　神奈川県平塚市塚越遺跡出土
図14　すり鉢（500）　愛知県東海市大木之本遺跡出土
図15　推古天皇が薬猟をしたという大宇陀の現代の風景（611）　奈良県大宇陀市
図16　飛鳥川原宮跡から出土した土器（655・656）　奈良文化財研究所所蔵
図17　現代の額田王と大海人皇子の歌碑（668）　滋賀県東近江市・万葉の森
図18　藤原宮跡出土の地方産物木簡（700）　奈良文化財研究所所蔵
図19　平城京復元図（710）　奈良市役所所蔵
図20　長屋王家で使用した食器類（700）　奈良文化財研究所所蔵
図21　東市の略図（758）　京都市・知恩院所蔵
図22　施薬院設置（730）　正倉院所蔵
図23　大膳職発掘写真（733）　奈良国立文化財研究所提供
図24　空海（814）　木造弘法大師坐像，京都市・教王護国寺所蔵
図25　嵯峨天皇（815）
図26　『和名類聚抄』と木簡にみえる乳製品（927）　奈良文化財研究所所蔵
図27　亥の子餅（979）
図28　関白右大臣が東三条へ移った時の饗宴（1115）　『類聚雑要抄』より
図29　庶民の食事の様子（1150）　『病草紙』，京都国立博物館所蔵

373

図30　現代の奈良市郊外の茶畑（1191）
図31　『喫茶養生記』（1211）　神奈川県鎌倉市・寿福寺所蔵
図32　現代の東大寺修二会食作法（1246）『別冊太陽　料理』より，奈良市・東大寺
図33　施行（1299）『一遍上人縁起絵』，神奈川県・清浄光寺所蔵
図34　二条河原落書（1334）『建武年間記』，国立公文書館内閣文庫所蔵
図35　寺院での僧侶の食事準備風景　『慕帰絵』，京都市・西本願寺所蔵
図36　一服一銭（1403）「賀茂競馬図屏風」より，京都市・上賀茂神社所蔵
図37　尺素往来（1460）　国立公文書館内閣文庫所蔵
図38　君台観左右帳記書写（1476）　東北大学所蔵
図39　糖粽売（1494）『三十二番職人歌合』より
図40　武野紹鷗（1525）
図41　食物関係の職人図（1529）『七十一番職人歌合』より
図42　千利休（1540）　京都市・不審庵所蔵
図43　『酒飯論』（1550）　京都市・三時知恩寺所蔵
図44　『鼠草紙絵巻』（1550）　東京国立博物館所蔵
図45　刈入れ作業（1565）「上杉本洛中洛外図屏風」，山形県米沢市所蔵
図46　紀州みかんの始まり（1574）『日本山海名物図会』より
図47　検地の様子（1582）『徳川幕府県治要略』より
図48　佃島の漁が始まる（1591）『江戸名所図会』より
図49　神田鎌倉町の豊島屋（1596）『江戸名所図会』より
図50　醍醐の花見（1598）『醍醐の花見図屏風』より，国立歴史民俗博物館所蔵
図51　唐辛子（1605）『農業全書』より，東京家政学院大学図書館所蔵
図52　七味唐辛子屋（1625）『江戸商売図絵』より
図53　砂糖製造（1610）『日本山海名物図会』より，東京家政学院大学図書館所蔵
図54　日本橋魚市（1610）『近世職人尽絵詞』より，東京国立博物館所蔵
図55　日本橋魚市（1616）『江戸名所図会』より
図56　菱垣廻船（左）と弁才船（1624）　岡山県・若宮八幡宮所蔵
図57　カステラを焼く天火（1624）『餅菓子即席手製集』より，東京家政学院大学図書館所蔵
図58　『和歌食物本草』（1630）　東京家政学院大学図書館所蔵
図59　狩りの際，屋外で料理をする料理人たち（1636）『江戸図屏風』より，国立歴史民俗博物館所蔵
図60　出島での饗宴図（1641）
図61　『料理物語』（1643）　東京家政学院大学図書館所蔵
図62　醤油の商標（1645）
図63　天満青物市（1652）『摂津名所図絵』より
図64　行楽弁当の再現（1654）　エコ・クッキング推進委員会・（財）国民公園協会皇居外苑提供
図65　普茶料理（1660）『普茶料理抄』より
図66　雑喉場魚市（1666）『浪花名所図会』より
図67　『料理食道記』刊行（1669）『食物本草本大成4巻印影本』より
図68　網取式捕鯨（1675）『日本山海名産図会』より
図69　浅草海苔（1680）『江戸名所図会』より
図70　鰹節の製造（1674）『日本山海名産図会』より，東京家政学院大学図書館所蔵
図71　そばの屋台（1686）『近世職人尽絵詞』より，東京国立博物館所蔵

図版一覧

図 72　長崎・異国船・金平糖の話（1688）『日本永代蔵』（岩波文庫）より
図 73　餅師・煎餅師ら（1690）『人倫訓蒙図彙』より
図 74　現在のけぬき鮨（左）と江戸時代の引き札（1702）　引き札は，東京都立中央図書館加賀文庫所蔵
図 75　堂島米あきない（1706）『摂津名所図会』より
図 76　『養生訓』（1713）　東京家政学院大学図書館所蔵
図 77　鷹狩（1717）『江戸図屏風』より，国立歴史民俗博物館所蔵
図 78　小石川養生所（1722）　東京都立中央図書館所蔵
図 79　行徳塩浜の復興・保護（1723）『江戸名所図会』より，東京家政学院大学図書館所蔵
図 80　水田の虫逐い（1732）『除蝗録』より
図 81　青木昆陽の墓（1735）　東京都目黒区目黒不動尊
図 82　中野の桃園（1735）『江戸名所図会』より
図 83　京の料理茶屋「佐野屋」（1737）『都の魁』より
図 84　『歌仙の組糸』（1748）　東京家政学院大学図書館所蔵
図 85　「釣瓶鮓之図」（1753）　東京家政学院大学図書館所蔵
図 86　料理屋八百善（1763）『料理通』より，国立国会図書館所蔵
図 87　江戸市中に流行した屋台店（1772）『近世職人尽絵詞』より，東京国立博物館所蔵
図 88　『豆腐百珍』などの百珍物（1782）　東京家政学院大学図書館所蔵
図 89　引き札（1787）　東京都立中央図書館　加賀文庫所蔵
図 90　芝蘭堂のオランダ正月（1794）　早稲田大学図書館所蔵
図 91　オランダ正月の献立（1794）　東京家政学院大学図書館所蔵
図 92　王子村の海老屋・扇屋（1799）『江戸名所図絵』より
図 93　『料理早指南』（1801）　東京家政学院大学図書館所蔵
図 94　魚売りと青物売り（1808）『江戸職人歌合』より，東京家政学院大学図書館所蔵
図 95　酒の 25 種の製法を記す『手造酒法』（1813）　東京家政学院大学図書館所蔵
図 96　酒飲み合戦の図（1817）『近世奇跡考』より
図 97　下総国醤油製造の図（1821）『大日本物産図会』より
図 98　天保の大飢饉（1833）『民間備考録』より，東京家政学院大学図書館所蔵
図 99　『竈の賑』（1833）　東京家政学院大学図書館所蔵
図 100　『四季漬物塩嘉言』（1836）
図 101　現在の藪蕎麦（1843）
図 102　オランダ船（1845）　東京家政学院大学図書館所蔵
図 103　ペリー来航　饗応の図（1853）　神奈川県立博物館所蔵
図 104　パンを焼く図（1861）　東京家政学院大学図書館所蔵
図 105　横浜異人屋敷之図（1866）　東京家政学院大学図書館所蔵
図 106　『西洋衣食住』（1867）
図 107　東京築地ホテル館（1868）　印刷博物館所蔵
図 108　明治 2 年横浜馬車道の景色（1869）『牛乳と日本人』より
図 109　牛鍋屋（1870）『牛店雑談安愚楽鍋』より，東京家政学院大学図書館所蔵
図 110　崎陽亭の看板（1869）『横浜毎日新聞』より
図 111　コープランド（1870）『キリンビールの歴史』新戦後編より
図 112　牛乳・乳製品の販売店（1871）『牛店雑談安愚楽鍋』より，東京家政学院大学図書館所蔵
図 113　「乳母いらず」の広告（1871）『牛乳と日本人』より

図114　東京釆女町精養軒（1872）『築地居留地』より
図115　新橋ステーション（1872）　慶應義塾大学図書館所蔵
図116　『西洋料理通』（1872）　東京家政学院大学図書館所蔵
図117　『西洋料理指南』（1872）　東京家政学院大学図書館所蔵
図118　『文明開化』にみる食卓（1873）
図119　野田醤油醸造之図（1873）　野田市郷土博物館所蔵
図120　製茶の様子（1874）『日本生活文化史』7より
図121　木村屋西洋菓子・パン製造所（1874）『木村屋総本店百二十年史』より
図122　ノース＆レーの広告（1875）『日本絵入商人録』より
図123　上野精養軒　錦絵（1876）　上野精養軒提供
図124　上野精養軒（1876）　上野精養軒提供
図125　開拓使麦酒醸造所（1876）　北海道大学附属図書館所蔵
図126　凮月堂アイスクリーム広告（1876）
図127　ドイツ留学中の中川清兵衛（右端，1877）　サッポロビール株式会社所蔵
図128　明治期の村上開新堂（1877）　村上開新堂所蔵
図129　「凮月堂浮世絵」（部分，1878）『日本洋菓子史』より
図130　高野正誠（右）と土屋龍憲（1879）『勝沼ワイン一〇〇年の歩み　山梨のワイン発達史』より
図131　『くりやのこころえ』（1880）
図132　赤堀割烹教場実習風景（1882）『和洋家庭料理法』より
図133　鹿鳴館貴婦人慈善会図（1883）　東京都立中央図書館所蔵
図134　ジャパン・ブルワリー・カンパニー工場（1885）　横浜開港資料館所蔵
図135　『手軽西洋料理』（1885）　東京家政学院大学図書館所蔵
図136　木村屋のチンドン屋広報（1885）『木村屋総本店百二十年史』より
図137　高木兼寛（1886）『高木兼寛伝』より
図138　森鷗外（1886）　文京区立本郷図書館鷗外記念室所蔵
図139　千疋屋の宣伝マッチラベル（1886）『日本生活文化史』9より
図140　「可否茶館開業報條」（1888）『団団珍聞』より
図141　明治屋の麒麟ビール宣伝（1888）『明治屋百年史』より
図142　宇千喜ベーカリー（1888）『日本生活文化史』7より
図143　三ツ矢印平野水広告（1889）『月刊食道楽』第1巻3号より
図144　帝国ホテル食堂（1890）『月刊食道楽』第1巻1号より
図145　恵比寿ビール（1891）　サッポロビール株式会社所蔵
図146　アサヒビール吹田村醸造所（1892）　アサヒビール株式会社所蔵
図147　高峰譲吉（1894）　日本学士院所蔵
図148　『実用料理法』（1895）　国立国会図書館所蔵
図149　アイスクリーム製造器（1898）『食道楽』秋の巻より
図150　『日本料理法大全』（1898）　東京家政学院大学図書館所蔵
図151　森永太一郎（1899）『森永乳業100年史』より
図152　トマトソースの製造開始（1898）『カゴメ八十年史』より
図153　正田貞一郎（1900）『日清製粉一〇〇年史』より
図154　相馬愛蔵・黒光（1901）　中村屋所蔵
図155　東京瓦斯の広告（1902）『にっぽん台所文化史』より
図156　『食道楽』（1903）

図版一覧

図 157　ビヤホール普及（1903-09）『中央新聞』明治 32 年 9 月 4 日
図 158　森永エンゼルマーク（1905）『月刊食道楽』第 1 巻 6 号より
図 159　東京割烹女学校設立（1907）『家庭宝典和洋割烹法』より
図 160　村井弦斎・多嘉子夫妻（1907）『月刊食道楽』第 1 巻 2 号より
図 161　三越百貨店の食堂（1907）　三越資料館所蔵
図 162　味の素販売開始（1909）
図 163　中村屋新宿本店（1909）『新宿中村屋　相馬黒光』より
図 164　大正 12 年ごろの来々軒（1910）『ラーメンの誕生』より
図 165　カフェ・ライオンの女給（1911）『改稿食物史』より
図 166　サクラビールの看板（1912）
図 167　キリンビールの宣伝カー（1912）　キリンビール株式会社所蔵
図 168　森永製菓ミルクキャラメル発売（1913）『日本洋菓子史』より
図 169　家庭用調理台（1913）『にっぽん台所文化史』より
図 170　『料理の友』（1913）
図 171　『安価生活法』の 10 銭で買える食品比較図（1915）
図 172　リグレー社のチューインガム広告（1915）『近代日本食文化年表』より
図 173　田中宏（1915）『田中式豚肉料理法』より
図 174　簡易食堂（1918）『日本生活文化史』9 より
図 175　米騒動（1918）『太陽』昭和 2 年増刊号より
図 176　佐伯矩（1919）『栄養学者佐伯矩』より
図 177　国立栄養研究所（1920）『栄養学者佐伯矩』より
図 178　鈴木梅太郎（1921）　日本学士院所蔵
図 179　カルピス「初恋の味」ポスター（1922）
図 180　赤玉ポートワインの美人ヌードポスター（1922）『日々に新たに　サントリー百年史』より
図 181　震災後の食べ物屋（1923）『日本生活文化史 9』より
図 182　国立栄養研究所関東大震災後の救援活動（1923）『栄養学者佐伯矩』より
図 183　葛原式冷凍魚（1924）『冷たいおいしさの誕生　日本冷蔵庫 100 年』より
図 184　須田町食堂（1924）
図 185　各種引き札　チラシ等　東京家政学院大学図書館所蔵
図 186　発売当時のキューピーマヨネーズ（1925）
図 187　チキンライスとハムライスの広告（1926）
図 188　白札サントリーウイスキー（1929）『日々に新たに　サントリー百年史』より
図 189　オラガビールの看板（1929）『日々に新たに　サントリー百年史』より
図 190　天婦羅をたしなむチャップリン（1932）
図 191　不況と凶作の二重の打撃を受けた東北の農村（1933）
図 192　女子栄養大学駒込町校舎（1933）『香川栄養学園創立 60 周年記念誌』より
図 193　『栄養と料理』（1935）『食は生命なり　栄養学と香川綾の生涯』より
図 194　日の丸弁当（1937）『家庭と料理』1939 年 5 月号より
図 195　「ぜいたくは敵だ」の看板（1940）
図 196　戦時国民食展覧会（1941）『赤十字博物館報』25 号より
図 197　配給米購入券、パン食切符など（1942-48）　東京家政学院大学図書館所蔵
図 198　ジャガイモを配給する米屋（1943）
図 199　ゴルフ場を畑にする人々（1943）

377

図 200　上野不忍池にて田植え（1944）『日本の食糧資源　日本人と米の歴史』より
図 201　国民酒場（1944）『日本の食糧資源　日本人と米の歴史』より
図 202　闇市地図（大阪，1945）『大阪焼跡闇市』より
図 203　全国戦災者同盟のデモ（1945）　日本近代史研究会提供
図 204　サツマイモの配給（1946）
図 205　ギブ・ミー・チョコレート（1945）
図 206　隠匿物資の自主配給（1946）　日本近代史研究会提供
図 207　密造ドブロクの押収（1946）
図 208　焼け跡のバラックで煮炊き（1946）
図 209　買い出し列車の取り調べ（1947）　日本近代史研究会提供
図 210　香川綾と，計量カップと計量スプーン（1948）『食は生命なり　栄養学と香川綾の生涯』より，香川昇三・綾記念展示室所蔵
図 211　ビタミン入りドライミルク（1950）『森永乳業五十年史』より
図 212　ソフトカード粉ミルク（1951）『明治乳業 50 年史』より
図 213　自動式電気釜発売（1955）
図 214　学校給食に牛乳（1958）『明治乳業 50 年史』より
図 215　犬丸徹三（1958）『私の履歴書　昭和の経営者群像　2』より
図 216　即席チキンラーメン（1958）『食足世平』より
図 217　マーブルチョコ（1961）『なつかしの昭和 30 年代』より
図 218　選手村料理長たち（1964）『西洋料理人物語』より
図 219　オロナミン C（1965）
図 220　ボンカレー（1968）
図 221　カネミ油症事件（1968）
図 222　自主流通米第 1 号（1969）
図 223　ファミリーレストラン（1970）
図 224　マクドナルド第 1 号店開店（1971）
図 225　カップヌードルの発売（1971）『食足世平』より
図 226　オイルショック後，砂糖を買う主婦たち（1974）
図 227　セブン-イレブン 1 号店開店（1974）
図 228　およげ！　たいやきくん（1976）
図 229　斎藤文次郎（1976）『西洋料理人物語』より
図 230　箸を使う給食（1977）
図 231　六十余州名品名産大ふるさと博（1978）
図 232　虎屋，パリに出店（1980）
図 233　紙パック回収（1986）
図 234　冷夏によるコメ不足で国産米を買おうとする人たち（1993）
図 235　O-157 による集団食中毒の後，給食室を消毒（1996）
図 236　雪印商品の販売自粛（2000）

索　　引

数字はその項目が記載されている西暦年を示す．

あ

アーティチョーク　1879
愛国者は麦を食え　1920
アイスキャンデー　1888, 1928, 1947, 1948
アイスクリーム　1860, 1867, 1869, 1872, 1876, 1877, 1878, 1880, 1885, 1888, 1893, 1894, 1898, 1902, 1921, 1924, 1928, 1945, 1964, 1966, 1971, 1974, 1980, 1984, 1985
愛知トマト製造株式会社　1933, 1959
愛知トマトソース製造合資会社　1914
青木昆陽　1735, 1739, 1769
青木佐太郎　1948
青木彦兵衛　1846
青島平十　1940
青島（温州）ミカン　1940
青森リンゴ　1891, 1892
青柳亭　1884
赤魚のでんがく　1783
赤貝　1563, 1641, 1887
赤米　734
赤サツマイモ　1811
赤玉ポートワイン　1907, 1922, 1944
アカディ　1978
赤堀割烹教場　1882
赤堀峯吉　1882, 1892
赤ワインブーム　1997
秋元巳之助　1875, 1887
芥川製菓　1886
芥川鉄三郎　1892
秋穂益実　1909
秋山徳蔵　1909, 1920, 1922
安愚楽鍋　1871
アゲマキ　1879
朝家万太郎　1908, 1910, 1914
浅草海苔　1680, 1829, 1883, 1913
あさげ　1974
麻地酒　1598
浅田甚右衛門　1885
浅田飴　1887
浅田麦酒　1885

アサヒ軒　1897
アサヒスタウト　1935
アサヒビアガーデン　1953
旭ビール　1892
朝日（アサヒ）麦酒　1893, 1895, 1896, 1951, 1958, 1963, 1969, 1971, 1977, 1981, 1987, 1988, 1989
アサヒビヤホール　1909
アサヒびん生　1963
アサヒミニ樽　1977
味附海苔　1869, 1878
味の素　1908, 1909, 1913, 1920, 1922, 1929, 1930, 1934, 1946, 1960, 1961, 1963, 1964, 1970, 1977, 1980, 1986
味の素ゼネラルフーヅ　1960, 1963, 1977
飛鳥井孝太郎　1904
小豆餅　738, 1783
アスター・ハウス　1926
アスパラガス　1781, 1871, 1872, 1879, 1918, 1922
アスパラガスの缶詰　1918
吾妻亭　1879
あづま　1884
羹　435, 1436, 1715, 1866,
油揚　1845, 1897, 1910, 1918, 1950, 1959
あべ川餅　1906
アポロ　1969
甘栗　1914
甘栗屋　1910
あまざけ　717
甘酒屋　1846, 1895
甘食パン　1894
甘葛　1001, 1509
甘名納糖　1857, 1877
甘海苔　1055, 1188
あめ　1494, 1720, 1889, 1944, 1955
糖粽売　1494
雨宮敬次郎　1880, 1886, 1887
アメ横商店街　1946
アメリカン・ポテトチップス　1950
鮎　866, 911, 1430, 1460, 1582, 1665
鮎のすし　1430
アルヘイ　1557

379

アルミ缶ビール　1971
粟　706, 712, 715, 720, 1427, 1473, 1649, 1720,
　　1721, 1751, 1913
鮑　1180, 1157, 1460, 1535, 1577, 1641, 1764, 1765,
　　1778, 1785, 1829, 1831, 1879, 1885
鮑の酢漬缶詰　1879
粟饅頭　1789
泡盛　1515, 1670, 1796, 1950
あんかけ　1835, 1862, 1905
鮟鱇　1639, 1651, 1665, 1830
あんこう鍋　1830
安西卯太郎　1892
アンズ　1872, 1876, 1877, 1890
アンズ缶詰　1890
あんパン　1872, 1874, 1875, 1905, 1927
あんみつ　1923, 1926, 1930

い

飯島藤十郎　1948, 1962
イースト　1915, 1923, 1928, 1929, 1932
烏賊　1460, 1481
イカの煮付　1875
いかめし　1987
育児用粉乳　1917, 1951
幾世餅　1704, 1733
池上太郎左衛門幸豊　1796
いけす鯉　1772～1781
池田菊苗　1909
居酒屋　1799, 1951, 1979
イザベラ・バード　1878
イザベラ・ビートン　1907
石井治兵衛　1898
石井泰次郎　1907
石垣イチゴ　1890, 1901, 1948
石川辰之助　1805
石塚左玄　1907
石焼イモ屋　1950
いずし　1951
泉屋新兵衛　1875
いせ源　1830
伊勢屋徳三　1872
伊勢屋八兵衛　1751
伊勢与　1873
磯野長蔵　1919
イタイイタイ病　1967, 1968, 1971
板チョコ　1909, 1961
イタリア軒　1874
市川精養軒　1877
イチゴジャムの缶詰　1881, 1909

イチゴ水　1880
いちご大福　1985
イチジク　1872, 1876
一貫堂　1906
一銭水道　1929
一服一銭茶売人　1403
一平ちゃん　1993
逸見勝誠　1888
遺伝子組み換え食品　1999
伊藤園　1981, 1985, 1989
伊那食品工業　1980
いなり寿司泉平　1841
犬丸徹三　1958
井上勝　1891
亥の子餅　979
猪の干肉　700
いはし　1430
井生村楼　1879
伊部猪三郎　1886
今井茂太郎　1851
いも駅弁　1943
芋パン　1942, 1943
イモ弁当　1944
諸類配給統制規則　1941
イヨカン　1889
煎海鼠（イリコ）　700, 1739, 1764, 1778, 1831
煎米　1705
イルカ　B.C.4000, 1430, 1460
居木南瓜　1638
岩崎弥太郎　1891
イワシの油漬缶詰　1871, 1879
イワシの缶詰　1904
隠元豆　1654
飲食営業緊急措置令　1947
インスタントコーヒー　1914, 1956, 1960, 1961,
　　1962
インスタント味噌汁　1961, 1974
インスタントラーメン　1960, 1974, 1980
隠匿物資等緊急措置令　1946
インド式カリー　1927
インド人もびっくり！　1964
インド料理　1969
インペリアル・バイキング　1958

う

ウイスキー　1859, 1877, 1920, 1923, 1929, 1965
ウィリアム・カーティス　1887
ウーロン茶　1887, 1906, 1979, 1981, 1986
植木屋四郎左衛門　1680

索　引

上島珈琲　1958
上西卯兵衛　1887
上野精養軒　1876, 1880
ウエハース　1900, 1913, 1926
上菱麦酒　1887, 1889
ウェンディーズ　1980
魚すき　1903
烏骨鶏　1894
兎　1433, 1430, 1460, 1544, 1643, 1682, 1686, 1688, 1824, 1872, 1938
ウサギ肉専門料理店　1921
牛久葡萄酒　1903
宇治茶　1191, 1460, 1464, 1470, 1808
薄皮饅頭　1852
薄せんべい　1733
ウスターソース　1885, 1894, 1897, 1898, 1900, 1905, 1908, 1942
打木彦太郎　1888
うどん（饂飩）　1351, 1354, 1370, 1434, 1596, 1597, 1642, 1646, 1686, 1687, 1722, 1727, 1735, 1740, 1799, 1811, 1830, 1835, 1879, 1880, 1886, 1893, 1903, 1919, 1922, 1923, 1925, 1928, 1930, 1940, 1941, 1942, 1943, 1945, 1950, 1975, 1980, 1989
うどんすき　1928
うどん寿司　1940
饂飩蕎麦屋　1811
うどん屋　1687, 1735, 1740, 1799, 1928
ウナギ　743, 1879, 1880, 1889, 1906, 1907, 1913, 1928, 1932, 1933, 1942, 1969
ウナギの駅弁　1907, 1932
鰻の蒲焼　1399, 1735
うなぎパイ　1961
うなぎめし　1817
うなぎ料理神田川　1805
うな丼　1817, 1859
うに　1675
烏羽玉　1803
うまかっちゃん　1979
梅印ガス　1908
梅干　1180, 1615, 1869, 1885, 1894, 1904, 1923, 1937, 1959, 1970, 1997
梅ぼ志飴　1857, 1892
浦上商店　1913, 1926, 1928, 1961
瓜　617, 710, 713, 1055, 1436, 1470, 1639
嬉野茶　1853, 1856
宇和島かまぼこ　1615

え

英語煎餅　1872
栄西　1191, 1211, 1214
叡尊　1239, 1262, 1269, 1286
永代団子　1843
榮太楼　1857, 1877, 1878, 1885, 1889, 1892, 1923, 1924
栄養（営養）　1883, 1886, 1923, 1933, 1952, 1979, 1981
栄養士　1925, 1936
栄養士会誌　1934
栄養士法　1925
栄養食パン　1920
栄養と料理　1935
永和噌方玉稷案　1879
エースコック　1988
エースラーメン　1959
江川酒　1556, 1567, 1582, 1592, 1598
江川坦庵　1842
駅ソバ第1号店　1936
駅弁　1885, 1888, 1890, 1892, 1904, 1906, 1907, 1917, 1928, 1932, 1934, 1939, 1940, 1943, 1944, 1958, 1966, 1987
駅弁の車窓販売　1888
エコナ　1928
江崎商店　1921, 1922
エシャロット　1966
エスビーカレー　1930, 1949, 1954
エスビー食品　1923, 1954, 1964, 1966
枝豆　1351, 1354
エチゴビール　1996
越前蟹　1511
江戸名物酒飯手引草　1848
榎本武揚　1873, 1891
海老　1430, 1433, 1460, 1685, 1799, 1862, 1906
恵比寿ビール（ヱビス麦酒）　1890, 1891, 1893, 1895, 1899, 1900, 1903
エビの鬼殻焼　1889
エビフライ　1929, 1937
海老屋　1799
LL 牛乳　1985
エンゼルマーク　1905
豌豆　1824, 1873

お

扇屋　1799
垸飯　1180, 1489

王文彩　1922
黄変米騒動　1952
近江瓜　1431
近江屋　1687, 1905
大井（牛肉店）　1871
おーいお茶　1985
O-157　1990, 1996
大井上康　1945
大炊寮　701, 718, 720, 734, 1149, 1319, 1362
大浦慶　1853, 1884
大型イカ焼そば　1988
扇屋　1799
桜風会　1907
オキシジミ　B.C. 4000
大食い大会　1817
大久保重五郎　1886, 1899
大阪麦酒　1889, 1892, 1893, 1897, 1900, 1903, 1906
大坂屋　1751, 1753, 1812
太田なわのれん　1868
大谷嘉兵衛　1862
大塚食品　1968
大鳥圭介　1869, 1873
大野佐吉　1862
大野屋　1817, 1885, 1899
大久昌治　1922
オーマイスパゲッティ　1959
岡田半左衛門泰次　1649
岡野谷　1876
岡村庄太郎　1902
岡本純　1889
翁そば　1829
奥津鯛　1638
奥山直道　1885
大倉孫兵衛　1904
お子様洋食　1930
興米　1102, 1152, 1674, 1686
お座敷天麩羅店　1903
おじいちゃんの料理教室　1987
押麦　1913
おだまきうどん　1879
お茶づけ海苔　1952
男の料理　1977
大人のふりかけ　1990
小野義真　1891
小野善右衛門　1883
オホーツクビール　1996
おぼろとうふ　1590
オムライス　1925
親子丼　1890, 1903, 1923, 1930

おやつ給食　1905
小山田与清　1832
およげ！たいやきくん　1975
オラガービール　1929
オリーブオイル　1641
オリオンビール　1957
オレンジの輸入自由化　1987, 1988, 1989, 1991
オロナミンC　1965

か

外食券専門食堂　1944
開新堂　1874, 1877, 1884
開新楼　1879
会席・即席料理屋　1848
海藻うどん　1945
開拓使　1870, 1871, 1872, 1876, 1877
開拓使麦酒醸造所　1876, 1877, 1888
買い出し列車　1947
懐中ラムネ　1881
回転寿司　1967
開洋社　1873
偕楽園　1883
海陽亭　1874
偕楽亭　1875
カイワレダイコン　1986, 1996
カウチポテト　1987
嘉悦孝子　1908
香川綾　1933, 1948, 1958
柿　1102, 1152, 1305, 1431, 1649, 1655, 1665, 1713, 1838, 1864, 1882, 1885, 1931, 1944
牡蠣　B.C. 4000, B.C. 3000, 1430, 1460, 1673, 1743, 1878, 1887, 1888, 1896, 1905,
カキ氷　1955
欠餅　1686
角砂糖　1889, 1899, 1907
花月　1877, 1897, 1923, 1924
カゴメ　1899, 1903, 1906, 1908, 1914, 1917, 1933, 1959, 1971
笠島淳蔵　1880
餓死対策国民大会　1945
雅叙園　1931, 1937
膳職　701
柏屋　1751, 1852, 1928
ガスコンロ　1911
カステラ　1557, 1576, 1624, 1900, 1926, 1941, 1960
ガスト　1992
歌仙の組糸　1748
片岡伊右衛門　1872

索　引

カツオ（鰹）　B. C. 4000, 700, 1460, 1577, 1665,
　　1690, 1787, 1799, 1928,
鰹のたたき　1690
鰹節　1615, 1652, 1674, 1699, 1758, 1799, 1801,
　　1864, 1877, 1888, 1889, 1892, 1893, 1913, 1914,
　　1961, 1968, 1975
カツカレー　1918
脚気　1872, 1876, 1878, 1883, 1884, 1885, 1888,
　　1891, 1892, 1899, 1904, 1905, 1908, 1910, 1914,
　　1924, 1932
学校給食　1889, 1911, 1924, 1932, 1940, 1941,
　　1944, 1946, 1947, 1951, 1952, 1953, 1954, 1955,
　　1956, 1957, 1958, 1962, 1963, 1967, 1968, 1970,
　　1973, 1975, 1976, 1978, 1982
学校給食開始　1889, 1911, 1932, 1944, 1946, 1947
学校給食法　1954, 1956
カット野菜　1985, 1987, 1998
カツ丼　1918, 1921
勝沼ワイン　1879
かっぱえびせん　1964
カップきつねうどん　1975
カップヌードル　1971
割烹学校　1898, 1916
カツレツ　1877, 1899, 1910, 1921, 1922, 1924,
　　1929
家庭食養研究会　1933
家庭ライスカレーの素　1928
加藤時次郎　1918, 1919
門倉国輝　1921
カトレア洋菓子店　1927
金沢三右衛門　1875
蟹　879, 1430, 1481, 1511, 1972, 1981
蟹江友太郎　1914
蟹江一太郎　1899, 1903, 1906, 1908, 1914, 1917
カニ缶詰　1880, 1887, 1895, 1907
金升屋　1910
金原弥五兵衛　1888
カネミ油症　1968
蒲焼屋　1848
可否茶館　1888
カブ（かぶら）　693, 1561, 1917, 1922, 1940
カフェ・パウリスタ　1911
カフェ・プランタン
カフェー・ミカド　1911
カフェ・ユーロップ　1919, 1922
カフェ・ライオン　1911
カフェ「パリー」　1913
カフェメゾン鴻の巣　1910
カブトビール　1922
カボチャ（南瓜）　1576, 1638, 1805, 1863, 1879,
　　1918, 1940, 1944
鎌倉ハム　1874, 1887, 1892, 1900, 1907, 1912,
　　1921
釜甚　1873
かまど　500, 1898, 1902, 1909, 1922, 1984
蒲鉾　1528, 1556, 1615, 1879, 1883, 1888, 1897,
　　1908, 1912, 1927, 1928, 1950, 1953, 1972, 1980,
　　1982, 1983
釜飯の駅弁　1958
釜飯屋　1923
紙パック牛乳　1962
神谷伝兵衛　1880, 1881, 1882, 1903, 1912
神谷バー　1912
亀田（神田）　1887
亀田製菓　1969
亀屋栄任　1594
鴨　1460, 1485, 1557, 1570, 1651, 1655, 1665, 1722,
　　1801, 1928
鴨南蛮　1903
唐芋　1771
辛子　1382, 1972
辛子レンコン　1984
カラナ　1631
カラムーチョ　1984
カラムシ　693
ガルトネル　1868, 1870
カルノー商会　1871
カルビー製菓　1964
カルピス　1915, 1917, 1919, 1922, 1923, 1941,
　　1991
カルピス製造株式会社　1923
カルルス煎餅　1887
カレー粉　1905, 1923, 1930, 1961
カレー南蛮　1907, 1909
カレーの王子様　1983
カレーパン　1927
カレー砒素混入事件　1998
カレーマルシェ　1983
カレーライス　1877, 1906, 1910, 1919, 1929, 1980,
　　1986, 1987
カロリーメイト　1983
川上善兵衛　1891, 1893, 1898, 1931
川北利助　1889
河金　1918
川島常吉　1890, 1901
川田龍吉　1907
瓦煎餅　1871
雁　1431, 1433, 1460, 1527, 1557, 1611, 1651, 1665,
　　1801
簡易食堂　1918, 1919, 1922, 1926, 1929

缶入りウーロン茶　1981
缶入りコーラ　1965
缶入り緑茶　1985, 1989
缶コーヒー　1969
甘蔗　1726, 1727, 1728, 1734, 1760, 1790, 1818, 1834, 1895, 1902
甘藷　1605, 1615, 1695, 1696, 1698, 1703, 1705, 1711, 1712, 1715, 1717, 1724, 1732, 1733, 1735, 1762, 1768, 1789, 1836, 1891, 1905, 1910, 1918, 1921, 1942, 1946
甘蔗製造伝　1760
甘藷説　1724
完全給食実施　1949, 1950, 1987
缶詰　1871, 1874, 1875, 1877, 1878, 1879, 1880, 1881, 1885, 1887, 1888, 1890, 1892, 1894, 1895, 1896, 1897, 1898, 1901, 1902, 1903, 1904, 1905, 1907, 1908, 1909, 1910, 1912, 1914, 1917, 1918, 1920, 1921, 1922, 1925, 1927, 1928, 1929, 1930, 1932, 1934, 1939, 1940, 1942, 1945, 1955, 1958, 1959, 1960, 1974, 1982, 1983, 1988
寒天　1650, 1685, 1841, 1851, 1879, 1880, 1885, 1888, 1906, 1943
かんてんぱぱ　1980
関東醬油　1821
上林熊次郎　1875
乾パン　1842, 1872, 1873, 1904, 1907, 1937, 1941, 1984
缶ビール　1958, 1959, 1963, 1971, 1972, 1981
干瓢　1712
乾ブリ製法　1794
乾麺　1950, 1952, 1956
肝油ドロップ　1911

き

キウイフルーツ　1964
きうり　1494, 1842
祇園豆腐　1676
きき酒会　1952
桔梗屋饅頭　1751
飢饉　567, 702, 710, 733, 762, 775, 780, 790, 843, 866, 1181, 1231, 1354, 1390, 1461, 1492, 1501, 1616, 1626, 1675, 1733, 1755, 1782, 1833, 1883, 1903
菊芋　1864, 1944
菊酒　851, 1598
菊水 1928
菊池秀右衛門　1811
菊池製作所　1923
刻昆布　1683, 1775

きさらぎ　1800
雉　355, 650, 1100, 1227, 1430, 1431, 1433, 1460, 1528, 1563, 1665, 1928
岸田伊之助　1871, 1887
岸光夫　1959
きしめん　1570, 1972
紀州みかん　1574
キシリトール　1997
北大路魯山人　1925
北橘茂男　1925
北村重威　1872
亀甲万　1873, 1895, 1923
キッコーマン醬油　1661, 1881, 1914, 1965, 1982
喫茶雑話　1620
喫茶養生記　1211, 1214
キッスキャンデー　1907
吉兆　1930
キッチン　1921, 1951, 1955, 1956, 1958, 1977, 1982, 1987
キッチンドリンカー　1977
キッチンロースター　1959
きつねうどん　1893, 1975
機内食　1951, 1965, 1968, 1972
きな粉パン　1927
紀ノ国屋　1953, 1964
木下作次郎　1892
キノミール　1917
木原均　1942, 1948
きび団子　1856
ギブ・ミー・チョコレート　1945
貴腐ワイン　1978
キムチ鍋の素　1999
木村荘平　1881, 1883, 1884, 1897
木村英三郎　1874
木村コーヒー店　1920
木村屋　1813, 1869, 1872, 1874, 1875, 1881, 1883, 1885, 1894, 1905, 1906, 1933
木村安兵衛　1869, 1883
木村屋のあんパン　1875, 1951
キャビア　1950, 1982, 1989
キャベツ　1706, 1871, 1872, 1874, 1885, 1893, 1929, 1959, 1986
給食　1872, 1902, 1905, 1917, 1920, 1923, 1930, 1943, 1945, 1948, 1949, 1950, 1966, 1974, 1980, 1981, 1983, 1985, 1987, 1992
牛丼　1923, 1968, 1975, 1978
牛どんの素　1974
牛鍋店　1862, 1874
牛鍋屋　1868, 1869, 1871, 1872, 1873, 1874, 1875, 1877, 1881, 1883, 1899

索　　引

牛鍋屋今広　1873
牛鍋屋いろは　1881, 1883
牛鍋屋たむら　1875
牛鍋屋ちんや　1872
牛鍋屋中川　1869, 1871, 1874
牛肉　720, 807, 1585, 1590, 1613, 1640, 1641, 1690,
　　1697, 1702, 1775, 1788, 1797, 1818, 1851, 1853,
　　1854, 1856, 1862, 1865, 1866, 1867, 1868, 1869,
　　1870, 1871, 1872, 1873, 1874, 1875, 1876, 1877,
　　1878, 1879, 1880, 1881, 1882, 1883, 1885, 1886,
　　1887, 1888, 1889, 1890, 1891, 1894, 1897, 1902,
　　1904, 1905, 1906, 1910, 1911, 1912, 1913, 1914,
　　1916, 1919, 1920, 1923, 1925, 1938, 1948, 1955,
　　1960, 1968, 1974, 1975, 1983, 1987, 1988, 1989,
　　1991, 1993
牛肉缶詰　1877, 1878, 1879, 1880, 1894, 1902,
　　1960
牛肉すき焼き店　1869
牛肉ソップ　1881
牛肉店　1862, 1866, 1867, 1869, 1872, 1874, 1876,
　　1878, 1882, 1885, 1889, 1891, 1897, 1902, 1911
牛肉の食用　1640
牛肉の煮込み　1875
牛肉屋　1851, 1877, 1885
牛肉料理　1590
牛乳　645, 700, 701, 825, 927, 984, 1584, 1775,
　　1851, 1857, 1862, 1864, 1865, 1866, 1867, 1868,
　　1871, 1872, 1873, 1874, 1875, 1876, 1877, 1878,
　　1879, 1880, 1881, 1882, 1884, 1885, 1887, 1888,
　　1889, 1890, 1891, 1894, 1895, 1897, 1898, 1899,
　　1900, 1901, 1902, 1903, 1904, 1905, 1907, 1908,
　　1912, 1913, 1914, 1917, 1920, 1923, 1924, 1927,
　　1928, 1933, 1937, 1938, 1939, 1940, 1945, 1950,
　　1952, 1954, 1956, 1957, 1958, 1959, 1961, 1962,
　　1964, 1965, 1967, 1968, 1969, 1970, 1972, 1976,
　　1977, 1978, 1982, 1985, 1991
牛乳及び乳製品配給統制規則　1940
牛乳切手　1891, 1917
牛乳考　1872
牛乳の戸別配達　1874
牛乳配達　1872, 1878, 1881, 1898
牛乳博覧会　1924
牛馬会社　1869
牛馬の食用　1587
求肥飴　1643
キユーピー食品　1925, 1958
求肥昆布　1765
牛飯屋　1891
きゅうりのキューちゃん　1962
狂牛病　1996

崎陽軒　1908, 1928
京樽　1950
協同乳業　1953, 1955, 1956, 1976
きょうの料理　1957, 1961, 1978, 1983
協和製作所　1948
極東煉乳　1917, 1921, 1924
玉露　1834, 1893
清酢　1649
巨大カボチャ　1805
魚肉ソーセージ　1952, 1974
魚肉ハム　1947, 1974
巨峰　1945
居留地　1868, 1869, 1870
亀楽　1895
切麦（きりむぎ）　1480, 1646
キリン・ピルスナー　1906
キリンジュース　1954
キリンビール（麒麟麦酒）　1885, 1888, 1890,
　　1893, 1902, 1904, 1907, 1909, 1912, 1928, 1975,
　　1980, 1981
キリンレモン　1928
キルビー　1868
金魚酒　1938
キンケイ食品　1930
銀座アスター　1926
ギンザカレー　1930
銀座函館屋　1897
径山寺味噌　1535
禽獣殺生禁止　745
禁酒おこし　1891
禁酒令（沽酒の禁制）　1252
金印わさび　1929
金線サイダー　1887

　　　　　　　　く

くいしん坊万才！　1974
くいだおれ　1949
クインス　1872
空海　814
九鬼国次郎　1910
くぐい　1430, 1433
クサイチゴ　1872
草野丈吉　1863, 1869, 1871
筵　849
クサヤの干物　1885
串柿　1102, 1305
クジラ専門店　1885
鯨の荒巻　1465, 1481
葛原猪平　1919

385

葛餅　1805
果物缶詰　1874, 1875, 1878
くねんぼ　1665
クノール　1964
隈川宗雄　1892
海月（くらげ）　1180, 1430, 1460, 1485
グラニュー糖　1979
クララ・ホイトニー　1885
クリ　693
クリープ　1961
クリームパン　1904
クリームワッフル　1904
グリーンピース缶詰　1905
グリコ　1919, 1921, 1922, 1956, 1960, 1966, 1981, 1984, 1985, 1986
グリコワンタッチカレー　1960
クリスマスケーキ　1892
グリスメール　1937
くりやのこころえ　1880
栗羊羹　1824
くるくる（クルクル）　1430, 1465, 1481
クルミ　B.C. 1500, 1874
くるみ餅　1850
グレープフルーツ　1971, 1978
クレラップ　1961
黒砂糖　1630, 1641, 1728, 1812, 1899, 1941
黒砂糖・白砂糖統制法　1941
クロダイ　B.C. 4000
クローン牛　1999
クワ　693, 1885
軍艦印サイダー　1903
軍需ビスケット　1932
軍事用ビスケット　1894, 1932
君台観左右帳記　1476
軍用型乾パン　1937
軍用パン　1869, 1898
軍用ビスケット　1904

け

鯨肉　1582, 1832, 1879, 1887, 1919, 1947, 1960, 1988
鯨肉缶詰　1988
鯨肉調味方　1832
鶏卵配給統制規則　1940
ケーキ　1865, 1873, 1882, 1892, 1899, 1900, 1910, 1922, 1923, 1924, 1930, 1941, 1964, 1977
月花亭　1869
月桂冠　1905
決戦食生活工夫集　1944

けぬき鮓　1702, 1787
ケフィール（馬乳酒）　1912
嫌煙ドロップ　1981
健康ブーム　1981
ケンタッキーフライドチキン　1970, 1984
源兵衛餅　1674
玄米パン　1919
元禄寿司　1967

こ

鯉　74, 1181, 1254, 1274, 1420, 1430, 1431, 1433, 1460, 1485, 1489, 1553, 1563, 1631, 1876, 1941
湖池屋　1984
鯉料理　1140
小岩井乳業　1899, 1901, 1902
小岩井農場　1891, 1899, 1901, 1902
小鰯　1436
公害病　1968
甲州ブドウ　1870
合成酒　1921
紅茶　1874, 1875, 1878, 1880, 1890, 1906, 1910, 1919, 1924, 1937, 1942, 1950, 1951
紅茶製造伝習規則　1878
神津牧場　1887
高等女学校　1920, 1928, 1937
弘得社　1910
紅梅焼　1855
紅白煎餅　1583
神戸牛　1865, 1868
紅葉館　1881, 1882, 1883
浩養軒　1906
迎陽亭　1857
幸楽　1911
コーヒー　1689, 1867, 1873, 1874, 1875, 1878, 1882, 1886, 1887, 1888, 1892, 1893, 1899, 1908, 1909, 1911, 1923, 1925, 1929, 1930, 1933, 1934, 1935, 1940, 1942, 1947, 1948, 1950, 1983, 1990
コーヒー入り角砂糖　1889
コーヒー牛乳　1890, 1920, 1967
コーヒー店　1890, 1920
コーヒーゼリー　1975
コーヒーの日　1983
コーヒーメーカー　1963, 1973, 1978
コープランド　1870, 1873, 1887
氷　374, 1001, 1204, 1867, 1870, 1871, 1877, 1888, 1891, 1895, 1898, 1899, 1907, 1942, 1955, 1987
氷イチゴ　1895
氷菓子　1878
氷砂糖　1581, 1641, 1662, 1775, 1796, 1871, 1883,

索　引

1889, 1902
氷しるこ　1895
凍り豆腐　1895, 1901, 1950
氷水店　1869, 1876
氷水屋　1877
氷レモン　1895
ゴールデンカレー　1966
コーンパフスナック　1979
コールラビ　1986
コーンフレーク　1963
コカコーラ　1919, 1956, 1957, 1958, 1961, 1962,
　1964, 1965, 1971, 1977
国策料理　1938
国産バナナ　1955
国産レモン　1895
国産ワイン　1880, 1988
黒糖　1610, 1647
国民儀礼食　1941
国民酒場　1944, 1951
国立栄養研究所　1920, 1922, 1923, 1947
固形「中華そば」　1952
ココアキャラメル　1947
五穀の起源説活　720
醴酒（こざけ）　288
醴泉　693, 694, 717, 718
越の銀嶺　1953
コシヒカリ　1956, 1989
児島　1598
沽酒　1252, 1290, 1305, 1330
胡椒　1382, 1872, 1890
御所おこし　1772〜1781
御所柿　1665
小僧寿し　1970, 1984
ごちそうさま　1971
コップ酒　1923
五島軒　1879
古道武二　1952
寿屋　1907, 1921, 1922, 1923, 1929, 1937, 1944,
　1948, 1950, 1960
粉ミルク　1880, 1951, 1955
小西儀助　1877
このわた　1641, 1675
コハダ　1853
小林織江　1886
小林粂左衛門　1841
小林和助　1903
牛蒡　1846
駒形どじょう汁屋越後屋　1905
小松屋喜兵衛　1704
米騒動　1890, 1918

コモジ　1420
是はうまい　1927
コレラ　1916, 1922, 1925, 1962
コロッケ　1898, 1917, 1922, 1929, 1939, 1973,
　1989
コロッケソバ　1898
コロンバン　1921, 1924, 1947
コンデンスミルク　1872, 1875, 1882, 1884, 1899
近藤芳樹　1872
コンニャクの田楽　1875
蒟蒻畑　1992
蒟蒻百珍　1846
蒟蒻屋　1430, 1947
コンビーフ　1897
昆布　715, 1370, 1401, 1416, 1423, 1638, 1683,
　1741, 1765, 1775, 1785, 1799, 1883, 1888, 1889,
　1902, 1908, 1915, 1940, 1942, 1943
金平糖　1557, 1569, 1688

さ

サーティワン・アイスクリーム　1974
佐伯矩　1914, 1919, 1920, 1921, 1923, 1924, 1925
サイコロ・キャラメル　1927
サイダー　1881, 1887, 1903, 1904, 1907, 1908,
　1910, 1911, 1917, 1922, 1939
西大寺大茶盛　1239
斎藤文次郎　1976
斎藤満平　1887
斎藤寿雄　1925
蔵王錦　1961
堺醬油　1682
堺屋松五郎　1807
嵯峨おこし　1770
嵯峨天皇　815
サクマ式ドロップス　1907
桜井錠二　1887
桜エビ　1894
桜田ビール（麦酒）　1877, 1881, 1883, 1884
さくら肉　1865
サクラビール　1912, 1914
桜正宗　1840, 1887, 1895
桜餅　1824
サクランボ　1868, 1872, 1876, 1877, 1897, 1909,
　1910, 1914, 1923, 1925, 1961, 1978, 1983
酒　240, 374, 612, 632, 681, 691, 709, 720, 724, 732,
　743, 749, 765, 770, 779, 927, 1180, 1214, 1252,
　1264, 1283, 1290, 1325, 1329, 1330, 1379, 1382,
　1421, 1425, 1436, 1480, 1521, 1527, 1529, 1568,
　1570, 1596, 1598, 1625, 1635, 1640, 1642, 1668,

1670, 1712, 1713, 1715, 1722, 1723, 1750, 1813, 1817, 1838, 1842, 1865, 1882, 1884, 1910, 1929, 1930, 1934, 1938, 1940, 1942, 1945, 1958, 1964, 1975, 1988,
サケ（鮭）　1190, 1287, 1460, 1467, 1481, 1544, 1590, 1611, 1628, 1665, 1729, 1756, 1875, 1876, 1877, 1878, 1879, 1880, 1884, 1885, 1889, 1890, 1904, 1916, 1926, 1928, 1934, 1942, 1952, 1959, 1960, 1982, 1989, 1997
鮭缶詰　1878, 1879, 1904
さけ茶づけ　1970
酒なし日　1939
酒の自動販売機　1958
酒類の統制撤廃　1947
笹かまぼこ　1615
大角豆　1665, 1686
笹粽　1674
ササニシキ　1989
笹の雪　1822, 1908
笹巻すし　1777
笹巻きの鮓　1702
さしみしょうゆ　1982
サッカリン　1886, 1888, 1901, 1941, 1947, 1948, 1973, 1974, 1975
雑草の食べ方の講習会　1945
サッポロストライク　1965
サッポロビール　1876, 1877, 1889, 1890, 1909, 1952, 1957, 1959, 1965, 1969, 1973, 1977, 1981
札幌麦酒製造所　1876
サッポロびん生　1977
サッポロ味噌ラーメン　1951
札幌や　1965
札幌ラーメン　1922, 1965
サッポロライト　1969
札幌ラガービール　1888
サツマイモ（薩摩芋）　1704, 1733, 1737, 1811, 1875, 1882, 1898, 1905, 1923, 1935, 1941, 1942, 1945, 1947, 1949, 1955
サツマイモの揚げ物　1875
砂糖　1091, 1370, 1410, 1466, 1479, 1490, 1510, 1520, 1528, 1540, 1549, 1556, 1564, 1576, 1580, 1581, 1603, 1608, 1610, 1630, 1641, 1662, 1692, 1728, 1731, 1760, 1768, 1775, 1790, 1796, 1799, 1800, 1809, 1812, 1819, 1827, 1834, 1840, 1858, 1864, 1869, 1871, 1874, 1877, 1878, 1880, 1882, 1883, 1884, 1885, 1886, 1888, 1889, 1890, 1891, 1895, 1899, 1901, 1902, 1903, 1907, 1908, 1920, 1922, 1924, 1928, 1940, 1941, 1944, 1945, 1947, 1948, 1950, 1951, 1952, 1957, 1963, 1965, 1968, 1974, 1978

佐藤勘作商店　1958, 1964
砂糖黍　1731
砂糖購入制限令　1940
砂糖消費税法・麦酒税法　1901
サトウ食品　1958, 1964
佐藤錦　1914, 1925
砂糖の輸入超過　1641
砂糖配給統制要綱　1940
砂糖餅　1466, 1556, 1576
砂糖羊羹　1370, 1528
佐野参四郎　1872
佐野屋　1737, 1864, 1871
サバ　700, 1909, 1968, 1977
さらし餡　1884
サラミソーセージ　1950
サランラップ　1961
ザリガニ　1927
茶礼　1227
三官飴　1674
産業給食　1872
サンシー殖産　1958
三州味噌　1645
三種の神器　1954, 1957
三ちゃん農業　1963
三朝庵　1907, 1918
サンドイッチ　1893, 1911
サントリー　1899, 1907, 1911, 1921, 1922, 1923, 1929, 1937, 1944, 1948, 1949, 1950, 1953, 1960, 1963, 1964, 1967, 1972, 1977, 1978, 1981, 1983, 1992, 1998
サントリー角瓶　1937, 1949
3分クッキング　1962
サンマのミリン干　1949
三勇士饅頭　1932
三陸竹輪　1897

し

椎茸　1665, 1686, 1888
シーチキン　1958
シェリー　1873, 1876
塩川伊一郎　1881, 1901, 1909
塩瀬　1674, 1733, 1751, 1924
塩瀬饅頭　1733, 1751
志賀潔　1897
鹿肉　1856, 1878
鹿のすし　700
色紙豆腐　1733
敷島製パン　1919
四季漬物塩嘉言　1836

索　　引

宍市　1236
資生堂　1902, 1929, 1974, 1991
資生堂パーラー　1974
七軒茶屋　1676
10銭生活　1915
卓子（シツポク）　1626, 1737, 1835
しっぽくそば　1835
卓袱料理　1854
自動製パン焼器　1986
信濃そば　1719
柴田方庵　1854, 1855
地ビール　1977
渋沢栄一　1863, 1867, 1874, 1885, 1887, 1891,
　　1895, 1900, 1913
渋谷麦酒製造所　1872
事変弁当　1939
島田信二郎　1929
シマダヤ　1968
島田屋本店　1989
シマヤ　1964
清水次郎長　1886
市民農園　1980
下田歌子　1898
ジャーマンベーカリー　1919
シャウエッセン　1985
ジャガイモ　1576, 1798, 1861, 1869, 1885, 1887,
　　1901, 1907, 1918, 1932, 1940, 1941, 1943, 1945
奢侈品等製造販売制限規則　1940
ジャズ喫茶「ちぐさ」　1933
ジャパン・ブルワリー・カンパニー　1885, 1893
煮沸調節器　1928
ジャム　1871, 1877, 1879, 1881, 1900, 1909, 1911,
　　1924
ジャムパン　1900
軍鶏専門店玉鐵　1760
シャリピアンステーキ　1936
シャンパン　1854, 1887, 1908
シュークリーム　1877, 1884, 1910, 1924
ジューサー　1952
自由亭　1871, 1878, 1987
自遊亭　1863
獣肉食　1442, 1643
獣肉店　1831
獣肉屋　1811
重箱　1908
シュウマイ　1928, 1968
祝阿弥　1771
酒悦　1675, 1877, 1896
酒造税法　1896
聚楽　1588, 1590, 1934, 1936, 1974

春菊　1824
純喫茶　1928
純生　1967
生姜　1665, 1686, 1898
正月用のし餅　1958
松花堂　1871
正直そば　1673
精進料理　1127, 1227, 1661, 1724
正田貞一郎　1900
焼酎（焼酒）　1404, 1407, 1424, 1515, 1563, 1624,
　　1625, 1634, 1653, 1864, 1871, 1896, 1910, 1911,
　　1916, 1920, 1945, 1964, 1977, 1987
常平倉　759, 771, 931, 957
醤油　1535, 1558, 1574, 1587, 1590, 1591, 1616,
　　1645, 1661, 1682, 1686, 1716, 1723, 1753, 1795,
　　1810, 1821, 1843, 1858, 1864, 1867, 1868, 1869,
　　1873, 1875, 1881, 1882, 1884, 1885, 1887, 1888,
　　1890, 1893, 1894, 1895, 1896, 1898, 1899, 1900,
　　1910, 1914, 1915, 1917, 1923, 1925, 1927, 1928,
　　1932, 1935, 1938, 1939, 1940, 1942, 1944, 1946,
　　1948, 1950, 1951, 1958, 1961, 1962, 1965, 1980
醤油廻船　1591
ショートケーキ　1922
食後のコーヒー　1887
食堂車　1899, 1901, 1902, 1906, 1909, 1919, 1935,
　　1939, 1941, 1944, 1949, 1974
食道楽　1903, 1905, 1928
食肉加工品出荷統制規則　1942
食肉配給統制規則　1941, 1942
食の穢れ　1081, 1688
食パン　1862, 1870, 1875, 1900, 1906, 1929, 1938,
　　1941
食品公害　1961
食糧管理官制　1941
食糧管理局　1941
食糧管理法　1942, 1943, 1951, 1969, 1981, 1995
食糧緊急措置令　1946
食糧国防団　1941
食糧事務所　1941
食糧配給公団法　1947
食糧品配給公団　1950, 1951
食糧メーデー　1946
女子栄養大学　1933, 1987
女子生活士　1944
食器洗い乾燥器　2000
蔗糖　754
諸類配給統制規則　1941
白魚　1460, 1535, 1590, 1601, 1613, 1638, 1665,
　　1700, 1746, 1896, 1902
白川万蔵　1851

389

白玉ソース　1898
汁粉屋　1854, 1879, 1891, 1903, 1926
シルバーランチ　1981
素人に出来る支那料理　1926
白瓜　1470, 1665, 1686, 1896
白木屋ランチ　1911
白砂糖　1540, 1630, 1662, 1728, 1775, 1883, 1890, 1899, 1941
白醬油　1882
代田稔　1930, 1935
白札サントリーウイスキー　1929
ジン　1870, 1873, 1876
新梅田食堂街　1950
新カスケードビール　1929
ジンギスカン鍋　1935, 1936
新三種の神器　1957
神泉亭　1894
人造白米　1912
人造バター　1894, 1908, 1914, 1917, 1929, 1934, 1935, 1950, 1952
人造米　1945, 1953, 1960
深大寺そば　1719
新茶坑開き　1523
新富楼　1886
新門亭　1867

す

酢　621, 1180, 1214, 1283, 1529, 1582, 1584, 1649, 1686, 1753, 1867, 1969
スイカ（西瓜）　1576, 1627, 1824, 1877, 1902, 1941, 1942, 1944, 1949, 1968
水餃子　1926
酔紅館　1881
水産統制令・同施行規則　1942
水産物缶詰販売制限規則　1940
水産物統制令　1946
水産物配給統制規則　1942
吸い茶　1586
すいとん　1881
炊飯　B.C. 200, 572, 1902, 1914, 1932, 1951, 1952, 1955, 1956, 1958, 1959, 1970, 1980
水蜜桃　1871, 1875, 1878, 1886
水門屋　1806
酔来亭　1901
スーパードライ　1987
末広　1879, 1886
すかいらーく　1970, 1983, 1984, 1993, 2000
杉田進　1891
杉本隆治　1919, 1923

すき焼き　1801, 1803, 1854, 1869, 1881, 1929, 1932
スギヨ　1972
スグリ　1872
助惣　1674, 1733
助惣やき　1733
スコッチウィスキー　1902
鮨（すし）　700, 1283, 1430, 1467, 1509, 1603, 1702, 1772, 1777, 1787, 1807, 1810, 1853, 1862, 1923, 1934, 1941, 1987
すし太郎　1977
すし屋　1787, 1848, 1928, 1962
スズキ（鱸）　B.C. 4000, 1460, 1485, 1890
鈴木梅太郎　1910
鈴木式高等炊事台　1921, 1922, 1927
鈴木製糖所　1890
鈴木藤三郎　1883, 1890, 1895, 1899, 1900, 1902
スダチ　1981
スターバックス　1996
須田町食堂　1924
ステーキ店　1910
スナック・モビル　1952
スパ王　1995
スプライト　1971
隅田川もろはく　1772〜1781
住田多次郎　1926
スモークサーモン　1967
スモモ　616, 1877, 1885
すり鉢　500
駿河屋　1461, 1589, 1687

せ

製塩　B.C. 2000, B.C. 50, 1193, 1901, 1942, 1945
生活必需物資統制令　1941
青果物配給統制規則　1940
青果物配給統制令　1946
清浄野菜　1956
贅沢は敵だ　1940
製糖　1623, 1662, 1759, 1866, 1874, 1880, 1883, 1887, 1888, 1890, 1895, 1899, 1900, 1902, 1906, 1907, 1916, 1917, 1920, 1922, 1939
西友ストア　1956
西洋イチゴ　1883, 1890
精養軒　1872, 1876, 1877, 1879, 1880, 1901, 1906, 1911, 1912, 1913, 1923, 1928
西洋（精養）軒　1873
静養亭　1879
西洋料理　1854, 1857, 1859, 1863, 1864, 1866, 1867, 1869, 1872, 1873, 1874, 1875, 1876, 1877,

索引

1878, 1879, 1880, 1882, 1883, 1884, 1885, 1886, 1887, 1888, 1889, 1893, 1896, 1900, 1901, 1902, 1903, 1906, 1907, 1908, 1909, 1910, 1919, 1923, 1926, 1928, 1987
青陽楼　1882
関沢明清　1875, 1876, 1877
石炭砂糖　1888
赤飯　1529, 1781, 1875, 1940, 1972, 1975
勢子餅　1193
節米運動　1940
節米デー　1940
施楽院　730
セロリ　1922, 1934
鮮魚介配給統制規則　1941
全国共通おこめ券　1983
戦時国民食展覧会　1941
戦時農業団令　1945
戦勝菓子　1894
煎茶　815, 970, 1654, 1679, 1687, 1697, 1738, 1747, 1787, 1803, 1812, 1836, 1875, 1893, 1922, 1985, 1989
先得楼　1857
千宗易（利休）　1537, 1540, 1577, 1583, 1585, 1590, 1591
千疋屋　1834, 1887, 1913, 1923, 1924, 1925, 1929, 1932, 1962
煎餅（せんべい）　738, 1674, 1686, 1690, 1733, 1871, 1872, 1876, 1887, 1893, 1895, 1896, 1945, 1972, 1985
千里軒　1873, 1887

そ

蘇　700, 722, 737, 865, 887, 927, 1172
象印　1918, 1948, 1964, 1967, 1970, 1973, 1980
雑炊食堂　1944, 1945
惣八　1837, 1875
相馬愛蔵　1901, 1904
相馬黒光　1901
素麺（そうめん）　1351, 1420, 1444, 1470, 1529, 1533, 1642, 1976
ソーセージ　1881, 1919, 1922, 1923, 1924, 1925, 1930, 1932, 1933, 1940, 1942, 1947, 1950, 1952, 1953, 1954, 1961, 1964, 1967, 1971, 1974, 1993
ソーダファウンテン　1902
即席カレー　1905, 1906, 1914, 1924, 1928, 1952, 1954
即席醤油　1887
即席汁粉　1885
即席ハヤシライス　1906
即席ラーメン　1960, 1962, 1981
祖国　1922
ソップ（牛羹汁）　1873
そば　1502, 1642, 1673, 1686, 1719, 1772, 1835, 1909, 1930, 1943, 1950, 1957, 1975,
そば切り　1574, 1614, 1642, 1727, 1881
蕎麦切豆腐　1772〜1781
蕎麦切屋　1799
そば寿司　1940
蕎麦全書　1719
蕎麦屋（そば屋）　1787, 1789, 1811, 1835, 1848, 1879, 1881, 1899, 1907, 1909, 1918, 1928, 1942, 1949, 1957, 1966
ソフトビスケット　1927

た

鯛　1157, 1305, 1430, 1433, 1460, 1467, 1481, 1544, 1563, 1615, 1616, 1638, 1641, 1655, 1713, 1729, 1807, 1829, 1972
ダイエー　1958, 1984, 1985
タイガー　1912, 1923, 1950, 1964, 1967, 1971, 1980
醍醐山人　1801
醍醐味　1915, 1917
大根　1436, 1561, 1609, 1638, 1649, 1697, 1785, 1824, 1826, 1883, 1917, 1918, 1925, 1932, 1944, 1946
大師堂　1674
大豆餅　738, 1783
大膳職　701, 720, 721, 733, 765, 782, 858, 1108, 1868, 1870
大唐米　1379
大日本果汁　1940, 1950
大日本製糖株式会社　1906, 1907, 1916, 1917
大日本麦酒株式会社　1906, 1909
大日本明治製糖　1890, 1906, 1907
大日本山梨葡萄酒株式会社　1879
ダイニングキッチン　1951, 1956, 1958
大福（餅）　1772, 1798, 1862, 1917, 1936, 1985
タイ米の緊急輸入　1993
泰明堂　1959
鯛めし　1888, 1923
たい焼き　1909, 1970, 1975, 1976
代用駅弁　1939
代用コーヒー　1940
代用食　1910, 1916, 1918, 1919, 1920, 1939, 1940, 1942, 1943, 1955
代用食奨励運動　1940
台湾バナナ　1948, 1949, 1962

391

田尾多三郎　1923
高木海蔵　1886
高木兼寛　1878, 1883, 1884, 1885, 1886
高崎ハム　1937
高砂屋　1674
高梨兵左衛門　1661
高梨ローファット　1976
高野正誠　1877, 1879
高橋音吉　1868
高峰譲吉　1892
宝酒造　1916, 1925, 1977
タカラビール　1957
タカラポンジュース　1954
滝口倉吉　1871
たくあん　1894, 1912, 1937, 1941, 1944, 1959
詫間憲久　1870
武田英一　1892
武田薬品　1960
竹鶴政孝　1923, 1935
筍（竹の子）　1351, 1620, 1665, 1686
タケノコ生活　1945
タケノコ水煮缶詰　1888
武野紹鷗　1525
竹家食堂　1922
たこ焼き　1889
だし　1227
だしの素　1964
立ち飲み屋　1950
橘　61, 736, 959, 1055, 1102
脱脂粉乳　1935, 1949, 1952, 1953, 1954, 1955, 1956, 1963
龍野醬油　1587
蓼　1665
館林製粉　1900
田中式豚肉調理法　1916
田中宏　1915
狸汁　1442, 1568
種無し柿　1885
種なしブドウ　1959
田原良純　1882, 1886, 1887, 1909
食べられる野草　1943
玉入りラムネ瓶　1883
玉木屋　1893
玉子とじ　1835
タマネギ　1871, 1880, 1885, 1886, 1887, 1903, 1909, 1940
玉ひで　1760, 1890
玉瓶詰めラムネ　1894
田村新吉　1892
溜りしょうゆ　1616

鱈（たら）　1433, 1481, 1485, 1614, 1616
タラバガニの缶詰　1892, 1914
ダンキンドーナツ　1970
団子　1305, 1686, 1711, 1776, 1819, 1843, 1856, 1862, 1875, 1914
だんご三兄弟　1999
団子茶屋　1776, 1875
男爵いも　1907
団茶　729, 814

ち

チーズ　1647, 1875, 1879, 1888, 1900, 1904, 1906, 1928, 1933, 1935, 1959, 1960, 1964, 1972, 1982, 1989
チーズクラッカー　1935
チーズ製造　1904, 1928, 1989
チーズ蒸しパン　1990
チェリーブロッサム　1923
地下鉄食堂　1929
チキンラーメン　1958
チキンライス　1926, 1930, 1968
チクロ甘味料　1956
ちくわ　1897, 1912
ちさ　1561
ちぢら糖　1674
チップスター　1975
千歳飴　1702
治疱会　1892
茶　729, 805, 814, 815, 902, 970, 1016, 1191, 1214, 1227, 1239, 1286, 1319, 1402, 1459, 1471, 1477, 1514, 1525, 1527, 1535, 1567, 1568, 1571, 1573, 1578, 1585, 1586, 1599, 1610, 1611, 1627, 1636, 1641, 1690, 1691, 1713, 1812, 1829, 1858, 1859, 1869, 1875, 1883, 1885, 1886, 1922, 1934, 1935, 1975, 1981
炒飯　1926
茶売り　1404
茶会　1332, 1416, 1470, 1474, 1526, 1537, 1543, 1551, 1556, 1563, 1571, 1572, 1573, 1574, 1577, 1578, 1582, 1583, 1586, 1587, 1589, 1590, 1592, 1597, 1598, 1599, 1608, 1637, 1641, 1647, 1648, 1663, 1875, 1879, 1884, 1895
茶漬見世　1805
茶漬屋　1799, 1806, 1848
チャップリン　1932
茶呑み稽古英字煎餅　1876
茶飯　1539, 1657, 1905
茶飯屋近江屋　1905
茶屋四郎次郎　1594

索　引

茶湯　814, 1470, 1526, 1554, 1573, 1574, 1585, 1587, 1641, 1893
茶寄合　1336
チューインガム　1915, 1931, 1947, 1958, 1994
中央食糧営団　1942
中央亭　1919, 1924, 1928
チューブ入り練辛子　1972
チューブ容器入りケチャップ　1967
チョイスビスケット　1952
銚子醬油　1810
長十郎　1893, 1908
朝鮮人参　1690, 1716, 1764
朝鮮料理店　1905, 1928
調理が始まる　3万年前
調理缶詰　1955
調理師法　1958
チョコレート　1878, 1886, 1890, 1906, 1914, 1918, 1926, 1930, 1931, 1932, 1942, 1944, 1945, 1958, 1960, 1969, 1982
儲茶　1262
ちり鍋　1893
縮緬饅頭　1674
珍味かまぼこ・かにあし　1972

つ

つかみ料理　1884
つくし　688, 1665
佃煮　1858, 1878, 1893, 1894, 1902, 1907, 1939, 1941, 1943, 1944, 1967
つぐみ　1665
つけ焼きもち　1883
辻静雄　1960
辻調理師学校　1960
つた本屋　1873
蔦本　1870
蔦屋伝次郎　1843
土屋龍憲　1877, 1879, 1888, 1893
筒井福夫　1936
角田米三郎　1869
つぶ入りジュース　1981
鶴　1227, 1460, 1552, 1557, 1585, 1587, 1611, 1636, 1718, 1722,
鶴尾岡本善衛門　1461
鶴岡市太郎　1880
鶴の子　1887

て

帝国麦酒　1896, 1912, 1914

帝国ホテル　1890
低脂肪乳　1976
ティラミス　1990
デコレーションケーキ　1910
鉄道パン　1944
テトラパック入り牛乳　1956
デニーズ　1974, 1977, 1992
寺田芋　1716
デリカワイン　1972
田楽　1698, 1757, 1787, 1875
田楽売り　1698
電気釜　1923, 1955, 1957, 1960, 1961, 1965, 1981
電気コンロ　1924, 1945
テングサ　700, 1862
テンサイ　1871
電子ジャー　1970
電子レンジ　1961, 1966, 1971, 1973, 1979, 1980, 1985, 1986, 1987, 1990, 1995
点心　1303, 1351, 1370, 1434, 1436, 1459, 1460
典座教訓　1237
天然オレンジジュース　1957
天然炭酸水　1880
天ぷら　1669, 1748, 1801, 1830, 1832, 1862, 1877, 1932, 1940, 1943, 1983
天ぷら屋橋善　1832
天満青物市　1652
天満宮前大根　1638
てんや　1989
天竜館　1923

と

東海漬物　1962
東花堂　1873
唐辛子　1605, 1625, 1944, 1999
東京菓子株式会社
東京割烹女学校　1909
東京機械製氷会社　1899
東京芝浦電気　1930, 1955
峠の釜めし　1987
道元　1227, 1237, 1246, 1253
陶陶亭　1883
道徳おこし　1891
唐茄子　1771
豆乳　1900, 1979
豆腐　1420, 1529, 1676, 1733, 1751, 1782, 1822, 1843, 1876, 1878, 1895, 1905, 1908, 1938, 1950, 1965, 1974, 1983
豆腐切手　1848
豆腐汁　1657, 1938

393

豆腐百珍　1782
豆腐料理　1822, 1928
トウモロコシ　1576, 1874, 1912, 1941, 1942, 1943
東洋軒　1893, 1900
十勝ワイン　1960
屠牛　1612, 1865, 1867, 1868, 1870, 1871, 1873, 1874, 1876, 1877, 1880, 1885, 1892
屠牛場　1865, 1867, 1870, 1871, 1876, 1877, 1880
常盤屋　1879
ところてん　1658
屠殺禁止　741, 775, 801
豊島屋　1596
屠畜考　1872
トチの実　B.C. 3000, B.C. 1500
ドトールコーヒー　1980
飛団子　1711
トマト　1879, 1883, 1899, 1918, 1932, 1986, 1994
トマトケチャップ　1908, 1942
トマトジュース　1933, 1959, 1963, 1965
トマトソース　1899, 1903, 1906, 1914
富岡周蔵　1898
都民食堂　1944
豊田屋　1718
虎屋　1520, 1663, 1702, 1869, 1918
鳥井商店　1899, 1911
鳥井信治郎　1899, 1907, 1921, 1923
トリス・ウィスキー　1950
トリス・バー　1951
鶏肉店　1878
ドロップ　1886, 1892, 1893, 1894, 1901, 1907, 1911, 1981
トロピカルドリンクス　1980
とんかつ　1922, 1929, 1931
ドングリ　B.C. 9000, B.C. 3000, 1914, 1934
どんぐり酒　1940
とんこつラーメン　1979

な

中尾久吉郎　1890
中川幸七　1880
中川幸吉　1880
中川清兵衛　1876, 1877
中川屋　1862, 1866, 1867, 1869, 1871, 1872
中川屋嘉兵衛　1862, 1866, 1867, 1869
中川安五郎　1900
永坂更科　1789
中沢治五郎　1879
中島徳右衛門　1625
永谷園本舗　1952, 1953, 1964, 1970, 1974, 1977, 1990, 1997
中埜又左衛門　1885, 1887, 1889, 1896
中野桃園　1735
中政吉　1891
中村磯吉　1880
中村屋　1891, 1901, 1904, 1909, 1923, 1927
流山味醂　1781〜88
梨　693, 700, 1055, 1649, 1665, 1686, 1872, 1874, 1888, 1893, 1898, 1904, 1928, 1947
梨の新世紀　1947
茄子（なす）　1561, 1842, 1879
灘酒　1840
ナタデココ　1992
ナチュラルチーズ　1960
納豆　1050, 1488, 1557, 1638, 1889, 1895, 1931, 1950, 1960, 1966, 1974, 1981, 1997, 2000
夏ミカン　1877, 1879, 1904, 1965
夏見世　1893
七色唐辛子　1625
七重開墾場　1870
鍋焼饂飩　1880
なまこ　1568, 1665, 1886
鱒　937, 1436, 1590
ナマズ　1728
生のり佃煮　1893
生ハム　1982
生ビール　1900, 1903, 1909, 1957, 1963, 1967, 1970, 1987
なまり節　1787, 1889
奈良茶屋　1799
成田源太郎　1914
成島謙吉　1878, 1880
鳴門ワカメ　1845
南京芋　1576
南京豆　1706, 1874
南蛮菓子　1642
南蛮酒　1520, 1612
なんばんちゃ　1689

に

新山屋仁右衛門　1634
煮売り酒屋　1811
煮売屋　1661, 1678, 1799, 1879
にぎり鮨（握りずし）　1810, 1923, 1930
肉食　658, 1081, 1263, 1442, 1549, 1643, 1716, 1731, 1867, 1871, 1872, 1873, 1882, 1885, 1892
肉食解禁　1871
肉食禁止令　675
肉食肯定論　1731

索引

肉弾三勇士料理　1932
肉なしデー　1940, 1941
肉屋　1811, 1851, 1871, 1876, 1877, 1885, 1907, 1916, 1926, 1938, 1940, 1941
二軒茶屋　1676, 1733
二幸　1955
ニコラス　1954
濁り酒　1564, 1838, 1866
辛螺　1563
西川貞次郎　1892
西久保弘道　1878, 1880
二十世紀　1888, 1898, 1904, 1908
煮しめ　1657, 1862, 1905, 1906, 1918
24時間戦えますか　1988
ニシン　1447, 1884, 1898, 1901, 1938, 1940, 1951
にしんそば　1882
ニセ牛肉缶詰事件　1960
ニッカウィスキー　1940
ニッカブランデー　1940
肉桂　1641, 1681
日清サラダ油　1924
日清食品　1948, 1958, 1963, 1971, 1975, 1979, 1992, 1995
日清製粉　1900
日清製油　1922, 1924
日新亭　1873
日清焼きそば　1963
日清ラ王　1992
二八そば　1719
日本栄養協会　1924
日本果汁　1935, 1940, 1950
日本酒　1613, 1880, 1885, 1886, 1889, 1895, 1896, 1901, 1910, 1947, 1960, 1978
日清食品　1948, 1958, 1963, 1971, 1975, 1979, 1992, 1995
日本食品工業　1964
日本人会　1899
日本水産　1882, 1887, 1888, 1904, 1952, 1973
日本精製糖株式会社　1895, 1899, 1906
日本製粉　1880, 1887, 1959
日本陶器合名会社　1904
日本ハム　1907, 1985
日本パン技術指導所　1949
日本麦酒会社　1885, 1887, 1888, 1889, 1890, 1893, 1895, 1898, 1899, 1906, 1909, 1917, 1922, 1935
日本麦酒鉱泉会社　1922
日本料理法大全　888, 1898
日本冷凍協会　1925, 1928, 1935
煮豆　1657, 1895, 1917, 1950
乳牛　713, 737, 1775, 1857, 1871, 1878, 1879, 1886, 1887, 1888, 1896
乳牛戸　713
乳戸　701
乳製品　645, 887, 1172, 1868, 1871, 1879, 1884, 1900, 1939, 1940, 1941, 1968, 1980
女峰　1981
二〇加煎餅　1896
人形焼　1885
ニンジン（人参）　739, 1607, 1879, 1941, 1967
にんべん　1699, 1892, 1968, 1969

ぬ

布川康次　1894
布引炭酸　1903
布屋太兵衛　1789
沼倉吉兵衛　1875, 1923

ね

根芋　1665
ネオ牛乳　1952
ネオソフト　1968
鼠大根　1638
ネッスル社　1933
ネッスル日本　1966
練木商店　1893
ねりま大根　1826
練羊羹　1589, 1803, 1885
ねりわさび　1974

の

農業生産奨励規則　1942
農業生産統制令　1941
農産缶詰販売制限規則　1940
濃縮オレンジジュース　1952
農地作付統制規則　1941
乃木希典　1905
野口正章　1873
野口保興　1892
野口義孝　1870
野田醤油　1558, 1917, 1925, 1927
野田清右衛門　1675, 1877
のっぺい　1835
海苔　1188, 1675, 1680, 1735, 1758, 1804, 1813, 1820, 1829, 1837, 1844, 1848, 1849, 1854, 1857, 1863, 1869, 1875, 1878, 1883, 1889, 1893, 1898, 1913, 1924, 1952, 1967
ノリタケ　1904, 1914

のりたま　1960

は

バー・デラックス　1951
ハーゲンダッツ　1984, 1985
バー「パリ」　1923
ハーブキャンデー　1985
バーモントカレー　1963
胚芽精米　1978
配給統制　1940
バイキング　1958, 1992
パイナップル（パインアップル）　1829, 1845, 1862, 1887, 1902, 1922, 1924, 1982
鳳梨（パインアップル）缶詰　1902
ハウザー食　1948
ハウス食品　1913, 1914, 1926, 1928, 1963, 1974, 1975, 1976, 1979, 1983, 1995, 1996
博多之煉　1598
白牛酪（バター）　1727, 1792, 1796
白牛酪考　1792
ハクサイ　1875, 1925, 1959
白桃　1886, 1899, 1933
白米　760, 768, 910, 1329, 1436, 1596, 1731, 1733, 1735, 1756, 1806, 1861, 1869, 1886, 1888, 1899, 1910, 1912, 1919, 1923, 1928, 1933, 1937, 1938, 1939, 1940, 1947, 1954, 1960, 1970
白米禁止令　1939
白米食廃止運動　1937, 1938
白米食をやめましょう　1937
ハクラン　1959
箱ずし　1829, 1923
函館氷　1871
箱詰め弁当　1874
はじき豆　1877
はじけ豆　1862
橋本伝右衛門　1880
パスコ　1919
バター　1647, 1792, 1869, 1872, 1873, 1874, 1875, 1879, 1880, 1882, 1885, 1886, 1891, 1894, 1897, 1900, 1902, 1906, 1908, 1914, 1917, 1919, 1923, 1925, 1929, 1932, 1934, 1935, 1938, 1939, 1943, 1950, 1952, 1953, 1957, 1961, 1968, 1991
秦野大根　1638
ハタハタ　1794, 1896
ハタンキョウ　1872, 1874
蜂印香竄葡萄酒　1880, 1881
ハチミツ（蜂蜜）　760, 739, 1888, 1967
はちみつレモン　1989
ハッカ　1883

初雁　1431
初恋の味　1922
八丁味噌　1645
バッテラ　1891
服部倉次郎　1879
花かつお　1910
花昆布　1683
花島兵右衛門　1885, 1891, 1896
バナナ　1615, 1864, 1896, 1897, 1901, 1903, 1924, 1927, 1942, 1948, 1949, 1950, 1955, 1962, 1963
花村　1908
華屋（小泉）与兵衛　1810
馬肉　1016, 1876, 1878, 1880, 1883, 1885, 1886, 1887, 1889, 1891, 1909, 1912, 1914, 1920, 1938, 1956, 1960
馬肉食　1880, 1889
馬肉鍋　1909, 1914
馬肉料理　1883
パパイヤ　1895
パンの日　1983
羽二重団子　1819
羽二重餅　1897
浜口儀兵衛　1645, 1885
ハマグリ（蛤）　B. C. 4000, 123, 1436, 1460, 1529, 1862, 1893, 1903
浜田音四郎　1950
ハマチの養殖　1960
浜名納豆（浜納豆）　1557, 1638
はま鍋　1903
ハム　1854, 1856, 1872, 1879, 1881, 1887, 1897, 1907, 1911, 1917, 1921, 1922, 1929, 1930, 1933, 1935, 1937, 1940, 1942, 1947, 1953, 1954, 1961, 1964, 1967, 1974, 1980, 1982, 1993
ハム缶詰　1897
ハム工場　1872
ハム製造　1879, 1900, 1907, 1911
海鰻百珍　1795
ハムライス　1926
鱧　1460, 1481, 1890
ハモ料理　1795
ハヤリースオレンジ　1949, 1951, 1981
パラマウント・チョコレート　1931
パルスウィート　1986
バレイショ（馬鈴薯）　1836, 1871, 1880, 1881, 1882, 1885, 1910, 1919, 1921, 1923, 1942, 1943
バレンタイン　1958, 1978
パン　1709, 1795, 1842, 1855, 1859, 1865, 1867, 1869, 1871, 1872, 1874, 1875, 1877, 1881, 1884, 1886, 1890, 1891, 1901, 1906, 1909, 1919, 1923, 1928, 1929, 1933, 1940, 1942, 1944, 1947, 1950,

索　引

1966, 1967, 1980, 1981, 1983, 1987
潘鐘華　1883
蕃藷考　1735, 1769
蕃藷考補　1768
蕃藷録　1717
阪神ソース　1892
パンナコッタ　1994
パンの代用食運動　1918
ハンバーグビーフステーキ　1895, 1910
はんぺん　1575, 1980
パン屋　1860, 1861, 1863, 1869, 1875, 1876, 1927
パン屋の食堂　1925
パン屋藤兵衛　1875

ひ

ビアカク　1940
B級グルメ　1987
ピーチネクター　1961
ビーフカツレツ　1910
ビーフステーキ　1910
ビール（麦酒）　1860, 1868, 1870, 1871, 1872,
　1873, 1875, 1876, 1877, 1879, 1881, 1882, 1883,
　1884, 1885, 1886, 1887, 1888, 1889, 1890, 1891,
　1892, 1893, 1894, 1895, 1896, 1897, 1898, 1899,
　1900, 1901, 1902, 1903, 1904, 1905, 1906, 1907,
　1909, 1910, 1911, 1912, 1914, 1917, 1920, 1922,
　1928, 1929, 1930, 1935, 1939, 1940, 1941, 1942,
　1943, 1944, 1948, 1951, 1952, 1957, 1958, 1959,
　1963, 1964, 1965, 1967, 1969, 1970, 1971, 1972,
　1973, 1975, 1977, 1980, 1981, 1983, 1987, 1988,
　1989, 1995
ビール会　1895
ビール会社　1870, 1884
ビールギフト券　1969
ビール製造　1872, 1885, 1887, 1912
ビール瓶　1876, 1888, 1897, 1898, 1900, 1909
氷魚　911, 1460
日賀志屋　1923, 1949
ひき割納豆　1931
樋口松太郎　1850
ヒゲタ　1616, 1895
髯の平野　1923
彦根産牛肉　1702
ひしくい（菱食）　1430, 1433
菱食　1433
美食倶楽部　1919, 1922
ビスケット　1867, 1872, 1873, 1875, 1877, 1878,
　1880, 1881, 1884, 1886, 1889, 1894, 1895, 1900,
　1904, 1906, 1915, 1923, 1927, 1932, 1936, 1943,
　1952, 1953
ビタミン　1962, 1965
ビタライス　1954
羊肉　1879, 1880, 1906, 1920
羊肉缶詰　1880
ヒドリ印のカレー粉　1930
日の出ソース　1900
日の丸弁当　1943
氷室　374, 831, 1883, 1899
ビヤガーデン　1903, 1964
冷やしきつね　1952
冷やしたぬき　1952
ビヤホール　1865, 1895, 1897, 1899, 1900, 1901,
　1903, 1904, 1909, 1917, 1944, 1949
冷麦　1458, 1467, 1522, 1542
日向夏蜜柑　1887
病院給食　1902, 1945
病原性大腸菌 O-157　1996
標準国民食　1941
兵糧パン　1842, 1859
平野酒　1566
平野シャンペンサイダー　1907
平野水　1884, 1889, 1897, 1910
ひるげ　1974
ビワ（枇杷）　1665, 1878
瓶詰殺菌乳　1886

ふ

ふ（麩）　1351, 1751
ファーバー　1870
ファイブミニ　1988
ファミリーサイズ　1964
ファミリーマート　1973
風月堂（風月堂）　1751, 1753, 1789, 1812, 1868,
　1869, 1872, 1874, 1875, 1876, 1877, 1878, 1880,
　1881, 1882, 1884, 1885, 1887, 1888, 1889, 1892,
　1893, 1894, 1895, 1897, 1900
増えるワカメ　1976
鰶鰭　1785, 1831
深見久七　1914
蕗漬　1835
福神漬　1675, 1877, 1896, 1930, 1937, 1943
福羽逸人　1886
福屋　1863, 1865, 1880
フグ料理　1895, 1935
フサスグリ　1872
フジ　1922, 1965, 1974, 1993
藤井林右衛門　1910, 1914, 1922
藤川三渓　1873

397

藤田半左衛門（久次郎）　1875
不二家（洋菓子舗）　1910, 1914, 1922, 1951
赴粥飯法　1246
ブタ　B. C. 4000, B. C. 50, 1570, 1862, 1887, 1933,
　　1935, 1967, 1968
二木謙三　1921, 1943
二口屋　1663
豚丼　1933
豚肉　1613, 1641, 1788, 1818, 1863, 1866, 1872,
　　1882, 1902, 1906, 1912, 1916, 1920, 1922, 1940,
　　1961, 1963, 1967, 1968, 1971
豚肉料理店　1866
豚まん専門店　1915
普茶料理　1661
物資統制令　1941, 1946
ブドウ（葡萄）　1186, 1665, 1686, 1713, 1870,
　　1872, 1874, 1876, 1877, 1883, 1886, 1891, 1904,
　　1917, 1931, 1936, 1959, 1989
ブドウジャム　1879
葡萄酒　1609, 1611, 1613, 1615, 1641, 1870, 1876,
　　1877, 1879, 1880, 1881, 1882, 1885, 1887, 1888,
　　1889, 1890, 1892, 1893, 1903, 1907, 1914
ブドウ酒製造　1899
鮒　911, 1274, 1420, 1430, 1431, 1460, 1569, 1631
ふなきり　1772〜1781
鮒佐　1862
鮒鮨　1274, 1430, 1467
鮒すずめ焼き　1862, 1889
船橋屋　1805, 1829
船橋屋勘助　1805
舟和　1903
フモジ　1420
麩焼　1590, 1603, 1674, 1686
富有柿　1910
秋菜（ふゆな）　1824
フランス料理　1865, 1867, 1868, 1872, 1876, 1877,
　　1881, 1909, 1987
フランス料理店　1876
ブランデー　1871, 1879, 1882, 1888, 1898, 1920,
　　1940
ふりかけ　1927
ブリック　1928, 1951, 1965
ブリックパック　1965
プリンスメロン　1961
フルーチェ　1976
フルーツパーラー　1887, 1913, 1921, 1925, 1926,
　　1935
フルーツポンチ　1923
フルーツみつ豆　1926
ブルーマウンテン　1953

ブルドックソース　1902, 1905
フレッシュパック　1968
フレンチ・ドレッシング　1958
フレンチドック　1967
プロセスチーズ　1933
ブロッコリー　1874, 1965
プロレタリア食堂　1930
文英堂　1869
文旦　1772, 1886
文旦漬　1886
粉乳　1917, 1920, 1921, 1924, 1935, 1944, 1949,
　　1951, 1952, 1953, 1954, 1955, 1956, 1959, 1963,
　　1967
粉末ジュース　1954, 1958, 1962
粉末醬油　1944
文明軒　1869
文明堂　1900, 1926, 1960
文楽軒　1879

へ

米価高騰　763, 765, 773, 823, 867, 984, 1636, 1637,
　　1657, 1721, 1733, 1755, 1756, 1757, 1770, 1784,
　　1787, 1788, 1795, 1815, 1831, 1834, 1836, 1865,
　　1868, 1880, 1889, 1890, 1897, 1898, 1910, 1912,
　　1917, 1918, 1919, 1928
米価調節令　1915
米穀配給通帳制　1941
米穀配給統制規則　1940
米穀配給統制法　1939
平民パン食堂　1919
ベーコン　1874, 1887, 1912, 1921, 1922, 1940
ぺこちゃん　1950, 1951
ベストカレー　1964
ベッタラ市　1906
紅赤　1898
紅生姜　1898
ベビーラーメン　1959
ペプシコーラ　1964
べらぼう焼　1674
ヘルメスウィスキー　1911
ベルモット　1873, 1876
弁松　1850

ほ

報国弁当　1939
放射線マグロ　1954
ほうとう　1007
豊年おこし　1878

豊年リーバ　1966
防風　1665
宝来亭（神田）　1887
ホウレンソウ　1631, 1925
ぼうる　1556
ホウロウ鍋　1872, 1880
法論味噌　1529, 1557
ポートワイン　1907, 1922, 1944, 1953
ホームカレー　1926
ホームサイズ　1964
ホームランバー　1955
ポカリスウェット　1980
北辰社　1873, 1881, 1885, 1886
捕鯨　1591, 1652, 1675, 1831, 1873, 1878, 1887, 1899, 1909, 1934, 1945, 1946, 1947, 1951, 1962, 1963, 1985
ポケットキャラメル　1908
ポケット瓶　1950
干鮑　1764, 1765, 1778, 1785, 1831
糒　418, 760, 773, 780, 788, 790, 791, 804
星ヶ岡茶寮　1883
干柿　1152, 1713, 1838
欲しがりません勝つまでは　1942
星崎電機　1957
干しシイタケ　1227
細田安兵衛　1857
ホソモノ　1420
ホタテ貝の缶詰　1912
牡丹餅　1862
北海道製酪販売組合　1925, 1928, 1933
北海道製酪販売組合連合会　1925, 1928
ほっかほっか亭　1976, 1984
ポッキー　1966
北極星　1876, 1925
ホットケーキ　1923, 1941, 1977
ホットドッグ　1938
ポップコーン　1957
穂積陳重　1891
ポテトチップス　1950, 1975, 1984, 1987
鯔　1700, 1729
堀川蒲鉾工業　1953
ホワイトリカー　1964
ボンカレー　1968
ボンシチュー　1968
ポンジュース　1954
本膳料理　1460, 1550, 1561, 1853, 1854
ほんだし　1970
本邦郷土食の研究　1944
ボンボン　1874, 1877, 1892

ま

マーガリン　1887, 1908, 1939, 1950, 1952, 1966, 1968
マーブルチョコ　1961
麻婆豆腐の素　1993
マーマレード　1916, 1930
マイラーメン　1960
前田喜代松　1885
前田正名　1875
前田松之助　1873, 1882
前田利右衛門　1705
マカロニ　1955, 1963, 1993
マギーの固形スープ　1966
マクドナルド　1970, 1971, 1977, 1984, 1998
幕の内弁当　1888
まぐろの日　1986
マグロ油漬缶詰　1929, 1932
まくわ瓜（真桑瓜）　1575, 1665, 1686
マシュマロ　1892, 1906
鱒　1430, 1460, 1509, 1665
マスカット・オブ・アレキサンドリア　1888
マスクメロン　1894, 1929
鱒鮨　1509
ますのすし　1987
升屋　1733, 1771, 1910
升屋宗助　1771
升屋望汰欄　1771
マダイ　B.C. 4000, 1898, 1977
町田房造　1869
松岡軒　1897
松尾煎餅　1674
松ヶ鮨　1807
松阪牛　1935
マッシュルーム　1877
松田金兵衛　1876
マツタケ（松茸）　1330, 1431, 1533, 1665, 1686, 1880, 1902, 1905, 1964, 1983, 1989
マツタケ缶詰　1880
松茸の味お吸いもの　1964
松田雅典　1871
松野庄兵衛　1871
松葉家　1893
松本楼　1903, 1904, 1941
まて　1665
まな板　250, 1963, 1969, 1975
魔法瓶　1911, 1912, 1918, 1923, 1948, 1950, 1964, 1967, 1970, 1971, 1973, 1980
ママカリの酢漬　1960

399

マヨネーズ　1916, 1925, 1942, 1980
マリービスケット　1923, 1953
円尾屋孫右衛門　1587
マルキパン　1927
丸久　1886
マルコメ味噌　1948, 1976
丸大食品　1958
マルタイラーメン　1959
丸美屋　1916, 1927, 1960
マルメロ　1872
マロングラッセ　1947
饅頭　1349, 1370, 1461, 1529, 1570, 1642, 1674, 1702, 1725, 1733, 1751, 1789, 1850, 1877, 1894, 1923, 1925, 1932, 1979
万惣　1846, 1909
万彦　1846

み

三浦ダイコン　1925
三浦屋　1844
身欠きにしん　1626
三川屋　1873
三河屋　1867, 1872, 1873, 1875, 1879, 1883, 1886
三河屋久兵衛　1867, 1872
三河屋パン店　1886
ミカン（蜜柑）　725, 1254, 1419, 1431, 1535, 1570, 1574, 1582, 1634, 1655, 1665, 1877, 1879, 1880, 1881, 1885, 1886, 1887, 1888, 1889, 1891, 1894, 1897, 1904, 1911, 1928, 1930, 1940, 1942, 1959, 1965, 1969, 1989
ミカン缶詰　1928, 1930
蜜柑酒　1880
ミカン水　1911
ミキサー　1948, 1952, 1954
三島海雲　1915, 1917, 1919, 1923
水芹　1824
ミスター・ドーナツ　1971
水炊き料理店　1917
水茶屋　1734, 1776, 1795, 1891
水菜　1824, 1826
水野龍　1911
味噌　1283, 1329, 1382, 1511, 1529, 1535, 1557, 1615, 1625, 1645, 1652, 1724, 1795, 1797, 1843, 1851, 1865, 1867, 1873, 1878, 1884, 1887, 1894, 1904, 1906, 1910, 1923, 1924, 1925, 1930, 1939, 1940, 1942, 1943, 1944, 1946, 1947, 1948, 1950, 1951, 1958, 1962, 1963, 1967, 1974, 1976, 1977, 1980, 1981, 1985
未醤　700, 701, 739, 758, 927, 937

味噌煮込みうどん　1925
三田育種場　1877
三ツ鱗麦酒　1873
満川新三　1871
ミツカン　1804, 1887, 1895
三越百貨店　1907
ミツバ　643, 1874, 1925, 1943
三ツぼし　1873
みつ豆　1903, 1926
三ツ矢サイダー　1881, 1922
三ツ矢ソース　1894
水戸納豆　1889, 1931
港屋　1806
水俣病　1953, 1956, 1965, 1973
ミニストップ　1980
ミネラルウォーター　1964
三野村利助　1883
美濃屋太郎左衛門　1650, 1658
三橋亭　1887, 1903, 1904
三橋堂　1880
美々卯　1925, 1928
都一製麵　1953
宮重大根　1883
明星味付ラーメン　1960
明星食品　1950, 1960, 1962, 1966, 1993
明星チャルメラ　1966
明星ラーメン（スープ別添）　1962
味醂　1925
みりん漬　1864
海松　1431
ミルキー　1951
ミルク・ホール　1897, 1927
ミルクキャラメル　1913, 1950
ミルクココア　1919
ミルクスタンド　1952
ミルクチョコレート　1918, 1942
ミルクホール　1887, 1907, 1914, 1927
民生食堂　1949

む

無塩醤油　1932
麦飯　1283, 1862, 1884, 1885, 1891, 1892, 1899, 1904, 1905, 1914, 1938
麦湯　1747, 1853, 1862, 1875, 1876, 1895
麦湯店　1853, 1875, 1876, 1895
麦落雁　1818
麦類配給統制規則　1940, 1941
蒸餅（パン）　1709
むすびこんぶ　1561

索引

無糖煉乳　1915
むなくろ　1665
村井弦齋　1903, 1905, 1909, 1910
村井多嘉子　1905
村岡安吉　1899
村上開新堂　1874, 1877
村上信夫　1958
紫蕨　1431
村田珠光　1525

め

名花堂　1927
名曲喫茶　1928
明治オレンジジュース　1954
明治カール　1968
明治食料株式会社　1922
明治製菓　1916, 1924, 1926, 1927, 1935, 1942, 1954, 1957, 1961, 1968, 1969, 1975
明治製糖株式会社　1906
明治乳業　1924, 1951, 1952, 1954, 1959, 1965, 1971, 1973, 1976, 1979, 1982, 1987
明治パン　1954
明治ブルガリアヨーグルト　1973
明治屋　1886, 1888, 1889, 1890, 1902, 1903, 1904, 1906, 1907, 1908, 1909, 1911, 1912, 1917, 1919, 1922, 1924, 1952
めうど　1665
目黒飴　1751
目黒粟餅　1751
目黒餅花　1751
メチルアルコール　1911, 1915, 1946, 1948
メリーチョコレート　1958
メルツェンビール　1977
メロン　1885, 1894, 1929, 1944, 1961, 1975, 1983, 1985
めんコク　1979
めんたいこ　1975
メンチビーフ　1907
メンチボール　1907

も

最上徳内　1798
茂木七左衛門　1661
杢野甚七　1854
モスバーガー　1987
模造葡萄酒　1880
餅　738, 758, 765, 771, 782, 815, 979, 1055, 1102, 1152, 1193, 1434, 1459, 1465, 1466, 1502, 1512, 1521, 1527, 1529, 1552, 1556, 1576, 1634, 1652, 1653, 1672, 1674, 1686, 1690, 1703, 1704, 1707, 1709, 1722, 1729, 1733, 1751, 1772, 1783, 1793, 1805, 1811, 1824, 1829, 1850, 1855, 1860, 1862, 1871, 1872, 1873, 1875, 1876, 1877, 1882, 1886, 1887, 1893, 1894, 1895, 1896, 1897, 1906, 1908, 1909, 1918, 1921, 1922, 1927, 1928, 1936, 1940, 1941, 1944, 1958, 1964, 1971
餅菓子屋　1811
もつ鍋　1992
もどき食品　1982
モナカカレー　1959
籾痕つき土器　B.C. 1500
モモ　616, 1872, 1873, 1874, 1876, 1877, 1885, 1886, 1899, 1901, 1904, 1932
百川　1733, 1850, 1854
モモの缶詰　1901
桃屋　1920
ももんじ屋　1718
森鷗外（森林太郎）　1886, 1887, 1899, 1904
森田屋彦之丞　1820
森永牛乳　1933
森永製菓　1899, 1905, 1908, 1909, 1912, 1913, 1914, 1915, 1918, 1919, 1920, 1921, 1923, 1924, 1926, 1927, 1930, 1931, 1932, 1934, 1936, 1937, 1947, 1950, 1952, 1953, 1960, 1964, 1969, 1977, 1980
森永西洋菓子製造所　1899, 1905, 1907, 1908, 1909, 1912
森永ドライミルク　1950
森永乳業　1927, 1950, 1952, 1957, 1959, 1961, 1963, 1972, 1976, 1986, 1995
森永砒素ミルク事件　1955
森永ホモ牛乳　1952
森永煉乳　1933
森村市左衛門　1904
諸越　1705
モロヘイヤ　1994
もんじゃ焼き　1991
紋別漬　1874

や

八百善　1763, 1822, 1850, 1869, 1874, 1876, 1885, 1889, 1892, 1983
焼き芋　1716, 1862, 1869, 1880, 1891, 1900, 1906, 1912
焼き芋屋　1716, 1880, 1900, 1912
焼団子　1862
焼竹輪　1897

401

焼鳥　1894, 1915, 1923
焼鳥専門店　1923
焼肉のたれ　1978
焼海苔　1844
焼リンゴ　1941
矢口餅　1193
ヤクルト　1930
矢車ソース　1897
やげん堀　1625
野菜の日　1983
椰子　1725, 1862
安井敬七郎　1892, 1900
野戦丼　1939
野草食流行　1940
屋台見世　1772
八頭　1771
八ツ橋　1689
藪蕎麦　1843, 1882
山形屋　1813, 1837, 1875, 1877
山鯨　1832
山口八十八　1894, 1908
ヤマザキ・ナビスコ　1976
山崎製パン所　1948
ヤマサ醤油　1645, 1885, 1894, 1895, 1961
山田正吾　1955
山田宥教　1870
山田政平　1926
山田箕之助　1874
大和煮　1879, 1881, 1888, 1890, 1894, 1897, 1960
大和煮缶詰　1879, 1881, 1888
山邑太左衛門　1840, 1887
山本嘉兵衛　1690, 1738, 1787
山本染之助　1903
山本徳治郎　1849, 1869
山本海苔　1849, 1869
山本屋　1925
山本山　1690, 1738, 1842
闇市　1945
ヤミウィスキー　1948

ゆ

ゆうげ　1974
雪印　1925, 1928, 1933, 1939, 1950, 1951, 1955, 1956, 1959, 1961, 1968, 1976, 1977, 1978, 2000
雪印集団食中毒事件　2000
雪印乳業　1925, 1933, 1951, 1955, 1956, 1959, 1961, 1976, 1977, 1978
雪印マーガリン　1939
湯木貞一　1930

輸出用ビスケット　1915
ゆであずき　1934
ゆで卵　1862, 1959
ユニオンビール　1922
柚餅子（ゆべし）　1829
百合羊羹　1882
ユンケル黄帝液　1967

よ

羊羹　1370, 1528, 1542, 1589, 1702, 1803, 1824, 1829, 1838, 1882, 1885, 1899
洋食宴　1879
養命酒　1602, 1923
養老の瀧　1956, 1974
ヨーグルト　1894, 1969, 1973, 1995
ヨーグルトきのこ　1994
ヨード卵　1979
よかよかあめ屋　1889
横綱　1936
横山五郎兵衛宗信　1590
吉田屋　1857
吉野家　1899, 1968, 1975, 1977, 1978
夜鷹そば　1860, 1862, 1880
米津恒二郎　1882
米津凮月堂　1888, 1889
米津松造　1872, 1875, 1876, 1878, 1884
米饅頭　1674
四方家5代目卯之助　1864, 1897
万屋万平　1870

ら

ラーマ　1966
ラーメン　1910, 1922, 1923, 1928, 1951, 1958, 1959, 1960, 1962, 1965, 1967, 1969, 1974, 1975, 1978, 1979, 1980, 1981, 1982, 1991, 1992, 1993, 1994
ラーメン屋　1910, 1928
ライスカレー　1886, 1922, 1924, 1926, 1928, 1930
来々軒　1910
落雁　1581, 1818, 1886, 1895, 1940
楽天　1931
ラクトー株式会社　1917, 1919, 1923
ラクトーキャラメル　1917
酪農業調整法　1939
落花生　1706, 1864, 1874, 1878, 1884, 1911, 1944
ラム酒　1871, 1899, 1900
ラムネ　1865, 1868, 1871, 1873, 1875, 1881, 1883, 1884, 1886, 1888, 1889, 1890, 1893, 1894, 1898,

1899, 1900, 1904, 1907, 1910, 1911
ララ物資　1946, 1947, 1948
ランチサービス　1877

り

りうきういも　1696
理化学研究所　1913, 1917, 1921, 1922, 1926, 1932, 1940
利久　1922
リキュール　1871, 1873, 1874, 1877
李金章　1910
リグレー社　1915
リゲイン　1988
理研酒　1921, 1922
立食パーティ　1879, 1888
リプトン紅茶　1906
リポビタンD　1962
リボンシトロン　1909
リボンジュース　1952
りゅうきん亭（神田）　1887
料理茶屋　1716, 1732, 1733, 1734, 1737, 1798, 1799, 1819, 1842, 1867
料理手引　1898
料理天国　1975
料理の鉄人　1993
料理の友　1913, 1930
料理早指南　1801
料理物語　1643
良林亭　1863
リンゴ（林檎）　1665, 1686, 1857, 1862, 1867, 1866, 1868, 1872, 1873, 1874, 1875, 1876, 1877, 1879, 1880, 1885, 1889, 1891, 1892, 1896, 1897, 1904, 1911, 1921, 1924, 1931, 1934, 1940, 1941, 1944, 1946, 1949, 1956, 1957, 1958, 1962
リンゴ水　1880, 1911
リンゴ列車　1934
臨時米穀配給統制規則　1940
林浄因　1349

れ

冷蔵庫　1897, 1899, 1903, 1906, 1921, 1922, 1926, 1930, 1935, 1940, 1946, 1949, 1952, 1953, 1954, 1957, 1958, 1959, 1960, 1961, 1963, 1964, 1965, 1969, 1972, 1973, 1978, 1980, 1983, 1986, 1998
冷凍魚　1921, 1924, 1925
冷凍魚取扱並料理法　1924
冷凍食品売り場　1952

冷凍食品の日　1986
冷凍ライス　1968
レストランフクシマ　1879
レタス　1965, 1987
レディーボーデン　1971
レモン　1975, 1981
レモン水　1876, 1880
煉瓦亭　1895, 1899
練乳　1869, 1891, 1896, 1903, 1906, 1915, 1917, 1920, 1921, 1924, 1933, 1948

ろ

ロイヤルホスト　1971
ローストビーフ　1893
ローソン　1975
ローファット牛乳　1977
六甲のおいしい水　1983
ロッテ　1947, 1972, 1997
ロッテリア　1972
六宝煮　1902
ロング缶ビール　1972
ロングライフミルク　1976
ロンドン土産即席カレー　1914

わ

ワイン　1854, 1870, 1875, 1877, 1879, 1880, 1884, 1907, 1920, 1922, 1944, 1953, 1960, 1972, 1977, 1978, 1985, 1988, 1993, 1997
ワイン醸造　1875, 1877, 1879, 1880
ワインブーム　1972, 1997
ワカサギ　1916
ワカメ　700, 1845, 1881, 1976
若山惣太郎　1879
和光コナミルク　1935
和光堂　1917, 1935, 1937, 1967
わさび漬　1889
和田金　1876
わたしつくる人，ぼく食べる人　1975
渡辺一蔵　1873
渡辺顕二　1875
渡部淳一郎　1873
ワラ入り納豆　1960
蕨　1431, 1504, 1665
わらび餅　1783
わら餅　1783
ワンカップ大関　1964

編者略歴

(江原絢子)
1943年　島根県に生まれる
1966年　お茶の水女子大学家政学部食物学科卒業
　　　　東京家政学院大学家政学部教授を経て，
現　在　東京家政学院大学名誉教授，博士(教育学)
主要編著書
高等女学校における食物教育の形成と展開(雄山閣出版，1998)　近代料理書の世界(共著，ドメス出版，2008)　日本食物史(共著，吉川弘文館，2009)　おいしい江戸ごはん(共著，コモンズ，2011)　家庭料理の近代(吉川弘文館，2012)　和食とは何か(共著，思文閣出版，2015)　新版日本の食文化(編著，アイ・ケイコーポレーション，2016)

(東四柳祥子)
1977年　石川県に生まれる
2000年　東京女子大学文理学部英米文学科卒業
2002年　東京家政学院大学大学院人間生活学研究科修了
2018年　国際基督教大学大学院アーツ・サイエンス研究科にて学位取得
現　在　梅花女子大学食文化学部准教授，博士(学術)
主要著書
近代料理書の世界(共著，ドメス出版，2008)　日本食物史(共著，吉川弘文館，2009)　料理の習得(『料理すること　その変容と社会性』所収，ドメス出版，2013)　明治期における西洋料理書の誕生とその意義(『地域社会の文化と史料』所収，同成社，2018)

日本の食文化史年表

2011年(平成23)7月20日	第1刷発行
2019年(平成31)4月1日	第2刷発行

編　者　江　原　絢　子
　　　　　　えはら　あやこ
　　　　東四柳祥子
　　　　　ひがしよつやなぎしょうこ

発行者　吉　川　道　郎

発行所　株式会社　吉川弘文館
〒113-0033　東京都文京区本郷7丁目2番8号
電話　03-3813-9151〈代〉
振替口座　00100-5-244
http://www.yoshikawa-k.co.jp/

印刷＝株式会社　三秀舎
製本＝誠製本株式会社
装幀＝清水良洋・星野槙子

© Ayako Ehara, Shōko Higashiyotsuyanagi 2011. Printed in Japan
ISBN978-4-642-01459-5

JCOPY　〈出版者著作権管理機構　委託出版物〉
本書の無断複写は著作権法上での例外を除き禁じられています．複写される場合は，そのつど事前に，出版者著作権管理機構(電話 03-5244-5088，FAX 03-5244-5089, e-mail : info@jcopy.or.jp)の許諾を得てください．

日本食物史

江原絢子・石川尚子・東四柳祥子著

日本人は何を食べてきたのか。採集狩猟の原始時代から現代のスローフードまで、豊富な図版で解説。調理法の変化や調味料・食材の渡来。日本風になっていく外国料理など、多彩な食文化の全てを網羅した日本〈食〉百科。

四六判・448頁・原色口絵4頁／4000円

日本食生活史

渡辺　実著

日本人は、何を食べてきたのか。各時代の食の移り変わりや、伝統をつくりあげ、支えてきた人々にも視点をあて、食材の種類や生産法、調理法・調味料・食器など食全般にわたり、古代から現代までの食生活の歴史を詳説した。

（歴史文化セレクション）四六判・352頁／2700円

日本料理の歴史

熊倉功夫著

日本料理とは何か。平安貴族の宴会から庶民の食卓、精進料理、本膳料理、懐石、京料理、菓子と茶の湯まで、日本の料理文化をわかりやすく描く。二人の天才＝北大路魯山人・湯木貞一にもふれ、日本食文化の原点を探る。

（歴史文化ライブラリー）四六判・224頁／1700円

料理の起源

中尾佐助著

全世界の家庭で日常行なわれている食糧の加工・料理に、初めて学問的なメスを入れた労作。民族によって異なる炊飯、世界共通の大豆発酵食品、好まれる獣肉など、エスニック料理に光を当て、驚きの事実を解き明かす。

（読みなおす日本史）四六判・232頁／2100円

吉川弘文館　　　　　　　　　　　（価格は税別）

神々と肉食の古代史
平林章仁著

古来、日本人は肉食を忌み避けたとされている。だが、神話の神々は生贄を食べ、墓にも肉が供えられていた。信仰を中心に肉食の実態を解明し、のちに禁忌となる過程を考察。祭儀と肉の関係から、古代文化の実像に迫る。

四六判・260頁／2800円

贈答と宴会の中世
盛本昌広著

贈り物に熨斗を添え、職場の新人に歓迎会をするのはなぜか。源義家への豪華接待、将軍が与えた亥子餅、八朔や歳暮に贈られた名産品・鯨などの水産品・果実などから、参加者の縁を結ぶ贈り物・宴会の意味と役割を解明。

（歴史文化ライブラリー）四六判・240頁／1700円

信長のおもてなし
江後迪子著　―中世食べもの百科―

織田信長が、安土城で徳川家康をもてなしたメニュー、権力者が贈りあった高級食品…。日本料理の基礎は、中世に生まれた。失われた幻の食材から、身近な食べ物まで、現代人もおどろく中世の豊かな食文化をほりおこす。

（歴史文化ライブラリー）四六判・208頁／2300円

日本の味　醬油の歴史
林　玲子・天野雅敏編

キッコーマン・ヤマサ・ヒゲタなどに代表され、日本の食卓に欠かせない調味料＝醬油。関西や関東、北部九州を中心に、大手や地方中小メーカーの工夫を凝らした開発・販売の軌跡を辿り、〈日本の味〉誕生の舞台裏を描く。

（歴史文化ライブラリー）四六判・222頁／1700円

吉川弘文館　　　　　　　　　　　（価格は税別）

家庭料理の近代
江原絢子著

幕末以降本格的に伝わった西洋料理により、人々の日常食は大きく変化した。移り変わる「食」をひも解きつつ、肉類などの食材を和風に応用した独自の料理と技術が広まる様子を描き、日本の家庭料理の豊かさを再発見する。
（歴史文化ライブラリー）四六判・224頁／1700円

お米と食の近代史
大豆生田 稔著

明治時代の半ばから、日本人の主食＝米は不足し始めた。凶作による米価暴騰、輸入米の増加、残飯屋の繁盛、流通の変化、産米改良の動向、節米生活下の家計を辿る。米不足との闘いが、「米過剰」の現代に伝えるものを考える。
（歴史文化ライブラリー）四六判・240頁／1700円

雑穀を旅する
増田昭子著　―スローフードの原点―

粟・稗・黍・豆・麦・モロコシ…。いま「健康食」として親しまれる雑穀は、どのように栽培され、食され、大切にされてきたのか。青森から沖縄まで全国各地を訪ね歩き、日本人の豊かな食文化を育んだ雑穀の魅力を探る。
（歴史文化ライブラリー）四六判・240頁／1700円

「うつわ」を食らう
神崎宣武著　―日本人と食事の文化―

日本人が使う食器は、中国・朝鮮や東南アジア諸国とは異なっている。同じ米飯を主食としながら、それはなぜか。碗や皿、箸の形態・材質の歴史を追い、他地域との調理法の比較から、日本の食文化の形成を現代までたどる。
（読みなおす日本史）四六判・240頁／2200円

吉川弘文館　　　　　　　　　　（価格は税別）

日本の民俗 ④食と農
安室 知・古家晴美・石垣 悟著

現代では、農の機能として、食料の生産だけでなく、自然環境や景観の保持、地域文化の継承なども求められている。都市においては食の問題と直結し、さまざまな農の試みがなされている。食と農の民俗的意味を追究する。
四六判・302頁／3000円

民俗小事典 食
新谷尚紀・関沢まゆみ編

日本人にとって「食べること」とは何か。食に関する約450項目を、地域ごとの特徴も踏まえ図版とともに解説する。私たちに身近な最新の食事情も取り上げ、コラムや年表、郷土料理分布地図なども収めた「食」の事典。
四六判・512頁／3500円

日本の食文化 全6巻刊行中

「食」は生命と健康の維持に必要であり、人と人、人と神を結ぶ意味をもつ。日本のこうした食文化に光を当て、日常食の知恵や儀礼食の観念などを解説。食の歴史と現代の動向を示し、地域ごとの特色にも目を向ける。

- ①食事と作法＊……………小川直之編
- ②米と餅……………関沢まゆみ編
- ③麦・雑穀と芋……………小川直之編
- ④魚と肉＊……………藤井弘章編
- ⑤酒と調味料、保存食……………石垣 悟編
- ⑥菓子と果物……………関沢まゆみ編

四六判・平均254頁／各2700円
＊＝既刊（2019年3月現在）

吉川弘文館　　　　　　　　　　（価格は税別）